古今易學要籍選刊

童溪易傳

〔宋〕王宗傳／撰
張天杰／點校

上海古籍出版社

圖書在版編目(CIP)數據

童溪易傳／（宋）王宗傳撰；張天杰點校. —上海：上海古籍出版社，2023.5
（古今易學要籍選刊）
ISBN 978－7－5732－0668－8

Ⅰ.①童…　Ⅱ.①王…　②张…　Ⅲ.①《周易》—研究　Ⅳ.①B221.5

中國國家版本館 CIP 數據核字(2023)第 058870 號

封面題簽：史楨英

童溪易傳

〔宋〕王宗傳　撰

張天杰　點校

上海古籍出版社出版發行

（上海市閔行區號景路 159 弄 1－5 號 A 座 5F　郵政編碼 201101）

（1）網址：www.guji.com.cn

（2）E-mail：guji1@guji.com.cn

（3）易文網網址：www.ewen.co

浙江臨安曙光印務有限公司印刷

開本 890×1240　1/32　印張 18.25　插頁 4　字數 368,000

2023 年 5 月第 1 版　2023 年 5 月第 1 次印刷

印數：1—1,800

ISBN 978－7－5732－0668－8

B・1314　定價：78.00 元

如有質量問題，請與承印公司聯繫

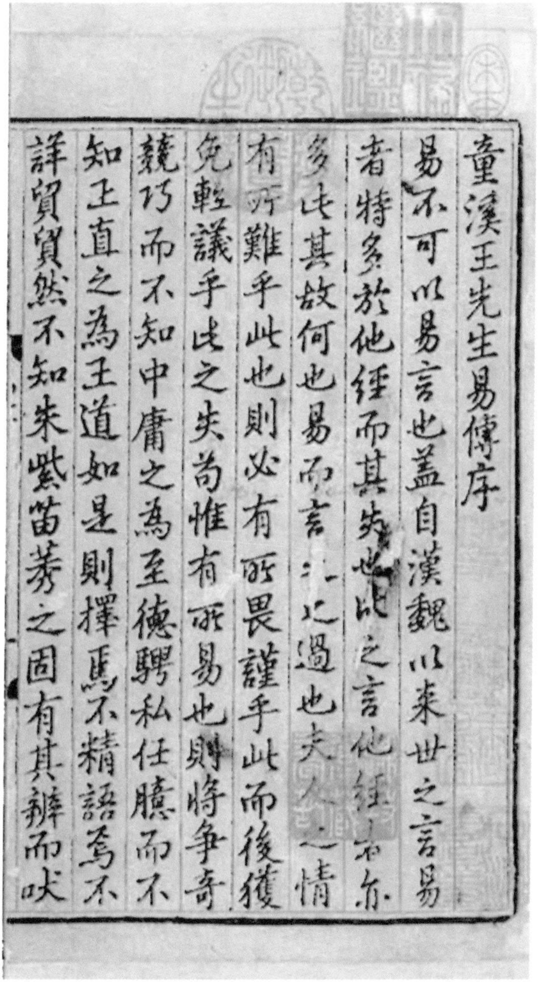

童溪王先生易傳序
易不可以易言也蓋自漢魏以来世之言易
者特多於他經而其失也比之言他經者亦
多比其故何也易而言之過也夫人之情
有所難乎此也則必有所畏謹乎此而後獲
免輕議乎比之失苟惟有所易也則將爭奇
競巧而不知中庸之爲至德騁私任臆而不
知王直之爲王道如是則擇焉不精語焉不
詳貿貿然不知朱紫苗莠之固有其辨而吠

南宋開禧元年刊本《童溪易傳》書影一

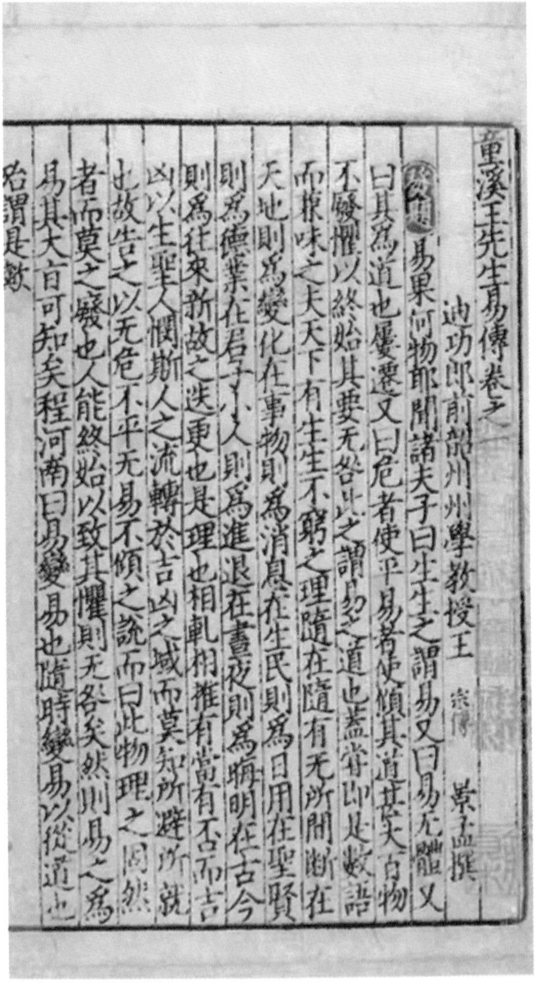

童溪王先生易傳卷之
迪功郎前韶州州學教授王　宗傳　景孟撰
易果何物耶聞諸夫子曰生生之謂易又曰易无體又
曰其爲道也屢遷又曰危者使平易者使傾其道甚大百物
不廢懼以終始其要无咎此之謂易之道也蓋嘗卽是數語
而探味之夫天下有生生不窮之理隨在隨有无所間斷在
天地則爲變化在事物則爲消息在生民則爲日用在聖賢
則爲德業在君子小人則爲進退在晝夜則爲幽明在古今
則爲往來新故之迭更也是理也相軋相推有當有否而吉
凶以生聖人憫斯人之流轉於吉凶之域而莫知所避所就
也故告之以无危不平无易不傾之說而曰此物理之固然
者而莫之廢也人能終始以致其懼則无咎矣然則易之爲
易其大旨可知矣程河南曰易變易也隨時變易以從道也
殆謂是歟

南宋開禧元年刊本《童溪易傳》書影二

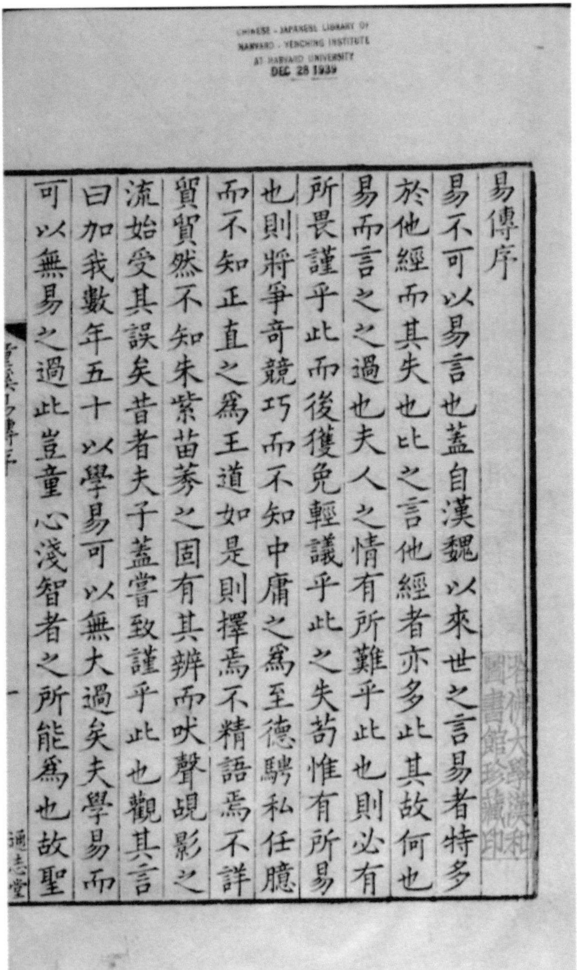

易傳序

易不可以易言也蓋自漢魏以來世之言易者特多於他經而其失也比之言他經者亦多此其故何也易而言之之過也夫人之情有所難乎此也則必有所畏謹乎此而後獲免輕議乎此之失茍惟有所易也則將爭奇競巧而不知中庸之爲至德騁私任臆而不知正直之爲王道如是則擇焉不精語焉不詳貿貿然不知朱紫苗莠之固有其辨而吠聲吼影之流始受其誤矣昔者夫子蓋嘗致謹乎此也觀其言曰加我數年五十以學易可以無大過矣夫學易而可以無易之過此豈童心淺智者之所能爲也故聖

童溪易傳序　一　通志堂

《通志堂經解》本《童溪易傳》書影一

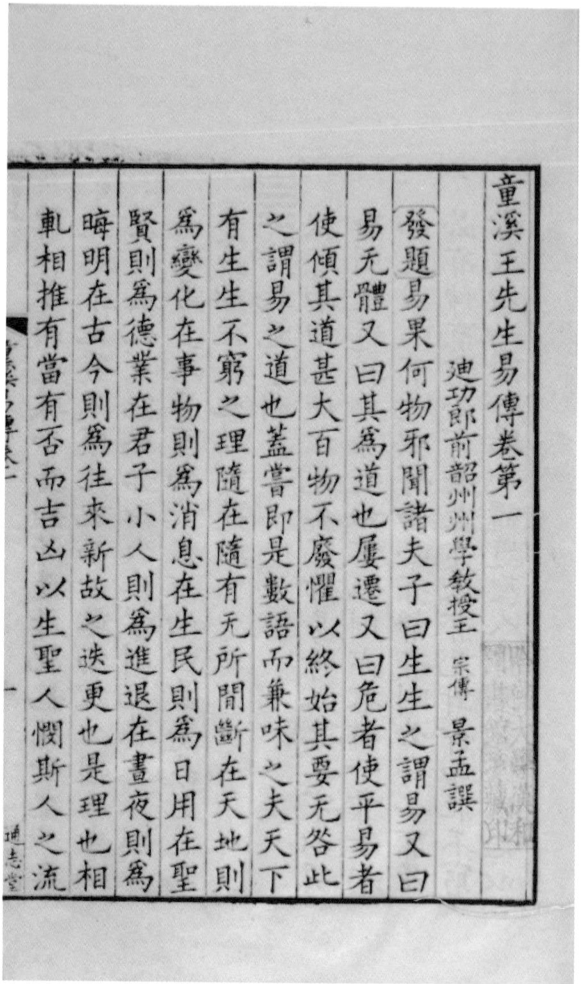
童溪王先生易傳卷第一

迪功郎前韶州州學教授王　宗傳　景孟譔

發題易果何物耶聞諸夫子曰生生之謂易又曰易无體又曰其爲道也屢遷又曰危者使平易者使傾其道甚大百物不廢懼以終始其要无咎此之謂易之道也蓋嘗即是數語而兼味之夫天下有生生不窮之理隨在隨有无所間斷在天地則爲變化在事物則爲消息在生民則爲日用在聖賢則爲德業在君子小人則爲進退在晝夜則爲晦明在古今則爲往來新故之迭更也是理也相軋相推有當有否而吉凶以生聖人憫斯人之流

童溪易傳卷一　一　通志堂

《通志堂經解》本《童溪易傳》書影二

整理説明

一

王宗傳，字景孟，福建寧德縣八都鄉童溪人，因以童溪爲號。王宗傳生活於南宋中期，生卒年不詳。淳熙八年（一一八一）以太學上舍免省試登進士第，五十歲前後始任廣東韶州教授，造就多士。清乾隆四十六年（一七八一）盧建其等人修纂的《寧德縣志》卷七《人物志》，引其《自贊》説：「二十一年太學，晚來方得一官。三十二卷《易》書，自謂無愧三聖。何事窮能到骨，只緣氣要衝冠。童溪已辦鉤竿，一任興來臨水，興罷看山。」該縣志還説：「其高曠自得，有五柳之遺風歟！祀鄉賢。」

關於王宗傳的籍貫，南宋馮椅《厚齋易學》附録二「先儒著述下」、元代胡一桂《周易啟蒙翼傳》中篇、董真卿《周易會通》卷首「引用諸書群賢姓氏」等均云王氏爲臨安人。到了清初，朱彝尊《經義考》卷三十二對此作了辨析，指出王宗傳當爲寧德人：其一，明代何喬遠所編《閩書》説王宗傳是寧德人；其二，爲《童溪易傳》作序的王宗傳友人林焞爲寧德人，而林序説其與王宗傳「生同方，學同學，同及辛丑第」。朱彝尊的觀點，後來得到了《四庫全書總目》的採納。王宗傳與林焞都是易學名家，然《宋史》都無傳。《宋元學案補遺》將其列入「慈湖同調」，并録有《福建通志》的小傳，其中説他「學問該博，尤精於《易》」。

《童溪易傳》，原名《童溪王先生易傳》，該書撰於孝宗朝，刊於寧宗朝。《童溪易傳》第二十七卷卷首，有王宗傳作於淳熙八年十月的一篇小序，其中説：「歲在戊戌，予著《易傳》，計三十卷。其於《繫辭》、《序卦》、《雜卦》未暇也，然早夜思之，慊然於中，若有所負，蓋以謂勤苦述著，未及終篇，不得爲全書故也。越三載，歲在辛丑，蒙恩賜第還鄉。加我之年，兹惟其時，日月逾邁，不敢不勉。噫！此續傳之所由作也。」也就是説，上、下二經六十四卦的解説部分，其完成時間當不晚於淳熙五年，而《繫辭》上、下篇的解説部分，當始撰於淳熙八年。林焞序中説：「既第之三年，教授曲江，越二年而書成。」也就是説，淳熙十三年全書最終完成。林序還説該書「於二《繫》爲詳」，確實就全書比例而言，對《繫辭》的解説特别詳盡，上、下二經六十四卦共二十六卷，而《繫辭》上、下兩篇則已有四卷之多。

該書始刻於開禧元年（一二〇五），由建安劉日新宅三桂堂刊印而成。林焞的序中説其於「開禧更元」獲邀作序。此本爲三十卷，前二十六卷解説上、下二經，後四卷解説《繫辭》上、下篇，没有對《序卦》、《雜卦》的解説。據前引王宗傳小序，則《繫辭》、《序卦》、《雜卦》之類未續之時，其書上、下二經部分就已有三十卷了。那麽很有可能《繫辭》部分在此本刊刻前最終釐定爲四卷，而原分爲三十卷的上、下二經部分則又重新合并爲二十六卷，故最後全書的總卷數還是三十卷。另外，《序卦》與《雜卦》二傳，王宗傳原本當有計劃加以解説，然而在完成了《繫辭》之後，他便放棄了對《序卦》與《雜卦》的解説。

關於《童溪易傳》的卷數，彭元瑞《天禄琳琅書目後編》著録：「前二十六卷，上、下二經；後四卷，《繫辭》上、下傳。」記載爲三十卷的還有：明代朱睦㮮《萬卷堂書目》、焦竑《國史經籍志》、祁承㸁《澹生堂藏書目》；清代季振宜《季滄葦藏書目》、于敏中《欽定天禄琳琅書目》、官修《續通志》、陸心源《儀顧堂題跋》、丁仁《八千卷樓書目》等。然而也有記載爲三十二卷者，如南宋馮椅《厚齋易學》、元代胡一桂《周易啟蒙翼傳》、董真卿《周易會通》，以及明朱睦㮮《授經圖》與清官修《續文獻通考》。可能在南宋後期也流傳過該書的抄本，即先成書的上、下二經部分原爲三十卷，後成書的《繫辭》上、下篇部分原爲二卷，合起來即三十二卷。

二

《童溪易傳》與楊簡的《楊氏易傳》，多被視爲南宋以心性説《易》的代表作，且爲南宋易學轉型的關鍵性著述。《四庫全書總目》對這一看法之形成影響至鉅。《總目》認爲，王弼掃除漢儒象數之説，開創了以義理説《易》之新傳統，而王宗傳、楊簡之易學則可視爲此一傳統流衍至宋代之新産物。區别在於，王弼輩所據以釋《易》者爲老莊之學，王宗傳、楊簡所據則爲北宋以降新興的心性之學，其空疏玄杳之處甚至與禪學相去不遠。換言之，同爲以義理説《易》，則心性之學興起，去除了以老莊説《易》之流弊，又産生了將禪學引入易學的新流弊。《總目》易類多篇提要都透露出這一看法，如《童溪易傳提要》云："「宗傳之説，大概祧梁、孟而宗王弼，故其書惟憑心悟，力斥象數之弊。」《易變體義提要》云：「又多引老莊之辭以釋文周之經，則又王弼、韓康伯之流弊，一變而爲王宗傳、楊簡者矣。」《周易折中提要》云：「理者，《易》之蘊，主理太過，使王宗傳、楊簡之説溢而旁出，而《易》入於釋氏。」《楊氏易傳提要》云：「自漢以來，以老莊説《易》始魏王弼，以心性説《易》始王宗傳及簡。」《周易易簡説提要》云：「楊簡、王宗傳等引《易》以歸心學，引心學以歸禪學，務屏棄象數，離絶事物，遯於恍惚窅冥，以爲不傳之秘也。」

四庫館臣在《童溪易傳提要》中還論述了宋代以心性論《易》的發展歷程：「蓋弼《易》祖尚玄虚以闡發義理，漢學至是而始變。宋儒掃除古法，實從是萌芽。然胡、程祖其義理，而歸諸人事，故似淺近而醇實。宗傳及簡祖其玄虚，而索諸性天，故似高深而幻窅。考沈作喆作《寓簡》，第一卷多談《易》理，大抵以佛氏爲宗。作喆爲紹興五年進士，其作《寓簡》在淳熙元年，正與宗傳同時。然則以禪言《易》，起於南宋之初。特作喆無成書，宗傳及簡則各有成編，顯闡别徑耳。」四庫館臣認爲宋儒以心性論《易》始於胡瑗與程頤二大家，他們繼王弼之後進一步闡發易學義理，然多歸於人事；

王宗傳與楊簡承繼於胡、程，卻更多地走向了玄虚，談論性天。與王、楊同時還有沈作喆的《寓簡》，談《易》理而以佛氏爲宗。然《寓簡》爲筆記體，并非一部系統的《易》傳，而王、楊則各有成編，故稱他們爲以心學論《易》的開創者。四庫館臣最後説：「明萬曆以後，動以心學説《易》，流別於此二人。」晚明盛行以心學説《易》，主要當是因爲陽明學説的盛行，然而《四庫全書總目》的多種易學書提要反而更多强調了晚明人對於王宗傳與楊簡的承繼，則是出於追根溯源的目的了。此後，清末的葉昌熾《古本易鏡序》提出宋代言《易》者分爲三：「程子《易傳》、朱子《本義》務在闡明義理，尚近篤實；至劉天民、邵康節之《易》則道家之《易》也；楊慈湖、王童溪之《易》則釋氏之《易》也。」俞樾《釋淡然周易注序》等亦將《童溪易傳》歸入談心學與禪學的易學路子。

然而，關於《童溪易傳》的學術宗旨，也有不同看法。如陸心源《儀顧堂題跋》指出《童溪易傳》主義理而斥象數，徵人事而遠天道，引程頤之説最多，所以爲程氏學；又因爲其多引史事，故又與楊萬里《誠齋易傳》比較接近。再如朱伯崑《易學發展史》對《四庫全書總目》的説法也不認同，指出《童溪易傳》并不屬於心學體系，不能與楊簡的易學視爲同一系統，然而對此問題未做更多的展開。賀廣如《心學〈易〉流別之始——〈童溪易傳〉定位商榷》（臺北漢學研究中心編《漢學研究》第二十九卷第三期，二〇一一年九月）則對《四庫全書總目》的定位提出質疑并作了詳盡的討論，認爲《童溪易傳》并未涉及禪學，將其誤作心學《易》的説法起於《四庫全書總目》，并影響此後的學者；王宗傳的易學與陸九淵、楊簡所主張的「心即理」説歧異，而較接近於程頤的「性即理」，其論卦變、理數，乃至史例及思想等面向，都近於程頤，因此屬於程氏易學的脈絡。姜穎的《童溪易傳研究》（山東大學博士學位論文，二〇〇九年）也不認同將王宗傳列入陸、楊心學或禪學一系，而是特別强調其在宋代儒學背景之下以心性論《易》的理論特點與時代的問題意識，認爲王宗傳學宗孔孟，修正王弼之説，發展程氏易學，通過注《易》開啟天道性命相貫通的易學心性學體系，同時遵循宋儒立場而確立了「正人心」的學術旨歸，探索了人的道德生命的超越根據。

《童溪易傳》早在南宋後期，就被多種易學著作引用、著録，如馮椅《厚齋易學》、俞琰《讀易舉要》、方實孫《淙山讀周易》，後來還有元代的胡一桂《周易啟蒙翼傳》、董真卿《周易會通》、胡震《周易衍義》、李簡《學易記》、熊良輔《周易本義集成》，明代的胡廣《周易大全》、蔡清《易經蒙引》、逯中立《周易札記》、孫從龍《易意參疑》、鄢懋卿《易經正義》、張振淵《周易説統》，清代的胡世安《大易則通》、李光地《周易折中》、晏斯盛《易翼説》、沈起元《周易孔義集説》、程廷祚《大易擇言》、吴汝倫《易説》、翟均廉《周易章句證異》，民國的馬其昶《周易費氏學》、張其淦《邵村學易》，等等。其中《周易折中》的引用有五十次之多，與朱震、程頤、朱熹、蘇軾等同爲被引用較多的易學家，而《周易孔義集説》與《周易章句證異》則引用都超過一百次。可見歷代易學家對於王宗傳的易學，有充分的肯定。然而他們在引用之時，多未將《童溪易傳》與楊簡的《楊氏易傳》相提并論，由此亦可知王宗傳的易學與心學一系關係不大，其遵循的還是程頤的理學思想以及北宋解《易》的傳統。

至於王宗傳的《童溪易傳》在後世的影響爲什麽不如楊簡的《楊氏易傳》，四庫館臣在《楊氏易傳提要》之中也有一個解釋值得參考：「宗傳，淳熙中進士；簡，乾道中進士，皆孝宗時人也。顧宗傳人微言輕，其書僅存，不甚爲學者所誦習。簡則爲象山弟子之冠，如朱門之有黄榦，又歷官中外，政績可觀，在南宋爲名臣，尤足以籠罩一世，故至於明季，其説大行。」王宗傳與楊簡二人年代相仿，然而楊簡爲陸九淵之大弟子，又有政績可觀，故其《易傳》大行於世。王宗傳在教學上雖亦有成就，據林焞所説，「出其門者十九青紫」，然而在歸屬的學派與政績兩方面，終究無法與楊氏相比，故其《易傳》雖然一直被人關注卻始終無法産生較大影響。正如姜穎在《童溪易傳研究》中所説，考察南宋哲學史，淳熙年間正是朱熹、陸九淵兩派講學之争的關鍵階段，王宗傳没有介入到這兩個主流學派的論戰之中，因而没有成爲那個時代的主流學者之一，這也是其《易傳》長時間没有被重視的客觀原因。

三

《童溪易傳》現存的版本之中，比較重要的有四種。其中最爲重要的版本即南宋開禧元年刊本

（簡稱「宋刊本」），該本現分藏於北京的國家圖書館與沈陽的遼寧省圖書館。國家圖書館藏該本共二十二卷，全九册，缺第十五至十七卷、第二十三至二十七卷；遼寧省圖書館藏該本共六卷，即第十五至十七卷與第二十五至二十七卷。該本後來被收入「中華再造善本工程」第一期《唐宋編·經部》，由國家圖書館出版社影印，遺憾的是影印本僅收録國家圖書館所藏二十二卷，未收録遼寧省圖書館所藏六卷。至於宋刊本的第二十三與二十四兩卷現藏何處，則尚需再作查訪。據張素梅《〈童溪王先生易傳〉考析》（《圖書館理論與實踐》二〇〇五年第二期）所述，根據國家圖書館藏《童溪易傳》的流傳印記，此本在明代曾經俞貞木、秦汴、唐寅、賀萬祚、毛褒五大名家的收藏；入清後又先後爲揆敘、徐乾學兩名家收藏，然後進入内務府成爲皇家藏書，有「五福五代堂古稀天子寶」「八徵耄念之寶」「太上皇帝之寶」「乾隆御覽之寶」「天禄繼鑒」等印記；後來又從宫廷流出，成爲香港陳清華的藏書而有「祁陽陳澄中藏書記」。該本之一分爲二，當是在其流出宫廷之後才發生的。第二個版本即清初的《通志堂經解》本（簡稱「通志堂本」），三十卷完整，該本當是在宋刊本的基礎上重新加以校訂而成，故糾正了宋刊本的不少訛誤，然宋刊本因避諱所改之字大多照舊，僅有缺末筆之類有補上。該本有同治重刊本與江蘇廣陵書社的影印本。第三個版本爲《文淵閣四庫全書》本（簡稱「四庫本」），三十卷，有臺灣商務印書館的影印本與上海古籍出版社的翻印本，又有中國書店的《中國古代易學叢書》與上海古籍出版社的《四庫易學叢刊》等影印本，故爲目前最爲常見的《童溪易傳》版本，該本亦是在宋刊本的基礎上校訂而成，或許在其校訂過程中還參校了通志堂本，通志堂本已糾正過的錯字大多已改，而其最大特點就是對宋代的避諱字基本上都作了回改，其校訂較爲精良，然而未出校記。第四個版本爲《四庫全書薈要》本（簡稱「四庫薈要本」），三十卷，該本已有吉林出版集團的影印本。與四庫本相比，四庫薈要本部分卷末有四庫館臣所作的校記，其中包括在四庫本基礎上的進一步勘誤，也有對宋刊本的疑似訛誤之處所作校勘説明等，值得參考。四種之外，還有天一閣文物保管所藏明抄本與《文津閣四庫全書》本，均爲三十卷。

本次整理，以宋刊本爲底本，包括現藏於國家圖書館的二十二卷與現藏於遼寧省圖書館的六卷；以通志堂本、四庫本、四庫薈要本爲校本。宋刊本尚缺的第二十三、二十四兩卷，則以通志堂本爲底本。校點中凡遇避諱字，如「恒」、「貞」等字缺末筆，「恒」作「常」，「愼」作「謹」，「弘」作「洪」，「人」作「民」，「徵」作「證」之類，作了相應的回改，一般不出校記。俗譌字、異體字則情況較爲複雜，如「于」與「於」的混用，通志堂本、四庫本不改，本書亦不改；「禮」與「礼」，「蓋」與「盖」，「與」與「与」，「盡」與「尽」，「國」與「国」，「爾」與「尔」，「體」與「体」，宋刊本多有混用，通志堂本、四庫本已經統一改爲通行字，本書亦如此處理，不出校記。「嗚呼」作「烏乎」或「嗚乎」，統一爲「嗚呼」，不出校記。其他的校點問題，則在校注中作相應的説明。

本書的整理工作得以順利完成，還要感謝山東大學易學中心的姜穎老師、遼寧省圖書館的婁明輝老師，以及邸曉平、郜盼盼、陳天玄、王振中等友人的幫助。限於學力，本書的校點一定存在不少疏誤，敬請讀者批評指正。

張天杰

乙未之春於杭州師範大學倉前恕園

目録

自序〔一〕

《易》不可以易言也。蓋自漢魏以來，世之言《易》者特多於他經，而其失也比之言他經者亦多。此其故何也？易而言之之過也。夫人之情有所難乎此也，則必有所畏謹乎此，而後獲免輕議乎此之失。苟惟有所易也，則將争奇競巧，而不知中庸之爲至德；騁私任臆，而不知正直之爲王道。如是，則擇焉不精，語焉不詳，貿貿然不知朱紫苗莠之固有其辨，而吠聲覘影之流始受其誤矣。

昔者夫子蓋嘗致謹乎此也。觀其言曰：「加我數年，五十以學《易》，可以無大過矣。」夫學《易》而可以無易之過，此豈童心淺智者之所能爲也！故聖如夫子，亦曰「吾猶有待焉爾」，聖人之心其不敢有所易如此也。而客有註《易》與《本草》孰先之問，爲陶隱居者，則告之曰《易》先，其説曰：「註《易》誤，不至殺人；《本草》誤，人有不得其死者。」嗚呼！自斯人不至殺人之言一發，而《易》之誤自此始矣，世之輕議是經者，始紛紛矣。夫豈知《本草》誤，誤人命；註《易》誤，誤人心。人心一誤，則形存性亡，爲鬼蜮，爲禽獸，將無所不至，其禍不亦慘於殺人矣乎？隱居之言曰：「《本草》

〔一〕 宋刊本題作「童溪王先生易傳序」，通志堂本題作「易傳序」，四庫本題作「易傳原序」。

誤，人有不得其死者。」殊不知註《易》誤，人有不得其生者，可謂智乎？或曰：若之何而可以無易之過，如吾聖人之學《易》矣乎？曰：竊嘗聞之，綱一舉而目張，領一挈而裘順。天下之有是物也，孰從而然歟？是故有所謂形而上者之制乎命，而後是物也得以肇其長短小大之形，吉凶消長之變。世之言《易》者，孰不曰捨是數不可以言《易》也，捨是象不可以言《易》也？而聖如夫子，亦必曰是數與象《易》所不廢也。然所以爲是數與象者，或不知其説焉，則自一以往而有不可勝計之數，自形色貌象以往而有不可勝計之象，雖夫子亦末如之何矣。何也？聖人之於《易》，徒知據乎其會而已矣，據其會則凡憧憧於吾前者莫吾眩也。聖人之於《易》也，徒知立乎其顛而已矣，立其顛則凡紛紛乎吾下者莫吾廋也。然則是數也，是象也，不知務其所以然之説也，而可乎？夫苟捨是而役役於不可勝計之地，此夫子所謂易之過也。然則捨數與象不可以爲《易》，而其過也，乃數與象也；則金石、草木所以爲《本草》也，而其殺人也，乃金石、草木也。天下同知《本草》誤，誤人命，而不知《易》誤，誤人心。吁，亦異哉。

余不敏，一經之教，奉以周旋有日矣，然學愈久而心愈雜，故雖疲神剔思於此，非不勤且至也，而未嘗敢下輕議之筆。雖然，抑嘗思之，加我之年亦行甫及矣，進無用於時，退無補於身，不於此時也而有所勉焉，豈其志歟！若夫所謂大過，亦不敢自謂果可無也，願就有道而正焉。〔二〕

〔二〕　四庫本、通志堂本文末皆有「王宗傳謹述」五字。

林焞序〔一〕

性本無説，聖人本無言，童溪之論性然也。《易》盡性書也，而何至於多言？我知之矣。六丁敕，易在天；三爻吞，易在人。天而人之，易其顯乎？

余與童溪生同方，學同學，同及辛丑第，知其出處最詳。公性能酒，飲已輒論《易》。嘗曰：「吾遠祖文中不善辨，爲負苓者詘。使與我遇，當瞪目張膽滅其苓而飢之，曰：『爾不有於人，又何有於身？』」自是與人論〔二〕《易》不倦，而於二《繫》爲詳，出其門者十九青紫。既第之三年，教授曲江，越二年而書成。大書其影曰：「三十卷之《易》書，自謂無愧三聖。」其篤於自信者歟？

公姓王，諱宗傳，字景孟，世謂「天下王景孟」，則其人也。開禧更元，族子駉客武陵，以書來，曰：「劉君日新將以《童溪易傳》膏馥天下後世，叔大夫父當序。」是以序。

儒林郎知衢州開化縣主管勸農公事林焞炳叔序。

〔一〕 各本均無題，此爲整理者所加。
〔二〕 論，宋刊本、通志堂本缺，據四庫本補。

卷一

發　題

易果何物耶〔一〕？聞諸夫子曰「生生之謂易」，又曰「易无體」，又曰「其爲道也屢遷」，又曰「危者使平，易者使傾，其道甚大，百物不廢，懼以終始，其要无咎，此之謂易之道也」。蓋嘗即是數語而兼味之，夫天下有生生不窮之理，隨在隨有，无所間斷。在天地則爲變化，在事物則爲消息，在生民則爲日用，在聖賢則爲德業，在君子、小人則爲進退，在晝夜則爲晦明，在古今則爲往來、新故之迭更也。是理也，相軋相推，有當有否，而吉凶以生。聖人憫斯人之流轉於吉凶之域而莫知所避所就也，故告之以无危不平、无易不傾之説，而曰此物理之固然者而莫之廢也，人能終始以致其懼則无咎矣。然則易之爲易，其大旨可知矣。程河南曰：「易，變易也，隨時變易以從道也。」殆謂是歟？

〔一〕　耶，通志堂本、四庫本作「邪」。

䷀乾下乾上

乾：元、亨、利、貞。

程河南曰：「乾、坤，古无二字，作《易》特立此二字，以明難明之道。」竊〔一〕原《易》之始作也，則亦本諸一奇一耦而已矣。天下之理，有動必有静，有剛必有柔，有屈必有伸，有消必有長，蓋亦未有无對待而能不窮者，故曰「一陰一陽之謂道」。聖人得其説，據依之以爲《易》，故一奇一耦立而陰陽興，陰陽興而動静、剛柔、屈伸、消長之理在是矣。然一奇未足以爲天下之至健而必三焉，一耦未足以爲天下之至順而亦三焉，而後乾、坤之材備，乾、坤之材備則凡出乎其中者自此而不窮矣。是故乾、坤相索而六子以生，八卦相重而萬物之變已盡。《易》始乾、坤，父母萬物之義也。夫乾坤健順之理，散在萬物，亦不特爲天地而已也。而語天下之物，所謂至健至順者，則天地是也。天惟至健故其行不息，地惟至順故其德配天，此聖人之於乾、坤必推本天地而言焉。

元、亨、利、貞，至健之目也。夫萬物以陽熙，以陰凝。元與亨，其德陽也；利與貞，其德陰也。絪緼以始之，草昧而已，此元也；至亨以極其高大，則草斯文、昧斯明，陽德之成也；肅殺

〔一〕竊，原皆作「切」，據通志堂本、四庫本改，下同。

以終之，揫斂而已，此利也；至貞以正其性命，則揫斯息、斂斯藏，陰德之成也。元而亨，出之序也；亨而利，利而貞，入之序也。出而入，入而出，循環不窮，迭爲四序，此乾所以爲天下之至健也。朱子發曰：「乾具此四德，故爲諸卦之首。」程明道曰：「一德不具，不足謂之乾。」欲知聖人一言足以盡夫乾，曰「元亨利貞」是矣。

初九，潛龍勿用。

八卦始作，三材之道具於三畫；兼三材而兩之，又六畫而成卦，《經》曰「立天之道曰陰與陽，立地之道曰柔與剛，立人之道曰仁與義」是也。此乾所以有在天、在田、在人之别：五稱在天，則知上爲天之表，故曰「貴而无位」；三稱君子，則知四爲人之表，故曰「中不在人」；田，地之表也，而二稱之，則知初之潛又爲地之下矣。自初至上，奇耦相間，其位也，所謂分陰分陽是矣。九與六，或剛或柔，其爻也，所謂迭用剛柔是矣。九與六何以明爻？《經》曰：「乾之策二百一十有六，坤之策百四十有四。」夫乾爻六，一爻之策三十有六，四九之積也，故乾用九。坤爻六，一爻之策二十有四，四六之積也，故坤用六。此大衍之法，所以定陰陽之數也。然則乾用九、坤用六是亦不得不用九、用六也，而諸儒紛紛之説皆過也。九，陽之純；初，位之下也；純陽，天德也。在下位，不可以有爲也，初九之在乾也，德非不足也，位不足也，故有潛龍之象。程河南曰：

「理，无形也，必假象以明義。」龍之爲物，其奮也，其蟄也，隨乎時而已矣；又天類也，其神不測，而其功足以利澤萬物，故以象乾道之變化、陽氣之消長。其在人，則聖人之進退也，時乎潛也，則當蓄用以待用。夫苟强聒以求用，非知時者也，故曰「勿用」。

九二，見龍在田，利見大人。

五，陽位也，而居上卦之中，故爲君之正位。二，陰位也，而居下卦之中，故爲臣之正位。聖人之於天道，乾之六爻皆聖人也，而二以天德居之，聖人之爲人臣者也。田，地之表也，耕稼之區也，斯人所資以生殖也，施澤不至則斯人失所資矣。「見龍在田」，則陽氣播於地上，以長育萬物；聖人見於有道之世，以施澤萬民也。二與五俱稱大人者，以同德處相應之地。程河南曰：「臣利見大德之君，以行其道；君亦利見大德之臣，以共成其功；天下利見大德之人，以被其澤。」是也，乃若他爻，則德非不同也，位不同也。

九三，君子終日乾乾，夕惕若，厲无咎。

安其危則必危，危其危則无危，此易之道也。九三處下卦之上，重剛而不中，可謂危矣。然間乎二乾之間，往來皆乾，是能盡乾乾之道也，故曰「君子終日乾乾」。然其所以乾乾者何事也？惕然以危厲自警云爾，故又曰「夕惕若」。夕亦終日也，凡人之情未有不謹於朝而弛於夕，君子不以隱顯二其心，其視屋漏暗室无以異於十手十目〔一〕之嚴也，况日之夕而輒改其度乎？夫惟居常以危厲自警，則雖處危地而无危矣，故曰「无咎」。咎，過也。《經》曰：「无咎者，善補過也。」九三之重剛不中，此在《易》所謂過也，惟乾乾以自警，則其過可无也。《經》曰「懼以終始，其要无咎」，九三有焉。三，下卦之終也，故乾之三則曰「終日」，坤之三則曰「有終」。

九四，或躍在淵，无咎。

躍，陽之性也。淵，陰之所也。九四以陽居陰，陽動而陰靜，動靜之无常也，故稱「或」。或者，疑辭也。九四何疑乎？亦曰重剛而不中云爾。夫三以重剛不中而惕，乃能无咎；則四以重剛而不中而或，亦獲免咎，固其所也。然雖躍矣，躍而不脱於淵，則吾之位分固未嘗或離也，此《文言》謂其「非爲邪」「非離群」，而爻謂其「无咎」。

九五，飛龍在天，利見大人。

九五以天德居天位，聖人之得志莫盛於斯也，故曰「飛龍在天」。夫龍之潛於初，見於二，雖屈伸之不同，然皆非其所也，必也在乎天而後稱焉。蘇東坡曰：「飛者，龍之正行也。天者，龍

〔一〕 十手十目，通志堂本、四庫本作「十目十手」。

之正處也。則九五聖人之位，可知矣。」當是時也，臣之於君，君之於臣，民之於上，各相利見，此二、五所以獨稱「利見大人」。

上九，亢龍有悔。

《易》以中爲貴，以不中爲戒，諸卦皆然，况純剛之乾乎？三與四，重剛而不中，故惕與或，乃能无咎。上九，六陽已極，一陰將生，又非特不中而已也，故曰「亢龍有悔」。亢，極也。有過則有悔，事而至於有悔，則无及矣。惟聖人知進退存亡而不失其正，則不至於有悔焉，此前儒所以引堯老舜攝之事而證之。乾之六爻皆聖人也，宜无亢極之悔，而上九云爾者，以明危者使平、易者使傾之理，而示萬世帝王之戒也。

用九，見群龍无首，吉。

九，天德也。天之德，剛健是也。夫剛健之德，用得其當則吉，用不得其當則凶。《傳》曰：「天爲剛德，猶不干時。」乾之六爻，自初至上，皆九也。用得其當，則時潛則潛，時見則見，時躍則躍，時飛則飛，以至時行則與之偕行，時極則與之偕極，而无干時之愆，是之謂善用夫剛者，故曰「見群龍无首，吉」。群龍，即諸陽爻是也；无首，謂時然則然，各循乎天，而无干時之愆也。程河南曰：「乾之動，无不時也。」又曰：「以剛爲天下先，凶之道也。」然非用九，則六爻无首之吉何自而見之？不特此爾，《易》上、下二篇，凡一百九十二陽爻皆用九，實自乾來也； 凡一百九十二陰爻皆用六，實自坤來也。用有當否，而吉凶從之矣。

《彖》曰： 大哉乾元！ 萬物資始，乃統天。 雲行雨施，品物流形。 大明終始，六位時成，時乘六龍以御天。 乾道變化，各正性命，保合大和，乃利貞。 首出庶物，萬國咸寧。

王輔嗣曰：「彖者，統論一卦之體。」《經》曰：「智者觀其彖辭，則思過半矣。」即乾以推他卦，則元、亨、利、貞之類，乃具體而微之彖辭也。 得吾夫子而後其義浸顯，故釋彖之文通謂之彖。「大哉乾元，萬物資始，乃統天」，此釋元也。 夫莫衆於萬物，而所資以始者誰乎？乾之元也。 乾以元德爲萬物之所資始，而无一物之或吾捨焉，則其大可知矣，故以「大哉」贊之。 天者，萬物之祖也。 然萬物之所以祖天者，非祖天也，祖元也。 天恃元故能祖物，則元之大益可知矣，故曰「乃統天」。「雲行雨施，品物流形」，此釋亨也。 謂乾既以元德始萬物，而亨德繼之也。 夫始萬物者，乾元也； 生萬物者，坤元也。 然使乾元知始物而已，而生物之職則一付之坤，吾无與焉，則萬物既生之後，亦未有能遂其生者矣。 故夫「雲行雨施」，乾元之餘用也。 乾元有餘用，故始物者我也，育物者亦我也，物得所育則遂其生矣。「品物流形」，則向之有始者，今焉各有品目，流動遷改，得以極其高大也。「大明終始，六位時成，時乘六龍以御天」，此又即卦之初終與爻之用九，以推明元亨之用也。夫卦之初終，乃天道之終始，則見卦之六位，各以時成而不紊，故時潛則潛，時見則見，時躍則躍，時飛則飛，以至亢之與時偕行，上之與時偕極，无非因時循理之謂也。乘此六爻之時，以當天運，則乾元用九之道得矣，故曰「以御天」也。「乾道變化，各正性命，保合大和，乃利貞」，此釋利與貞也。夫萬物由資始以至於流形，而天道之運行見於發育者舉无愆忒，如此則變化之妙自有不知所以然而然者。凡蒙生育者，孰不各全其天哉？故自資始流形之後，性有剛柔緩急之不齊，命有長短大小之或異，莫不各得其正、不虧其全，是之謂「各正性命，保合大和」也。「保合大和」，謂絪緼之氣所以始萬物者，至此而不散離也。程河南曰：「天地之道，常久而不已者，保合大和也。」「乃利貞」者，謂性命之既正、大和之不虧，所以利且貞也。「首出庶物，萬國咸寧」，此二語所以結一彖之文也。《説卦》曰「乾爲首」，以其尊无與敵也，故曰「首出庶物」；又曰「乾爲君」，以其命无不聽也，故曰「萬國咸寧」。乾具是四德，而萬物莫不服之也，謂聖人之體乾也，以德化爲元氣而萬民資此以生養，以膏澤爲雲雨而萬民自我以生殖，對時育物而无干時之愆，存神過化而有妙物之道，以民躋仁壽、俗入陶甄，則其「首出庶物，萬國咸寧」，殆與天同尊矣！

《象》曰：天行健，君子以自强不息。

道外无器，器外无道，故《經》曰：「《易》者，像也。」又曰：「象者，言乎其象也。」象之所言者，卦之象也；彖所未言者，又於《大象》盡之。六爻之贊亦曰象，《易》无非象故也。程河南曰：「至微者，理也；至著者，象也。體用一源，隱顯无間。」天，乾之象也；健，乾之義也。夫周天三百六十五度有奇，一日行一度，一時周一方，一歲徧八極，終則有始，其行不息，如此其健也。夫孰使之然哉？自然而然也。自然，誠也；誠者，天之道也。君子之爲君子，何容心哉？亦天而已矣。故曰「自强不息」，以言自强則不息也，猶之曰「至誠无息」。堯兢兢〔二〕日行其道，舜業業日致其孝，自强也；周公戒成王以无逸，伊尹勉太甲以日新，非自强也，有以使之也。雖然，安而行之，利而行之，勉强而行之，及其成功一也，又烏知人之非天歟？

潛龍勿用，陽在下也。見龍在田，德施普也。終日乾乾，反復道也。或躍在淵，進无咎也。飛龍在天，大人造也。亢龍有悔，盈不可久也。用九，天德不可爲首也。

此爻贊也，古文《易》以此爻贊連於《象》文，諸卦皆然，不獨乾也。漢儒鄭康成之徒散爻贊於逐卦爻下，獨此乾卦存古文也，後人遂有「大象」、「小象」之說。龍，變化物也。其所以潛而勿用

〔二〕兢兢，通志堂本、四庫本作「兢兢」。

者，以陽德之在下位故也。故夫時乎出潛離隱，則雖欲勿用，得乎？此「見龍在田」德施所以不得不普也。然二德之施所以普者，亦恃有五也。若非應五，則吾獨善之不暇，如普何？三與四，在卦所謂中爻也。中爻，人道也。「終日乾乾」、「或躍在淵」，求免乎人道之患而已矣，故二爻俱有「无咎」之辭。三在下卦之上，有止義，故曰「反復道也」，以言往來皆乾，造次必於是也。四在上卦之下，有進義，故曰「進无咎也」，以言吾之位分未嘗敢離於此而進，夫何咎也？「飛龍在天」，而曰「大人造也」，「造」之一辭，有以見聖人之功用與天同焉。天何容心哉？聖人亦何容心哉？「不識不知，順帝之則」而已矣。故「造」之一辭，見聖人之功用即天也。而德施之普，即付之二焉。夫中正之位，五是也，而猶不已，則亢而滿矣，故「盈不可久也」。天下之理所可久者，中也，猶之注水於器也，中則正，滿則覆，此物之固然者。有人焉而曰「吾弗顧其覆也」，而注之不已焉，此可久耶？上九之亢，蓋酌水於器而不已而弗顧其覆之謂也，故爻謂之「有悔」，而夫子謂之「不可久也」。「用九」，時中之謂也，時潛則潛，時見則見，時躍則躍，時飛則飛，三則與時偕行，上則與時偕極。味夫此者，非有不及時之失，則有先時之過。不及時，狷者之爲也；先時，狂者之爲也。凡《易》之道，於狷者則吝之，於狂者則戒其有悔，不知有悔則凶矣。故「亢龍有悔」則曰「盈不可久也」，「用九」則曰「天德不可爲首也」。「不可」之一辭，以言乾之六爻皆聖人也，宜无不知時之失，特詳緩其辭以善其戒，所以待聖人者厚矣！

卷二

《文言》曰：元者，善之長也。亨者，嘉之會也。利者，義之和也。貞者，事之幹也。君子體仁足以長人，嘉會足以合禮，利物足以和義，貞固足以幹事。君子行此四德者，故曰：乾，元、亨、利、貞。

諸卦有彖有象，而乾、坤則加以「文言」，《易》之藴在乾坤故也。乾之《文言》視坤又加詳焉，坤效法於乾而乾者坤之倡故也。四德六爻未易以一彖一象盡之，故《文言》所以言彖象之未言也。《彖》釋「元亨利貞」有及於萬物，以言元亨利貞之在物也。《文言》釋「元亨利貞」有及於君子，以言元亨利貞之在我也。以在我言之，則元者，此性之始也。孟子曰：「性无不善。」稟受之初，萬善咸備，夫以萬善之多而咸備於一性之微，方其初也，雖其菁英未甚發見，而生長於方寸之內者已紛紛焉肇其端矣，故曰「元者，善之長也」。長，生長也。亨也者，此性之明也。始生之性至此而明，則衆美於焉而咸會矣，謂菁英發見於此時也。故曰「亨者，嘉之會也」。於元曰「善」，於亨曰「嘉」，始生之性而至於亨，則善爲有加故也。利者，此性之用也。利，宜也，義亦宜也。益之《象》曰「君子以見善則遷，有過則改」，而九卦論益亦曰「益以興利」。蓋利於性者，无過乎善；害於性者，莫大於過。遷善而改過，非善之所宜然乎？故曰「利者，義之和也」。曰「和」云者，不悖於義之謂也。故孟子知此說，故曰「天下之言性也，則故而已矣，故者以利爲本」。貞者，此性之體也。夫性得其正，則推而見於事爲之際无適而不正，其本在我故也。夫「元亨利貞」其在我者如此，孰能推而行之？君子也，故以君子繼之。「體仁足以長人」，則推吾此性之善，能仁己而又能仁人也。長人者，吾知其體仁於己，而已初无不仁之舉以害於人，而人自長育於吾仁之中，故曰「足以長人」。若家至而長之，則有不足者矣。夫子語顏淵曰「一日克己復禮，天下歸仁」是也。「嘉會足以合禮」，則此性之中衆美咸會，而動容周旋之際，雖非有意求合於禮，自然與禮合矣。不然，則窘束迫促而无容與之態，此非盛德者之事，而不足以合禮矣。「利物足以和義」，說者多以義者刻制之具，非利以和之，徒義也。此蘇明允之意也。竊謂利物者，順適物理而行之也。君子盡吾此性之用，順適物理，則其於己也見善必遷、有過必改，其於人也遏惡揚善、以順天之休命，如此則與義不悖矣，故曰「足以和義」。義者，時措之宜也。「貞固足以幹事」者，夫貞則固，不貞則不固也。固則萬物不能摇，物之所以不能我摇者，以正勝之也。在我之性以貞而固，萬事膠擾於吾前，而吾恢恢若運之掌矣，所謂能定而後能應也，故曰「足以幹事」。張横渠曰：「天下之理得，元也；會而通，亨也；說諸心，利也；一天下之動，貞也。」夫天之與我以此性也，惟君子爲能推而行之，行此四德，則天在我矣，故終之曰「君子行此四德者，故曰『乾，元、亨、利、貞』」。

初九曰「潛龍勿用」，何謂也？子曰：「龍德而隱者也。不易乎世，不成乎名；遯世无悶，不見是而无悶；樂則行之，憂則違之，確乎其不可拔，潛龍也。」

初九之隱也，吾非无意於斯世也，特其所守以天不以人，故曰「不易乎世」，謂守其道，不隨世而變也。吾非假隱以媒禄也，何恤乎名之成不成？故曰「不成乎名」，謂晦其行，不求聞於時也。「遯世而无悶」，窮亦樂也；「不見是而无悶」，舉世非之不加沮也。梁鴻之隱，作五噫之歌；賈誼之遷，賦弔湘之文：非无悶也，无他，其所養非龍德故也。「樂則行之」，見可而動也；「憂則違之」，知難而避也：行違視天故也。行違視天，而不以人參焉，則富貴不能淫，貧賤不能移，威武不能屈，故曰「確乎其不可拔，潛龍也」。

九二曰「見龍在田，利見大人」，何謂也？子曰：「龍德而正中也。庸言之信，庸行之謹，閑邪存其誠，善世而不伐，德博而化。《易》曰『見龍在田，利見大人』，君德也。」

「庸言之信，庸行之謹，閑邪存其誠，善世而不伐，德博而化」，此正九二正中之德也。昔者夫子嘗有言曰：「中庸之德，其至矣乎！民鮮久矣。」九二之於庸言庸行，但知謹信而止爾。積而至於德博而化，此中庸之至德也。原其所以然，則亦不忽於細微故也。吾嘗論之矣：正中之德，无他事也，如日必作、夜必息，暑必絺、寒必裘，順吾常而已矣。吾常之不順，則必作意於此，作意於此則易棄矣，非正中之德也。邪者，誠之賊也。邪之不閑，不能存是誠也。誠之不存，善世不能不伐也。善世不能不伐，則累於心者未必决去也。夫〔一〕累於心者未能决去，吾見其小耳，何博之云？吾見其有所繫矣，何化之云？若夫德博而化，則天地之大即吾之德也，天地之運即吾德之所不窮也。原其初，則亦自庸言庸行中出也。《中庸》曰「夫婦之愚，可以與知」、「夫婦之不肖，可以能行」，所謂庸言庸行也。孟子知此説而曰「大而化之之謂聖」，其初亦不外於可欲之善、有諸己之信。夫子亦以「入則孝，出則悌，謹而信」爲弟子者之職業，以言舍是則不可與入德矣。二與五，均大人也，宜无不同之德。在五則德與位稱，在二則位不足而德有餘也，故曰「君德也」，以言

〔一〕夫，原作「天」，當誤，據通志堂本、四庫本改。

雖非君位，君之德也。顔氏子擇乎中庸，得一善則服膺拳拳而弗失，「爲邦」之問，夫子告之以四代事業，君德也。

九三曰〔一〕「君子終日乾乾，夕惕若，厲无咎」，何謂也？子曰：「君子進德修業。忠信，所以進德也；修辭立其誠，所以居業也。知至至之，可與幾也；知終終之，可與存義也。是故居上位而不驕，在下位而不憂，故乾乾因其時而惕，雖危无咎矣。」

君子之於德業，未嘗廢進修，乾之三與四特曰「進德修業」者，處惕、或之地尤不可以舍是故也。德何由進？忠信，所以進德也。《傳》曰：「忠，德之正也；信，德之固也。」既正且固，則内有所主，而德自此進矣。業何由修？修辭立其誠者，所以修業也。業修矣，故可居。夫兩言之，則曰忠信；一言之，則曰誠而已。德與業非二事，誠與忠信亦非二物也。誠在内，修辭以立之，則形見於外，上焉足以取信於君，下焉足以取信於人，君臣之間交孚而无疑，則大臣之業可得而居有之矣。《太甲》之三篇，周公之《鴟鴞》，此古之大臣修辭立誠以居業之實也。「知至至之」，此主進

〔一〕曰，原缺，據通志堂本、四庫本及《周易》通行本補。

德而言也。始焉知德之可至，吾之進之必欲極其至也，非知幾者，安能如此？故曰「可與幾也」，謂其知有可至之理，故從而至之也。「知終終之」，此主居業而言也。終焉知業之可終，吾之居之必欲保其終也，非能守義者，安能如此？故曰「可與存義也」，謂其知有可終之理，故從而終之也。程河南曰：「知至至之，致知也，所謂『始條理者，智之事也』；知終終之，力行也，所謂『終條理者，聖之事也』：此學之終始也。」三在下卦之上，故曰「在上位」；猶未離乎下體也，故曰「在下位」。不驕不憂，此學力也，學力既至，則知處上處下之道。驕憂兩无，而恐懼獨存焉，故曰「乾乾因其時而惕，雖危无咎矣」。

九四曰「或躍在淵，无咎」，何謂也？子曰：「上下无常，非爲邪也；進退无恒〔一〕，非離群也。君子進德修業，欲及時也，故无咎。」

九，陽也，而居上；四，陰也，而居下：故曰「上下无常」。九，陽也，而主進；四，陰也，而主退：故又曰「進退无恒」。夫處人臣之位，上下宜其有常也，今也上下无常，則疑於作爲回邪矣；進退宜其有常也，今也進退无常，則疑於離去群匹矣。然九四之躍雖躍矣，而不脱於淵，則

〔一〕恒，原因避諱改作「常」，通志堂本、四庫本已改回，今從之。

人臣之位分，吾未嘗或踰焉，以此知其不爲邪、不離群也。既非爲邪，又非離群，何爲是之不寧也？亦曰進德修業欲及時云爾。此所以不遑寧居，而有上下進退之勞焉。程河南曰：「君子之順時，猶影之隨形，可離非道也。」恒，即常也，恒之卦曰「恒，久也」，恒、常初无異義。

九五曰「飛龍在天，利見大人」，何謂也？子曰：「同聲相應，同氣相求，水流濕，火就燥，雲從龍，風從虎，聖人作而萬物覩。本乎天者親上，本乎地者親下，則各從其類也。」

大凡心之同者，則誠意交孚而其聲斯同；德之同者，則惟馨發聞而其氣斯同。「同聲相應，同氣相求」，以言二、五心德之同也。水者，陰中之物，而其流濕則下與陰同；火者，陽中之物，而其就燥則上與陽會。「水流濕，火就燥」，凡以致精神之運，以言二、五之所以同心也。龍者，東方之畜，而雲從之，則物賴其澤；虎者，西方之獸，而風從之，則物被其威。「雲從龍，風從虎」，凡以致仁義之化，以言二、五之所以同德也。是故聚精會神而昭徹四海，懷仁附義而生成庶類，此聖人作興而萬物之所以咸覩歟？五，天位也，而曰「飛龍在天」，此本乎天者也，二上應五，故曰「親上」。二，地位也，而曰「見龍在田」，此本乎地者也，五下應二，故曰「親下」。《文言》推廣「利見大人」之義，於萬物則言「覩」，於二、五則言「親」。親如父子、如魚水，覩則拭目觀瞻而已，言各有旨也。夫九五，大德之君也，固欲得大德之臣而任之；九二，大德之臣也，必欲得大德之君而事之。上與下交相親，故曰「則各從其類也」。程河南曰：「五以龍德升尊位，人之類莫不歸仰，況同德乎？上應於下，下從於上。」又曰：「乾之二、五，則聖人既出，上下相見，共成其事。」

上九曰「亢龍有悔」，何謂也？子曰：「貴而无位，高而无民，賢人在下位而无輔，是以動而有悔也。」

生殺予奪之權已擅於五，故曰「貴而无位」；謳歌獄訟之心已歸於五，故曰「高而无民」；同心同德之佐又已應於五，故曰「賢人在下位而无輔」。《經》曰「聖人大寶曰位」，位可无乎？《書》曰「后非民罔以辟四方」，民可无乎？又曰「后非賢不乂」，輔可无乎？无此三者，有悔必矣。其曰「是以動而有悔也」，以言无動而非悔也。

「潛龍勿用」，下也。「見龍在田」，時舍也。「終日乾乾」，行事也。「或躍在淵」，自試也。「飛龍在天」，上治也。「亢龍有悔」，窮之災也。「乾元用九」，天下治也。「潛龍勿用」，陽氣潛藏。「見龍在田」，天下文明。「終日乾乾」，與時偕行。「或躍在淵」，乾道乃革。「飛龍在天」，乃位乎天德。「亢龍有悔」，與〔二〕時偕極。「乾元用九」，乃見天則。

……而聖人之大寶亦曰位，互文以見義也〔三〕。

乾元者，始而亨者也。利貞者，性情也。乾始能以美利利天下，不言所利，大矣哉！大哉乾乎！剛健中正，純粹精也；六爻發揮，旁通情也；時乘六龍，以御天也；雲行雨施，天下平也。

《文言》之於四德也，首章以人分而釋之，此章以天道合而論之。其分也以言其先後之有序，其合也以言其功用之不分，各有所指也。「乾元者，始而亨者也」，謂始物者乾元也，而亨物者亦乾元也。萬物自有始之後，其所以日長月化形遷如流者，孰使之然歟？乾元實爲之也。人知始物元也，而不知亨物亦乾元也。故以「始而亨」一歸之於乾元，此有以見元與亨功用之不分也。「利

〔二〕「亢龍有悔，與」下，原闕二葉，通志堂本、四庫本據《周易》經文補「時偕極。乾元用九，乃見天則」句，王宗傳傳文仍闕，今從之。

〔三〕本節僅存此句，其上傳文皆闕。

貞者，性情也」，謂利得其正，則情无非性矣。程河南曰：「亨毒化育，皆利也。不有其功，常久而不已者，皆貞也。」夫動而生物者，乾之情也，所謂亨毒化育之利也；正而不變者，乾之性也，所謂不有其功、常久而不已之貞也。利萬物也以貞，則是性其情也。王輔嗣曰：「不性其情，何以久行其正？」故曰「利貞者，性情也」，此有以見利與貞功用之不分也。夫利物而得其正者，又誰歟？亦乾元也。故於「利貞者，性情也」之後，又繼之以「乾始能以美利利天下，不言所利，大矣哉」。「乾始」，元也；「美利」，亨也。「亨者，嘉之會」，美亦嘉故也。「利天下」，利也；「不言所利」，貞也，所謂不有其功、常久而不已者也。故贊之曰「大矣哉」。大亦元也，此又有以見「元亨利貞」功用之不分也。自「大哉乾乎」以下，又廣言四德之餘旨，以明乾之所以大。故又先贊之曰「大哉乾乎」，乾惟大哉，故「剛健中正，純粹精也」，不可以一德名也；「六爻發揮，旁通情也」，不可以一義求也；「時乘六龍，以御天也」，不可以一用盡也；「雲行雨施，天下平也」，不可以一方拘也。夫剛，乾之體也；健，乾之用也。剛故不變，健故不息。一氣之運動，无非時中也；自然之天理，无不順正也。所謂純者，專一而不雜也，可以卦畫見之。夫八卦皆純也，奚獨乾歟？曰：六子，陰陽雜也，而坤又嫌於无陽也，故稱龍焉，則所謂純一不雜者，莫乾若也。乾有是純一不雜之德，故稟之於己則爲粹，貸之於物則爲精。剛不干時，乾之粹也；精氣爲物，乾之精也。揚子雲曰「天精天粹，萬物作類」是也。乾之德如此其不一也，故悉而數之曰「剛健中正，純粹精也」。乾有不一之德，六爻自初至上，其所以發而揮之者果何事歟？亦曰不外乎是德云爾。是德也，發而揮之於六爻之間：故初之勿用，則養其剛；三之乾乾，則行其健；二、五中也，而三與四之重剛又警其不中；三、五正也，而上之有悔又欲其不失正。「乾元用九」，則其純也。「天德不可爲首」，則其粹也。以至萬物資始於乾元，則其精也。乾之難見之情无所不通如此，然則乾之情其所以旁而通之者即乾之六爻也，其所以發而揮之者又即乾之不一之德也，豈有他哉？故既言乾之德，而繼之以「六爻發揮，旁通情也」。六爻既以發揮，則知時潛、時見、時躍、時飛與夫時行、時極，各乘其時而不紊，乘此六爻之時以當天運，此乾元用九所以「乃見天則」也，故又繼之以「時乘六龍，以御天也」。六氣順序則乾之功用博矣，故以「雲行雨施，天下平也」終焉。「雲行雨施」，天之澤也，而所以爲雲爲雨者，乾元之餘用也。夫乾元之大也，爲萬物之所資始，則雲行雨施而天下均被其澤者，乃其餘事耳，故曰「雲行雨施，天下平也」。乾之德，不可以一德名；乾之用，不可以一用盡；乾之爻，不可以一義求；乾之澤，不可以一方拘。其曰「大哉乾乎」，信乎其大也。

君子以成德爲行，日可見之行也。潛之爲言也，隱而未見，行而未成，是以君子弗用也。

行之於德，如影之隨形，不可以强无之也，特因其所處如何耳。時方隱伏，則雖有是德而无是行，乃若出潛離隱，則以是德爲是行也，猶之植木於幽暗之地，表未始不存而影未始可見，何也？隱使然也。若夫大明方中，无有欺蔽，向之植於幽暗者，舉而移之顯明之地，則表立而影隨矣。此君子之道所以不可誣也。德之在我，患〔一〕未成爾。行未成，非所慮也。德既成，則推此以爲行，乃其餘事爾。所謂「日可見」，雖欲俄頃少蔽之，不可得也。初云「龍德而隱」，德非不足也，位不足也。夫君子之心，不敢以天之所予我者自私久矣。今也吾身「隱而未見」，則吾心之所欲施者亦未見其可也，故曰「行而未成」。「行而未成」，則「不成乎名」矣，此時也，非我志也。然則如之何？曰：與其有干時之愆，無寧隱居以求其志也，故曰「是以君子弗用也」。

君子學以聚之，問以辨之，寬以居之，仁以行之。《易》曰「見龍在田，利見大人」，君德也。

君子得之於天者，與人同也。所以輔其天，與人異也。既有以得於天，而无以輔其天，棄天也。學問之道无他，輔吾之天也。吾之天既有餘地，則寬居仁行，何往而不暇？所謂「君德」，如

〔一〕患，原作「患」，據通志堂本、四庫本改。

此而已。子曰「吾十有五而志於學」，又曰「我非生而知之者，好古敏以求之也」，自夫十有五以往，良知良能之外，何事非學？前言往行未際於耳目，艱難險阻未經於履歷，此非學不可。「學以聚之」，則所得富矣。所得既富，不問以辨之，則孰爲得孰爲失孰爲是孰爲非則懵然矣，故繼之以問辨也。學聚問辨，其德成矣。九二出潛離隱，則以成德爲行，此其時也。故又繼之以寬居仁行。「寬以居之」，涵養是德於己也；「仁以行之」，推行是德於人也。君子將以推是德於人，而在己者无雍容涵養之素，則事至而應亦有所不給矣。故「寬以居之」，所以涵養是德也。至於「仁以行之」，則德施普矣。前章言「庸言之信，庸行之謹」，學問之力也；「閑邪存其誠，善世而不伐，德博而化」，涵養之功也。二之「見龍在田」，而生養之利无不被，非由學問先自涵養，何以至此？

九三重剛而不中，上不在天，下不在田，故乾乾因其時而惕，雖危无咎矣。九四重剛而不中，上不在天，下不在田，中不在人，故或之。或之者，疑之也，故无咎。

子曰「過猶不及」，以言過與不及皆非中也。九三重剛而不中，過乎中也，下乘九二、初九之剛，故曰重剛而不中。九四重剛而不中，不及乎中也，上乘九五、上九之剛，故亦曰重剛而不中。《易》以中爲貴，以不中爲戒，故三與四均致意於此。「上不在天」，謂非五也；「下不在田」，謂非二也。而四處人物之表，近君之地，謂之「中不在人」，又不得爲九三也。三既惕矣，四烏得而不或邪？昔魏徵〔一〕謂王仲淹曰：「聖人有憂乎？」曰：「天下皆憂，吾獨得不憂。」問疑，曰：「天下皆疑，吾獨得不疑。」若三之惕，則不得不憂矣；四之或，則不得不疑矣。《經》曰：「作《易》者，其有憂患乎？」是故其辭危。」乾之九三、九四是也。三與四處危疑之地，故其辭亦危，何危乎？當是時也，上有堯、舜則揖遜之事興，上有桀、紂則湯、武之變成，詎勝言哉？故居此地者，皆當因時進德修業，而勿忘惕或之念，夫然後得俱免无咎。

夫大人者，與天地合其德，與日月合其明，與四時合其序，與鬼神合其吉凶，先天而天弗違，後天而奉天時。天且不違，而況於人乎？況於鬼神乎？

至理无乎不在，在天地則爲覆載之德，在日月則爲晝夜之明，在四時則爲寒暑之序，在鬼神則爲禍盈福謙之吉凶，均一理也。一理所在，以心契之故无往而不合，无往而不合則大矣。故天地以无私爲德，日月以无私爲明，四時以无私爲序，鬼神以无私爲吉凶，而大人則以无私爲心，以此

〔一〕徵，原因避諱改作「證」，四庫本已改回，今從之。

无私合彼无私，宜其大也。夫至理，純乎天而已矣。故天全是理，爲造化之主。地配天也，日月、四時、鬼神皆分任其造化之職者也。大人全盡是理，則亦天而已矣。故「先天而天弗違」，大人即天也；「後天而奉天時」，天即大人也。吾不知其分焉，雖然，「後天而奉天時」，猶有天在也；「先天而天弗違」，則大人之外无別有天矣。故終之曰：「天且弗違，而况於人乎？况於鬼神乎？」言人與鬼神相與晦明於大人之天之中而不自知也。夫始於无所不合，終於无所弗違，所謂大人造化也以此。

亢之爲言也，知進而不知退，知存而不知亡，知得而不知喪。其唯聖人乎！知進退存亡而不失其正者，其唯聖人乎！

无危不平，无易不傾，易之理也。故有進必有退，有存必有亡，有得必有喪，知其一，不知其二，過矣，此上九之所以亢也。「其唯聖人乎！知進退存亡而不失其正者，其唯聖人乎！」此廣言六爻用九之道，以終《文言》一篇之意。乾之六爻皆聖人也，故知進退存亡而不失其正，如初之潛，則知以退爲正也；二之見，則知以進爲正也；四之進退无常，則知進而又知退矣；三之在上不驕、在下不憂，則知存而又知亡矣；五之下見二，則知退托以求助而不敢保其存也。凡此皆不失其正也。上九亦聖人也，宜无失正之舉，容有不知乎此而至於亢者，《易》之示戒深矣！夫自亢言之，則有進有退、有存有亡、有得有喪； 自聖人言之，則雖有進退存亡而實无得喪於其間也。何也？謂其因時順天而吾无容心故也，故言「知進退存亡」而不及於得喪焉。終始兩言「其唯聖人乎」，深嘆上九之不失其正也。夫不失正，則不失聖矣。

卷三

䷁ 坤下坤上

坤：元，亨，利牝馬之貞。君子有攸往，先迷，後得主，利。西南得朋，東北喪朋。安貞吉。

程河南曰：「『坤，元，亨，利，牝馬之貞。』『利』不連『牝馬』爲義，如云『利牝馬之貞』，則坤只有三德。」大抵四德具乃謂之乾，德配乾乃謂之坤。坤云四德同於乾，而貞體則或異者，乾以剛固爲貞，坤則柔順而已，故有取於牝馬之貞。蓋牝馬柔順，故能承順乎人；坤以柔順，故能承順乎天。夫乾爲馬，以其健於行也。若乾行而坤止，則无以共成其化育之功矣。故坤亦取諸馬，而又取其牝馬者，以謂不牝則不順，非馬則不能往應於乾，相爲无窮故也。夫坤以柔順爲貞，故能往應於乾。君子之進爲於世也，夫豈專恃吾有能行之才歟？必也待人君命焉而後承，駕焉而後騁，以務合坤之德而已，故繼之以「君子有攸往」，謂其以承順爲行，則无干時冒上之愆，而有所往也。「先迷」，謂其行也陰或先陽，則迷謬而失正。「後得主利」，謂陽倡而陰從之，則得主而利也。「得主」，猶曰得君也。爲坤之主也誰乎？曰：乾也。坤得乾以爲主，有順利而无迷謬，非能自後，寧至是乎？上六「其道窮也」，先迷也。六三「或從王事，无成有終」，後得主利也。自西至南，陰位也，而坤位西南之維，故曰「得朋」，謂其類皆陰也，得其朋類相與以贊成生育之功也。自北至東，陽方也，而東北之維，艮實位焉，此萬物成終成始之地也，陰之類於此絶矣，故曰「喪朋」。然乾元於此資始，則坤元以資生應之，未有乾行而坤止也，故生育之功又肇於此焉，則雖喪也，乃所以爲得也，故《彖》有「乃終有慶」之説。大抵坤之爲德，以後順爲貴。得朋以贊成生育之功，後順也；喪朋以往應於乾而肇生育之功，亦後順也。此之謂得主而利也，故終之曰「安貞吉」，謂牝馬之貞，坤之貞也，安於此而不變，則无先陽之迷，故吉也。

《彖》曰：至哉坤元！萬物資生，乃順承天。坤厚載物，德合无疆。含弘光大，品物咸亨。牝馬地類，行地无疆。柔順利貞，君子攸行。先迷失道，後順得常。西南得朋，乃與類行。東北喪朋，乃終有慶。安貞之吉，應地无疆。

乾稱父，坤稱母。父道尚尊，尊故大；母道尚親，親故至。此大與至之别也，故曰「大哉乾元」、「至哉坤元」。萬物資始於乾而有氣，則資生於坤而有形。乾動而坤隨，乾授而坤受，是故乾始而坤生，順而承之，不敢違也，故曰「乃順承天」。乾元之既始乎物也，其功用未已也，又有以資而育之，「雲行雨施」是也。則坤元之於物也，亦豈特生之而已哉？又有以宅其生而使之輯寧泮渙，自適自遂而後已，是故「坤厚載物」，宅其生也；「含弘光大」，則又輯寧泮渙其生也。此乾坤功用之不窮也。夫其所積不厚，則其所載者无力。舉天下之物，吾所生也，又吾所載也，此豈无力者能之乎？故曰「坤厚載物」，以謂不如是則其德不能配天矣。无疆，天之无疆也；「德合无疆」，地之无疆也。以此无疆合彼无疆，非厚能致然耶？「含弘光大」，以言其德之无疆也。夫萬物盡生於我，而或有流離迫促之態而不能自適自遂焉，則其責又在我矣。故坤之爲德也，必有以容之使不流，有以舒之使不迫。容之使不流，輯寧其生也，所謂含弘也；舒之使不迫，泮渙其生也，所謂光大也。含弘，德之器；光大，德之化也。凡此皆无疆之謂也，萬物於此雖欲不自適自遂，得乎？故曰「品物咸亨」。取諸牝馬者，以其地類也。地，陰德也，故牝馬其類也。牝馬柔順而亦健於行，則能往應於乾，故曰「行地无疆」。謂之行地无疆，則无疆之德，地固有焉，此所以德合无疆也。夫牝馬之行地无疆也，以其柔而利貞也。君子之有行也，舍是其可乎？故「柔順利貞，君子攸行」，亦猶乾之《文言》釋「元亨利貞」又繼之以「君子行此四德者」。《易》之取象明義，凡以爲君子設故也。先何爲而迷邪？以其失坤順之道也。牝雞之晨，密雲不雨，此先迷也。後何爲而順邪？以其得坤道之常也。君倡臣和，男行女隨，此後順也。「得常」，所謂得主而利也。

「西南得朋」，以君子言之，仕進之初也，初貴引類，故泰之初有拔茅之征，與類行也。「東北喪朋」，得君之終也，終貴道行，故大畜之上有「何天之衢，亨」，終有慶也。朱子發曰：「得君者，臣之慶；得親者，子之慶；得夫者，婦之慶。」夫〔一〕不有其功，常久而不已者，貞也。坤以柔順爲貞，安於貞而不變，此地道所以爲无窮也，故曰「安貞之吉，應地无疆」。君子之有行，亦務合於坤德，安於貞而已。夫天有是无疆也，而坤以厚德合之，故爲地之无疆；地有是无疆也，而君子以安貞之吉應之，則又爲君子之无疆矣。

《象》曰：地勢坤，君子以厚德載物。

天其運乎？故乾之《象》以天行言。地其處乎？故坤之《象》以地勢言。行則貴其不息，勢則貴其所積之厚而不輸爾載也。子思子曰：「地，以一撮土之多，及其廣大，載華岳而不動〔二〕，振河海而不洩。」蓋言所積之厚然也。夫德之在我，我所固有，君子固无以異於人也。然語其任天下之重者，則類非猥〔三〕薄者之所能勝也，是必積累之素見於平日之所養而後能然爾。鼎之九四「鼎折

〔一〕夫，原作「天」，據通志堂本、四庫本改。
〔二〕動，通志堂本、四庫本作「重」。
〔三〕猥，原作「環」，據通志堂本、四庫本改。

足，覆公餗」，夫子曰：「德薄而位尊，知小而謀大，力小而任重，鮮不及矣。」德非厚德故也。

初六，履霜，堅冰至。

《象》曰：履霜堅冰，陰始凝也。馴致其道，至堅冰也。

乾之初九，一陽在下，其曰「潛龍勿用」者，懼其傷也。坤之初六，一陰在下，其曰「履霜堅冰至」者，防其長也。懼其傷，愛之也；防其長，忌之也。夫陰陽天地之道，消長往來，爲晝夜，爲寒暑，爲古今，一息不停也。聖人何容心於其間，而有所愛、有所忌也哉？張横渠曰：「《易》爲君子謀，不爲小人謀。」惟《易》爲君子謀也，故陽，君子道也，則必委曲愛護，惟恐其或傷也。惟《易》不爲小人謀也，故陰，小人道也，則思杜其漸、防其微，惟恐其遂長也。夫涓涓不遏，將成江河；毫末不去，將尋斧柯。陰氣始凝，霜也。凝而不已，則其至堅冰也必矣。此无他，馴致之故也。惟見微慮早之君子，知天下有所謂必至之理，故謹其辨於履霜之初，則馴致之禍亦或幾乎熄矣。鄭莊公之寵弟，不用祭〔一〕仲蔓草之諫，而待其自斃，遂至於同氣交兵，子母相失。噫！此无他，昧履霜早辨之戒也。

〔一〕祭，原作「蔡」，據通志堂本、四庫本改。

六二，直方大，不習，无不利。

《象》曰：　六二之動，直以方也。不習无不利，地道光也。

坤六爻，惟二爲盡地道，何者？以順德居正位，順之至也。　故循理而行，无所容僞，直也；　隆殺厚薄，各當夫物，方也；　直方故大，大則能配天矣。　此坤德之自然也。　夫天下之理本諸自然者，則其功順成，初无所待，「不習无不利」也。　六二之動，直以方也，以承天而時行見之。　行其所无事，六二之直也；　時措之宜，六二之方也。　夫習而後利者有之矣，然其利有限也。　六二直方之德，根諸所性，乾動而坤隨，德與天合，豈有所限之利哉？此地道之所以光也。　光者，六二之所不可掩者，所謂大也。　程河南曰：「不習謂自然，在坤道則莫之爲而爲也，在聖人則從容中道。」或曰：　乾之二、五以同德相應，坤之二、五亦同德也，何以无相應之義？曰：　程河南曰：「二，坤之主，故不取五應，不以君道處五也。」

六三，含章可貞，或從王事，无成有終。

《象》曰：　含章可貞，以時發也。　或從王事，智[一]光大也。

〔一〕　智，通志堂本、四庫本作「知」。

邵康節曰：「陽知其始，而亨〔一〕其成；陰效其法，而終其勞。」夫效其法而終其勞，坤之六三是也。三，陽也，而明於内；六，陰也，而晦於外：含章也。六三，非正也，居下位之尊，當静晦之時，而有含章之智，亦可謂之貞矣。然含章不發，非不發也，發於從事之間，而若未嘗發焉爾。故繼之曰「或從王事」，而《象》曰「以時發也」。曰「時」云者，義所當爲，吾必爲之，但含晦其美，不敢居其成功也。然則不知含章不可謂正，含章不以時而發可謂之正乎？亦不可也。「无成有終」，謂不敢居其成功，惟後順以終其勞爾。夫時晦而晦，非不盡忠也；時發而發，非好從事也。故晦而不發，非智也；發而不晦，亦非智也。智也者，晦其所發、發而必晦之謂也。故贊之曰「智光大也」，古之人所以无智名勇功者以此。後世君子身處高位，以含晦爲心，則或至於拱默无營；以强聒爲事，則或至於矜伐而取忌。由六三言之，何暗如之！

六四，括囊，无咎无譽。

《象》曰：括囊无咎，慎不害也。

乾九四曰「乾道乃革」，則坤六四亦坤道乃革之時也。以周正考之，建酉之月革秋而爲冬，則

〔一〕亨，通志堂本作「享」，《皇極經世》亦作「享」。

六四是也。當是時也，陰氣既凝，萬物歸根，小人道盛而君子不利，故曰「括囊」。括囊，謹密以遠害也。知所以遠害，則寵辱不至，故曰「无咎无譽」，韓退之所謂「刀鋸不加，車服不維」是也。蘇東坡曰：「咎與譽，人所不能免也。出乎咎必入乎譽，脱乎譽必麗乎咎，咎所以致罪，譽所以致疑也。甚矣，无咎无譽之難也！」然當是時也，譽亦所以致疑，則譽亦咎也。故《象》曰：「括囊无咎，謹不害也。」《太玄〔一〕》以馴準坤，而次六有曰「囊失〔二〕括，珍寶泄」，此則不知謹密而致害也。

六五，黄裳，元吉。

《象》曰：黄裳元吉，文在中也。

《易》中以六居五，蓋半矣，莫非君也。在泰、在大有之類，則爲謙順之君；在離、在未濟之類，則爲文明之君；在豫、在恒之類，則爲暗弱之君。惟坤也，五雖君位，坤實臣道，故不取君義，但微婉其辭而致之意，曰「黄裳元吉」。夫黄，中色也；裳，下飾也。惟中也，故通達爲臣之理而不可失；惟下也，故謹守爲臣之分而不可踰。如此則中有所養，外无所越，吉孰大焉？程河南曰：「黄裳既元吉，則居尊爲天下大凶可知。」又曰：「在坤，則陰居尊位。陰者，臣道也，婦道

〔一〕玄，各本均因避諱改作「元」，今改回。
〔二〕失，各本均作「夫」，案各本《太玄》均作「失」，今據改。

也。臣居尊位，羿、莽是也。婦居尊位，女媧、武氏是也。非常之變，不可言也，故有黄裳元吉之戒而不盡言也。」「文在中也」，謂積至美，所養既厚，則能謹守其分，六三、六五皆陰外而陽内，故三曰「含章」，五曰「文在中也」。

上六，龍戰于野，其血玄黄。

《象》曰：龍戰于野，其道窮也。

陰道馴致於初，至五而盛矣，至上則其道不得不窮。蓋六陰極於亥，至子而一陽來。上六，亥也，乾位亥前，正陰陽交戰之地，故《説卦》曰「戰乎乾」，以言陰陽勝負之機實决於此時也。夫陰，小人之道，不可以過盛而與陽敵，故於六陰之極而稱「龍」焉，存陽道也。存陽道者，存君子也。在剥之上，五陰既盛，一陽雖存，凛凛乎其危也，而上九侈言之曰「碩果不食」，又曰「君子得輿」，以言天道不可以一日而无陽、天下不可以一日而無君子。故邵康節曰：「夫《易》，聖人長君子、消小人之道也。及其長也，闢之於未然；及其消也，闔之於已然。一消一長，一闔一闢，渾然无迹，非天下之至神，其孰能與於此。」上六在一卦之外，陰既失所，而陽未正其位，故曰「戰于野」。當是時也，以强弱較之，陰既盛而陽猶微；以時勢論之，陽當信而陰已屈。俱不能无傷，故曰「其血玄黄」。

用六，利永貞。

《象》曰：用六永貞，以大終也。

乾之用九，用得其當則吉，用不得其當則凶；惟坤亦然，故用六之利在於永貞而已。永貞，謂久其貞也。《象》以安貞爲吉，則用六以永貞爲利可知也。夫坤之德所以能配天者，以其久於其貞也。貞則大，大則能配天矣。故曰：「用六永貞，以大終也。」或曰：二之直方，三之含章，四之括囊，五之黄裳，是皆善用夫六者，謂之永貞可也，陰道馴致於初而窮於上，得爲永貞矣乎？曰：陰與陽，循環无端，不有所始則不有所終，不有所終則亦不有所始，易之道然也。惟君子見微而慮遠，於履霜則知堅冰之必至，於龍戰則識陰道之已窮，亦如乾之勿用於初而不可以久於上也，夫是之謂永貞。

《文言》曰：坤至柔而動也剛，至静而德方，後得主而有常，含萬物而化光，坤道其順乎！承天而時行。

乾之《文言》，首釋「元亨利貞」之四德甚詳且明也，至於末章「乾元者，始而亨也」以下之文，則間引釋《象》數語而參錯之。今坤之《文言》，其於四德則疑若未始釋之也，亦間用釋《象》文義而兼足之，其文莫適爲先後，與乾《文言》末章大略相似。聖人文章體制變化不一如此，蓋不如是則不謂之「文言」故也。然即「坤至柔而動也剛，至静而德方」二語以觀之，則坤之四德亦昭然而默存矣。夫至柔至静，則坤元所謂「至哉」也。其動也剛，則亨與利在其中矣。所謂德方，則其正也。天下之理不至其至，則變通宰制之權不屬諸我。至柔至静，此坤之所以至其至也。柔至而動剛，静至而德方，亦其理之必至也。惟其動剛，故能德應乎乾，而成萬物化育之功；惟其德方，故能不拂乎正，而順萬物性命之理。此坤之德所以能配天也。「後得主而有常」，則申後順得常之義。「含萬物而化光」，則申「含弘光大，品物咸亨」之義。聖人贊坤至此，間用釋《彖》文義而兼足之，莫適爲先後也，豈固爲是異同耶？申之者，確之也。

積善之家，必有餘慶；積不善之家，必有餘殃。臣弑其君，子弑其父，非一朝一夕之故，其所由來者漸矣，由辨之不早辨也[一]！《易》曰「履霜，堅冰至」，蓋言順也。

善人之於善也，力其所積而不必其所可必，小人之於不善也亦然。聖人之於善人也，原其所積而必其所可必，其於不善人也亦然。蓋君子之心，知盡其在我者而已，故不以小善爲无益而弗

[一] 辨，通志堂本、四庫本作「辯」。

爲，及其積也不已，則報效也亦不已；小人之心，知任其在我者而已，故不以小惡爲无傷而弗去，及其積也不已，則其報效也亦不已，此必至之理。《易》者，進君子而退小人之具，故陽爲善而陰爲惡，陽爲君而陰爲臣。坤之初六，一陰始凝，《象》取「履霜」，謂不善之積實基於此時也。苟不於此時辨其萌芽、去其漸長，則凡天下所謂弑父與君之大惡无所不至矣，此必至之餘殃也。原其所以然，亦以積小而大，由微而著，事勢之順成也，故曰「蓋言順也」。朱子發曰：「先儒嘗以乾坤論之，謂君子之道有時而消，於是有坤化陽滅者矣。然而復出爲震者，餘慶之不亡也。小人之道有時而消，於是有陽息陰盡者矣。然而姤極生巽者，餘殃猶在也。」

直其正也，方其義也。君子敬以直內，義以方外，敬義立而德不孤。直方大，不習无不利，則不疑其所行也。

直者何，正是也。方者何，義是也。夫循理而行无所容僞之謂正，直也者，正而无僞也；隆殺厚薄各當夫物之謂義，方也者，義之所當然也。「君子敬以直內」，則所謂正而无僞者存諸我矣，如是則內有所主，雖一毫人欲不能入吾舍，心正而意誠也；「義以方外」，則所謂義所當然者當夫物矣，如是則外得其宜，雖起居出入未踰吾閑，國治而天下平也。夫學力不至，則內外間斷。君子之學，合內外之謂也。主敬以直吾內，則敬立矣；行義以方吾外，則義立矣。敬義既立，則物我无異，而天下歸仁矣。此德之所以不孤也。不孤，所謂大也。知有内而不知有外，知主敬而不知行義，非不孤之德也。君子之德大而不孤，則性與用一物也，用與性一源也，所謂行其所无事而不失乎時措之宜者，雖屬之我而不知所以然而然也。如是則行之事物之際，殆如履吾室中，庸何纖芥之疑乎？或問：既曰直其正也，不曰正以直内，而曰敬以直内，何也？曰：正云者，有静意也；敬云者，有活意也。六二，正也；欲發明六二之動，故又曰敬，而正在其中矣。

陰雖有美，含之以從王事，弗敢成也。地道也，妻道也，臣道也。地道无成而代有終也。

坤之六二，以順德而處正位，六爻所謂盡地之道者，莫二若也，故曰「地道光也」。而三之「无成有終」亦曰「地道」，何哉？曰：地道以處下得中爲正。三，下卦之成也。聖人懼其以成功自居，故爲之戒云，而以臣道、妻道兼言之，所以示戒也詳矣。三之章，五之文，《文言》釋之，或曰「有美」，或曰「美在其中」，文與章皆美物也。「陰雖有美，含之以從王事」，非有美而不發也，發之於從事之間，而若未嘗發云爾。夫發之於從事之間而若未嘗發，非不發其美也，不暴其美故也。有美焉而不暴，則吾知惟王事之從而已爾，吾知代天之功以終其勞而已爾，所謂成功，吾何有焉，此六二之智所以光大也。晉武之平吴也，王濬每進見，陳其功伐之勞。范通〔二〕謂曰：「卿功則美矣，然卿所以居美者未盡善也。」濬曰：「何謂也？」通曰：「卿旋旆之日，角巾私第，口不言平吴之事。若有問者，輒曰：『聖主之德、群帥〔三〕之力，老夫何力之有焉！』如斯，顔子之不伐，龔遂之雅對，何以過之？」噫！此坤六二光大之智也，濬何足以語此？

天地變化，草木蕃；天地閉，賢人隱。《易》曰「括囊，无咎无譽」，蓋言謹也。

六二、六四皆以柔處柔，順之至也。然二則居下履正，盡坤之道；而四則坤道乃革之時，視二爲失位也。夫以至順之德，處失位之地，當是時也，何不用吾順乎？曰順乎時而已矣，故曰「天地閉，賢人隱」，然必先之以「天地變化，草木蕃」者，以言天地變化，草木亦蕃，而況於賢人乎？天地閉塞，賢人亦隱，而況於草木乎？互文以見義也。雖然，後世之隱有二，概有避咎而隱者，有好名而隱者。避咎而隱者，志於无咎，而反有譽；好名而隱者，恥於无譽，而反有咎。谷口鄭子真耕於巖穴之下，而名振於京師，此志於无咎，而反有譽，所謂避咎之隱者也。梁鴻作五噫之歌，而

〔二〕范通，原作「王通」，據四庫本及《晉書》卷四十二《王濬傳》改。
〔三〕群帥，原作「群師」，據通志堂本、四庫本及《晉書》卷四十二《王濬傳》改。

時君惡之，此恥於无譽而反有咎，所謂好名之隱者也。然則六四爻贊既曰「括囊无咎，謹不害也」，於此又曰「括囊无咎无譽，蓋言謹也」，豈不爲好名者設邪？

君子黄中通理，正位居體，美在其中，而暢於四肢[一]，發於事業，美之至也。

君臣上下，固有不易之理，亦有不易之位。中无所養而於理不通者，則雖冒昧竊位，而有隕越之禍，不顧也，况欲身安道隆，功著名顯，其可得乎？惟夫所養之至，富貴利慾不足以動其心，故雖躡高顯、係衆望，曾无欣艷於其間，若詩人所謂「公孫碩膚，赤舄几几」是也。夫黄中，美在其中也；德美存其中，則爲臣之理豈有不通曉者乎？於理既通，則能正爲臣之位而不失居下之體矣，凡此皆美在其中而然也。存諸中者既不可誣，則形諸外者亦不可掩，故其聲色也暢於四肢[二]，无非粹然盛德之容；其成務也發於事業，无非犁然當於人心者。此非所養之至，詎至是耶？故又終之曰「美之至也」。盡乎此者，求之古人，則周公其人也。

[一] 肢，通志堂本、四庫本作「支」。
[二] 聲，四庫本作「生」。

陰疑於陽必戰，爲其嫌於无陽也，故稱龍焉；猶未離其類也，故稱血焉。夫玄黄者，天地之雜也，天玄而地黄。

天下之理不可以有所極也，有所極則有虧，苟有所極而曾无所虧之處，則不可常矣。故陰陽之相推相盪，而相與爲无窮也，知道者未嘗不曰「此理之固然也」，而聖人特假是以爲隱惡揚善、進君子退小人之説焉，則其所寄之旨亦微矣。張横渠曰：「及其消也，闔之於未然〔二〕。」謂陰也。夫坤之上六之陰，陽不疑其軋己也，則必不至於戰；至於戰者，陽之不得已也，亦陰之不肯已也。不肯已者與其不得已者，騈然而作敵焉，此亦理勢之所必至也。而聖人則曰「天道不可一日而无陽，天下不可一日而无君子」，故稱龍於盛陰之時者，存陽道也，當此之時，不可以无陽故也。夫苟无陽，此聖人之所嫌也。張横渠曰：「及其長也，闢之於未然。」則稱龍於此時之謂也。大抵《易》於嫌疑之地，聖人必深致其意焉。乾之九四言「或躍在淵」而不稱龍者，爲其嫌於近五也；坤之上六言「龍戰于野」而必稱龍者，爲其嫌於无陽也。然九四之「或」，自疑也；上六之「疑」，陽疑之也。自疑，自省也；人疑之，則不知自省矣。此君子小人之辨也。《繫辭》曰「方以類

〔二〕未然，四庫本作「已然」。此處與下文之「張横渠」疑誤，兩處引文當出自邵雍《皇極經世》之《觀物外篇》。

聚」，乾曰「各從其類」，謂陰陽各有其類也。今也陰陽紛争，雌雄未决，均不免於或傷，故曰「猶未離其類也，故稱血焉」。又曰「夫玄黄者，天地之雜也，天玄而地黄」，若已離其類而无雜揉之傷，則陽道反正而无事矣。此光武勇於大敵之後，所以投戈而息馬也。

卷四

䷂震下坎上

屯：元，亨，利，貞。勿用有攸往，利建侯。

《彖》曰：屯，剛柔始交而難生，動乎險中，大亨貞。雷雨之動滿盈，天造草昧，宜建侯而不寧。

乾、坤之後繼之以屯與蒙者，《經》曰：「有天地，而後萬物生焉，盈乎天地之間者，惟萬物。屯者，盈也；屯者，物之始生也。初生必蒙，故受之以蒙。蒙者，物之穉也。」此夫子序卦之旨也。而愚之意則曰：繼天地以用事者長子也，其次則坎，又其次則艮，此三男相繼以效其勞於天造草昧之日，闢天荒，理地脉，發初性而盡開物成務之道也。故震之一陽實繼於乾、坤之後，當天地玄黄雌雄既决之後，而以貴下賤，爲屯之初九也。故屯之下體震而上體坎，蒙之下體坎而上體艮也。三男相繼以效其勞，不亦有序矣乎？屯之初九曰「利建侯」，蒙之九二曰「子克家」，蓋謂是也。元、亨、利、貞，乾、坤之四德也。乾、坤，萬物之父母也，故具此四德。自乾、坤而下，若屯、隨、无妄、革，能具其大體而不能盡其全用，則閔子、顏淵之於聖人具體而微之謂也。又其次則有具三德者，若離、咸、萃、兑、渙、小過；有具二德者，若大有、蠱、漸、大畜、升、困、中孚；有具一德者，若蒙、師、小畜、履、泰、謙、噬嗑、賁、復、大過、震、豐、節、既濟、未濟：則子游、子夏、子張得聖人之一體之謂也。方屯之時，難未亨也，所謂天造草昧者也。當此之時，未亨之難必期於大亨，故曰元亨。夫有一言足以當天地萬物之心，曰「正」是也。則所以已天下之難者，正也。故未亨之難而期於大亨，非利於正不可也。勿用有攸往者，非无所往也，當往而往，往而不在我故也。夫往而不在我，而奚在乎？曰：在乎正而已矣。初九謂「盤桓」，則欲其當往而往也。所謂志行正也，則往不在我而在正也。解，坎下震上，屯之反也，其曰「无所往，其來復吉。有攸往，夙吉」。夫既曰「无所往」也，未幾而又曰「有攸往」者，何也？天地之解已在此時故也。然則方屯之時，所謂有攸往也，則勿用焉，而惟正之是卜可也。侯者，共理之人也。當屯難之時，民思其主，而欲以吾之一身濟焉，難矣！故又利在建侯。乾坤一索而得震，而震之一陽用事於群陰之下，是爲初爻，故曰「剛柔始交」。坎，水也。水善陷，故曰難生，又曰險也。動乎險中，謂初九也。初九以陽德居陽位，正也，此大亨之道也。朱子發曰：「安乎險與動乎險而不正，皆非濟屯之道。」震爲雷，坎爲雨，雷以洩陰陽之怒氣，雨以播陰陽之膏澤，所謂雷雨之動也，動謂震也，滿盈謂雷雨之動充足乎宇宙也，雷雨之動充足宇宙則无一物不蒙其功，誠異乎屯膏未光之施也。夫天造之初，草創冥昧，既難以吾之一身濟焉，則衆建諸侯宜矣！瓜分碁布之勢既連屬於宇内，則雖有强暴，誰與爲亂哉！然既建侯以翼已，而未始忘乎險難，故又曰「不寧」，則又安不忘危、存不忘亡之戒也。

《象》曰：雲雷，屯。君子以經綸。

《彖》取雷雨、《象》取雲雷者，以言既雨則非屯象矣，故雷雨作則爲解、雲雷屯則爲屯也。夫措之天下則爲事業，藴之吾心則爲經綸，當理亂解紛之時而經綸之无素焉，則欲亨屯也難矣！故緻謀締慮屯結乎吾中，若雲雷之欲雨而未雨焉，此則屯之象也。

初九，盤桓，利居貞，利建侯。

《象》曰：雖盤桓，志行正也。以貴下賤，大得民也。

九以天德居下位，亨屯之主，聖人之拔閭閻者也，故行止動静盡《彖》之德。「盤桓，利居貞」，即《彖》所謂「元亨，利貞，勿用有攸往」也。庖丁之解牛也，曰「每至於族，吾見其難爲，怵然爲戒，視爲止，行爲遲」，此所謂盤桓也。盤桓即《象》所謂經綸也。使初九无行正之志，則不待當往而往矣。所謂行正之志，何也？曰：行一不義、殺一不辜而得天下，不爲也。能居是正，則能行是正矣。建侯，爲民建也。建侯以爲民，則吾知有民而已，又安知有已也哉！故貴與賤所不必辨也，此盛德事也。陽貴而陰賤，陽少而陰衆，陽爲君而陰爲民，初九一陽處三陰之下，故曰「以貴下賤，大得民」也。

六二，屯如邅如，乘馬班如，匪寇，婚媾，女子貞不字，十年乃字。

《象》曰：六二之難，乘剛也。十年乃字，反常也。

君子守道不回，不苟合而失正。六二，正也。當屯之時，欲上應於五而未果，下乘初九之剛而不與合。欲上應於五而未果，「屯如邅如」也；下乘初九之剛而不與之合，「乘馬班如，匪寇，婚媾，女子貞不字」也。屯邅，不進之謂也。初九動乎險中，馬之象也。下馬曰班，與馬異處，欲行而止之謂也。二與五，陰陽之正也，而居相應之地。時方屯難，莫與之合。初非吾耦而二與之迫焉，則以寇目之，未暇論初之德如何也。夫二既以寇目初，豈與之爲婚媾乎？此女子之貞而忠臣之義也。字，育也。女子以正爲德，以字爲功，若失德而有功，寧貞而不字也。若夫屯極必通，數極復始，而正應乃獲，故曰「十年乃字」。十，謂數之極也。夫天下不常治，亦不常亂，亂極必治，不字終字，事勢有所反也，故又曰「反常也」。若屈突通盡節於隋而爲唐忠臣，則六二所謂不字而得乎反常之道也。

六三，即鹿无虞，惟入于林中，君子幾不如舍，往吝。

《象》曰：即鹿无虞，以從禽也。君子舍之，往吝窮也。

《傳》曰「秦失其鹿，天下競逐」。六三當屯之時，所謂競逐之夫也。漢高祖語諸將曰：「諸君知獵乎？逐獸者，狗也；指蹤者，人也。」坎爲隱伏，五以一陽伏於衆陰之中，鹿之象也。夫初九所以大得民者，建侯以翼己故也，用能作於閭閻，而爲亨屯之主。六三居不以正，動而无應，猶之「即鹿」也，志在得禽而无指蹤之人也，所謂「无虞」也。虞人，山林之導也。入於林而无其導焉，徒往也。上六處一卦之外而非其應也，故有入于林而无虞之象。君子則不然，與其往取窮吝而无所獲也，殆不如舍旃而安於屯，居貞以待時，而无妄動之失。夫惟有所不動，動必獲矣，則初九是也。幾，殆也。

六四，乘馬班如，求婚媾。往吉，无不利。

《象》曰：求而往，明也。

昔孔子之取虞人也，取非其招而不往，而孟子亦以不待招而往謂之枉己。四與初居相應之地，不即應之，亦曰乘馬班如者，待招而往故也。初之以貴下賤，有求婚媾之禮；故四之往應於初，亦有乘馬之象。於時爲屯，故亦不免於班如焉。夫婚媾之道，不待求而往，枉己也，蒙之六三所謂「不有躬，无攸利」是也。求而不往，亦不謂智，成湯之三聘伊尹也，尹乃幡然而改曰「我豈若使是君爲堯舜之君」。幡然之改，尹之明也。夫蒙之三「不有躬，无攸利」，則屯之六四求而往吉无不利，宜矣。

九五，屯其膏，小貞吉，大貞凶。

《象》曰：屯其膏，施未光也。

當屯難之時，居坎險之位，則五其致屯之主也。夫九五之剛，中正非有失德也。特以膏澤不下而德施未光，民心未歸而思亂者衆，故屯難不得不生於此時也。坎爲雨，故稱膏。當屯之時，故曰屯其膏。夫出納之吝謂之有司，則屯其膏者，特有司之事爾，故小者之職以屯膏爲正則吉。雲行雨施，天下平也，此大君之體天也，故大君之道以屯膏爲正則凶。《傳》曰「長國家而務財用，必自小人矣。彼爲善之小人，而使之爲國家，災害并至」，所謂「災害并至」，其屯也哉！

上六，乘馬班如，泣血漣如。

《象》曰：泣血漣如，何可長也。

上六乘九五之勢而居屯之極，故亦曰乘馬班如。夫能使五之施澤未光而致此屯難者，皆上六陰蔽之力也。屯極至此，《易》窮則變，上六之傷，可勝既邪？故曰「泣血漣如」。坎爲加憂，爲心病，爲血卦，故屯之極備此象也。「何可長也」者，謂乘君之勢而相與以成是屯，屯極矣〔一〕，居此高位，其能久乎？湯武一出，而飛廉、惡來之誅不可逭也。

〔一〕是屯屯極矣，四庫薈要本有校記指出此處當作「是屯之極矣」，并云：「刊本有訛，以『之』訛『屯』。」可作參考。

䷃坎下艮上

蒙：亨，匪我求童蒙，童蒙求我。初筮告，再三瀆，瀆則不告。利貞。

《彖》曰：蒙，山下有險，險而止，蒙。蒙亨，以亨行，時中也。匪我求童蒙，童蒙求我，志應也。初筮告，以剛中也；再三瀆，瀆則不告，瀆蒙也。蒙以養正，聖功也。

蒙，合艮、坎而成體。艮，止也，而爲山。坎，險也，而爲水。山下有險，遇險而止，昧其所適，蒙之義也。人性本明，一發其機則矢去川決而蒙者亨矣，亦「乾元者始而亨也」之義。夫蒙之能亨者，以亨道而行也。所謂亨道，「時中」是也。《中庸》曰：「喜怒哀樂〔一〕未發謂之中，發而皆中節謂之和。」又曰：「君子之中庸，君子時中〔二〕。」夫喜怒哀樂未發故爲蒙，及其既發而又皆中乎節，此以亨道而行也，所謂「時中」也。六五爲蒙之主，而九二則發其蒙也。五，艮體，艮少男也，故曰童蒙。我，謂二也，居相應之地，有剛中之德，五實資之以發其蒙。故曰「匪我求童蒙，童蒙

〔一〕樂，通志堂本、四庫本作「樂之」。
〔二〕君子時中，通志堂本、四庫本作「君子而時中」。

求我」，謂五有順巽之志以下應於二，然後二從而應之也。蓋其尊德樂道，不如是不可與有爲也。韓退之《師説》有曰：「古之學者必有師，師者所以決疑而辨惑也。」發蒙之道而曰「筮」云者，所以決其疑也。占筮以誠敬爲本，不誠未有能動故也。故「初筮」則告之。告之云何？告之以吾剛中之德而已爾。曰剛中云者，即君子之時中也。以吾之剛中而亨彼之亨，此以性覺性之道也。若夫筮以決疑也，而有再三之瀆，則誠意亡矣，故以不告告之。孟子曰：「教亦多術矣，予不屑之教誨也者，是亦教誨之而已矣。」此以不告告之之謂也。夫天之予我以此性也，正而已矣。自正之外，无他事也。當蒙之初，務養吾正，則用力寡而成功多，正之體不摇，而正之用日長而日益矣，此作聖之功也。故曰「利貞」，謂當蒙之初，所利者養正也。程河南曰：「未發謂之蒙，以純一未發之蒙而養其正，乃作聖之功也。發而後禁，則扞格而難勝。養正以蒙，學之至善也。」朱子發曰：「學未至於聖，未足謂之成德。故夫子十有五而志於學，至於七十而從〔一〕心所欲不踰矩，則蒙以養正，作聖之功也。」

《象》曰：山下出泉，蒙。君子以果行育德。

〔一〕從，原作「縱」，據四庫本、四庫薈要本改。四庫薈要本有校記：「刊本『從』訛『縱』，據《論語》改。」

艮，山也，而在上；坎，水也，而在下。蒙之《象》也，不曰「山下有水」，又不曰「山下有險」，而曰「山下出泉」云者，夫「山下有險」《彖》既言之矣，《象》者所以言《彖》之未言也。泉者，水之源，所謂純一而不雜者是矣。泉之始出於山下也，以況則蒙之欲亨而未亨之象，故不取山下有水之義。孟子曰：「源泉混混，不舍晝夜，盈科而後進，放乎四海，有本者如是。」混混，蒙也。不舍晝夜，則所蒙者亨矣。至於盈科而後進，則所蓄厚矣。君子以是果行而育德，德者，行之源也。所謂「果行」者，以亨行也，不舍晝夜之謂也；所謂「育德」者，以養正也，盈科而後進之謂也。孟子養氣之説曰「行有不慊於心則餒矣」，此君子行欲其果也。又曰「配義與道，无是餒也」，此君子德欲其育也。

初六，發蒙，利用刑人，用説桎梏，以往吝。

《象》曰：利用刑人，以正法也。

《傳》曰「禁於未發之謂豫」，《書》曰「制官刑，儆于有位」、「用訓于蒙士」，以六居初，陰暗而未明，所謂蒙士也。欲發其蒙，不於此時而豫以禁之不可也，故曰「利用刑人」，而《象》曰「以正法也」。夫所謂刑人者，非必殺戮之也，正其法以示之，立其防束，曉其罪戾，而豫以禁之，使蒙蔽者知所戒懼，欲有所縱而不敢爲，然後漸知善道，可得而化之也。當是時也，夫苟説其桎梏，而不豫以禁之，則過此以往，不可復制矣。雖有善教，何由而入乎？故於發蒙之初用刑人則以爲利，用說桎梏則以爲吝也。噬嗑亦明罰敕法之卦也，初九「屨校滅趾，无咎」，《象》曰「屨校滅趾，不行也」。夫當噬嗑之初，屨校滅趾而使之不行，乃能无咎；則當發蒙之初，用說桎梏而縱之使往，能无吝乎？桎梏與校，皆刑具也。程河南曰：「或疑發蒙之初，遽用刑人，无乃不教而誅乎？不知立法制刑乃所以教也。蓋後之論刑者，不復知教化在其中矣。」

九二，包蒙吉，納婦吉，子克家。

《象》曰：子克家，剛柔接也。

《傳》曰：「以位則子君也，我臣也；以德則子事我也。」在蒙之時，則二與五是矣。故二之一爻，以二與五剛柔相接而兼發其義，曰「包蒙吉，納婦吉，子克家」，即此三語，足以見二與五之懿也。夫二與五居相應之地，二有包蒙之德，故以剛接柔而蒙者資之；五有順巽之德，故以柔接剛而二則納之。順巽之道，婦之道也。「匪我求童蒙」，故五之於二，不得不盡順巽之道。「童蒙求我」，故二之於五，不得不擴包容之德。「包蒙吉」，此二之吉於五也；「納婦吉」，此五之吉於二也。或曰：五，君也，而又有婦之象，何也？曰：泰之六五曰「帝乙歸妹」，則亦下交於九二也，庸何嫌乎？說《易》者，不以象害意可也。坎與艮，皆乾之子也；二與五，相與以用事，則柔剛相接而家道成矣，故曰「子克家，剛柔接也」。求之古人，則商之保衡、太甲，周之周公、成王是也。

六三，勿用取女，見金夫，不有躬，无攸利。

《象》曰：勿用取女，行不順也。

夫昧其所適，至於喪軀失德者，所謂下愚之不移也。蒙不足以盡之，故此爻獨不言蒙。且人之所恃以自立於世者，以其有廉恥之維在也。廉恥之維一或廢缺，則无所不至矣。故蒙之六三陰迷妄動，而以「勿用取女」爲義焉。夫女之所以勿用取者，以其妄動故也。上九，其正應也。上九，艮體，艮止於上，而无下女之義。此六三以坎水之性趨下，而從二焉，「見金夫」也。金夫以利合也，以利而合，則喪軀失德矣，故曰「不有躬」。夫知以利合，而不知喪軀失德之爲非利，甚矣其惑也！故又曰「无攸利」。然則上九正應也，而乃勿用取之者，以六三不能靜以待上之求，而失足於二焉故也，故曰「勿用取女，行不順也」。夫失德之女，人勿用取；失德之臣，君所不臣；失德之士，君子不友。其或取之、臣之、友之，是亦蒙矣。

六四，困蒙，吝。

《象》曰：困蒙之吝，獨遠實也。

孟子曰：「一鄉之善士，斯友一鄉之善士；一國之善士，斯友一國之善士；天下之善士，斯友天下之善士。以友天下之善士爲未足，又尚論古之人。讀其書，誦其詩，不知其人，可乎？是以論其世也，是尚友也。」君子之學，求以亨吾蒙也，蓋汲汲於此而後足以有立。六四以陰居陰，蒙昧无覩，曾无剛明之親授以誘掖之，孔子所謂「困而不學」者，故曰「困蒙，吝」。吝，空虛无得〔二〕，歉然而不足也。陽爲實，九二是也。二，發蒙之主。四，於初非應也，固不得因初以親二，三以不正實間忌夫己也，又不得如五之應二，故曰「獨遠實」也。

六五，童蒙，吉。

《象》曰：童蒙之吉，順以巽也。

不順則不能從善，不巽則不能下賢。五雖君位，而以六居之，又艮體也，故稱「童蒙」。童蒙尤不可以不資於人也，故虛中无我，而順以巽，以下求於二，如是則優於天下矣，故吉也。太甲之於保衡也，拜首稽首曰：「予小子不明于德，自底不類，既往背師保之訓，弗克于厥初，尚賴正〔三〕救之德，圖惟厥終。」成王之於周公也，亦曰：「公明保予沖子，公稱丕顯德，以予小子揚文武

〔二〕吝空虛无得，通志堂本、四庫本作「吝者虛空无得」。
〔三〕正，四庫本作「匡」。

烈。」夫二主，沖主也，志於亨蒙亦篤矣，其所以爲是巽順也亦至矣。商周之所以隆也，有由哉！

上九，擊蒙，不利爲寇，利禦寇。

《象》曰：利用禦寇，上下順也。

上九以陽剛之才處蒙之終，很然而不服，所謂蒙之極者，而不可告語者也。故至此不得已，當擊而去之。夫所以擊而去之者，務以已其寇暴之亂故也。寇去則止，若又擊之不已，而寇自我作焉，則是爲寇也。孟子曰：「古之爲關者，將以禦暴；今之爲關者，將以爲暴。」夫關一也，何古今之異歟？禦之不已，而或至於生事造怨，則是爲暴也。故蒙之初「發蒙，利用刑人」而「用說桎梏」則以爲吝，上之「擊蒙，利用禦寇」而爲寇則以爲不利。上无過暴，下无不服，故曰「上下順也」。程河南曰：「若舜之征有苗，周公之誅三監，禦寇也；秦皇、漢武窮兵誅伐，爲寇也。」

卷五

䷄乾下坎上

需：有孚，光亨，貞吉，利涉大川。

《彖》曰：需，須也。險在前也，剛健而不陷，其義不困窮矣。「需，有孚，光亨，貞吉」，位乎天位，以正中也。「利涉大川」，往有功也。

有所濟者，君子之才；有所待者，君子所以全其才。有是才矣，而不知所以全之，則或恃其在我者，而不知相其在彼者，鮮克有濟矣。夫乾以剛健之才，運乎萬物之上，則莫我或抗。今也處乎坎險之下，前有險而未可遑，吾有才而未可恃，當是時也，能无待乎？此卦之所以爲需。「需，須也」，有所待之謂也。至誠自信，全其在我而不拂其在彼者，此需之道也。惟能盡需之道則時行，乃行險不能陷，故需之九五位乎天位而有中正之德，以乾德之發用而不窮者得位得時如此也，此其爲效豈不光亨矣乎！故曰：「剛健而不陷，其義不困窮矣。」然則有孚者乃需之道，而有所須者乃所以全其剛健之才者也。將以全其才也，而无至誠需時之心，則未有不輕進躁動而自置於陷敗之地，其能免於困窮矣乎？需之剛健而不陷，故乾德之發用得位得時而爲需之九五，此所以謂其盡需之道則曰有孚，謂其有不困窮之義則曰光亨，謂其得位得時而有正中之德則又曰貞吉也。夫以剛健能濟之才，而不陷於坎險，則排大難、定大患，何往而不利？故又曰：「利涉大川，往有功也。」夫始焉有所須，未始有功也，知有孚而已矣；終焉有所往，未始不利也，故又繼之以有功焉，則有孚者乃有功之本，而有功者又有孚之效也。噫！孚之時用大矣哉！

《象》曰：雲上於天，需。君子以飲食宴樂。

《序卦》曰：「幼〔二〕穉，不可不養也，故受之以需。需者，飲食之道也。」則需云者，又有養物之義，此《象》所以有飲食宴樂之説，而九五亦曰需於酒食也。夫雲上於天，欲雨之象也，故爲萬物之所需。何須乎？須此以養故也。物得所養，則得其生矣，故樂也。飲食者，所以養人也；宴樂者，所以樂其所養也。人君之於天下也，故〔三〕非家至而飲食之也，亦非人人而宴樂之也，不過使之而各盡其耕鑿之利云爾，此養天下之道也；又使之仰父俯子、嬉遊順適而无追胥勞擾之害云爾，此宴樂天下之道也。夫天下之心所以有待乎上者，蓋亦不過乎此也。君子在上，有以慰適天

〔二〕幼，通志堂本、四庫本作「物」。
〔三〕故，四庫本作「固」。

下之望，而使之各盡其有生之樂焉，此則需之義也。

初九，需于郊，利用恒，无咎。

《象》曰：需于郊，不犯難行也；利用恒无咎，未失常也。

天下之事勢有遠近之不同，君子之處事亦隨其勢之所異。需之坎險在前，逼近則爲泥，九三是也；漸近則爲沙，九二是也；最遠則爲郊，初九是也。故迫近於難，則欲致其敬；漸近於難，則欲處以衍；最遠於難，則欲其不失常也。夫處无事之地，則不可以越常而犯難。初於坎水爲尤遠，所謂无事之地也，故曰「需于郊」，而以安常守分爲用者，乃其所利也。夫處无難之地，而不以犯難越常爲行，而以安樂守分爲用，庸何咎乎？或曰：需之險在前也，非无難之世，以初九剛明之才，豈无救世之志歟？曰：當需之時，位卑而時未可，患難未切於己，而不可以輕試於難；若以越常犯難爲行，孟子所謂鄉鄰有鬬被髮纓冠而往救之惑也。

九二，需于沙，小有言，終吉。

《象》曰：需于沙，衍在中也。雖小有言，以吉終也。

沙視郊則去坎水爲近矣，然未之溺也，故曰「需于沙」。沙，平衍之地也。九二以剛居中，故又曰「衍在中也」。故君子之濟夫難也，豈務與之交相爲敵歟？夷然以寬裕自處，亦還以寬裕處夫物，而期於吾不彼攖、彼不吾傾而已矣。夫如是，則始焉雖不免薄有所嫌、小有所疑，終焉釋然禍去而難平矣。故曰「小有言，終吉」，此君子之善濟夫難也。昔諸吕之難亟矣，而陸賈乃從容於平、勃之間，未嘗少激其勢也。俄而將相交歡，而左袒一呼，吕宗覆矣。若賈者，可與論需之終吉也。其能身位俱榮，宜哉！

九三，需于泥，致寇至。

《象》曰：需于泥，災在外也。自我致寇，敬慎不敗也。

泥視沙則去坎水爲已迫矣，是與寇難相鄰已不容髮矣，故曰「需于泥，致寇至」。夫寇自外至，而九三處内外之交而與之鄰焉，亦勢使然也。今而謂之「自我致寇」，何哉？曰：警之之辭也。夫禍難之至，苟以爲時勢之使然而我无與焉，則或坐視其禍而不救者有矣，或知救之而不知敬戒之術以致敗也亦有矣。韓文公守戒之説曰：「宅於山者，知猛獸之爲害，則必高其柴援而外施陷穽以待之；宅於都者，知穿窬之爲盗，則必峻其垣牆而内固扃鐍以防之。此野人鄙夫之所及，非有過人之智而後能也。今之通都大邑，介於屈强之間，而不知爲之備。噫！亦惑矣！」故曰「自我致寇，敬慎不敗也」。此聖人警九三之辭也。

六四，需于血，出自穴。

《象》曰：需于血，順以聽也。

需之六爻，由初九、九二、九三言之，則在内者有以待乎外，何也？坎險在前故也。故初之需于郊、二之需于沙、三之需于泥，皆謂坎險之在前也。由六四、上六言之，則在上者有以待乎下，何也？三陽上進故也。故四之出自穴、上之入于穴，皆謂三陽之上進也。而五之中正，則又廣言人君待天下之道也，是亦有以待天下也。夫三陽以剛健之才在下而有待也亦久矣，至於六四則涉陰虚之地，而莫遏其進，如入无人之墟矣。故四之當是衝也，需其至而弗之入焉，則有傷矣。爲四計者，莫若出其窟穴，而順以聽夫三陽之進；若安其位，而與陽角焉，所傷多矣。血，陰物也；穴，陰所也：皆謂四也。夫方三陽之需于下也，則指坎之地曰險、曰難、曰寇、曰災；及至於四，而三陽有必濟之勢也，則如蹈无人之墟，而所謂曰險、曰難、曰寇、曰災咸无焉。聖人闔闢陰陽之旨，至是而益明矣。

九五，需于酒食，貞吉。

《象》曰：酒食貞吉，以正中也。

司馬温公曰：「有孚光亨，貞吉，人君所以待天下之道也。夫九五居中履正，以待天下之須。中則養天下而不過，而有以盡時措之宜；正則不有其功，常久而不已。」此人君待天下之道也。夫酒食，所以養人也，中正之君使天下皆足其量，无求而不獲，如酒食之適其醉飽焉，此則需之義也。而蘇東坡乃曰「九五以酒食待乾，乾必心服而爲用」，陋哉斯言也！

上六，入于穴，有不速之客三人來，敬之終吉。

《象》曰：不速之客來，敬之終吉，雖不當位，未大失也。

出自穴，謂當三陽之衝，失所安也。入于穴，謂上與九三居相應之地，不拒其進，而初九、九二皆因之而前，不見傷焉，得所安也。夫在彼者有所待而來，則在我者亦必有以待其來。彼三陽者有待而來亦久矣，故曰「不速之客」。彼既有待而來，而吾无以待之，則其失大矣！何謂？待之之道，曰敬之而已矣。夫子戒司馬牛曰：「君子敬而无失，與人恭而有禮，四海之内，皆兄弟也。」彼三人者，雖九三獨吾應，而九二與初亦吾所不失其親之人也，故居需之終而獲吉焉。夫上六以陰居陰，當位也，《象》曰「不當位」，何也？曰：陽爲客，陰爲主，而且居一卦之上，是不當位也。不當位，則失陰陽上下之義矣。然敬則无失，以陰而爲主於上，彼三陽者，吾能敬以待之，故曰「雖不當位，未大失也」。或曰：六四之順以聽也，則三客之來亦知敬之矣，而且與初九居相應之地，何爲其出自穴不若上六之安？需于血不若上六之无所傷也？曰：三之應上也，三居先焉，而下二陽因之以進，故上得所安而无所傷。初之應四也，初居後焉，而上二陽不因之以進，故四不得所安而有所傷也。《經》曰「凡《易》之情，近而不相得則凶，或害之，悔且吝」，此之謂也。

䷅坎下乾上

訟：有孚窒惕，中吉，終凶。利見大人，不利涉大川。

《彖》曰：訟，上剛下險，險而健，訟。訟，有孚窒惕，中吉，剛來而得中也。終凶，訟不可成也。利見大人，尚中正也。不利涉大川，入于淵也。

凡訟必有能訟之才，亦必有兆訟之心。有是才而无是心，則訟何由而生？有是心而无是才，則訟何由而成？訟之成體，乾以剛居上，剛則健而不可屈，此能訟之才也；坎以險而居下，險則深而不可測，此兆訟之心也。以不可測之心，而濟之以不可屈之才，此所以訟也。故曰「訟，上剛下險，險而健，訟」，此以卦才言之也。坎之九二之剛，實自乾來也，而居下體之中，是以成訟，則二其致訟之主也。夫以剛居中，則中實；中實，有孚也。天下之事无小大，皆不可以匪孚而訟之。匪孚尤不可也，訟而匪孚則妄而已矣，故訟以有孚爲本。窒，塞也；惕，懼也。有孚而見窒，則不得已而訟；窒而不自惕，則是好訟也。二以一陽而居坎陷之中，故爲窒。坎爲加憂、爲心病，故知惕。中吉者，夫剛未爲凶德也，過剛則凶矣。故訟以剛得中爲吉，以過剛爲凶。終凶，謂過乎剛也，上九之終其訟是矣。夫訟所以求直吾情也，吾情之既直，則亦可以已矣。而復不已，則其於人也，豈惟擠之罪罟之地而後已，而吾之爲德也亦不得爲吉德矣，故曰「終凶，訟不可成也」。大人者，謂九五也。五居中履正，是能以中正之道聽夫訟也，故爲天下之所利見。夫天下之所争，惟中正可以已之，故訟之所尚者，中正而已。蘇東坡曰：「夫使川爲淵者，訟之過也。天下之難，未有不起於争，今又欲以争濟之，是使相激爲深而已。」朱子發曰：「剛險不相下，君子、小人不相容，難始作矣。聖人見其訟也，戒之以中正，戒之以不可成，若濟之以争，是以亂益亂，相激而爲深矣。漢唐之亂，始於小人之爲險，君子疾之已甚，其終至於君子、小人淪胥以敗，而國遂亡。故曰：『不利涉大川，入于淵也。』」噫！聖人示戒之意亦深矣！

《象》曰：天與水違行，訟。君子以作事謀始。

天上運，水下注，天下之物，其行相違莫甚於此，故爲訟之象。凡事終之不善，始之不善也。夫始善而終不善者有矣，未聞始不善而終善者也。故君子於作事之始，必也絶其争端、窒其亂源，使訟无由而生，是之謂「謀始」。孔子曰：「聽訟，吾猶人也，必也使无訟乎。」无訟之道，舍謀始不可也。

初六，不永所事，小有言，終吉。

《象》曰：不永所事，訟不可長也。雖小有言，其辯[一]明也。

訟以得中爲吉，以終訟爲凶，故於初而致其戒曰「不永所事」，而《象》曰「訟不可長也」。初六之才，柔而順者也，非能訟也；然當訟之時，而亦有所不能已也，故曰「小有言」，謂得罪於四，而在我亦不能无言也。初六何以得罪於四乎？曰：初與四居相應之地，四下應初，疑二間己，又疑初之舍己而比二也。故當此之時，初六不得其平，而至於不能无言。然二與五兩剛不相能，而二方且自下訟上，則亦何暇間四之應，而初亦何心以比二也？故「小有言」，而是非之辯如此其明也。其初亦非有罪者也，故曰「終吉」，以言初之於四，始雖不得无言，而終相得也。

九二，不克訟，歸而逋。其邑人三百户，无眚。

《象》曰：不克訟，歸逋竄也。自下訟上，患至掇也。

九二、九五，在乾在中孚則爲同德，在訟則爲不相能之兩剛也。夫二、五之不敵，故也。而二自下訟之，義乎？故曰「不克訟」。「邑人三百户」，二之居有其資，比之「尺地莫非王土，一民莫非

[一] 辯，通志堂本、四庫本作「辯」。

王臣」，奚翅於千萬也，而二訟之，多見其不知量也。逋，竄也，避也；眚，禍也；掇，取也。二若反而安其在我，而避其爲敵之地，則可以居有其資而无禍患矣。苟爲自下訟上，而不知其爲不義，則患之至也，乃其自取也。或曰：訟之九二，必與五訟乎？曰：凡恃己之才，不安其位分而怨天逆天者，皆訟五之謂也。

六〔一〕三，食舊德，貞厲，終吉。或從王事，无成。

《象》曰：食舊德，從上吉也。

訟〔二〕者，剛健之事，而非柔順者之所能爲也，故初與三皆云終吉。然初之終吉，即其初而知其終之有是吉也；三之終吉，居其終而安享是終吉也。夫三以柔順之才而居下體之終，是能以素分自足也。何謂素分？從乎上者，己之素分也，謂本與上應故也，故曰「食舊德」。貞，固也；厲，危也。貞固以自守，而无九四、九二上下之交焉，則雖處危險之極，而終吉也。「或從王事，无成」者，夫訟生於其行之相違，而天下之爭又起於矜功而伐能。三與上居相應之地，以柔而從剛，以下而從上，而不以成功自居，是能无訟也。故訟之六爻不言訟，惟三爲然。夫一於守而不知義

〔一〕六，原缺，據通志堂本、四庫本補。
〔二〕訟，原作「説」，據通志堂本、四庫本改。

之所當從，介者之所爲也； 一於從而不知義之在所守，徇夫人之所爲也。而三則舉无是也，故曰「食舊德」，又曰「或從王事，无成」，而《象》則曰「從上，吉也」，朱子發曰： 「竇嬰之於田蚡，上下相激，至亡其身，不知六三之吉也。」

九四，不克訟，復即命渝。安貞吉。

《象》曰： 復即命渝，安貞不失也。

尊則无敵，无敵則義不可訟，二之於五是也。柔則不競，不競則无與爲訟，四之於初是也。故二與四皆曰「不克訟」。四體剛履柔，雖有能訟之才，安於所止，是亦能反而歸諸正邪，故曰「復即命渝」。命，正理也。賜不受命，則不知所謂正理矣。渝，變也。變前之爲，則能安於正理矣。復而不變，變而不安，危也，於正理何有哉？夫訟，非吉德也。以知止爲吉，吉則无失德矣。故《象》又曰： 「復即命渝，安貞不失也。」夫九二之歸而逋，九四之復而渝，皆貴於知反者也，故聖人皆以「不克訟」戒之。戒之者，懼其恃夫剛也。然四有安貞之吉，而二无有焉，則知自下訟上者，聖人所深惡也。

九五，訟，元吉。

《象》曰： 訟，元吉，以中正也。

得時措之宜之謂中，循天理之自然之謂正。《吕刑》曰「咸庶中正」，則中正之道，獄訟之所以恃也尚矣。訟之九五，以天德居中履正，而聽天下之訟，則天下莫不赴焉，故《彖》曰「利見大人」，而爻曰「元吉」。元吉，吉之大者也。夫九五之吉而大，天下之人見大人而利，舍中正其可乎！故利見大人，尚中正也，則知中正之道，人情之所同尚也。九五「元吉，以中正也」，則知中正之道，以之者九五也。孟子以獄訟者不之堯之子而之舜，而曰「此天也」，而不知此中正也。舜語皋陶曰「刑期于无刑，民協于中」，中也；又曰「惟兹臣庶，罔或干予正」，正也。

上九，或錫之鞶帶，終朝三褫之。

《象》曰：以訟受服，亦不足敬也。

上九以剛之極處訟之終，此極己之剛而終夫訟者也。鞶帶之爲服者，不純乎剛，亦不純乎柔，而爲中體之飾，六三之象也。三本應上而以素分自足，有從上之吉，无他志也。當此之時，諸爻方訟，而三實間於九二、九四之間，上九或疑其有上下之交也，故終其訟焉。夫以剛極而終夫訟，而三以柔順不較應之，「或錫之鞶帶也」，然或錫之，吾受之以爲宜也，夫何愧？受之不以其道，而以訟受焉，則雖得之，必失之，兹榮也，祇所以爲辱也。故三之從上，則未始或失乎吉，而上之以訟受服，則亦曰不足敬也。上九，乾之終也。乾爲日，故曰終朝。自三至上，凡歷三爻，三褫也。夫訟，逆德也。上九以極剛而終夫訟，而昧不可成之戒，聖人所以愧恥上九也亦深矣！

䷆坎下坤上

師：貞丈人，吉，无咎。

《彖》曰：師，衆也。貞，正也。能以衆正，可以王矣。剛中而應，行險而順，以此毒天下，而民從之，吉又何咎矣。

師以一陽爲衆陰之主，居險難之地，用衆之象也，此卦所以爲師。夫用衆之道，正而已矣。所謂正者，順夫理也。用衆而不順夫理，則攘襲變詐之爲也。以攘襲變詐爲事，豈足以服人心哉！惟用衆得其正，則足以服人心而爲天下之所歸矣。故曰「能以衆正，可以王矣」，謂王道上於正也。丈人者，尊嚴之稱也，謂九二也。均是人也，人之所以畏服順從之不暇者，必其尊嚴之人也。有是正矣，而又有尊嚴之人以行是正，此師所以吉而无咎也。「剛中而應」，謂二之於五也。「行險而順」，合坎與坤而言也。夫九二以剛處中，中則剛而无過，有以上應夫五也。蓋不殺者，帝王之本心；而命將行師者，帝王之所不得已。二而剛，則既足以除亂而解棼；剛而中，則吾君之心我實得之也。故曰：「剛中而應。」戰，危事也，所謂行險也。夫驅天下於險難之地，而人不以爲險難者，是在我者有以順夫人故也。蹈危履險，而有以順乎人，其孰不惟我之從乎？故曰：「以此毒天下，而民從之。」夫殺戮之慘、供億之苦，勞民而費財，所以毒天下也。然殺人以安人，害除而利至，人孰不曰「此所以安我也，此所以利我也」？故相率而從之不暇，此无他，有以順之故也。夫我有以順乎人，而人亦還以從乎我，此所以曰「吉又何咎矣」。司馬温公曰：「毒之者，其志將以安之也，若鍼砭所以已疾也。」所謂吉无咎者，師以功成爲吉，以人心服從而莫之或違爲无咎。

《象》曰：地中有水，師。君子以容民畜衆。

散漫而不一者，水也，衆之象也。翕受而无遺者，地也，君子之德也。吾嘗謂用衆非小人之事也。或曰：古今小人有才略者亦多矣，何其不能用衆也？曰：能驅之而已矣，僥倖其功亦有之矣，語其以心服人則未也。故夫有翕受含洪之德，則平居暇日使之，自然有尊君死長之義，油然作於其心，而有不能自已者。一日驅之死地，則捐軀效命，孰不爲吾用也？故師之《象》曰：「地中有水，師。君子以容民蓄衆。」謂容之蓄之者，所以能用之故也。

初六，師出以律，否臧凶。

《象》曰：師出以律，失律凶也。

程河南曰：「初六，師之始也，故言師出之義，與行師之道也。」何謂行師之道？曰：號令詳明是也。何謂師出之義？曰：兵出有名是也。兵出无名，號令不明，皆失律也，故於師之初而致是意焉。否，失律也；臧，善也，謂有功也。師不以律，雖有功亦凶，謂不合於道與義，而非王者之師也。齊桓公之伐楚也，楚人曰：「君處北海，寡人處南海，風馬牛不相及也，曷至是哉？」齊人曰：「包茅不入，王祭不供，寡人是問。」此雖假義也，然亦幾於有名矣。李廣與程不識同時制軍，廣之軍廢刁斗、逐水草自便而已，而不識則日夜持嚴、常若敵至，諸軍樂廣而苦程不識也，然不識未嘗遇敗也，而廣雖以勇名，竟以勇敗，此所謂失律也。

九二，在師中吉，无咎，王三錫命。

《象》曰：在師中吉，承天寵也。王三錫命，懷萬邦也。

夫居人臣之位而得專制其事者，其在《易》也惟師之九二爲然。古者人君當命將出師之日也，謀之於廟，遣之以禮，餞之於國門之外，敬而授之鉞曰：「閫外之事，將軍制之，朕不敢與也」，故將軍得以行其志；而後世乃以刑餘監軍，事從中覆，殊失古之義也。所謂行其志者，非專殺恣戮之謂也，時然則然，時止則止，或威或懷，而不失乎時中之義也。雖然，王者之師志於懷而已矣，威之者非吾心之得已也。然非有威之之具，則彼小人者罪惡既逞，欲其我懷，未也。師之九二「在師中吉」，所謂或威或懷而不失乎時中之義也。《象》曰「吉，无咎」，九二亦云，此正爲二設也。夫吉，天也；无咎，人也。「在師中吉」，則有以得乎天也，故曰「承天寵也」。天且寵之，而况於人乎？其无咎宜矣。「王三錫命」，因天之寵也。夫功之多也，則其錫之也必不薄。王錫之命而至於三焉，則功之多可知矣，故曰「懷萬邦也」。九二以懷萬邦爲功，而獲王者三錫之命，則與血刃相屠結禍於斯人者有間矣。余故曰「不殺，帝王之本心；剛而中，則吾君之心，我實得之也」，九二是也。

六三，師或輿尸，凶。

《象》曰：師或輿尸，大无功也。

昔昌國君樂毅爲燕上將軍，并護趙、楚、韓、魏之兵以伐齊，盡虜其財寶祭器以輸之燕，既而又下齊七十餘城，皆郡縣其地，以屬之燕，功信偉矣。及田單反間既行，而騎劫代至，齊師遂轉戰逐燕，北至河上，盡復侵城，此師之六三所以「師或輿尸，凶」也。輿，集衆木而成也，故有衆義。《説卦》曰坤〔二〕爲大輿，爲〔三〕衆。尸，主也。「師或輿尸」，不一其所主也。夫師之權專則有功，不專則

〔二〕坤，原作「乾」，各本同，案《周易·説卦》曰「坤……爲大輿……爲衆」，今據改。

〔三〕爲，通志堂本、四庫本均缺。

致敗。九二，師之主也，而六三復居其上，外柔懦而内剛很之人也。斯人而兼主軍制，豈不兼喪前功邪？故曰「大无功也」。晉以戴若思遥制祖逖，遂使黄河以南不旋踵而復陷於群胡，亦此意也。故六五復申其戒曰「長子帥師，弟子輿尸，凶」，《象》曰「弟子輿尸，使不當也」。

六四，師左次，无咎。

《象》曰：左次无咎，未失常也。

有決戰之師，有持重之師。決戰之師利於速戰，不速戰則非惟老師，而費財也。脱兔之機一失，則无復成功之可冀矣。持重之師利於退守，不退守則以肉餌虎，而宗社存亡之命一決於俄頃間矣。諸葛亮武侯崎嶇自蜀中出，與司馬宣王對壘，屯田之策非得已也。而巾幗之遺，其意正在速戰也。辛佐治一杖節立軍門，而魏師竟无戰意，遂以不殺却敵人，此持重之師也。六四重陰，陰主静退，故曰「師左次」。左次，退舍也。左，亦陰也。退而有待，相時故也，故曰「无咎」。若宜進而退，則有咎矣。夫宜進而進，宜退而退，亦師之常也，故曰「未失常也」。程河南曰：「度不能勝，而全師以退，愈於覆敗遠矣。《易》發此義以示後世，其仁深矣。」

六五，田有禽，利執言，无咎。長子帥師，弟子輿尸，貞凶。

《象》曰：長子帥師，以中行也。弟子輿尸，使不當也。

九二處帥師之任，而征伐賞罰實自五出，故六五詳言興師任將之道，以示其戒。夫以六居五，柔暗之主也。柔則易以奪，暗則易以惑，居天下之利勢，而征伐賞罰之權實自我出，何施而不可？然師出无名，事故不成，名其爲賊，敵乃可服。師无故而興焉，此柔暗之主之所輕，而王者之所重也。故曰：「田有禽，利執言，无咎。」用得其人，其功乃成；用失其當，前功反喪。帥師之任，无故而易置焉，此亦柔暗之主之所輕，而王者之所重也。故曰：「長子帥師，弟子輿尸，貞凶。」夫興師以討有罪，猶之田也。凡田狩之役，以有禽也害我苗稼，義當獮去。王者之師，亦曰「取彼凶殘，我伐用張」云爾，此有名之師也，故曰「利執言」。《書》曰「奉辭伐罪」，謂辭在我故也，此之謂「執言」。夫苟得已而不已焉，非所利也。程河南曰：「秦皇、漢武，皆窮山林以索禽獸者也，非田有禽也。」長子謂九二也，弟子謂六三也。夫當其可之謂中，二有剛中可用之才而五用之，用得其當，故曰「以中行也」。三以過中不當之才而五又用之，用失其當，故曰「使不當也」。命自君出，正也。用使不當，則雖正亦凶矣。司馬温公曰：「舉國家之衆而委之一人，此安危之機、存亡之端，不可以不謹擇其人，人君之職守也。故曰『長子帥師，弟子輿尸，貞凶』者，雖正猶凶也。」

上六，大君有命，開國承家，小人勿用。

《象》曰：大君有命，以正功也。小人勿用，必亂邦也。

上六，師之終也，所謂師休之日而論功行賞之秋也。夫用師之日不可以用非其人，而師休之日尤不可以用非其人也。師休之日而用非其人，則一亂去而一亂生矣。師何時而休邪？蓋當師休之日，智者謀，力者角，人争售其所長，未必皆君子故也。亂略既平，海内一統，上有所命，而下莫不聽，故於此時得以稱大君焉。功之多者，命之開國，以爲諸侯；功之次者，命之承家，以爲卿大夫：此所謂正功也。夫分茅胙土之任，不以付之非其人焉，此休師之道也。乃若小人之有功者，厚之以金帛，優之以禄位，不害其爲賞功也。所以勿用之者，謂其必亂邦也。昔我太祖，當大業既定之後，語諸將曰：「君曹何不釋去兵權，擇良田美第、歌童舞女，以終天年？」諸將感泣而謝曰：「此陛下生死而肉骨也。」故二百年間，无小人挾勳跋扈之禍。夫語三代而下得御將之道，不動聲色者，惟我太祖也，漢唐諸君不足與焉。

卷　六

䷇坤下坎上

比：吉，原筮，元，永貞，无咎。不寧方來，後夫凶。

《彖》曰：比，吉也。比，輔也，下順從也。原筮，元，永貞，无咎，以剛中也。不寧方來，上下應也。後夫凶，其道窮也。

師以一陽居二位，衆陰順之於外，大將統軍之象也，此卦之所以爲師；比以一陽居五位，衆陰順之于內，大君朝諸侯之象也，此卦所以爲比。比，有吉之道。凡物无所比者，不可以獨存於天下，故比乃吉也。夫比之所以吉者，以其有所親附也，故繼之曰「比，附也」。比之所以有親附者，以其上下順而從之也，故又繼之曰「下順從也」，順謂坤也。向使在上位而无輔，則爲乾之亢而有悔矣，何吉之云？向使上下違行而不順，則爲訟之不親矣，何輔之云？占筮之道，人之所取信也。《書》曰：「若卜筮，罔不是孚。」益曰：「未占有孚。」則占筮者，誠信之謂也。比之爲道，以誠信爲本，故曰「原筮」，謂推原吾之誠信以爲比之道也。元，始也。永，終也。貞，不變之謂也。吾之誠信始終而不變，此比之道所以无咎也，故曰「以剛中也」。夫剛而中，則誠信之道充塞乎其內，又何終始之或變乎？盡此道者，九五是也。不寧，謂未得其所以比也；方來，謂无方而不來也。未得其所以比者，无方而不來，故曰「上下應也」。以爻言之則居正應之地者二而已，以卦言之則九五以一陽而五陰莫不比之，故謂之「上下應也」，亦猶小畜「柔得位而上下應之」、大有「柔得尊位大中而上下應之」之義。雖然，上六之後夫五，非果能應夫五也，故視下諸爻則其道爲窮，謂獨背夫五而不之應，勢逆而不順故也。夫當比之時，顯比之主，若揭日月於上，自四而下皆面夫五而順從之，上六獨背夫五而後之，此迷悞失道而不知比之謂也，其能獨存於天下乎？其凶宜矣！故上六又曰：「比之无首，凶。」東漢之隗囂、李唐之李密、本朝之李煜是也。

《象》曰：地上有水，比。先王以建萬國，親諸侯。

嗚呼！吾觀比之象，而知君民相須之勢不容髮也。夫萬物之所以比者，地也；然求其勢之相比而无間然者，則莫水若也。《子夏傳》曰「地得水而柔，水得地而流」是也。君民之勢亦然，先王於是建萬國，親諸侯，使上下遠近脈絡相通，則君民之勢交相比矣。蓋國者，所以域民也。侯者，所以君國也。建萬國，則君之所親者諸侯，而諸侯之所親者民，四方萬里之遠，不患其不相比也。或曰：後世罷諸侯而置守令，其與先王之勢同乎？異乎？曰：後世之心，患諸侯之難制也，故守且令焉，而分茅胙土之恩薄矣。守令有過，則賜之一札，奔命而服罪之不暇，得保終更，則亦指日以求去，此易制之法也。然更易紛紛，官吏民情愈不相親矣。

初六，有孚比之，无咎。有孚盈缶，終來有它，吉。

《象》曰：比之初六，有它吉也。

大凡位之卑者，則與之者必狹；交之淺者，則信之者必寡。六居比之初，所謂位之卑而交之淺也。以此比人，人誰比之？然有要道焉，修吾胸中之誠而已矣，故曰「有孚比之」。孟子曰：「不誠，未有能動者。」惟誠者則无上下之間，有所不比，比无不善矣，故曰「无咎」。缶之爲器，朴陋而微賤者，然虛而能容，初六之象也。「有孚盈缶」，則又誠无不足者，不特有孚而已也。「終來有它，吉」者，吾誠之效也，孟子所謂「能動」也。夫陰之所比者，陽也。初六之於九五，近而承，不得爲六四；遠而應，不得爲六二。然至誠无上下之間，誠存於此，終應於彼，其亦效之必至者，故曰「有它吉也」，誠之可恃也如此矣。

六二，比之自内，貞吉。

《象》曰：比之自内，不自失也。

子曰：「君子周而不比，小人比而不周。」《易》之有比，豈亦小人之道也？曰：所惡於比者，爲其不正也。如比而得其正，則无惡於比矣。五，比之主也。二，其應也。陰陽各當其位，所謂正也。夫君臣上下相比以正，此所以吉也。「比之自内」者，夫正者，吾性之所自然而不變也，比而不失於吾性之自然者，故曰「自内」。凡相比之道而或失之僞爲者，皆非自内也。

六三，比之匪人。

《象》曰：比之匪人，不亦傷乎。

以六居三，比之所謂不正人也，故曰「比之匪人」。夫相比之道，以正而吉也。比而不正則傷敗乃至，是自貽其禍之道也。三以不正間於二、四之間，聖人以匪人目之，亦懼夫二、四之或比之也。其曰「不亦傷乎」者，所以示戒於二、四也亦明矣。唐之七司馬皆世所稱才，而柳子厚、劉禹錫尤其傑者，一失足於王叔文之門，蹉跌含恨以至於死者，昧「不亦傷乎」之戒故也。

六四，外比之，貞吉。

《象》曰：外比於賢，以從上也。

處於邪正之兩間則誰從？孰不曰從夫正而吉也。然己之不正，則亦未有能從夫正也。以六居四，蓋正人也。己之既正，則所從者亦必正矣。故「外比於賢，以從上也」，則不内比於不賢之匪人以舍下也可知矣。若四者，所謂可與語上也歟？朱子發曰：「《易》曰『東北喪朋，安貞吉』，六四之謂乎？」

九五，顯比，王用三驅，失前禽，邑人不誡，吉。

《象》曰：顯比之吉，位正中也。舍逆取順，失前禽也。邑人不誡，上使中也。

九五居正中之位，則所以比天下之道亦正中也，道而正中則大公而不私也，故曰「顯比」。陽爲明，故稱顯。夫顯明比道於天下，而天下宜无不比者，而或容有不吾比者，聖人亦未嘗有心於求比之也，比之以不比而已，故以「王用三驅，失前禽」爲喻。三驅，《禮》所謂天子不合圍也。夫顯比之道，順則取之，逆則舍之，若三驅然，故前禽之失，以不比比之也。順則取之，謂自四而下，皆順夫[一]五之謂也；逆則舍之，上六之後夫五是也，亦謂「失前禽」也。然以前禽爲逆己而舍之，則近而順乎己者，亦豈上之人有以誡語之而致然歟？故曰「邑人不誡，吉」。邑，近邑，謂近而比乎己者也。聖人之比天下，无遠近親疏之間，不以近夫己者而加親，不以遠夫己者而加疏，此顯比之道也。「上使中也」者，夫近而順於己者，雖非有以誡之，原其所以然者，亦非无自而然也。夫

[一] 夫，原作「大」，據通志堂本、四庫本改。

明中正之道於天下，而天下皆惟吾之中矣。《書》曰「皇建其有極」，又曰「凡厥庶民，惟皇作極」，此之謂也。

上六，比之无首，凶。

《象》曰：比之无首，无所終也。

知所比而後能比人，有足比然後能比於人，上六之後夫五，非知所比者也，以陰居上，又非有足比者也，故曰「比之无首」。一卦之上，所謂首也。在比而无爲首之道，能无凶乎？故曰「无所終也」，謂比道之窮也。夫君子有終，以其謙也。上六以陰暗而乘五，逆道也，其无所終，宜矣。

☴☰ 乾下巽上

小畜：亨，密雲不雨，自我西郊。

《彖》曰：小畜，柔得位而上下應之，曰「小畜」。健而巽，剛中而志行，乃亨。密雲不雨，尚往也。自我西郊，施未行也。

昔者常疑柔能制剛、弱能制强，而不知其所以能者何也。蓋學《易》而至於小畜，而後得其説，喟然而歎曰： 噫！此亦出於情投而勢便也已矣。夫勢便則事可順成，情投則物莫吾忌。小畜云者，小者之有所畜也。畜者，止也，人臣有所止制之謂也。故其爲卦也，則巽上而乾下；其爲爻也，則六四以一陰位乎五陽之間而且近五焉。乾之爲物，剛而健者也，而巽則以順巽之道行乎其上，剛而健者不吾忌焉，何也？是必有以得其情故也。四以一陰位乎五陽之間而且近五焉，乾之三陽雖剛而健，乃居乎其下而不之辭焉，又何也？勢使之然故也。情投而勢便，故雖剛矣，而此有以入之，入之者爲主，則受入者爲客矣。此小者之有所畜也，故曰「柔得位而上下應之，曰小畜」。蓋柔不得位，則受制於衆剛之不暇矣，如制剛何？上下不應，則衆剛之情俱不我協矣，又如制剛何？然則昔者君子之爲人臣也，所以汲汲於得位得君云者，非有他也，蓋曰「位卑而言高，罪也」，又曰「信而後諫，未信則以爲謗己也」，爲是故也。古之人有行之者，則魏鄭公其人也，賈洛陽則疏矣，劉去華尤其疏者也。夫頃刻不離左右，握手入卧内，其尊寵何如也！以房、杜之元勳，猶以直遜之也，則上下之情寧有或吾忌者，故魏鄭公得以肆其志於太宗。賈生以疏賤少年，足跡方踵殿陛間，遽然痛哭流涕，驚人耳目，絳、灌輩詎能平哉，其見棄宜矣。去華以一介草茅，裂眥誦言，切齒宫闈，其視賈誼，抑又甚矣，曾何補於萬一哉！此无他，是皆昧夫小畜之義故也。故小畜之義必期於亨，不期於亨，俱无補也。「健而巽，剛中而志行，乃亨」，此又合二體與中爻而言小畜之所以亨也。夫乾，健也，而在内； 巽，順也，而在外； 九二、九五，剛也，而在中。健而濟之以巽，則施諸人也爲易入；剛而不過乎中，則存諸我者无悻悻之態而志自行矣。所謂志者，何也？孟子曰：「畜君何尤。畜君者，好君也。」君子之志，志於好君而已矣。君子之志行，此小畜之所以亨也。「密雲不雨，自我西郊」，此又昧於「健而巽，剛中而志行」者之戒也。夫雲行而雨施者，陰陽之氣通也。密雲不雨，則陰陽之氣壅而不通矣。西郊，陰位也。自我西郊，謂六四用事也。不雨之雲，徒密於西郊，豈有他哉？陰陽之氣不通故也。陰陽之氣不通，則西郊之雲徒知尚往而已，无惑乎其施之未行也。夫小畜之義，期於亨也。今西郊之雲徒知尚往而已，則失健而巽、剛而中之義也。不雨之雲徒密於西郊，則欲志之行，其可得乎？故曰「志未行也」。噫！此賈洛陽、劉去華之象也。

《象》曰：風行天上，小畜。君子以懿文德。

天下之物疾於行者，莫風若也。其所以疾於行者，以善入故也。惟善入故物莫能凝，莫能凝故其行也雖欲不疾不可得也。故《易》以巽爲風，又曰「巽，入也」。天下之物，惟天爲萬物之上，惟其在萬物之上爲高且大，故舉天下萬物莫能踰於天。今也風猶行乎其上，何也？蓋善入故也。以天之高且大，而猶不礙於風，而風得以行其志焉，此小畜之象也。剛柔不偏之謂文，行於萬物之間而无所忤之謂文，君子之畜夫君也，亦貴於有所入之爾。然德非文德，則健而不巽，剛而不中，其能有所入而使吾志之必行乎？故觀風行天上之象，必以懿文德爲本。何謂懿？曰：積小以至大，由微而至著之謂也。揚子雲曰：「浸以光大，不亦懿乎。文德之發用，如風之行，无高不暨，无遠不至，而物莫我禦，蓋亦發於細微而行於至著云爾。是之謂懿文德。」荆公曰：「小者之畜，其可以暴爲之乎？懿文德，爲之以不暴也。」

初九，復自道，何其咎，吉。

《象》曰：復自道，其義吉也。

初九之陽，動乎一卦之初，動之微也。當動之微，去道未遠，制之使不愆於道，則用力寡而見功多，而无制之之勞矣，故曰「復自道」，如復之初九所謂「不遠復」是也。夫君子之畜夫君，必待其非心既形、舉措既愆、去道既遠，然後從而止制之，其能免咎乎？必也於方動之初制之，使不愆於道，則无制之之勞。君焉不見非於其臣，臣焉不見猜於其君，事君之義，了无所失矣，故曰「何其咎，吉」，而《象》又曰「其義吉也」，以言事君之義莫吉於此故也。孟子曰：「惟大人爲能格君心之非。」小畜之初，動之微也，所謂心之非也。復而自道，其盡格心之業乎！楊中立曰：「六四，陰得位，爲一卦之主，而初與之爲應，受畜於四者也。」過未形而畜之，其復自道矣，又何咎之有，故其義吉也。

九二，牽復，吉。

《象》曰：　牽復在中，亦不自失也。

九二視初九，則動已形矣，所謂動之微也亦既有間矣，雖然，未過乎中也。故君子於此牽而引之使復歸諸中，而无過中之失，則在君非惟无失也，而在人臣者亦不自失也。夫以牽復而視初之復自道，則其制之之勞與逸亦豈不有間矣乎？伊尹之戒太甲也，而曰「若虞機張，往省括于度，則釋」，又曰「欽厥止〔二〕，率乃祖攸行」。夫曰虞機、曰省括、曰欽厥止、曰率乃祖，无非牽而復之使歸之中也。然則縱欲如太甲而至於思庸，伊尹牽復之力益有勞矣。郭仲和曰：「不能辨〔三〕之於早，至二无艱矣，故牽而後復也。牽，勉强之義。」

九三，輿脱輹，夫妻反目。

《象》曰：　夫妻反目，不能正室也。

初九，動之微也，其曰「復自道」，則制之之力无勞矣。九二，動之已形也，其曰「牽復」，則制

〔二〕止，原作「旨」，據通志堂本、四庫本改。
〔三〕辨，通志堂本、四庫本作「辯」。

之之力已勞矣。若乾至九三，行過乎中而剛動之才已極矣，制之之力不亦勞甚矣乎！猶之輿也，其行也有輹，如欲制之使不行，非脱去其輹不可也。夫脱人之輹而制之使不行，則在我失之强聒，而在彼者易以怨懟，故雖以正相與也，而亦未有能正者矣。此六四用力以制九三之象也，故又有「夫妻反目」之嫌，而《象》曰「不能正室也」。夫制之於中不若制之於初，制之於終不若制之於中，人臣之有所畜制者，其勞逸難易之分，於此三爻盡之矣。

六四，有孚，血去，惕出无咎。

《象》曰：有孚惕出，上合志也。

小畜之成卦，在此一爻也。夫四以位則多懼，以才則至柔，以時則有所畜止之時也。稟至柔之才，處多懼之地，而任畜止之權，上下衆剛環然而卜吾之舉動焉。於斯時也，蓋亦難矣！況脱三之輻，而常遭反目之嫌乎？其憂傷恐懼何如也！雖然，以勢而論，則柔一而剛五，其不敵固也。以理而論，則君子以眇然之身而處上下之際，亦必有道矣。何也？即吾之誠意以感之，固也。吾之誠意既至，則金石可動，而況於人乎！故夫四之血去惕出而无傷害恐懼之咎者，吾非恃夫有五也，吾恃夫有孚也。使吾非有孚，則位雖近五，而君之志或不我合焉，則位雖親矣而心之親則未也，其能使吾之志必行乎？故《象》又曰「有孚惕出，上合志也」。但云「惕出」則「血去」可知，蓋謂恐懼猶免，則傷害斯遠矣，舉輕以見重也。程河南曰：「以人君之威嚴，而微細之臣有能畜止其欲者，蓋有孚信以感之故也。」或曰：小畜之爲小畜者，六四也。四處近君之位，而以柔巽爲畜止之道，小人邪？君子邪？曰：《易》雖以陽爲君子、陰爲小人，而上下二篇所謂以六居四者凡三十二焉，未必皆小人也。若概以陰居陰而謂之小人，則凡爲人臣者，必以陽居陽而概謂之君子，可乎？聖人於小畜之六四也，而曰有孚、曰无咎，於《大象》，又以「懿文德」爲君子之事業，至上九也又從而戒之曰「君子征凶」，則四也者，非小人也。夫君子之所存，患无孚爾；苟有是孚，則時剛而剛，時柔而柔，亦將何所適而不可哉！但當有所止畜之時，上下皆剛，非以柔巽行乎其間不可。昔人有身不勝衣而能以全德終始者，則小畜之六四是也，而概以小人論之，可乎？

九五，有孚攣如，富以其鄰。

《象》曰：有孚攣如，不獨富也。

六四「有孚」，而九五亦曰「有孚」，此四所以上合志也，而五則曰「攣如」，又曰「富以其鄰」，不獨富也。夫君臣之間所恃相與以无間者，曰誠而已。臣焉不有以信乎其君，君焉不有以信乎其臣，則有言而无從也，有諫而无聽也。君子不能拱手以固寵，則懼傷懼讒，以求去之而已。人君不能悅霽以求益，則无陪无卿，而自用而已。今也不然，四以「有孚」而合五之志，五以「有孚」而攣四之鄰，故四得五而无傷懼〔二〕之吝，而五亦得四而有其鄰之富也，此小畜之所以亨也。以九居五，陽之純者也。陽之純則爲充實，充實有孚也。以六居四，陰之純者也。陰之純則爲謙虚，謙虚亦有孚者也。陽以陰爲富，則陰亦以陽爲富，故曰「富以其鄰」、「不獨富也」，謂五與四皆以「有孚」相得，不獨五有是也。成湯之於伊尹，桓公之於管仲，蜀先主之於諸葛孔明，皆能盡其義矣。

上九，既雨既處，尚德載，婦貞厲，月幾望，君子征凶。

《象》曰：既雨既處，德積載也。君子征凶，有所疑也。

小畜之道，至上九成矣；君子之志，至此亦已行矣。始也《彖》著「密雲不雨」之戒者，懼其强聒以用事而上下之情不協焉故也，故有「健而巽，剛中而志行，乃亨」之説。今也畜道之於五，而君臣之志不謀而合，則凡君子之所欲言而欲施者，无不如志矣。故上九當畜道之成而有「既雨」之象，謂陰陽之氣至此而交暢矣。雖然，「密雲不雨」猶戒於尚往，其能无疑乎？故又戒之以「既處」，謂君子之於此時也，若猶有所往而未已，則嫌疑之不免矣。夫成天下之功易，處其成功難，若成天下之功而不處之焉，則天下之人皆能之，何必君子也。何也？才有餘而德不足故也。

〔二〕懼，四庫本作「讒」。

惟君子當夫功之既成也，吾之處之若无功焉，此非所積所養之厚、不矜不伐而能至是邪？故曰「尚德載」，而《象》曰「德積載也」，言其德器之不薄，故能有所任載而无滿盈之愆也。婦道以順爲正也，若愆於正則爲厲。月遡日，以爲明也。月至於望，則與日敵矣。何者？陰盛故也。故曰「婦貞厲，月幾望」。此聖人爲畜道既成之戒也，此所以終之曰「君子征凶，有所疑也」。

☰☱兑下乾上

履：履虎尾，不咥人，亨。

《彖》曰：履，柔履剛也。説而應乎乾，是以履虎尾，不咥人，亨。剛中正，履帝位而不疚，光明也。

履者何？《經》曰：「履，德之基也。」韓子曰：「德有凶有吉。」吉凶相遼，奚啻燕越。然皆自所履而始，故北首則燕，南轅則越，顧其所履如何耳。是以君子所履，常虞傷害，恐懼戒敬，不敢失足，《書》云「若蹈虎尾」是也，故《履》有取於「履虎尾」之義。《履》之成卦，在於六三，兑以少女柔弱之資而履乾之剛，故曰「柔履剛也」。夫以眇然柔弱之資而履乾之剛，尊卑小大之勢至不侔，而剛不吾害者，何邪？蓋有道也，説而應之，而不與之校是也。涉世之道，以和説爲尚，以眇然之軀行之萬物之間，物至衆而己至寡也，不以和説爲行，而務與之忤焉，庸免患乎？故曰：「説而應乎乾，是以履虎尾，不咥人，亨。」兑，悦也。初九、九二雖與九四、九五敵應，其體兑也，其性悦也。老子曰：「吾有大患，爲吾有身。」噫！吾身豈能爲吾患耶！特患不能行是身耳。吾身得所履，則亦何往而不服？又何身之爲吾患邪？故曰：「亨，剛中正，履帝位而不疚，光明也。」此九五之所履也，又非柔履剛之謂也。夫涉世之大，莫大於應帝王故也。剛也，中也，正也，此九五所履之三德也。剛則所履之不息，中則所履之无過，正則所履之不變，以是三德而履帝位，庸有慊然之病乎？疚，病也，大抵有所慊於中，則行之於外也亦必有所不足，今也備是三德以履帝位，初无不足之慊，則履道之善莫盛於斯也，故曰「光明也」。《書》之稱堯曰「聰明文思，光宅天下」，稱舜曰「帝光天之下，至于海隅蒼生」，謂以帝者之德履帝之位，故其效不得不如是光明故也。

《象》曰：上天下澤，履。君子以辨〔一〕上下，定民志。

天下有自然之理，常寓於自然之分之中。《禮》曰：「天高地下，萬物散殊，而禮制行矣。」禮者，自然之理也。循理而行，不踰其節，則得其所履矣，故履亦禮也。上天下澤，有自然不易之分，

〔一〕辨，通志堂本、四庫本作「辯」，下同。

故爲履之象。天下之民，尊卑貴賤自有等差，然或至於卑踰尊、賤妨貴者，蓋以上下之分不辨故也。是故古者謹禮之君子，爲之立五常之教，制五品之爵，異士農工賈之業，使之車服、宮室、起居、飲食各有常分，則天下之民卑不踰尊、賤不妨貴，其所存蓄自有一定之志，可殺可辱而不可使爲亂矣。

初九，素履，往无咎。

《象》曰：素履之往，獨行願也。

初九以剛明之德而居履之最下之位，而上无其應，所謂素貧賤者。夫素貧賤，則亦行乎貧賤而已矣。《中庸》曰「君子素〔一〕其位而行，不願乎其外」，則履之初九是也，故曰「素履，往无咎」。夫上无其應，而吾之志願則亦求其在我者而已矣，吾遑他念乎？故曰「獨行願也」。所謂「在下位，不援上」，初九有焉，孟子之无官守言責進退之有餘裕是也。

九二，履道坦坦，幽人貞吉。

《象》曰：幽人貞吉，中不自亂也。

〔一〕素，原作「傃」，據四庫本及《中庸》通行本改。

夫當履之時，進居中位，其視初九爲得位矣。然上无其應，則亦與初九同也。九二之時，履坦坦之道，而不忘乎静，正而後吉也。苟爲不然，則輕進躁動，失其所之，中心摇摇，與物交戰，豈不失其中心所守者邪？故有「幽人貞吉」之戒，謂以幽静无欲之人而處此地，則行道之心不爲利禄富貴之所縈亂，而後爲得其正而吉也。孟子曰：「居天下之廣居，立天下之正位，行天下之大道。得志，與民由之；不得志，修身見於世。」又曰：「富貴不能淫，貧賤不能移，威武不能屈，此之謂大丈夫。」則《履》之九二是也。石守道曰：「九二以陽履陰，有幽人之象。」

六三，眇能視，跛能履，履虎尾，咥人，凶。武人爲于大君。

《象》曰：眇能視，不足以有明也。跛能履，不足以與行也。咥人之凶，位不當也。武人爲于大君，志剛也。

以全卦觀之，則兑之柔弱履乾之剛，説應乎乾，則曰「履虎尾，不咥人，亨」。以六三一爻論之，則以六居三，剛很在内，陰暗在外，外无所見，很以待物，故不免涉世之害，而曰「履虎尾，咥人，凶」。卦與爻非固爲異也，聖人不盡之意互相發明故爾，夫是之謂《易》。楊中立曰：「《易》中隨時取義，固不同也。」夫眇者，非能視也，比之无目者，特一髮之間耳。跛者，非能履也，比之无足者，亦一髮之間耳。然不可與未嘗眇、未嘗跛者并駕而争明，何也？眇能視，不足以有明故也；跛能履，不足以與行故也：此六三之才也。六三以此才而涉世，不量可否輕重，忤物必罹傷害，故曰「履虎尾，咥人，凶」，蓋其所履之位不當故也。夫三，履之高位，而以陰柔履之，豈其所宜邪？故曰「位不當也」。九二以陽履陰，其才剛明，自處陰晦之地，乃幽人也。六三以陰履陽，內幽暗而外剛明，武人也。以武人而履三之高位，爲一卦之主，爲大君也。外无所見，很以待物，而不免涉世之害，昔人所謂盆成括是也。張横渠曰：「大君，爲衆爻之主也。武人者，剛而不德也。」

九四，履虎尾，愬愬，終吉。

《象》曰：愬愬終吉，志行也。

《經》曰「四多懼」，處多懼之地，而復以恐懼自處，所謂愬愬也。四處三陽之後，故亦曰「履虎尾」也。始也履虎尾，終也无忘其愬愬之戒，故曰「終吉」。夫九四之志，无忘其愬愬之戒，故「履虎尾」而「終吉」，此其志之所以行也，謂其能免涉世之患也。在卦德曰「履虎尾，不咥人，亨」，其九四之謂乎？

九五，夬履，貞厲。

《象》曰：夬履貞厲，位正當也。

九五以剛中履帝位，剛則足以有決，中而且正，則其決也莫不當也矣，故曰「夬履」。夬，決也。夫涉世之大，莫大於應帝王。履以虎尾爲諭[一]，而九四所以无見咥之傷者，處多懼之地而不忘於愬愬故也。以九居五，其位固正當矣。剛中正之德既无不足之疚，然或不知以危懼自處，則剛有時而息，中有時而過，正有時而變矣。故居此正當之位，又當以危懼自處，則夫履之德終无疚病矣，故戒之以「貞厲」。厲，危也。夫當履虎尾之時，而危懼戒敬之心，不可俄頃而弗置之念，而況於九五之位者乎！

上九，視履考祥，其旋元吉。

《象》曰：元吉在上，大有慶也。

上九以剛明之德處履道之成，涉世之患，吾知免矣，其惟此時乎！視履考祥者，凡吾平生所履歷者，迎而距之，平心而熟視之，而善惡禍福之祥，皆不逃乎吾之所考焉，故曰「視履考祥」。由是自反而仁，自反而有禮，則其所履之吉復自此始矣，故曰「其旋元吉」。夫以元吉而履諸上位，此豈武人爲于大君之比哉？其大有慶，宜矣。

〔一〕諭，通志堂本、四庫本作「喻」。

卷七

泰：䷊乾下坤上 小往大來，吉，亨。

《彖》曰：泰，小往大來，吉，亨，則是天地交而萬物通也，上下交而其志同也。内陽而外陰，内健而外順，内君子而外小人，君子道長、小人道消也。

邵康節曰：「至哉，文王之作《易》也！其得天地之用乎！故乾、坤交而爲泰，坎、離交而爲既濟也。」夫天本居上，地本居下，而泰則乾下而坤上，此天地之用也。亦猶火本炎上，水本趨下，而既濟則離下而坎上，此水火之用也。程河南曰「《易》，變易也，隨時變易以從道也」，其是之謂乎！學《易》者，知隨時從道之説，則天地之用得之矣。夫泰者，通也，天地之用交相通之謂也。天地之道，不能有陽而无陰；人之道，不能有君子而无小人。故泰、否二卦，陰陽適平，君子小人各相半焉。雖然，時乎泰通，則陽爲主而陰爲客，君子之勢伸而小人之勢屈，故小者不能以病大，往者不能以遏來，陰時出而佐陽，小人日聽命於君子。此泰之道所以吉且亨也，故曰「小往大來，吉，亨」，亨即泰也。闞子明曰：「乾來內，坤往外，則君子闢，小人闔，故名之曰泰；反是，則名之曰否。作《易》者，其闢君子而通小人之闔也，故以君子名其卦。」以天地言之，乾來居內，天氣之下降也；坤往居外，地氣之上騰也：此天地之泰也，故曰「天地交而萬物通也」。萬物通，生理遂也。以君臣言之，二上應五而五下之，五下應二而二承之，此君臣之泰也，故曰「上下交而其志同也」。其志同，趨向一也。以天地人事而兼言之，「內陽而外陰」，則發生自我，而陰則順承之；「內健而外順」，則建立自我，而衆則皆退而聽之：此天下之泰也，故曰「內君子而外小人，君子道長、小人道消也」。夫內外，勢也；消長，時也。勢然則時亦然，時然則勢亦然，此天理人事所以无二道也。

《象》曰：天地交泰，后以財成天地之道，輔相天地之宜，以左右民。

朱子發曰：「泰者，天地之交也。財成輔相，以人道交天地也。以左右民，立人道也。」夫天地之道，陰陽、四時是也。天地之宜，則春宜生、夏宜長、秋宜收、冬宜斂之類是也。財成其道，輔相其宜，則因天之時，用地之利，耕墾播殖，疏導糞溉，各有法制，以授之人，使之不失其利，以盡生養之道，此左右之也。司馬温公曰：「夫萬物，生之者天也，成之者地也。天地能生成之，而不能治也。君者，所以治人而成天地之功也，非君則天地何以得其通乎？」此以人道交天地之謂也。

初九，拔茅茹，以其彙征，吉。

《象》曰：拔茅征吉，志在外也。

君子之行違，視時而已矣。時乎泰，則君子之道亦泰，故以其彙征；時乎否，則君子之道亦否，故以其彙貞。此否泰之初，皆有「拔茅茹」之象，而「以其彙征」「以其彙貞」之隨以異也。茅之爲物，生於草野側陋之地，然以潔白爲質，君子在下之象也。茹云者，其根茹然而從，引類之象也。時乎泰亨，則君子之類莫不上進，故猶之茅也，其所謂茹然者，皆以類從也。故曰「以其彙征，吉」。彙，類也。征，進也。當是時，君子之類吉於上進故也。九二、九三，乃初九之同類者也。陰來下陽，外有其應，故《象》曰「志在外也」。程河南曰：「君子之進，必以其類，不惟志在相先，樂於與善，實乃相賴以濟。」

九二，包荒，用馮河，不遐遺。朋亡，得尚于中行。

《象》曰：包荒，得尚于中行，以光大也。

六五，泰之主也。九二以剛中之才居相應之地，所謂上下交而其志同者。故當君子道長之時，以天下人才爲己任，而君子之類兼收而并用之，无有或遺之者。然亦非有所謂朋比者，一以大公爲心，故能以剛中之德而上配夫六五柔中之主，以共成此泰亨之治。何也？初九之君子處草野側陋之地，有茅茹之象，而九二則從而包之，故曰「包荒」。九三之君子，以剛健過中之才艱難以守正，而九二則從而用之，故曰「用馮河」。馮河云者，謂其歷涉艱難之才也。荒者不包，歷涉者不用，則有忌賢嫉能之失矣。豈能親近群才，而與之同升乎？故曰「不遐遺」。荒者能包，歷涉者能用，則有兼收并用之德，又豈牽於私昵而有朋比之嫌耶？故曰「朋亡」。如此則九二以剛中爲行，得以尚〔一〕配夫柔中爲行之主，此豈淺中狹褊者之所能與哉？故曰「包荒，得尚于中行，以光大也」。謂其當君子道長之時，能以天下人才爲己任，无所遺棄，无所朋比，一以大公爲心，大臣之道不狹且陋如是也。《象》舉包荒一語，而下文之義亦兼舉矣，此亦省文之例也。昔者伯禹之宅百揆，傅説之求俊乂，周公之舉百工，皆以天下人才爲己任者然也。下至李唐之世，房喬、杜如晦爲相，如王、魏善諫則遜以直，英、衛善兵則濟以文。夫王、魏二子其初亦皆疏讎之臣爾，英、衛二將又非所謂馮河越險之勇者也，皆得以行其志者，蓋以房、杜爲相故也。

九三，无平不陂，无往不復，艱貞无咎，勿恤其孚，于食有福。

〔一〕尚，通志堂本、四庫本作「上」。

《象》曰：无往不復，天地際也。

嗚呼！吾觀諸泰，至於九三，而知物理之變誠若循環然也。又知《易》之爲君子謀也，何其深且至也！夫物極則反，天地之理也。九三，乾之極也，而當天地交際之地，在下者必升，在上者必降，則泰極而必否矣。夫何疑邪？故當是時也，爲之戒曰：无有安平而不險陂者，謂泰道之无常也；无有往於外而不復於内者，謂三陰之必復也。平者陂而往者復，則泰反而爲否矣，此物理之循環也。君子於此時，以剛健過中之才，處天地交際之地，何修而可以保泰之福哉？曰：當泰之時，人情狃於久安而不知安之將危，人情惰於因循而不知時運之將往，而我乃不敢安逸，艱難守正，以人待天，以義勝命，如此則可以保其泰而无咎矣！故又戒之曰「艱貞无咎」，蓋天人有交勝之理故也。夫上下之相與，不可以不孚，亦不可以必孚。三與上居相應之地，夫苟恤上之孚己也，則亦相胥而爲否矣，又何艱貞之云乎？故又戒之曰「勿恤其孚，於食有福」。以言勿恤上之孚己，而艱以自守焉，則可以保泰而食有福矣。《易》之爲君子謀也，又何其深且至也！夫陽降於下必復於上，陰升於上必復於下，往來升降之理，有如循環如此，九三當天地交際之地，可不戒哉！故《象》又申其戒曰「无往不復，天地際也」。關子明曰：「象生有定數，吉凶有前期，變而能通，故治亂有可易之理。」大哉人謨，其與天地終始乎！則九三之艱貞勿恤有福是也。

六四，翩翩不富，以其鄰，不戒以孚。

《象》曰：翩翩不富，皆失實也。不戒以孚，中心願也。

夫泰之世，君子在内，小人在外，在内則居中以制乎命，在外則退聽乎我而不敢違，君子小人各安其所，此所以泰也。然陽必求陰，陰必求陽，陰陽之情也。上必應下，下必應上，上下之道也。三陽道長，相率而上，故三陰失實，各復於下。六四當三陰志於下復之初，故曰「翩翩不富，以其鄰」。夫鳥之飛也，非能有志於高也，翩翩然回翔四顧，蓋將卜物而即之焉爾。當泰之時，三陰志於下復以應乎陽也，非能應乎陽，以其久此泰也，應之者將以成否也。夫陽以得陰爲富，陰亦以得陽爲富，小畜六四曰「有孚惕出，上合志也」、九五「有孚攣如，不獨富也」是也。今六四之應初九也，與其鄰之六五、上六皆志於下應，而謂之「翩翩不富，以其鄰」，則皆非以得陽爲富也。非以得陽爲富，則皆失其應陽之實矣，故曰「應之者將以成否也」。君子之借助於小人也，其始雖若順適吾志，而未有深害遽患之可覩也；迨其終也，則小人爲主、君子爲客，爲客者日負，爲主者日勝，夫然後患害可見矣。此陰陽之所以易位，奸人之所以逞毒，夷狄之所以亂華〔二〕，而至於不可制也。否泰升降之

〔二〕夷狄之所以亂華，通志堂本、四庫本均爲空格，四庫本註「闕」字。

理如此，吁！可畏也！原其初，蓋亦本於陰陽之情，知相信而已，而无有致其戒於其間也。夫陰陽相求，上下相應，當通泰之時，徒知相與交通以盡吾心之所願欲而已，曷嘗致戒於其間而後爲此相信也哉！迨夫三陽上升、三陰下復，則否泰又反其類矣，則所謂「不戒以孚」云者，非陰之罪也，乃陽之過也。故曰四與初居陰陽相應之地，而《易》則寓其旨於四，曰「不戒以孚」，責初九也。而九三之艱貞无咎，則明以戒之曰「勿恤其孚」，又何有於上六之應也哉！張横渠曰「《易》爲君子謀，不爲小人謀」，於此益可見矣。

六五，帝乙歸妹，以祉元吉。

《象》曰：以祉元吉，中以行願也。

程河南曰：「陰陽之升降，乃時運之否泰，或交或散，理之常也。泰既過中，則時變矣。」故聖人於三之艱貞則曰「有福」，蓋知戒則可保。至四，理必變也，故專言始終反復之道。五，泰之主也，則復言處泰之義。帝乙歸妹，泰之義也。《書》曰「自湯至於帝乙」，則湯至帝乙，二王也。而《子夏傳》乃曰：「帝乙歸妹，湯之歸妹也。湯，一曰天乙。」京房亦載湯歸妹之辭曰：「无以天子之尊而乘諸侯，无以天子之富而驕諸侯。陰之從陽，女之從夫，天地之義也。往事爾夫，必以禮義。」則帝乙歸妹，湯之歸妹也。六五以柔德居君位，而下應於九二剛中之賢而順從之，故有帝乙歸妹之象。「以祉元吉」，謂當泰之時，去其驕泰之心，而以禮義往應乎二，於以受其祉福而且元吉也。《象》曰「以祉元吉，中以行願也」，謂以柔中之德而行此志願，以合乎下，故能受其祉福

且元吉也。夫惟六五「中以行願」，故九二「得尚於中行」矣，所謂上下交而其志同如此。

上六，城復于隍，勿用師，自邑告命，貞吝。

《象》曰：城復于隍，其命亂也。

泰至上六，極矣。治極必亂，高極必危，理之常也。上六，坤之終也。坤之四積而至於上六，高而危，危而覆矣，故曰「城復於隍」。夫穴土以爲隍，累土而高之以爲城，亦猶治道積累以成泰也。今也當泰之極，將反於否，則前日所累之土復反於隍之象也。夫上失其道，民散久矣。當泰之極，習於晏安，而民心日離，思亂者衆，當此之時，人誰我用哉！故曰「勿用師」。邑，親近之地也。「自邑告命」，謂既不我用，方且從其親近而告命之，則其所告命也雖得其正而從之者亦鮮矣，故曰「貞吝」。夫令焉而莫不聽、命焉而莫不從者，上下之心一也；今焉上有命而下從之者鮮，則慢令而逆命者多矣，故《象》曰「城復於隍，其命亂也」。

䷋坤下乾上

否：否之匪人，不利君子貞，大往小來。

《彖》曰：否之匪人，不利君子貞，大往小來，則是天地不交而萬物不通也，上下不交而天下无邦也。內陰而外陽，內柔而外剛，內小人而外君子，小人道長、君子道消也。

嗚呼！吾觀否、泰二《彖》，君子小人之用心備見而无遺矣！夫君子小人之相爲往來，固也。泰之《彖》特曰「小往大來，吉，亨」，而否之《彖》先之以「否之匪人，不利君子貞」而後繼之以「大往小來」云者，我知之矣！夫君子之與小人，其道固異，其設心亦異久矣。君子得志，則使小人各安其所，吾之心未嘗不利乎彼也。故小者既往，則大者必來，若天理之自然然〔一〕也。故泰直曰「小往大來，吉，亨」，初无它〔二〕事也，故无它說也。若否則不然矣，彼小人者，不與吾君子无齟齬不合之勢，則君子必不引去，而小人亦未必果來也，故其設心必先有所不利乎我，而後君子盡去，

〔一〕此處通志堂本、四庫本缺一「然」字。
〔二〕它，通志堂本、四庫本皆改作「他」，下文此種情況不再出校。

彼得以自肆矣。故否曰「否〔一〕之匪人，不利君子貞，大往小來」也。匪人，所謂非君子人也。人非君子，則平時與吾君子如枘鑿之不相入者，正斯人也。匪人得志，則君子之道否塞而不行矣。夫正道之在天下，不可以一日无也。今也吾君子之道否塞而不得行者，皆否之匪人不利乎貞是也。使小人而利君子之貞，則天下不否矣。蓋小人之心，同乎己者則利之，異乎己者則不利也。所謂不利云者，非必害之也，彼此之勢若枘鑿然，而不相入故也。夫惟彼己之勢既不相入，故大者往而小者來也。然則小人之心非不利吾君子也，不利吾君子之正也。使君子言非正言、行非正道，則彼固利之久矣。嗚呼！此吾於否、泰二《彖》，所以備見君子小人之用心也。《經》曰：「否、泰，反其類也。」惟反其類，故《彖》之所言一切相反。以天地言之，乾往乎上而天氣不下降，坤來乎下而地氣不上騰，天地之不交如此，萬物何由而通乎？此天地之否也，故曰「天地不〔二〕交而萬物不通也」。以君臣言之，三陽往居於外，各安其位於上，三陰來居於內，各安其位於下，此上下之不交如此，天下何由而有邦乎？此君臣之否也，故曰「上下不交而天下无邦也」。不云其志不同，而云天下无邦，何也？曰：時乎泰也，上下同志，非志於逸豫也，爲民而已。《書》云：「明王奉若

〔一〕否，原作「比」，當誤，據通志堂本、四庫本改。
〔二〕不，原作「否」，據通志堂本、四庫本及《周易》通行本改。

天道，建邦設都。」「不惟逸豫，惟以亂民。」當否之時，上下不交，則所謂邦者，未嘗无也，然亂民之責屬之誰乎？故有邦猶无邦也。曰「无邦」云者，甚之之辭也，猶詩人所謂「周餘黎民，靡有孑遺」是也。以天理人事兼言之，「内陰而外陽」，則陰爲主而陽爲客，陰陽之易位也；「内柔而外剛」，則柔爲主而剛爲客，剛柔之易位也，猶《詩》云「枝葉未有害，本實先撥」是也。不云「内順而外健」而云「内柔而外剛」，何也？曰：健順以用言也，至否則君子之正道否塞而不行，非可以用言也，此天下之否也，故曰「内小人而外君子，小人道長、君子道消也」。原其所以致此者，无它也，「否之匪人，不利君子貞」而然爾。吁！彼小人者，真可畏也哉！

《象》曰：天地不交，否。君子以儉德避難，不可榮以禄。

否，君子道消之時也。聖人屢稱「君子」云者，亦猶坤之上六「爲其嫌於无陽，故稱龍焉」之意也，所謂天道不可一日而无陽、天下不可一日而无君子是也。然吾觀《易》之於君子，何其愛之之深而慮之之周也！蓋於否之時見之矣。何也？《象》曰「不利君子貞」，斯言也，以小人之吾忌也，吾獨奈之何哉！故有「大往小來」之説，以言當此時也，吾不得不往以聽其來也。至《象》又明告之曰「以儉德避難」，告之以斯言，盡之矣，又繼之曰「不可榮以禄」，則愛之之深、慮之之周如是哉！故張横渠曰「《易》爲君子謀」者，此也。夫「天地閉，賢人隱」，吾於此時祈於无咎无譽足矣，若不避小人之鋒而乃瞭然於人，曰「當斯世也，非我不可也」，則難不可逃矣，故當儉吾德，如天地之閉焉而後可。夫禄，仕人之所榮也，然有所可、有所不可，視時而已矣。當此時也，若干禄欲仕之心作於其中有不能已者，則難亦何可避耶？此惟寂惟寞之人所以不免於投閣之禍也。

初六，拔茅茹，以其彙貞，吉，亨。

《象》曰：拔茅貞吉，志在君也。

程河南曰：「泰與否，皆取茅爲象者，以群陽群陰同在下，有牽連之象也。泰之時，則以同征爲吉；否之時，則以同貞爲亨。始以『内小人而外君子』爲否之義，復以初六否而在下，爲君子之道，《易》隨時取義，大抵然也。」夫否之初六，雖有其應，然當此之時，上下隔絶而不通，故初六无上應之義，惟其以彙守吾正而已。彙，謂六二之類也。「吉，亨」，泰之時爲然也，而初六以其類貞而亦吉且亨者，詘身以伸道，故无往而不吉，亦无往而不亨也。吉謂免禍，亨謂信道也。雖然，君臣之義不可廢也。時方否塞，故以彙守正於下。若反否而爲泰，則亦如初九之以彙征也。故初九之《象》曰「志在外也」，而初六之《象》亦曰「志在君也」，以言行止雖繫於時，而君子之志於君亦无往而不在也。

六二，包承，小人吉，大人否，亨。

《象》曰：大人否亨，不亂群也。

六二處三陰之中，其質則陰柔也，其居則中正也。當否之時，小人歟？大人歟？小大之辨，不可以一言判也，故《易》於此兩言之。或曰「小人吉，大人否，亨」，以言當此之時，處此之地，惟所擇焉爾。在己之下者，包之初六是也。在己之上者，承之六三是也。當上下不交之時，五雖正應，无由而通，故取之左右以盡包承之義，此亦小人之常態也，故吉。乃若大人，則不然矣。拔之群流之中，此身雖否，不以非道而求合於衆。吾无所棄，何以包爲？吾无所忤，何以承爲？此身雖否，而此道不否而亨也。又豈務爲小人包承之事，以雜亂於群流之中而不自知也邪？夫大人之所爲，其與小人固不可同日而語久矣。《易》於此特兼言之者，蓋爲否設故也。然則善處否者，非大人，其孰能之？

六三，包羞。

《象》曰：包羞，位不當也。

泰與否，時雖不同，而往來循環之理則一也。泰至九三，而否之形已兆於此時，故曰「无平不陂，无往不復」；否至六三，而泰之形亦兆於此時，則所謂「无平不陂，无往不復」亦可知也。何也？此皆天地交際之地故也。然九三之在泰也，艱難以守正，而能食泰之福，君子不以爲愧。六三以不中不正而居此地，不知時運將變而有不當位之羞矣。謂之「包羞」云者，以言未罹於禍，則其爲羞也，尚包蘊而未發；若夫已罹於禍，則向之包者發矣。如卯金修德之祥，已兆於哀、平之季，爲揚子雲者，妙極理數，非不知也，乃且著書立言以伊周安漢公，至新室既成，又且作爲文章劇秦而美之，此否之六三所謂「包羞」也。俄而天禄之禍作於匪夕，遂貽羞於千古，君子以謂雄之所包者至是而發矣。

九四，有命，无咎，疇離祉。

《象》曰：有命无咎，志行也。

否道至九四而革矣，雖然，非四與五同德相濟，君焉有命而臣行之？臣焉有志而君命之？則君子之類何所恃乎？大抵古者君子有能爲之才，當可爲之時，居當爲之地，而天下之難固賴我以濟，天下之功亦賴我以成，然非君命我焉，則有專命之嫌矣。此專謀、專對、專盟、專伐，《春秋》所爲譏也。今也九四有濟否之才，而九五之才又豈特十倍於九四〔二〕也，苟不稟命而行，則上下不交之否，又何時而已耶？故曰「有命无咎」，以言必待君命，則无《春秋》之譏，而濟否之志可得而行

〔二〕 九四，原作「四四」，據四庫本改。

矣。疇，類也。離，麗也。祉，福也。夫一君子之志行，則衆君子皆得以行其志，如泰之初九所謂「以其彙征吉」也，孰不蒙其福乎？程河南曰：「當君道方否之時，處逼近之地，所惡在居功取忌，若能使動必出於君命，威柄一歸於上，則无咎而志行矣。」

九五，休否，大人吉，其亡其亡，繫于苞桑。

《象》曰：大人之吉，位正當也。

雖有其位，苟无其德，不可已天下之否也。雖有其德，苟无其位，亦不可已天下之否也。以九居五，其德與位稱矣乎！此天下之否所以已於九五之大人也，故曰「休否，大人吉」，而《象》曰「大人吉，位正當也」。雖然，休否易，使天下終无否難。「其亡其亡，繫於苞桑」，此无否之戒也。夫休否爲泰者五也，然去否未遠也。去否未遠，夫苟昧其所可戒，而謂已安已治矣，則否未可休也。故心之危懼，終日慄慄，常虞否之復來，而曰「其亡乎其亡乎」，而後可也。桑之爲物也，既絛而復苞，則亦既苞而復絛，其榮悴之不可常，殆亦反掌之間爾。譬之今日之否休矣，又烏保來日之无否乎？故其亡其亡常繫於苞桑之戒，而不敢少忘焉，則否庶幾乎其可无也。唐太宗嘗問侍臣曰：「創業守成孰難？」爲玄齡者則曰：「創業難。」爲魏徵者則曰：「守成難。」太宗曰：「玄齡從我冒百死出一生，故知創業之難。徵嘗恐我驕奢生於富貴，禍亂生於所忽，故知守成之難。然創業之難，既已往矣，守成之難，方將與諸公謹之。」噫！若太宗者，其能繫念苞桑之戒乎！

上九，傾否，先否後喜。

《象》曰：否終則傾，何可長也。

泰之上六，「城復於隍」，泰之傾也。否之上九，直云「傾否」而无所假象云者，人心所在，无待於旁引而曲喻也。《經》曰：「聖人之情，見乎辭。」爲是故也。夫方否之時，人情壅塞而不通，其亦可知也已。忠言嘉猷不接於冕旒，德意志慮不孚於兆姓，民瘼不求也，遺才不收也，奸豎佞嬖日與端人爲仇也，貪夫暴吏日與善類爲蠹也，則亦既已久矣。一旦否塞之患傾倒而无餘，則人之情孰不洒然而醒、濯然而明，如屈獲信，如蟄獲行矣。故曰「先否後喜」，而《象》曰「否終則傾，何可長也」。夫由「否終則傾」之言以觀，則否極而泰，此固理之常也。由「傾否」之言以觀，則上九「傾否」而不云「否傾」，人力居多焉。何者？以陽剛之才，而處否之終，固所優爲故也。程河南曰：「反危爲安，易亂爲治，必有剛陽之才，故否之上九則能傾否也，屯之上六不能變屯也。」

卷八

䷌離下乾上

同人：同人于野，亨。利涉大川，利君子貞。

《彖》曰：同人，柔得位得中而應乎乾，曰同人。同人曰「同人于野，亨，利涉大川」，乾行也。文明以健，中正而應，君子正也。惟君子爲能通天下之志。

昔者嘗聞聖人建立之極也，扶翼人道以配天地。人道既植，和氣乃通，周流磅礴，不失一物，濟濟有序，遠近若一，用能與天地相爲无窮也。蓋自去古漸遠，人僞日滋，分三才而裂之不已也，又并與人道尺寸而分剖之。强者侵，衆者奪，矜者忿，愚者詐，畦町爾汝，德鋤誶箕，无所不至，昔之所謂氣之和者移而爲鍥薄矣，昔之所謂序之濟濟者轉而爲貿亂矣。若是不已，則禽獸而後已，又豈特夷狄〔二〕鬼蜮而已乎！嗚呼！此《易》之所以作也！此《易》之所以有同人也！或問之曰：二同人之作，其能已後世之睽異歟？吾徒見其所以爲卦者六二也，而六二則曰「同人於宗，吝」。二之所應者，五也。而五之梗於三、四，未得以應乎二也，則不免於號咷。迨其相兵相克，而獲遇其應也，則獲笑焉。彼三與四之无與於二，命也。曾不顧義分，或伏於莽，或乘其墉，以與五立敵焉，此何爲也哉？故程河南曰「二同於繫應，有所偏與，在同人之道爲私狹矣，故可吝也」，又曰「五以私昵應於二，先隔則號咷，後遇則笑，此乃私昵之情，非大同之體也。於君道无取」。誠如是説，則同人之任屬之誰歟？應之曰：子獨不聞夫《易》之作也，其衰世之意邪？世道不衰，則《易》可无作也。故夫同人之三與四者，乃上下之際而同異之分也，所謂交争而迭攻之地也，梗難不去則莫有能同之者。故當是時也，在下者常謹守其分以待乎上，在上當去其强梗之難以通乎下，强梗之難去則上下相與，以施同人之化，而天下大同矣。《象》所謂「同人於野」，此其極也，是之謂能任同人之責。然則二何嫌於吝，而五又何嫌於號與笑乎？不然《彖》之所謂「柔得位得中而應乎乾，曰同人」者誰乎？所謂「文明以健，中正而應，君子正也」又誰乎？亦必曰二與五而後可也。夫柔不得位則柔无以立，柔不得中則柔至於過，柔而不應於乾則又无以濟夫柔也。有此三者，此

〔二〕夷狄，通志堂本、四庫本爲空格，四庫本註一「闕」字。

六二之所以能同人也。蓋无是三者，則徒知同之爲同，而不知其所以爲同矣，豈不可爲同人病耶？故曰「柔得位得中而應乎乾，曰同人」，同人之《彖》曰「同人於野，亨，利涉大川」云者，此六二應乎乾以有行之效也。夫同人之道貴乎遠，雖然，不能近，烏能遠？同人之道可與處患難，雖然，不能處平易，烏能處患難？「同人於野，亨」，此同人之道貴乎遠也，然近而三與四吾或昧其所之焉，豈不害吾悠遠之道乎？「利涉大川」，此同人之道可與處患難也，然出處語默吾與五或相戾焉，豈能處患難如平常乎？然則同人於野必期於亨，涉大川而必期於利，非應乎乾而與之偕行不可也。「文明以健，中正而應」，此又合離與乾、二與五而贊六二應乎乾之義也。夫文明則能燭理，剛健則能克己，二以柔順中正而應乎五，五亦以剛健中正而應乎二，此二、五之君子咸以正道相與而然也，故曰「利君子貞」，又曰「君子正也」。彼天下之人，其所惡欲趨舍之志雖曰不同，而吾以君子之正一以貫之，則亦无有不同者矣，故又終之曰「惟君子爲能通天下之志」。君子之所以通天下之志者，以君子之正故也。何謂君子之正？曰：其在卦爻則六二、九五是也，其在人則吾心之所同然、常久而不已者是也。聖人所以扶翼人道者，扶翼此者也。

《象》曰：天與火，同人。君子以類族辨物。

夫同人之道，其所以爲同者，初非混然無所區別之謂也。天下有不同之物，吾安能强之使同也？則亦隨夫物之不同也，而與之爲不同焉爾，又何害其爲同也？昔者孟子嘗設喻曰：「白雪之白，無以異於白馬之白。」夫雪與馬俱是白也，今將謂雪爲馬，可乎？不可也。又曰：「長人之長，無以異於長馬之長。」夫人與馬俱是長也，今將謂馬爲人，可乎？亦不可也。此同人之道所以欲類物之族，而後物得所辨也。物得所辨，則以不同同之，乃所以同之也。夫天運乎上，火亦炎上，此雪與馬俱白、馬與人俱長之謂也。然指天而謂之火，不可也；指火而謂之天，亦不可也。兩皆不可，而乃以天與火爲同人之象，何也？曰：取其俱是上也而已矣。蘇東坡曰：「水之於地爲比，火之於天爲同人，同人於比相近而不同，不可不察也；比以無不比爲比，同人以有所不同爲同。」斯言得之矣。

初九，同人于門，无咎。

《象》曰：出門同人，又誰咎也。

九以剛明之才，方當出而同乎人之初，外无其應，无所決擇，內之誠敬方新，而慢易之心不生，此正夫子告仲弓所謂「出門如見大賓」之時也。夫當出門而同乎人之初，无所決擇則亦无所不同，无所不同則亦夫誰不我同也。人既我同，則亦將敬我之不暇矣，所謂咎我者又其誰也？然則此非人之不我咎也，我其初未嘗取咎於人也。

六二，同人于宗，吝。

《象》曰：同人于宗，吝道也。

《易》以卦爲時，以爻爲人，一卦而六爻，則是同時也，所以趨是時也，不可以同是人也。同人，天下大同之時也，故卦之德有取於「同人于野」。雖然，當是時也，以六居二，卦惟一陰，衆陽之志，皆欲同之，使二於此曾无決擇於其間，非所謂君子之正也。故當此之時，居此之位，在夫静以有守，謹其所之。彼三與四，當上下之交，犯義命之戒；我乃謹守其操，自儉自嗇，如處子，如貞婦，而惟吾所宗者之是同焉可也，故曰「同人於宗，吝」。宗云者，己之所尊而敬者，謂九五也。如三與四，則非二之所尊而敬者也。然則六二之吝，固其分也，其可以吝道少之哉？程河南曰「二同於繫應，有所偏焉，在同人之道爲私狹矣，故可吝也」，豈亦未之思邪？

九三，伏戎于莽，升其高陵，三歲不興。

《象》曰：伏戎于莽，敵剛也。三歲不興，安行也。

夫陰陽之情，篤於相求。又況當同人之時，卦惟一陰，衆陽之志皆欲同之，而三之與二，又近而與之比，故欲攻五以據其應，或伏或升，以伺其釁。「伏戎于莽」，將以中五也；「升其高陵」，將以阻二也。以九三之剛而俯以就其六二之陰，「伏戎于莽」之象也。三，下卦之上也，而以九履之,「升其高陵」之象也。夫當同人之時,无所與同,不顧義命,而徒恃其剛焉,然則以剛敵剛,安能行其所欲哉?是宜三歲之久,終不能興也。大抵二與五以君子之正相同相應,而三與四以小人間於其間,宜其終莫能間之也。三,數之成也。在爻爲三,故曰三歲,然亦只取久意。

九四,乘其墉,弗克攻,吉。

《象》曰:乘其墉,義弗克也。其吉,則困而反則也。

四之弗顧義命,與三同也。然商其罪之輕重,則困而反,則與三歲不興者有間矣。夫墉,内外之限也,三與四交際之地也。四陰在内,九履其上,故曰「乘其墉」,其志亦欲阻二以攻五也。雖然,九三以剛敵剛,猶不能行其所欲,况九四之非全剛乎?其「弗克攻」,宜矣。蓋非全剛,則不敢恃其剛也;恃其剛者,必其剛過也。九三恃其過剛,則必至於三歲不興,而終无知反之期;九四不敢恃其剛,故知其攻之弗克也,則斷之以義,而反其在我之則焉,初无待於三歲不興,失則而不知反也。孟子曰:「困於心,衡於慮,而後作。」四之困而反則,故聖人於此以吉予之,予之以吉者,蓋亦以開小人知反之門也。嗚呼!聖人之設心如此,則反天下之睽異而爲同也,又何難歟!

九五,同人先號咷而後笑,大師克相遇。

《象》曰：同人之先，以中直也。大師相遇，言相克也。

《易》中以號笑兼發其義者，凡有三焉而已矣。萃之於初六曰「若號，一握爲笑」，以言「乃亂乃萃」之无常也，亦猶中孚之六三云「或泣或歌」之謂也。旅之上九與同人之九五，則以「號咷」之先後相反爲言者。夫旅之上九身處乎外，亢然居上，下無應援，非能與人同者，而人亦弗之同焉，故曰「旅人先笑後號咷」，蓋言初之嘻而終之戚也。同人之五則異乎此矣，五以君子之正，下應六二，二以君子之正，上應九五，二人同心久矣，九三、九四以二剛間乎其間，故二不得不自儉自吝、謹其所守以待夫五，而五亦不得不自恐自懼以克乎敵而下通夫二也。夫夬，決小人之卦也。以五君子而夬一小人，宜无甚難也，而九二以莫夜之有戎也，而不免於惕且號焉，則同人之五雖居利勢，而三、四二剛腹心之患不輕也，烏能无號咷之懼耶？惟能有恐懼於其先，則能无恐懼於其後矣，故曰「同人，先號咷而後笑」。「大師」謂其敵之剛也，其曰「相克」，則其恐懼宜多矣。大師相克之後，乃獲與二相遇，則「先號咷」者大師相克也，「後笑」者與二相遇也。夫二、五之君子，以正相與，此所謂中直也。當恐懼之初，號咷之先，二人之心未始不同，而二剛不能間焉者，以中直故也。故《繫辭》於此爻又釋之曰「二人同心，其利斷金」，謂克去者二剛也；「同心之言，其臭如蘭」，謂先號咷而後笑也。司馬温公曰：「德之未孚，信之未光，近者不服，遠者不懷，故號咷也。

中則不阿，正則不私，不阿不私，天下歸之，始於憂勤，終於逸樂，故後笑也。」而程河南乃曰「五以私昵應二，先隔則號咷，後遇則笑，此乃私昵之情，失大同之體也，於君道無取」，豈亦未之思邪？

上九，同人于郊，无悔。

《象》曰：同人于郊，志未得也。

上九處不争之地，不同乎人而亦不異乎人者也，故曰「同人于郊」。夫「同人于郊」，固不若「同人于野」之廣且遠也，然與其争非其應而動九五之師者固有間矣，故曰「无悔」。曷不觀諸九四乎？九四之《象》曰「其吉則困而反則也」，此有悔之謂也。若上九處不争之地，則未嘗失則也，亦未嘗反則也，何悔之云？雖然，當同人之時，以剛健有行之才，而處不同人之地，亦豈其所願欲然耶？蓋亦有不得已焉者矣，故曰「志未得也」。何謂有所不得已？曰：所居之位然也。

☲☰乾下離上

大有：元亨。

《象》曰：大有，柔得尊位，大中而上下應之，曰大有。其德剛健而文

明，應乎天而時行，是以元亨。

夫衆不能治衆也，故善治衆者不以衆而以寡。剛不能制剛也，故善制剛者不以剛而以柔。大有之有五剛，有之亦難矣。何難乎？曰：賢者之難乎？以勢屈之也。材者之難乎？以勢驅之也。然則孰有之？曰：非六五之柔不可也。故五以言其位則尊位大中，以言其應則上下俱應。上而上九，以吾能尚其賢也，降其志而比乎我；下而自初至四，以吾能用其材也，以其類而從乎我。其所有豈不大矣哉！噫！此非以五之勢而能有是大也，以五之不自恃其勢而能有是大也。夫不自恃其勢，此豈君人有大之私術也？天爲剛德，猶不干時；人君之德，本之以剛健，濟之以文明，與時偕行，而无以異於天焉，則天之運動而天下亦莫吾遏矣，此其所以元亨也。故其在卦德則内剛健而外文明，六五與九二居相應之地，順而應之，无所違也。故曰「其德剛健而文明，應乎天而時行，是以元亨」。大舜之爲君也，其能盡此道歟？不然，何其有是大也？蓋昔者嘗因孟軻氏「大舜有大焉」之言，而參之以《書》與莊周之説，然後信其有是大也。《書》之稱舜曰：「玄德升聞，乃命以位。」夫帝之位亦尊且大矣，而語帝之處此者則「温恭」而已，非柔得尊位而大中之謂乎？然則其在當時，朝覲歸之，謳歌歸之，訟獄歸之，無惑乎上下應之多且衆也。是以莊周氏得以誦其微言曰「天德而出寧，日月照而四時行」，「元亨」之效可見於此。然則語大有之盛，大舜有焉。

《象》曰：火在天上，大有。君子以遏惡揚善，順天休命。

光无不被，然後微小无所遺。大有之《象》，有取於火在天上云者，光无不被之謂也。其所有豈不大乎？君子觀此象，則吾之明不敢以私心用之，懼其所有之不大也。惟夫不自私其明，故惡者遏之，禁天下於未然，使天下皆知小人之棄也；善者揚之，導天下於將然，使天下皆知君子之歸也。夫天下之生是人也，而命之以此性也，固欲人君輔而成之也，而人君乃能順是命而不違，則天之休命實得之矣。大抵大有，盛治之世也夫？苟天下未能皆君子，而猶有未免爲小人之人者，則亦未爲治道之大成也，故《象》有及於此。

初九，无交害，匪咎，艱則无咎。

《象》曰：大有初九，无交害也。

在下位而不援上，此君子處下之道也。然當大有之初，則以无交爲害，何者？當是時也，六五柔德之主也，得尊位大中而上下應之，故二應於五，三亨於天子，四與上居近密之地，而初九則獨處於下而无交焉，豈不害於上下應之之義乎？雖然，亦非有咎也。交道之難，其來尚矣。使初不知艱以自守，而務以苟合苟進焉，則雖知无交之爲有害，而不知苟合苟進之爲有咎也。故又曰

「匪咎，艱則无咎」，蓋予之也。夫能務處其身於无過之地，則其於交際之地必能謹其所予矣，故《象》特謹之曰「大有初九，无交害也」。

九二，大車以載，有攸往，无咎。

《象》曰：大車以載，積中不敗也。

南豐曾子固曰：「夫所謂宰相者，以己之才爲天下用，則爲天下用而不足；以天下之才爲天下用，則爲天下用而有餘。」大有九二有「大車以載」之象，則以天下才爲天下用之謂也。故曰「有攸往，无咎」，而《象》曰「積中不敗也」，此爲天下用而有餘也。何則？大車，積集衆材而成也。大有，衆材輻凑之時也。九二之才[一]，剛而中者也，又處衆剛之才之中，則集衆剛之才以會於中，而成此荷載之功者也，則其有所往也，夫何覆敗之虞乎？大有之世，事崇而業鉅者也。六五之君，方且體謙虛之德，而以仰成衆賢爲心。當是時也，非有任重之才[二]，以荷載爲職不可也。九二以剛中之才，處於相應之地，固其任也。然當衆材輻凑之時，使二也无賴乎衆材之助而獨以己之才爲天下用焉，寧无咎乎？又寧无敗乎？然則其《象》有取於大車之載，其旨遠矣！

[一] 才，通志堂本、四庫本作「材」，下同。
[二] 任重之才，「才」原訛作「六」。通志堂本、四庫本作「任事之材」。

九三，公用亨于天子，小人弗克。

《象》曰：公用亨于天子，小人害也。

三，盛位也，而以九居之，剛之勝也。夫處剛勝之地，當盛大之時，上有謙虚之主，而吾豈可以滿盈而居此位乎？惟不以滿盈爲心，則存諸中者无非奉上之公，故在上者无所疑，而在下者亦无所嫌，此九三之心所以獲上通於天子也，故稱「公」焉。若夫小人則不然，處剛勝之地，當盛大之時，徒知騁私縱欲以違戾取害而已，其能以奉上之心爲心耶？故曰「小人弗克」，又曰「小人害也」。夫大有之九三〔一〕，以公處之則能上通於君，以非公處之則爲小人之害。《易》於此一爻亦兼設其義者，所以示戒深矣！

九四，匪其彭，无咎。

《象》曰：匪其彭，无咎，明辨晳也。

以九居三，處剛勝之地，大有之盛也，固不得不設小人之戒，若九四則不然也。何也？四，陰位也，以挹損爲事，故剛而不至於過；四，離之初也，以明辨物理爲智，故剛而无待於戒，則與九

〔一〕九三，原作「九四」，據通志堂本、四庫本改。

三固有間矣，故曰「匪其彭」。彭，旁也，謂三也。以言非如九三之剛勝，而復設小人之戒也。如是則當大有之時，處近五之地，夫何咎乎？夫大有於九三取其公，復慮其不能公；於九四與其明，復慮其不能明，則九四之「明辨」之「晳」賢於人遠矣！

六五，厥孚交如威如，吉。

《象》曰：厥孚交如，信以發志也。威如之吉，易而无備也。

人君能使人不敢違，不若使人不忍違。夫使之不敢違，非有號令隄防之不可也。至於使人不忍違，則非有所謂號令之煩也，亦非有所謂隄防之素也，一出於誠信云爾。六五以一柔有衆剛，上下衆剛惟我是應而无或違之者，无它道也，虛中无我，擴然大公，一以誠信之道感發衆志，則天下之志亦還以此而應夫我矣，此上下交相親之道也。故曰「厥孚交如，信以發志也」。夫上下交相親則强，强則无山溪而固，无甲兵而威，夷然和易，初无備禦，而不怒之威自孚於上下之間矣，何吉如之！此誠信待物之效也，故曰「威如之吉，易而无備也」。然則六五能使人不忍違者，曰孚而已。大哉孚乎！

上九，自天祐之，吉无不利。

《象》曰：大有上吉，自天祐也。

六五以一柔有五剛，自初至四，五能用之，故以其類而從夫五。上九獨在五上，五能尚之，故降其志而比乎五，《繫辭》所謂「履信思乎順，又以尚賢也」，則上九是也。夫以九居五之上，而五尚之，此非盡處有之道而能以人應天也歟？當大有盛治之極，而能以人應天，則祐之自天，宜矣！故動罔不吉而无所不利，謂大有至此愈有隆而无替故也。然則當大有之極，莫大於得天；而所以得天也，又莫大於尚賢；尚賢，則所謂以人應天也。

䷎艮下坤上

謙：亨，君子有終。

《彖》曰：謙，亨。天道下濟而光明，地道卑而上行。天道虧盈而益謙，地道變盈而流謙，鬼神害盈而福謙，人道惡盈而好謙。謙，尊而光，卑而不可踰，君子之終也。

謙者何？不居其有之謂也。夫既有其有矣，而不復居其有者，非以爲僞也，《書》曰「有其善，喪厥善；矜其能，喪厥功」，蓋不居其有者，則欲不喪其有故也。亨，通也。司馬温公曰：「人之將有爲也，將有行也，施之以謙，則无不通也。」程河南曰：「他卦皆有凶咎，惟謙未嘗有凶咎；他卦有待而亨，而謙則便亨。蓋謙有亨之道故也。」「天道下濟而光明，地道卑而上行」，此以天地之道而明謙之所以亨也。夫天氣下降，以濟萬物，天之謙也；化育之功，光明著見，則謙之亨也。地勢卑順，處物之下，地之謙也；其氣上行，以交於天，則謙之亨也。天地爲大矣，其道均不外於謙。君子德盛如天，業廣如地，而不以謙將之，其何以保其終？其曰「君子有終」，則謙之亨也。夫盈者，謙之反也。謙則不盈，盈則不謙，故又繼之以天道之虧益、地道之變流、鬼神之害福、人道之好惡，與夫「尊而光，卑而不可踰」之義，以明君子之所以有終也。朱子發曰：「天地也，鬼神也，人也，以分言之則殊，以理言之則一。故觀日月之進退，則知天道之虧益；觀山川之高卑，則知地道之變流；觀人道之得喪，則知鬼神之害福；觀物論之取捨，則知人道之好惡。」又曰：「謙之爲德，其至矣乎！所處尊矣，道則彌光也。所執卑矣，德則彌尊也。君子觀諸天地，驗諸幽明，故處卑而不爭，居尊而能降，愈久而不厭，乃能有終，故曰『君子有終』。其在六爻，則九三是也，故曰『勞謙君子，有終，吉』。」

《象》曰：地中有山，謙。君子以裒多益寡，稱物平施。

天下之物，崇高者莫如山，卑下者莫如地。地中有山，則卑下外施而內蕴其崇高者也。夫崇高蕴於內，則高者降；卑下施於外，則卑者升。高卑適平，謙之義也。君子之觀此象也，則裒取夫多，增益夫寡，稱物而施，適平而止，以盡夫天理之所當然者。朱子發曰：「以貴下人，則貴賤平矣。以財分人，則貧富平矣。以德分人，則賢不肖平矣。」程河南曰：「謙者，治盈之道，故裒多益寡。」又曰：「裒取其多，增益其寡，天理也。」

初六，謙謙君子，用涉大川，吉。

《象》曰：謙謙君子，卑以自牧也。

六，謙德也。初，卑位也。以謙德而處卑位，謙而又謙者也，故曰「謙謙」，以言謙之至也。夫躬至謙之事，類非自恣自肆者之所能堪也，而能堪人之所不能堪者，必也有所養之君子也。蓋君子之心，勇於自勝而不勇於勝物，故能委蛇曲折，行乎萬物之間，而與物无忤。用此道以涉大難，則衆之所共與而難可濟矣，故吉也。大抵自卑自牧而不與物争，此涉大難之道也。牧，養也。夫謙，卑德也。初，卑位也。養德之地，未有不基於至卑之所，所養也至則愈卑而愈不卑矣，此自養之力也。

六二，鳴謙，貞吉。

《象》曰：鳴謙貞吉，中心得也。

大凡物之鳴者，有出於中心之誠然者，有出於不得其平而然者。六，謙之德也。二，下之正位也。以謙德而居下之正位，則得其所欲矣。故其發於聲音也，無非中心之誠然者，故曰「鳴謙貞吉，中心得也」。乃若上六，則不然。六，謙德也。上，謙之極位也。以謙德而反居謙之極位，豈得遂欲謙之志歟？故其發於聲音也，蓋有不得其平而然者，故曰「上六鳴謙，志未得也」。然則六二、上六，其鳴一也，其所以鳴則不一也。

九三，勞謙君子，有終，吉。

《象》曰：勞謙君子，萬民服也。

謙之成卦，在此一爻也。故卦之德曰「君子有終」，而九三實當之。夫謙以六爲謙德也，而三則以九居之，獨何歟？曰：所以成天下之功者，非剛明之才不可故也。然以九居三，剛勝而過中也，何以知其勞而能謙歟？曰：三實艮體而止諸坤順之下，所謂藴其崇高於卑下之地，其在象則地中有山故也。夫以剛明之才，居下位之上，上爲君所任，下爲衆所從，信有勞矣。勞而不伐，有功而不德，此君子致恭以存其位之道也，故獲有終之吉。夫盈者，謙之反也。乾上九之亢也，而曰「盈不可久也」，則謙九三之「有終」宜矣。亢既有悔，則有終而吉宜矣。體勞謙之德，居下位之上，爲衆陰之所宗，故曰「勞謙君子，萬民服也」。然則萬民服也，非服其勞也，服其勞而能謙故也。舜之賢禹也，而曰「洚水警予，成允成功，惟汝賢」，此服其勞也。又曰「克勤於邦，克儉於家，不自滿假，惟汝賢」，此服其勞而能謙也。使禹也有是勞而无是謙，則天下群起而與之争矣，故又繼之曰「汝惟不矜，天下莫與汝争能；汝惟不伐，天下莫與汝争功」。夫功吾功也，能吾能也，天下何與焉？矜伐之心一不克去，則天下群起而與之争，故雖智如舜不敢謂无是也，雖神如禹亦不能免是也。故曰：「萬民服也」，非服其勞也，服其勞而能謙也。

六四，无不利，撝謙。

《象》曰：无不利，撝謙，不違則也。

四當上下之衝，而以謙德居之，何所施而不利乎？曰：不一而足也。其於上也，利於恭畏，以奉順德之君；其於下也，利於卑巽，以讓勞謙之臣。處近君之地，據勞臣之上，无動而非謙，而後可也，故曰「无不利，撝謙」。撝有動散之義，京房曰「上下皆通曰撝謙」，王弼曰「指撝皆謙」，是也。四之「无不利，撝謙」，則當上下之衝，无所不利於用謙故也。夫居此之地，无所不利於用謙焉，則上盡奉上之道而君不吾嫌，下盡接人之才而人不吾忌，舉動施爲繩繩然莫不中度，而无失則之愆矣，故曰「不違則也」。夫惟不違夫則，此其所以无不利也。

六五，不富以其鄰，利用侵伐，无不利。

《象》曰：利用侵伐，征不服也。

陰以得陽爲富，以謙德居五，下无其應，不富也。然四之與上，五之鄰也，皆執謙順以親夫五，而五與之同德焉，多助之象也。當是時也，既多謙順之助，則以順而動，何往而不利，故曰「利用侵伐，无不利」。夫侵伐，所以討不順也。以至順而討不順，雖不免於征伐之事，此乃抑高舉下、仆强植弱之義，而《象》所謂「裒多益寡」者也。或曰：謙至九三，而萬民服矣。至六五，則容有不服而征之，何也？曰：九三「萬民服也」，服其謙也。乃若人君之道，則不可以專於謙柔。漢之文帝，其初蓋謙遜仁柔之主也，賈生流涕之策置而不用，自以和親之一策所以待單于也，上古帝王之所未諭也。然其後世不堪其侮，勵兵講武，一戎服而匈奴遯。故後漢崔子真作爲《政論》，有曰文帝「以嚴致平，非以寬致平」，則其於不服也而征之，此君道之宜也。程曰：「文德所不能服，而不用威武，何以平治天下？」又曰：「威德并著，然後盡君道之宜，而无所不利也。蓋五之謙柔，當防於過，故發此義。」

上六，鳴謙，利用行師，征邑國。

《象》曰：鳴謙，志未得也。可用行師，征邑國也。

六，謙德也。上，謙之極位也。以謙德而處極位，此執謙者之所不安也，故鳴其未得之志。雖然，當是時也，順五之命，用坤之衆，行師於外，以征邑國之不服者，而不安其居於上焉，則未得之志可以少紓矣。又况當是時也，謙柔既極，不可過用謙柔。過用謙柔，則謙以取侮，柔而不植，非大中之道也。故謙於六五、上六皆以利用征伐爲言，蓋所以救謙柔之過也。

卷九

䷏坤下震上

豫：利建侯行師。

《象》曰：豫，剛應而志行，順以動，豫。豫順以動，故天地如之，而況建侯行師乎？天地以順動，故日月不過而四時不忒；聖人以順動，則刑罰清而民服。豫之時義大矣哉！

豫，樂也，和也，和易悦樂之謂也。豫之成卦，在於九四。上下一體，則合於坤、震而成也。四以一剛，群陰應之，故其志行。坤，順也。震，動也。順以動，則順夫理而動之謂也。順理而動，衆所共與，此所以豫也。夫君子有能行之才，未嘗无欲行之志，然我動而彼不應焉，則有齟齬而无聽從，欲其志行，難矣！今也以剛居四，爲豫之主，可謂有能行之才矣。上下群陰，惟四是應，其在爻也，既有「大有得」之辭，又有「朋盍簪」之象，爻贊又曰「志大行也」，則欲行之志莫之禦矣。夫理之所在，人心之所在也。順理而動，則有以順夫理也，乃所以順人心也，其在人也又烏有不豫矣乎？故曰「豫，剛應而志行」。夫天下之事无小大，皆不可以不順動也。然語其順動之大者，則建侯行師是也。分民以與之共治，分土以與之共守，使內外遠近之勢如脈絡之相通，感此而彼應，感近而遠應，此則豫之利在於建侯。害焉而與之去之，亂焉而與之除之，使强梗暴悍之徒皆芟刈而无餘，害去而利興，亂除而治生，此則豫之利又在於行師。建侯之與行師，二者雖慶賞刑威之不同，其爲順動則一也。苟非順動，則侯之建也乃爲私喜，師之行也乃爲私怒，安能致豫乎？雖然，此人事也，而天地亦若是矣，故繼之以「豫順以動，故天地如之，而况於建侯行師乎」，蓋三才一理故也。夫天地之大也，猶如此之順動，則建侯行師其可以非順動歟？不可也。何謂天地之順動？曰：日月有明也，而相爲往來；四時有叙也，而相爲代謝。往來之度既无過差，則代謝之期亦无忒，此天地以順動而然也。雖然，此天地也，而聖人亦若是矣。故繼之以「聖人以順動，則刑罰清而民服」，蓋天地、聖人亦一道故也。夫慘莫慘於刑罰也，人之心宜若不豫乎此也。今也刑人罰人，而人不以爲慘而反我服，何也？人皆曰「刑罰之清也」，清則不濫，不濫則民服。噫！是固然也，然服生於清，清生於順動，不以順，清何生焉？清无從生，服何生焉？語至於此，則順動之義，其在豫之時豈不大矣哉！故贊之曰：「豫之時義大矣哉！」以言天地、聖人之功，皆不離夫順動故也。夫由「天地如之」之言以觀，則天地之順動亦如建侯行師之順動也；由「聖人以順動」之言以觀，則聖人之順動又如天地之順動也。故曰：三才一理也，天地、聖人一道也。

《象》曰：雷出地奮，豫。先王以作樂崇德，殷薦之上帝，以配祖考。

天下之物，其聲與氣舒發而通暢者，无若雷之出地，奮迅震薄而不可禦焉者也。方雷之復於地中也，隱焉寂焉，潛養其和，鬱結而不通；及出地而奮震也，則向之所謂潛養地中者旁通而上達矣，故爲豫之象。夫樂由陽來，其播於八音五聲者，亦所以宣暢和氣耳。德者，樂之實也。樂者，德之文也。先王觀雷出於地，而有奮然之象也，則作爲聲樂以褒崇其德。夫德者，祖考之德也。古者於有功者則祖之，於有德者則宗之，猶以爲未也，而作爲聲樂以褒崇其德，盡其專一之誠，薦之上帝以配祖考。夫以祖考作配上帝，則所以崇其德也可謂至矣，非盡其專一之誠，曷至是也哉！故曰「殷薦」。殷，專也。《禮》有殷奠殷祭，《易》有殷薦，皆言專也。

初六，鳴豫，凶。

《象》曰：初六鳴豫，志窮凶也。

初六以陰眇之材，初出而當逸豫之時，恃有九四剛强之應，此正人家弱子幼弟席其父兄之庇之象也。當此之時，志足意滿，不勝其豫，以至發於聲音，此取凶之道也，故曰「鳴豫，凶」，以言其凶有所不免也。何者？初六，豫之始也。於始也志於樂豫，至於末流則樂豫之志不得不窮矣。夫樂極必悲，安極必危，能无凶乎？故嘗謂志之在人，不可以輕用之也。豫之初六，一輕用其志於樂豫，則志窮而凶。當其志之窮也，雖有賢父兄，亦末如之何矣，况非賢乎？吾儕用志，當用於其所不窮之地也而後可。或曰：當逸豫之時，將以用吾志也，何者爲不窮之地歟？曰：介于石，此不窮之地也。

六二，介于石，不終日，貞吉。

《象》曰：不終日，貞吉，以中正也。

當豫之時，耽於豫則失正，故豫之諸爻之才多不得其正，時然才亦然故也。惟六二一爻，以中正自守，不溺於豫，故雖介於初六、六三不正之間，然如石焉之不可轉也，又豈相與淪胥而溺於豫哉！惟其所守也堅，故不惑而明，此《易》於《繫辭》以「知幾其神」予之也。凡人之情，於逸豫之事，心焉悦之，遲遲而不去，則必至於耽戀而不舍。何者？有所溺故也。惟知幾之君子，其視樂豫之事如將浼己，斷而識之，速而去之，又豈俟終日而後識之去之也哉！此其所以當豫之時，以守正而獲吉也。《繫辭》之釋此爻也，而曰「君子見幾而作，不俟終日」，又曰「介如石焉，寧用終日，斷可識矣」，蓋深予之也。

六三，盱豫，悔，遲有悔。

《象》曰：盱豫有悔，位不當也。

六二之君子，以中正自守，故能上交不諂、下交不瀆。六三不中不正，曷足以語此哉！故上交於四也，有盱豫之象。夫四，豫之主也。即四以求豫，而媚以悦之，睢盱而目不瞬，此蓋小人之態然也，悔將及之也。故聖人戒之以速去，而曰「遲有悔」，猶之曰不知睢盱以求豫之爲悔，而安於不當之位，遲戀而不去，則有悔矣。夫睢盱以求豫，未必得豫也，而將有悔；復不知已其睢盱之態，慕戀而不去，亦未必得豫也，而終有悔。聖人諄諄然，反復詳而詔之如此其明也。爲六三〔一〕者，當如何哉！

九四，由豫，大有得，勿疑。朋盍簪。

《象》曰：由豫大有得，志大行也。

豫之成卦，在此一爻也，故《彖》之辭有由豫「剛應而志行」，九四實當之。夫九四以一剛處群陰之中，群陰順從，得以大行其志，而天下之豫皆由我而致，故曰「由豫，大有得」。然聖人於此戒之以「勿疑」者，蓋奉柔弱之君，處危疑之地，群陰不從五而從己，故當此之時，處此之位，上下之情俱不免於有疑也。雖然，勿懷疑慮，積誠於己，以交通於上下，則上下之情亦自相親相信而无疑

〔一〕 三，原作「二」，據通志堂本、四庫本改。

矣，故有「朋盍簪」之象。朋，類也。盍，合也。簪，貫髮之具也。九四以一剛處上下衆柔之中，交而通之，則凡散亂而不理者亦皆以類爲合，恃己以爲固也，猶之簪也所以貫衆髮，而衆髮亦恃簪以爲固也。夫惟積誠於己，上下信之，率天下之從己者而還以從夫五，又何「由豫，大有得」之嫌乎？故曰「志大行也」。

六五，貞疾，恒不死。

《象》曰：六五貞疾，乘剛也。恒不死，中未亡也。

六二於貞則吉，以中正故也。六五於貞則疾，以不正故也。夫五之於貞既疾矣，則宜其當逸豫之時，恣驕侈之欲而死於安樂有餘也。然乘九四之剛，恃四以拂弼於己，而五也常惟貞疾之是救，故得「恒不死」也。孟子曰：「入則無法家拂士，出則無敵國外患者，國恒亡。然後知生於憂患，而死於安樂也。」則六五之得九四，所得法家拂士也。故雖當豫之時，不得以縱其所樂。夫惟不得以縱其所樂，則「恒不死」宜也。夫六五，貞雖疾矣，而恒不死，則中未亡也。夫中以位言之，則五之位；以人言之，則人之心也。位號猶存，人心猶在，此所以恒不死也。夫當豫之時，而不爲豫者，以正自守也，六二是也。當豫之時，而不得豫者，見正於人也，六五是也。此豫之六爻，惟六二、六五所以不言豫焉。

上六，冥豫，成有渝，无咎。

《象》曰： 冥豫在上，何可長也。

上六以陰闇之才，當豫之既成，溺於豫而不自知者也，故曰「冥豫」。夫以陰闇无覩之才，而處豫之極，過惡既成，則亦何所可冀也？而聖人猶不之棄焉，乃爲開其遷善之門，以詔之曰「成有渝，无咎」。渝，變也。猶之曰：冥豫之過惡既成，有能變前之爲者，則可以補其過而无咎也。其於爻贊又申之曰「冥豫在上，何可長也」，猶之曰：上，豫之極也。豫至於極，災咎將至，何可長之如是也，速渝之可也。程曰：「聖人發此義，所以勸遷善也。故更不言冥之凶，專言渝之无咎。」或曰：聖人於初六鳴豫，則斷之以凶；於上六冥豫，則開之以无咎。於初六之《象》，則逆知其志之窮；於上六之《象》，則又諭之以何可長也。夫何甚於其初，而恕於其終耶？曰：甚於初者，所以遏其惡也。惡而遏之，禁天下於已然也。恕於其終者，所以開其善也。善而開之，導天下於將然也。禁之導之，始之終之，聖人之心所以无負於天下後世也，而豫之初、上二爻見之矣！

䷐震下兌上

隨：元亨，利貞，无咎。

《彖》曰：隨，剛來而下柔，動而説，隨。大亨貞，无咎，而天下隨時。隨時之義大矣哉！

隨者何？有所從之謂也。事无所從則失，物无所從則逆，人无所從則惑，此蓋理之固然者，而非有所謂得已而不已者也。譬之影之隨形，響之隨聲，此豈可强有，而亦豈可强无也哉！故夫泛觀事事物物，動皆有隨，而况於人乎？程曰：「凡人君之從善，臣下之奉命，學者之從義，臨事而從長，皆隨也。」是故隨之道，利在於正，隨而不正，則枉道以從俗矣，此又隨之過也。故隨之卦德曰「元亨，利貞，无咎」，蓋曰隨之所以能大亨者，利於貞正而後咎可无也，不然則有咎矣。「剛來而下柔，動而説，隨」，此指初九一爻與合震、兑二體以言隨也。初九之一陽，震之主也。乾一索於坤而得震，則初九之剛實在二陰之下，故曰「剛來而下柔」。夫陽剛，非在下之物也。今也得隨時之義，來下於陰柔，則是能以上下下，以貴下賤，吉也，物安得不隨之乎？震，動也。兑，説也。動而説，則此有所動而彼无不説之謂也。彼无不説，則亦無不隨矣。夫「剛來而下柔」，剛隨柔也。「動而説」，説隨動也。當隨之時，剛隨柔也，而非失己；説隨動也，而非得物。卦之所以爲隨也如此。是何也？蓋吾所謂正者存也，故繼之曰「大亨貞，无咎，而天下隨時」，蓋隨之所恃者正也，隨而有咎，則非正矣，欲大亨，得乎？其曰「天下隨時」，則所謂大亨也。夫天下之所隨者時也，而君子之所隨則正焉而已矣。然則天下之所隨者時也，非隨時也，隨吾君子也。亦非隨吾君子也，隨吾君子之正也。朱子發曰：「時无常是，以正爲是，君子之得其正而天下是之。」是吾隨時之義也。何謂隨時之義？曰：貞是矣。君子之所以爲隨者，一得其正而天下隨之以爲時，則夫所謂時也者，即君子之正也。以是觀之，則正之在隨也，其體段可知矣。故贊之曰「隨時之義大矣哉」，大即正之功用，所以爲大亨者是也。

或曰：《易》家以隨自否來，蠱自泰來，其義如何？曰：非也，乾、坤重而爲泰、否，故隨、蠱无自泰、否而來之理。世儒惑於卦變，故隨曰「剛來而下柔」，噬嗑曰「柔得中而上行」，咸曰「柔上而剛下」，益曰「損上益下」，涣曰「剛來而不窮，柔得位乎外而上同」，則曰凡此者皆自否而來也。蠱曰「剛上而柔下」，賁曰「柔來而文剛，分剛上而文柔」，恒曰「剛上而柔下」，損曰「損下益上」，節曰「剛柔分而剛得中」，則曰凡此者皆自泰而來也。誠如是，則睽之「柔進而上行」，謂自遯來可也，鼎之「柔進而上行」，亦謂自遯來可也，此猶可諉也。晉之「柔進而上行」，則謂自誰卦而來乎？无妄之「剛自外來而爲主於内」，則謂自誰卦而來乎？兑之「剛中而柔外」，明夷之「内文明而外柔順」，則又謂自誰卦而來乎？世儒求其説而不得，則曰：凡卦之具三陽三陰者，此皆自泰與否而來也；凡卦之具二陽二陰者，此皆自臨與遯而來也；凡卦之具一陽一陰者，此皆自姤與復而來也。殊不知八卦成列，因而重之，而内外上下往來之義已備乎其中，自八卦既重之後，又烏有所謂内外上下往來之義乎？夫自復至乾，自姤至坤，凡十二卦，當十二月，其陰與陽消長勝負均也。除乾、坤之外，更凡十卦，豈泰、否、臨、遯、復、姤六卦獨能生卦，而夬、剥、大壯與觀，獨不能生卦乎？又何取彼而舍此也？程河南釋隨之「剛來而下柔」也而曰「乾之上來居坤之下，坤之初往居乾之上」，釋蠱之「剛上而柔下」也而曰「乾之初九上而爲上九，坤之上六下而爲初六」，豈亦未之思邪？然於賁之《彖》又釋之曰：「卦之變，皆自乾坤，先儒不達，故謂賁本泰卦，豈有乾、坤重而爲泰，又有由泰而變之理？」夫由賁《彖》之所釋，則我心之所同然，河南實得之；由隨與蠱二《彖》之所釋，此乃先儒之所不達者，不然前後背戾，文字舛〔一〕錯，未可知也，當默識之。

《象》曰：澤中有雷，隨。君子以嚮晦入宴息。

動萬物者，莫疾乎雷；說萬物者，莫說乎澤。雷，動物也，今也處之莫説之地，則動者説矣。夫處莫説之地而動者説，非説於動也，説於不動也。動者或以不動爲説，是亦有時而然而不得不然爾，故爲隨之象。使動者以常動爲説，而不説於不動，則歸妹之「説以動」固有「永終知敝」之戒矣，非隨時之義也。君子有運動之才，其或嚮晦而息焉者，宜其所不説也。今而曰「宴息」云者，

〔一〕舛，原作「糾」，據通志堂本、四庫本改。

則動者亦以不動爲說矣。夫時之運於天也，有晦而有明，則君子之隨夫時也亦有動而有息。晦明之敘，大者爲古今爲治亂，小者爲晝夜爲寒暑，故君子之或出或入也，在所隨也。然則「澤中有雷」云者，說以養其動也。君子嚮晦入宴息，則亦說以養其動故爾。夫有能動之才，而不說以養之，則其動也烏能不匱矣乎？

初九，官有渝，貞吉，出門交有功。

《象》曰：官有渝，從正吉也。出門交有功，不失也。

有所守之謂官，離所守之謂渝。九以陽動之才，當隨之初，非有隨也，亦非无隨也，惟正之是隨，而後吉於隨矣。所謂惟正之是隨，何也？曰：出門而交是也。「出門交」，「官有渝」也。其曰「有功」，則「從正吉也」。正則有渝而有功，有功而无失矣，此所以吉也。何謂「出門交」？曰：不牽於私之謂也。程曰：「常人之情，愛之則見其是，惡之則見其非，故妻孥之言雖失而多從，所憎之言雖善而爲惡。苟以親愛而隨之，則是私情所與，豈合正理？故出門而交，則有功也。」朱子發亦曰：「人之情，隨同而背異，隨親昵而背疏遠，故朋友責善，或牽於妾婦附耳之言，溺於私也，故戒之以『出門交有功』。」夫同人之初出門同人，又誰咎也？則隨之初出門而交，其能有功而无失，宜矣。

六二，係小子，失丈夫。

《象》曰：係小子，弗兼與也。

隨之六爻，其半陰也，其半陽也。陽剛之才則有所隨而无所係，初九、九四、九五是也。故初之「有渝」，四之「有獲」，五之「孚于嘉」，此有所隨而无所係者然也。以柔從之才而當隨之時，則均不免於有所係矣，六二、六三、上六是也。故二則「係小子，失丈夫」，三則「係丈夫，失小子」，至於上六則不勝其時勢之窮而反窮以爲通，故曰「拘係之，上窮也」、「王用亨於西山」，此均不免於有所係者然也。夫柔之爲道不利遠，又況當隨之時，以柔爲隨，其能取諸遠乎？故二遠舍諸五，而近比於初。小子孰謂？謂初九也。初以陽剛在己之下，故曰「小子」。丈夫孰謂？謂九五也。五以陽剛爲己正應，故曰「丈夫」。夫下從上，順也。二應五，正也。二若係應於初，則失五之正應矣，故爲之戒曰「係小子，失丈夫」。以言是非邪正无兩從之理，比邪則背正，就非則失是，從於此者違於彼者也，豈能兼與之哉！雖然，二有中正之德，非必舍正而從不正者也。以其陰柔之質，當隨之時，故爲之戒云。不然，卦之德曰「元亨，利貞，无咎」，二舍正應而從不正，其咎大矣，而爻无凶咎之辭，何也？

六三，係丈夫，失小子，隨有求，得。利居貞。

《象》曰：係丈夫，志舍下也。

柔之爲道不利遠，當隨之時，故二與三均以近於己者爲隨。二近於初，故曰「係小子，失丈夫」；三近於四，故曰「係丈夫，失小子」。所失之小大，視所係之小大也，顧其所遭如何耳。四以陽剛在己之上，故曰「丈夫」；初居下，則「小子」也。三近係於四，故下失於初。舍下隨上，隨之宜也，此賢賢長長之人也。夫當隨之時，有賢賢長長之志，則雖愚必明、雖柔必强矣，此「隨有求，得」也。苟或棄大而即小，舍上而趨下，則昧所隨矣。雖然，三與四非應也。求之不以其道，合之不以其人，徒謂其勢利之可附也，苟取媚悦以遂所求而已，此乃邪諂小人之爲也，君子恥之，故又戒之以「利居貞」，謂自處於正，則有求而得，无惡於求矣。三不中不正，故有此戒。司馬温公曰：「三无中正之德而不凶者，所隨得其人也。」昔孔子見羅雀者所得皆黄口小雀，問之曰：「大雀獨不得，何也？」羅雀者曰：「大雀善驚而難得，黄口貪食而易得。黄口從大雀則不得，大雀從黄口亦得。」顧謂弟子曰：「善驚以遠害，利食而忘患，自其心矣，而獨以所從爲禍福。故君子慎其所從，以長者之慮，則有全身之階；小者之戇，則有危亡之則〔一〕。」《易》曰「係丈夫，失

〔一〕小者之戇則有危亡之則，各本《孔子家語》均作「隨小者之戇而有危亡之敗也」。

小子」。

九四，隨有獲，貞凶。有孚在道，以明，何咎。

《象》曰：隨有獲，其義凶也。有孚在道，明功也。

隨有三陽，初九在下，方且以從正爲務，則在上而爲下所隨者四與五而已。然五，君也；四，臣也。在下者之隨乎上，先四而後五，而四有其獲焉，則嫌疑之道也，故於隨之義則爲凶。何謂隨之義？曰：正是也。言有其獲而不以歸之君，此非人臣之正也。然則處此之地則奈何？曰：有要道焉，修吾胸中之誠，不以一毫私意爲吾之累，其所以獲乎下者，爲吾君而獲也，吾何有焉？如此則其所施爲舉動无往而非道也，又何咎過之有哉！然此非明足以燭理，知君臣之大義、上下之大分，道之所在可從而不可違，正之所在可守而不可失，其孰能如此哉！此四所以能處其身於无過之地，轉凶變咎而爲无凶无咎也，凡此皆明哲之功也。程曰：「古人有行之者，伊尹、周公、孔明是也，皆德及民而民隨之，其得民之隨，所以成其君之功、致其國之安；其次如唐之郭子儀，威震主而主不疑，亦由中有誠孚而无其失也，非明哲能如是乎？」

九五，孚于嘉，吉。

《象》曰：孚于嘉，吉，位正中也。

《經》曰：「亨者，嘉之會也。」隨之卦德曰「元亨，利貞，无咎」，而夫子釋之曰「大亨貞，无咎，而天下隨時」，而九五實當之，故曰「孚于嘉，吉」，而《象》曰「位正中也」。夫九五處正中之位，而尸隨之功，則是能致是亨嘉也，信有其道矣。九五，所以致是亨嘉也，何道也？曰：正焉而已。處是正中之位，既无不足於正，此《易》於隨之九五所以信其能致是亨嘉也，故曰「孚于嘉，吉」。謂之吉，則咎固謝之矣。《象》之所謂「无咎」，又豈足爲五道也哉！

上六，拘係之，乃從維之，王用亨于西山。

《象》曰：拘係之，上窮也。

孟子曰：「昔者太王居邠，狄人侵之。事之以皮幣，不得免焉；事之以犬馬，不得免焉；事之以珠玉，不得免焉。乃屬其耆老而告之曰：『狄人之所欲者，吾土地也。吾聞之也：君子不以其所養人者害人。二三子何患乎无君？我將去之。』去邠，踰梁山，邑於岐山之下居焉。邠人曰：『仁人也，不可失也。』從之者如歸市。」夫隨至上六，隨道之窮也。以柔從之才，而隨乎人之不暇，至於此則不勝其時勢之窮，反窮以爲通，正在此時也。故上六在一卦之外，正兑之體，所謂「西山」也，此太王之隨也。夫我之係志於彼也，實彼有以制乎我也，故曰「拘係之」，此孟子所謂事之以皮幣、犬馬、珠玉不得免焉之謂也。夫事人之禮既无不用其至而均不得免焉，狄人之志何在也？在於吾之土地故爾。故凡人之拘係夫人也，始也欲空其資，次也欲空其人，又其次也欲維其土地而後已，故曰「乃從維之」，此狼子野心吞噬之計然也。太王之處此也，誠有所不忍也，始也爲之所拘，爲之所係，故不得已而以皮幣、犬馬、珠玉爲是請命之計；既而吾資屢空矣，吾人將及害矣，吾人之害是乃吾顧惜留戀夫此土地而不以予之之過也，故不勝其窮而忍其墮於維之之計之中，遂決其策而去焉。嗚呼！隨道之窮一至於此者，此時也，此勢也，而天之理則未窮也，故上六於此侈言之曰「王用亨于西山」，則歸市之隨至此亦莫之禦矣。夫太王之於狄人，始〔一〕也餌之，懼吾人之罹其害也；餌之之策既窮，而吾人之害將及，則不得已而爲是杖策之計，曾何心於歸市之隨也？既而去邠而之岐，而隨之道愈窮而愈亨，則夫所謂「大亨无咎，而天下隨時」者，實基於此矣。故曰：岐山也者，此周家王業始基之地也。

〔一〕始，原作「皆」，據通志堂本、四庫本改。

卷十

䷑巽下艮上

蠱：元亨，利涉大川。先甲三日，後甲三日。

《彖》曰：蠱，剛上而柔下，巽而止，蠱。蠱，元亨而天下治也。利涉大川，往有事也。先甲三日，後甲三日，終則有始，天行也。

東坡曰：「器久而不用則蠹生之謂蠱[一]，人久宴溺而疾生之謂蠱，天下久安无爲而弊生之謂蠱。」《易》曰：「蠱，事也。」夫蠱非事也，以天下爲无事而不事事，則後有不勝事矣，此蠱之所以爲事也。「剛上而柔下，巽而止」，此合二體之材而言蠱也。夫剛上，艮也。柔下，巽也。艮，少男也，男至少而居上。巽，長女也，女雖長而在下。剛柔上下，各正其位，宜若已安已治矣。當是時也，在下者有巽順而无違忤，在上者有止息而无動作，則禍亂之萌乃生於已安已治之中，遂至於

[一] 之謂蠱，四庫本作「謂之蠱」。

敗壞而不可勝矣，此「剛上而柔下，巽而止」所以成蠱也。雖然，飭蠱之道，不在乎它，在乎上下之志交通而无壅。如器欲常用，體欲常勞，天下欲常事事，則不弊而治矣。夫上下之志既已大亨，則往有事乎蠱，雖涉大難而亦利矣，何往而不通乎？故曰「利涉大川，往有事也」。於蠱而言涉大川者，蓋天下之深患極弊，常伏於人情无所事事之地。大川，蠱之大者。濟天下之大難，飭天下之大蠱，非上下之志大亨，其可乎？且夫天道之運行，往來推遷而至於不窮者，此所謂大亨也。故能「終則有始」，而无叢伏之弊。聖王之飭蠱也，盡始終先後之道，如天之行，則弊革而患除矣，故有取於「先甲三日，後甲三日」之說。夫甲者，數之始也。於其造事之始也，反復思慮，蘄以善其始，此「先甲三日」之謂也。於其既造事之後也，則反復思慮，蘄以善其終，此「後甲三日」之謂也。程曰：「先甲謂先於此，究其所以然也。後甲謂後於此，慮其將然也。一日二日至於三日，言慮之深、推之遠也。究其所以然，則知救之之道；慮其將然，則知備之之方。善救則前弊可革，善備則後利可久，此古之聖王所以新天下而垂後世也。」然則飭蠱之道，固人事也，而天理實在是矣。何謂天理？曰：其所以終而有始、行而不窮者是也。夫惟不窮，是故无弊，此蠱之卦德所以貴于「元亨」歟？

《象》曰：山下有風，蠱。君子以振民育德。

山之爲物，以止静爲體；風之爲物，以散動爲用。夫以山之止静，宜若无事矣，而下有風，則草木爲之撓亂，坎竅爲之叫號，則又有事焉。此有事生於无事之地者然也，故爲蠱之象。君子以爲天下之事常伏於无事之地也。故平時暇日，其於民也，務振作其氣，使之力其所謂相生相養之道，而无廢惰自安之人；其在己者，務涵養其德，使之日新又新，而无逸豫自止之意。則君子之所事，孰有大於此二者？《中庸》曰：「成物，智也。成己，仁也。合内外之道也，故時措之宜也。」蠱之君子，其知合内外之道而盡時措之宜乎？

初六，幹父之蠱，有子，考无咎。厲，終吉。

《象》曰：幹父之蠱，意承考也。

東坡曰：「蠱之災，非一日之故也，必世而後見。故爻皆以父子言之，明父養其疾，至子而發也。」朱翊善曰：「蠱之患非一世。譬如人嗜酒色、餌金石，傳氣於子孫者，潰爲癰疽，死與不死，在治之如何耳。秦皇、漢武窮兵黷武，一也。秦亡而漢存者，始皇无子而武皇有子〔一〕以幹之故也。」姑以武、昭之事言之，孝昭以八歲即皇帝位，承武帝凋弊之後，此正蠱之初，而以六之柔弱之

〔一〕 子，各本皆缺，據《漢上易傳》補。

才居之也。其元年，則遣使者行郡國、舉賢良、問疾苦；其二年，則遣使者振〔一〕貸貧民；其六年，則采賢良文學之議，罷鹽鐵榷酤；元平之元年，又詔罷不急官、減外徭、減口賦錢。凡此皆因武帝既弊之事而力幹之也。武皇得不與始皇同科者，賴有此子爾，故曰「考无咎」。曰「考」云者，謂得其所以有終之道也。向使武皇非有孝昭，則大漢之業其能復存而有終矣乎？天下萬世之議其萃於武皇矣，烏得无咎？「厲，終吉」者，夫以柔弱之才當幹父之初，苟不日懷兢畏，自危自厲，如恐不勝，則迨其終也，安能吉乎？故當此之初，必以危厲自警，終乃獲吉也。夫以意而承考與事事而承考不同也，事有可否，理有是非，故時有損益，不可以盡承之也。於其所不便者，量其可否，度其是非，從而行止之，而不失乎損益之宜，此其子道也。若事事承之以爲孝，此則六四「裕父之蠱」，而非所謂幹蠱者也。此豈特厥考之咎歟？其咎抑有歸矣。

九二，幹母之蠱，不可貞。

《象》曰：幹母之蠱，得中道也。

二，陰位也，而屬内卦之中體；九，陽德也，而居内卦之中位。則以剛明之才而幹内庭之事

〔一〕振，四庫本作「賑」。

之象也，故曰「幹母之蠱」。夫幹父之蠱易，幹母之蠱難。父與母，人子之所尊而敬、親而愛之所在也，固宜遵命從令之不暇。然以王季爲父，以太任爲母，則爲文王者可以无憂。其或作之於前者，未能无後日之弊，則承之於後者，可无果敢救弊之道歟？又况至難幹者母之蠱也，將以幹之使之不違乎道，果无其術乎？九二，實巽之體也。九雖剛也，而其體性則順巽也。巽以入之，從容輔導以馴誘之，漸反其惡以之於善，使其勢不激而力无勞焉，則无矯拂傷恩之害，故曰「不可貞」，以言非直正之也，亦非不正之也。優游不迫，使之身正而事治，若出於自然，而非矯拂迫促之也，故曰「得中道也」。魯莊公之有威儀技藝也，然而不能防閑文姜，故詩人爲之賦《猗嗟》也，其卒章曰「四矢反兮，以禦亂兮」，蓋其不及中道也。鄭莊公以叔段之故也，遂置武姜于城潁而誓之，而激潁考叔之肉諫，而公亦曰「爾有母遺，伊我獨无」，蓋傷其過於中道也。然則幹母之蠱，欲其不失正，又欲其不可直以正之，非九二之得中道不可也。君子之事君，其當闈密之寄也亦然。盡其道者，則唐之魏鄭公是也。故太宗忘其正直，而反以爲嫵媚焉，可不謂之善幹其蠱矣乎！

九三，幹父之蠱，小有悔，无大咎。

《象》曰：幹父之蠱，終无咎也。

九三之才，視二爲剛過而不中矣，然此乃幹父之蠱用力之地，不得不然也。昔者曾子問於孔子曰：「敢問子從父之令可謂孝乎？」子曰：「是何言歟！是何言歟！天子有争臣七人，雖无道不失其天下；諸侯有争臣五人，雖无道不失其國；大夫有争臣三人，雖无道不失其家；士有争友，則身不離於令名；父有争子，則身不陷於不義。故當不義，則子不可以不争於父，臣不可以不争於君，故當不義則争之。從父之令，又焉得爲孝乎？」九三之剛過，父之争子也，其事父也，不從其令而以争事焉，此「小有悔」也。然其争也，所以免父於不義也，謂之非孝，可乎？此君子之所予也，故曰「无大咎」。三，下體之終也，故又曰「終无咎」也。然則「小有悔」者，九三之不獲已；而「終无咎」者，九三之所願欲也歟？

六四，裕父之蠱，往見吝。

《象》曰：裕父之蠱，往未得也。

昔者嘗讀太史遷《史記》至《秦本紀》，而知始皇之所以失者，蓋不勝計也。末年以遊豫之失遂亡厥軀，而驪山、阿房之役，民不堪命，在後之人似所宜鑒而懲之也。胡亥今日即位，明日與趙高謀曰：「先帝循行郡縣，以示威强服海内，今宴然不巡行，即見弱矣。」乃東行郡縣，至會稽，盡刻始皇所立刻石，石旁著大臣從者名，以彰先帝成功盛德。還至咸陽，又曰：「先帝謂咸陽朝廷小，故營阿房。今釋阿房弗就，則是彰先帝舉事過也。」其令復作阿房宫，如始皇計。嗚呼！此蠱之六四所謂「裕父之蠱」也。夫當斯時也，不能幹其蠱而增裕之，何也？太史遷曰：「胡亥極愚，酈山未畢，復作阿房，以遂前策。又稱誦其言曰『凡所以爲貴天下者，肆意極欲，大臣至欲罷先君所爲』。」嗚呼！彼以罷先君之所爲之爲失也，而不知裕父之蠱之未爲得也。夫始皇成功盛德何在，而舉事之過正在巡行與營築也。今而刻所立石，復營阿房，乃所以益彰其過也，豈能少損其過之萬一歟？其視初之「意承考也」殆異也。此无他，六陰也，四亦陰也，陰暗而无覩，此史遷所謂極愚也，故曰「往見吝」，又曰「往未得也」，謂其以陰暗无覩之才，凡有所往皆見鄙吝於人，有失而无得，不然何以有極愚之謚歟？

六五，幹父之蠱，用譽。

《象》曰：幹父用譽，承以德也。

夫君子之創業垂統，以貽諸後人也，未必有弊也，亦未必无弊也。在乎繼之者善與不善如何爾。且以有周論之，文王、武王之謨烈，所以啟佑後人也，在《書》既曰「咸以正罔缺」矣，何蠱弊之云乎？其或繼之者，宜若无所事矣。而《大雅》之譽成王也則有《鳧鷖》之什焉，而曰太平君子能持盈守成也。蓋曰盈而不持、成而不守，則傾覆隨至，何太平之云乎？以太平君子譽之爲未足也，而又繼之以《假樂》之嘉焉，其首章曰「假樂君子，顯顯令德」。以「假樂君子」譽之爲未足也，而又繼之以《卷阿》之作焉，《卷阿》之二章曰「豈弟君子，俾〔一〕爾彌爾性，似先公酋矣」。夫《大雅》之譽成王亦云足矣，而於最後《卷阿》之作，則有及於「似先公酋矣」云者，豈非文、武之謨烈，其能以似以續者，其在成王乎？若然，則君子之創業垂統以貽諸後人，未必有弊也，亦未必无弊也。又得君子如成王者從而承之，以其能持盈守成也，則曰太平之君子；以其能宜民宜人也，則又曰假樂君子；以其能求賢用吉士也，則又曰豈弟君子。夫何修而有是譽也哉？蓋曰有是實則有是譽隨之矣。夫以成王之所謂是實者，何也？曰持盈守成也，曰宜民宜人也，曰求賢用吉士也。以六五之《象》，所謂「幹父用譽，承以德也」。

上九，不事王侯，高尚其事。

《象》曰：不事王侯，志可則也。

九以剛明之才，處蠱之終，事之外也。故此爻獨不以蠱言，而曰「不事王侯，高尚其事」。夫古之人固有功成身退、知足不辱而處事之外者，亦有懷才抱德、不偶於時而處事之外者，亦有潔介自守、无意於斯世而處事之外者，是三概者，其志各不同，而其不事王侯、高尚其事則一也。功成

〔一〕俾，原作「彼」，據通志堂本、四庫本改。

身退、知足不辱而處事之外者，若伊尹所謂「臣无以寵利居成功」是也。懷才抱德、不偶於時而處事之外者，若孟子所謂「我无官守言責，進退有餘裕」是也。介潔自守而无意於斯世而處事之外者，若齊國羊裘男子不屑於諫議而老死於富春者是也。然則《象》之所謂「志可則也」，其將奚則歟？曰：伊周孔孟之道，時中之道也，則之可也。富春之道，時中乎？則之過也。昔范文正公，嘗以此爻予富春矣，而曰「不事王侯，高尚其事，先生以之」，又曰「先生之風，山高水長」。君子之論則曰：「予之可也，則之過也。」

䷒兑下坤上

臨：元亨，利貞。至于八月，有凶。

《象》曰：臨，剛浸而長，説而順。剛中而應，大亨以正，天之道也。至于八月，有凶，消不久也。

臨有二義：以爻之剛柔言之，則以浸長之剛而臨乎浸消之柔；以位之上下言之，則以在上之位而臨夫在下者。《序卦》曰「臨者，大也」，此指浸長之剛以臨夫柔而言也。六五曰「大君之宜」，此指在上之位而臨夫下而言也。以剛臨柔，消長之序然也，故君子不可以不知天；以上臨下，統屬之道然也，君子不可以不知人。知天知人，則知盡人以事天，而臨之義得矣。故夫卦之所以爲臨者，以二陽剛浸長於下位也，故曰「剛浸而長」，其在爻則初九、九二是也。浸，漸也。一氣不頓進，故一陽而爲復，而後二陽而爲臨也。夫陽剛之長也有漸而不暴，則以和悦不忤爲德，而群陰順之，亦不相拒違也，故曰「説而順」，其在卦則兑説而坤順是也。兑之性既説，而二之剛又中，此剛之所以不暴也。以剛中之德而上應乎柔中之主，則可以贊成有臨之治矣，故曰「剛中而應」，此又在爻則九二之於六五是也。夫循天理之自然而无容僞之謂正，天之道固難名也，然可以一言盡者，曰正是也。剛之浸而長也，説而无不順也，剛之中而有所應也，此所謂循天理之自然而无容僞之謂也。臨之所以能大亨者，以是故也，故卦之德曰「元亨，利貞」，而《彖》釋之曰「大亨以正，天之道也」。不知大亨以正爲天之道，而或以人僞參焉，則剛之長也，必以有漸不暴之爲非愜吾意，欲人之已順也，而已乃不能先以順。剛而每過乎中也，則反咎乎人之不我應。嗚呼！如此而欲大亨，可乎？夫以二陽浸長，未遽消也，而「《易》爲君子謀」，則又慮之深而防之早，故於方長之日也，而豫以警之曰「至於八月，有凶」。蓋陽生於復、長於臨，陰生於姤、長於遯。遯者，臨之反也。其在月建，則自子至未，凡八月而二陰長，君子之道實於此時而消焉，故曰「有凶」。夫陰陽相爲消長，循環而不窮，蓋亦理之固然也。而《易》於此必預以警之者，无他也，於其方長之時而告之以將消之理，則庶乎其知所戒也，故曰「消不久也」。朱翊善曰：「臨在復、泰之中，方長而誡之，不俟乎極也。故堯、舜、禹三聖人，相戒必於臨民之初，過此而无及也。」

《象》曰：澤上有地，臨。君子以教思无窮，容保民无疆。

澤上有地，地臨澤也。地臨乎澤，非徒臨之也，而以容而保之也。夫地臨乎澤，乃所以容保乎澤，則澤有所恃，无流離放溢之虞，而有泮涣灡洄之適矣，此澤所以鍾莫説之性也。君子之於民也亦然，非徒臨之也，乃所以容而保之，使之恃夫我以有得，居有漸濡之益，而心有理義之説也。夫漸濡之益、理義之説，其氣味深長，不可遽已也，此所謂无窮之教也。教而不思有所謂无窮之味焉，則人易厭矣，此非所可説也。然无窮也，又生於无疆。容保之道，不能有是无疆，則教亦不能有是无窮也。无窮，澤之不竭也。无疆，地之博厚也。君子之漸濡夫民也，如澤之不竭焉，故曰「教思无窮」。君子之容保乎民也，如地之博厚焉，故曰「容保民无疆」。然則无窮之與无疆，其亦相爲長久也歟？此臨之要學也。

初九，咸臨，貞吉。

《象》曰：咸臨貞吉，志行正也。

初九、九二，當剛浸而長之時，皆以陽而應陰，自内而感外，所謂以剛而臨柔者也，故均謂之咸臨。咸，感也，陰陽之氣相感而相應故也。初九當君子道長之初，所居者正位，所行者正道，而所與相感而相應者，又皆履正之人，當此之時，行正莫吉焉，故曰「貞吉」。蓋四與初居相應之地，皆以正相與，而其勢又足以援初，故初之志得以行其正於此時也。

九二，咸臨，吉无不利。

《象》曰：咸臨，吉无不利，未順命也。

臨之爲卦，在此一爻也。夫九二之在臨，剛德之長也。剛於此時而浸長之勢方駸駸焉，然剛雖浸長也，比之衆陰，其勢未敵。九二以方長之剛而臨衆陰，衆陰未遽順命也。當是時也，爲二之計則奈何？曰：亦如初九之於六四，以咸臨之可也。以咸臨之，則咸感之道无所不通。故六五吾應也，還以柔中而應乎我；六三吾同體也，説極知憂而不忌嫌乎我；上六與吾雖非應也，又非吾同體也，亦必有在内之志而順乎我矣。如是則九二之咸爲臨也，施之於吾應而吉，施之於非吾應而亦无不利，施之於吾同體而吉，施之於非吾同體而亦无不利，又何未順命之云乎！

六三，甘臨，无攸利。既憂之，无咎。

《象》曰：甘臨，位不當也。既憂之，咎不長也。

六三，兑之主也。以陰柔之才、媚説之性，下臨二剛，徒以媚説乎同體爲事，而已非所宜也，故曰「甘臨，无攸利」。夫二剛之長雖曰以漸，然剛上變已，特旦暮事爾。徒事媚説，彼二剛者豈以其媚説之故而已其長邪？其不見受必矣。剛不受媚説，則三之技必窮，故説極而憂生焉。雖然，剛上變已，此三之憂也。小人之棄而君子之歸，其所獲又大矣。豈不能補其前愆耶？故曰「既憂之，无咎」，《象》曰「咎不長也」，則剛上變已，特日暮事爾。此《易》開小人遷善之門而速之入也。

六四，至臨，无咎。

《象》曰：至臨，无咎，位當也。

六四，坤體也。其曰「至臨」，則坤之所謂「至哉」之至也。夫臨，以上臨下之謂也。陰之下體，剛浸而長，則以剛臨柔。至四，則釋下體，而以上臨下也。雖然，其所以臨下，亦未大有所隔絶也，其與下體至相親故也。故曰「至臨」，以言上下二體莫親於此也。夫四以六居之，其與初正相應之地也。初九之剛，其所以浸長而爲二也，四與有力焉。蓋以謙虚无我而援乎下，使下之剛得以浸而長，則在四寧有過歟？故《易》於此以「无咎」與之，《象》曰「位當也」，則以六居四之謂也。或曰：六四，正也，不曰「位正當也」，而曰「位當也」，何也？曰：當臨之時，大亨以正，大者之事也，故不以正予陰也。

六五，知臨，大君之宜，吉。

《象》曰：大君之宜，行中之謂也。

五，君位也。在臨，則所謂君臨也。然當剛長之時，未至於剛而亦不純乎柔，柔而履剛，而又居中，剛柔之得中也。夫當臨之時，以剛柔之中而臨乎下，所謂知柔知剛者也，故曰「知臨」。六五居君臨之位，凡所謂柔與剛者，皆屬乎有德之下，故曰「大君」。臨以剛陽爲大，至五亦曰「大君」云者，謂其以上臨下，而居大寶之位故也。當是時也，處此位也，純以柔臨之則不可，欲以剛臨之則時勢之所未至，故其所宜者莫宜乎剛柔之得中也。夫惟居剛而用柔，則在下之剛陽其情有以上通，吾不忌其長也而從而應之，則有臨下之治不勞而成矣。是能居中以有臨，而又以剛柔之中而行之也。皋陶之稱舜曰：「帝德罔愆，臨下以簡，御衆以寬。」何謂？舜罔愆之德，亦曰剛柔之中而行之之謂也。然則所謂簡與寬云者，居剛而用柔之道也。故在舜則曰「罔愆」，而在六五則曰「宜」，又曰「行中之謂也」。

上六，敦臨，吉，无咎。

《象》曰：敦臨之吉，志在内也。

《經》曰：「安土敦乎仁，故能愛。」上六，坤之極也，敦厚之德則亦莫極乎此也。以此爲臨，夫豈有一毫嫌嫉介乎其心哉？想其樂道從善之誠，雖隔宇宙、異古今而有，向慕之志曾不少減也，而況同是臨之時乎！夫臨之剛浸而長，初九、九二實在内也，而上六之志則有向慕而无拂逆，此非敦厚其德、无有忌嫉而能至是乎？故《易》於此以「吉」予之，猶之曰上六无忌嫉之心而有敦厚之德，此吉德之君子也。夫舜有天下，選於衆，舉皋陶；湯有天下，選於衆，舉伊尹。皋、伊之進，曾何預於孔門之子夏也？而樊遲見夫子而問智，猶不達其舉直錯枉之義，而復有問於子夏，子夏乃援皋、伊而語之，此所謂隔宇宙、異古今而向慕之誠曾不少減也，而況上六之於九二同是臨之時乎！其曰「志在内也」，宜矣。

䷓坤下巽上

觀：觀盥而不薦，有孚顒若。

《彖》曰：大觀在上，順而巽，中正以觀天下，觀。盥而不薦，有孚顒若，下觀而化也。觀天之神道，而四時不忒，聖人以神道設教，而天下服矣。

昔者嘗與先友阮鹷元膚議《易》，元膚曰：「觀之卦名，音官耶？官涣反耶？」予曰：「如王輔嗣、朱子發所釋，皆云『觀盥而不薦』，則音官也。如胡益之、程正叔則取『爲觀於下』之義，則官涣反也。以陸德明《釋文》考之，於觀之卦名則曰官涣反是也。」又曰：「『觀盥而不薦』，『風行地上，觀』，與注家釋六二所謂處大觀之時不能大觀廣鑒，亦音官。」又曰：「王肅亦以『大觀在上』爲音官，徐本云『中正以觀天下，惟此一字作官渙反』。夫《易》中發卦之辭，其義例亦有二而已矣。如泰、如隨、如豫之類，則於立卦立名之後，方舉其義曰『小往大來』，曰『利建侯行師』，曰『元亨利貞』。如『履虎尾』，如『否之匪人』，如『同人于野』之類，則就卦名而設義，不復有所間斷也。『觀盥而不薦』亦此例也，所謂觀盥而不觀薦是也。夫事神之禮，亦豈有盥而不薦之理？第觀盥而不觀薦，猶夫子所謂『禘自既灌而往者吾不欲觀』之意也，蓋取其精誠之至，在誠而不在物故也，故嘗謂觀盥而不觀薦之義爲長。」元膚曰：「子之言然。」

夫觀之爲卦，二陽在上，而下爲四陰之所觀。然上九又居一卦之外，則所謂大觀在上、居中而履正者，惟九五也。觀天觀民觀我，无所不用其觀焉，此所謂大觀也。故先儒有廣鑒之義，其視初之童觀，二之闚觀，夫豈相千萬而已哉！此指九五一爻以言觀也。「順而巽」，則合坤、巽二體以取義也。「中正以觀天下」，此又言九五之德足以觀示天下而然也。徐本云「惟此一字作官渙反」，是也。夫萬物有自然之理，大觀在上，豈能違是乎？亦不過順萬物之自然而巽以行之云爾。莊周曰「聖人觀於天而不助」，則「順而巽」云者，不助之謂也。夫惟不助，故无偏无陂无反无側，以此道而建極於上，使凡厥庶民皆惟皇作極而後已，此所謂「中正以觀天下」也。

夫宗廟之禮，所以致敬也。散齋七日，致齋三日，祭之初，迎尸入廟，天子洗手而後酌酒獻尸，尸得酒灌地而祭，以求神，三獻而薦腥，五獻而薦熟，則盥者，洗手之時而未灌之初也。其精誠之至，其在此時可知矣。觀盥者，當此之時，有得於其所謂精誠之至，則其孚誠亦有見於顒然而觀感之際矣，此以誠感誠之道也。豈有得之觀感而不化其誠矣乎？若至於薦也，則三獻五獻，禮文繁數，雖强有力者亦不能无倦惰之容，此夫子所謂「吾不欲觀」也。然則下之觀上也，在誠而不在物，其爲道豈不甚簡而不煩矣！天下之所觀者，聖人也。而聖人之所觀者，天也。聖人何取於天哉？以其不言之教，見於四時之自行而无有差忒，此所謂神道也。神即誠也，體於心而謂之誠，妙於物則謂之神，一物也。聖人之設教於人，舍天何觀焉？其能使下觀而化，則不言之教寓於始盥之時，此所謂神道也。其曰天下服者，非服聖人也，服夫神也。或曰：昔者夫子嘗欲无言，子貢曰：「子如不言，則小子何述焉？」子曰：「天何言哉？四時行焉，百物生焉，天何言哉？」夫何言之教，其在聖門如子貢者猶有所未悟，今而曰聖人以神道設教而天下服，何也？曰：服有二，有知而服之者，有不知而服之者。民日遷善而不知爲之者，此不知而服之者也；如七十子之服孔子也，此知而服之者也。子貢曰：「子如不言，小子何述焉？」此一子貢也。又曰：「夫子之言性與天道，不可得而聞也。」此又一子貢也。

《象》曰：風行地上，觀。先王以省方觀民設教。

風行地上，披拂鼓舞，无所不暨，有遊歷周覽之義，故爲觀之象。夫省方之禮，所以觀民也。觀民，則教之所由設也。其在虞舜之時，則當嗣位之初，「歲二月，東巡守，至於岱宗」，「五月，南巡守，至於南岳」，「八月，西巡守，至于西岳」，「十有一月，朔巡守，至于北岳」，各覲其方之后，協其時日，同其器數，修其禮物，自此以往，則「五載一巡守，群后四朝」。其在《周官》，則「六年五服一朝，又六年王乃時巡，考制度于四岳，諸侯各朝于方岳，大明黜陟」。夫先王省方之禮，非固爲是煩擾也，以謂不如是則无以觀覽夫民俗而施設其教條也。孟子曰：「昔者齐景公問於晏子曰：『吾欲觀於轉附、朝儛，遵海而南，放於琅琊，吾何修而可以比於先王觀也？』晏子對曰：『善哉問也！天子適諸侯曰巡守，巡守者巡所守也。諸侯朝於天子曰述職，述職者述所職也。無非事者，春省耕而補不足，秋省斂而助不給。夏諺曰：吾王不遊，吾何以休？吾王不豫，吾何以助？一遊一豫，爲諸侯度。』」夫由晏子之言，則先王之觀，亦不過曰省耕省斂以爲補助之政云爾，故曰「爲諸侯度」，此觀民設教之大旨也。其在後世則不然，故流連荒亡，如秦皇之出遊、漢武之行幸，徒爲是煩擾而无補於海內之萬一矣，故曰「爲諸侯憂」。其視先王觀民設教之意不亦遠乎？

初六，童觀，小人无咎，君子吝。

《象》曰：初六童觀，小人道也。

當觀之時，大觀在上，以中正之德爲天下之所觀。初遠於五，在六爻之下，而以陰眇之才居之，則童然識見之无取也，故曰「童觀」。夫童然識見之无取，則小人之道也，无責焉爾矣，故曰「小人无咎」。若君子而然也，則可少矣，故曰「君子吝」。以言當大觀在上之時，不可以无所觀也。

六二，闚觀，利女貞。

《象》曰：闚觀女貞，亦可醜也。

六二以陰柔之才，居坤之正位，其與九五正相應之地也。然以陰柔暗弱之才上觀九五，未必能盡見之也，故曰「闚觀」，如所謂闚豹之一班是也。夫女子之貞，蓋不務乎外觀也。家人曰「无攸遂，在中饋」，《詩》曰「無非無儀，惟酒食是議」，此女子之貞也。蓋知有内事，而不知是外觀故也，故曰「闚觀，利女貞」。若夫當觀之時，處大臣之位，而與九五居相應之地，不能盡見剛中正大之道，而以女子之貞爲貞，則是長孫无忌輩之事太宗也。昔唐太宗嘗謂无忌等曰：「朕欲自聞其失，公等宜直言无隱。」无忌等曰：「陛下无失。」他日又問无忌等曰：「人苦不自知其過，卿等可爲朕明言之。」无忌等又曰：「陛下武功文德，臣等將順之不暇，又何過之可言？」夫居大臣之位，當觀之時，其他无所見也，而務以女子之貞爲貞焉，陋哉斯見也，故曰「闚觀女貞，亦可醜也」。

六三，觀我生，進退。

《象》曰：觀我生，進退，未失道也。

「我生」云者，吾身之動作施爲者，所謂自内而達諸外者是也。六三當觀之時，處下卦之上，則進也。處上卦之下，則又退也。處進退之兩間，則宜誰從？曰：進退者，時也。可以進者，可以退者，我也。反觀吾之動作施爲者如何，而後決其進退可也，何也？以六居三，吾之所謂自内而達諸外者，未能深滿吾意故也，何也？不正故也。夫六三容有未能深滿吾意者，而能觀我生以決其進退，何也？曰：三，坤順之極也。處坤順之極，故能以至順之性順時以進退也。夫惟能順時以進退，此所以未失乎進退之道也。

六四，觀國之光，利用賓于王。

《象》曰：觀國之光，尚賓也。

觀以遠爲晦，以近爲明，故觀之衆陰上觀諸五，惟四爲最近焉。惟其最近而且體巽以居正，得君之深者也。以五之所以顯設而藩飾者，在四无不歷歷而親見之，故曰「觀國之光」。當是時也，若不以賓于王爲利，昧於觀者也。程曰：「古者有賢德之人，則人君賓禮之。故士之仕進於王朝，則謂之賓。」尚，志尚也。當此之時，其所志尚以賓于王爲利，故《象》曰「觀國之光，尚賓也」。昔湯之三聘伊尹也，尹乃幡然而改曰「豈若吾身親見之哉」，謂與樂堯舜之道於異世，不若吾身親見堯舜之君之爲樂也，則六四之「觀國之光」是也。孟子曰：「湯之於伊尹，學焉而後臣之，故不勞而王。」則尹也得君如此，向使其初无幡然之志，而不以賓于王爲利焉，此豈尹之所觀也歟？

九五，觀我生，君子无咎。

《象》曰：觀我生，觀民也。

《書》之《周誥》曰：「古人有言曰：『人无于水監，當於民監。』今惟殷墜厥命，我其可不大監撫于時？」《書》之所謂大監，即九五之大觀也。夫監之水，則徒見其形；監之民，則凡吾身之動作施爲其見諸民者歷歷可覆矣。故一嚬一笑係人情之休戚，一舉一措爲天下之安危。人情之休、天下之安，則是吾之所以出乎身、加乎民者得其道也。人情之戚、天下之危，則是吾之所以出乎身、加乎民者失其道也。《中庸》曰：「君子之道，本諸身，徵諸庶民。」然當觀之時，大觀在上，可不觀諸民以察己乎？此九五之「觀我生」，必于其民而觀之也，王輔嗣所謂「觀民之俗以察己道」是也。「君子无咎」者，夫「堯、舜率天下以仁，而民從之；桀、紂率天下以暴，而民從之」，當觀之時，堯、舜在上則君子之化行，桀、紂在上則君子之化息，故當此之時，人君之動作施爲行於上而效於下者，必君子而後无咎，不然則人心一訛、民俗一壞，不可復理矣，能无咎乎？九五中正以觀天下，君子之在上也，故曰「君子无咎」，然必云爾者，警之也。

上九，觀其生，君子无咎。

《象》曰：觀其生，志未平也。

觀以二陽在上，而下爲衆陰之所觀。九五居中履正，故爲觀之主；上九以聖人之德處一卦之外，而當觀民之極，其將何所取義乎？曰：以聖人之德處一卦之外，而當觀民之極，此所謂省方觀民之聖人也。夫古者以人情之未叶、民俗之未一而民隱之未究也，故其志亦爲之未平，而有省方巡狩之禮，所以協其時日、正其器數、修其禮物。又如晏子所謂省耕省斂而救，其所謂補助之政，凡以一民俗、求民瘼而協民情也，此之謂「其生」，謂天下人之動作施爲者，而周覽洞究其利害休戚者而爲之興去也。及後世則不然，巡行遊幸，止爲遊觀之象，而流連荒亡，勞動搔擾，冤苦失職者无告，而萬乘千騎所至，徒有供億之苦，此无他，知有一身之樂而不知以萬民爲憂故也，庸免天下萬世之議乎？故處「觀其生」之任，亦必君子而後无咎，何者？君子之志，不以一身爲樂，而以萬民爲憂故也。使其以一身爲樂，則无有所謂未平之志者矣。

卷十一

䷔震下離上

噬嗑：亨，利用獄。

《彖》曰：頤中有物曰噬嗑，噬嗑而亨。剛柔分，動而明，雷電合而章。柔得中而上行，雖不當位，利用獄也。

《易》之立卦，其命名取象也，蓋亦各有所指矣。鼎有鼎之象，井有井之象，大過有棟橈之象，小過有飛鳥之象，若此類者，遠取諸物而然也。艮有背之象，頤有頤之象，噬嗑有頤中有物之象，若此類者，近取諸身而然也。頤之成卦，上艮而下震，上下二剛，中存四陰，外實而內虚，頤之象也。而噬嗑則上離而下震，上下亦剛，中存三陰，亦頤之象也。九四以一剛間乎其間，此則頤中有物之象矣。夫頤而中虚，則无事於噬而自嗑也。頤中有物，則頤中爲之間塞，苟不致齒頰之餘力而噬以决之，烏得而嗑邪？故噬已則嗑，嗑則頤中之間塞通矣，此噬嗑之所以亨也。夫古今天下，天地之内，朝廷之間，鄉黨閨門之際，所謂强梗、讒賊、朋邪、怨隙，蓋未嘗无是也，而能使上下不安、志意不通、事勢乖隔，彼此齟齬而至於不合者，此所謂頤中之有物也。苟噬而去之，若齒之決物焉，則强梗去、讒賊息、朋邪遠、怨隙消，向之不合者合矣，夫何往而不亨耶！剛柔分，動而明，雷電合而章，此又即爻與卦與象以明噬嗑之所以亨也。夫噬嗑以決間塞，施之有政，則用獄之道也。用獄之道，莫先於辨曲直、析是非，故其爻也，則三剛三柔相間而不相雜，此所謂剛柔分也。剛柔有所分，則是非析而曲直辨矣。由是動吾之威而明吾之罰，雷動而電明，兩者相合以爲用，而章章乎宇宙之間矣。故其在卦也則震動而離明，其在象也則震雷而離電，此所謂「動而明，雷電合而章」也。然則雷電相合即噬嗑之象也，相合而章即噬嗑之所謂亨也。雖然，用獄之道在乎威明之并用，而能用是威明，使威而不至於暴、明而不至於察者，惟仁厚之主爲然，此六五柔得中而上行所以爲用獄之利也。夫柔而得中，則其與仁柔不斷者亦異矣，所謂上行，則以此柔中而行乎上也。夫五，君位也，惟剛健中正足以當之，今也以柔居之，不當位也。然雖不當位，當噬嗑之時而施之用獄，則莫若柔而得中之爲利也，故曰「雖不當位，利用獄也」。臯陶之稱舜也，而曰「帝德罔愆，臨下以簡，御衆以寬」，且有及於好生之德洽于民心之説，夫曰簡、曰寬、曰好生，此柔德也，然必曰「罔愆」云者，此柔得中也，故其效至於民无有司之犯焉，夫孰以處帝之位而不當於用柔以議帝也哉。故曰：當噬嗑之時而施之用獄，則莫若柔而得中之爲利也。

《象》曰：　雷電噬嗑，先王以明罰敕法。

震雷、離電二者，相合以致威明之用，噬嗑之象也，《象》所謂「雷電合而章」是也。噬嗑利用獄，故以明罰敕法爲言。夫罰有輕重，故欲其明，明其罰則曉然以有示，所以效電之明也。敕如敕命之敕，敕其法則動之於上而下莫敢不震，所以法雷之動也。夫惟曉然以有示，則上无濫罰矣，動之於上而下莫敢不震，則下无玩法矣，此先王所以爲善法夫雷電之象也。

初九，屨校滅趾，无咎。

《象》曰：　屨校滅趾，不行也。

噬嗑，用獄之時也，故六爻皆言用獄之事。初九，用獄之初也，故於小人過惡方騁之初，禁之使不行，而有屨校滅趾之象。趾，在下而有行之物也。校，用獄之具也。施校於其趾，猶趾之納屨焉，則趾以校滅，雖欲縱意以往，得乎？滅趾，謂滅没其趾，見校而不見趾也，夫有以見其行於過惡方騁之初，此《繫辭》所謂「小懲而大戒」，小人之福也，故能使之補過而无咎。

六二，噬膚滅鼻，无咎。

《象》曰：　噬膚滅鼻，乘剛也。

服人之道，莫尚於中正。六二居中得正，其道固足以服人矣。而又下乘初九之剛，剛柔相濟，資諸人以爲助，故當去惡之時，刑人而人易服，而有噬膚之象焉。夫噬囓人之肌膚，則有以切中乎人者矣。而噬之之深，又至滅没其鼻焉，豈亦二之過歟？曰：六二中正，非過也，天下之罪惡固有所謂不可赦者，故君子痛以待之，在己不以爲慘，在人亦不以爲怨，又况資諸人以爲助而與衆治之，豈其過歟？故雖噬膚滅鼻也，而曰「无咎」。

六三，噬腊肉遇毒，小吝，无咎。

《象》曰：遇毒，位不當也。

六三之視六二，非所謂中且正者也，又非四之剛且直者也，故其道不足以服人，而且无六二、六五乘剛之助，則其所噬也視諸爻獨爲難焉，故曰「噬腊肉遇毒」。夫禽獸全乾者謂之腊，噬之最難者也。腊肉既難噬，而以六三噬之，則遭其傷毒也必矣，何者？六三之才有所不足故也。當去惡之時，刑人而人不服，必欲服之，力既不勝，則未有不爲之傷害者也。雖然，此小有所吝也，而亦无咎，何也？曰：六三之才有所不足，故不免於噬之之難，此所謂小吝也。然當去惡之時而務爲去惡之事，夫豈過舉，此所謂无咎也。特以六居三，自處不當，故至於遇毒，亦其勢然也。若六三者，其能因時任責，志有餘而才不足者乎？

九四，噬乾胏，得金矢，利艱貞吉。

《象》曰：利艱貞吉，未光也。

以一卦言之，則九四頤中之物也，所以爲强梗者也；以六爻言之，則九四剛直之才也，所以去强梗者也。《易》之取義，其不一如是哉！夫肉之附骨者謂之胏，而又乾焉，亦最難噬者也，比之腊肉亦其類也，然三之於腊肉則遇毒，而四之於乾胏則无是患者，剛柔之才異也，故曰「得金矢」。金矢，剛直之才也。以剛直之才而施之乾胏，宜其无六三遇毒之患也。夫暴悍强梗之在天下，固非易服之也，亦非難服之也。服之有其道，則雖難而易，九四之乾胏是也；苟无其道，則其所謂難者信乎其難矣，此六三之於腊肉所以遇毒也。雖然，九四之得金矢固有得矣，而其所以不足者正也，故戒之以「利艱貞吉」，謂其以剛居柔，知艱難以自守，而不輕用其剛焉，則吉也。夫惟四之所不足者正也，故曰「未光也」，此其所以利於艱貞則吉也。《易》之爲君子謀也蓋如此。

六五，噬乾肉，得黄金，貞厲无咎。

《象》曰：貞厲无咎，得當也。

六五操利勢，挾人謀，當去惡之時，比之諸爻宜若易，然故曰「噬乾肉」，肉雖乾矣，然其視腊肉、乾胏則亦固有間矣。夫五之去惡如此其易者，以其得位得人故也，故曰「得黄金」。黄，中色也。金，剛物也。六五體柔而居中，居中而得位，體柔而四以剛輔之，又爲得人也，此所謂得黄金也。雖然，六五之得黄金亦固有得矣，而其所以不足者亦正也。蓋四則以剛而居柔，而五則以柔而居剛，其爲不正一也。四既以利艱貞而後爲吉，則五之欲无咎也，可不於正而知所厲乎？夫惟五之所不足者正也，苟知自警而以危厲自守，則當去惡之時，柔既得中而又得剛德之助焉，則凡其所得无不皆當，以此去惡，夫何咎之有哉？故曰「貞厲无咎，得當也」。然此既曰「得當也」，而《象》乃曰「雖不當位」，何也？曰：「雖不當位」云者，謂其以六居五也；「得當」云者，謂其得位得人也。其所指異矣。

上九，何校滅耳，凶。

《象》曰：何校滅耳，聰不明也。

上九，用獄之終也。世之小人，其於罪惡稔積既極，若將終身焉，此豈復有改悔之冀歟？原其所以然，則亦非有他也，蓋不聰之過也。故何之校焉？以校滅其耳，責其有耳之形，无耳之用也。夫耳者，所以納聲聽受之具也，其形存，其用亡，罪大惡積，陷于凶而不知，聰之不明孰甚焉！故校以滅之，謂終塞之也。《繫辭》曰「惡不積不足以滅身」，蓋甚之也。

☲☶ 離下艮上

賁：亨，小利有攸往。

《彖》曰：賁，亨。柔來而文剛，故亨。分剛上而文柔，故小利有攸往。天文也。文明以止，人文也。觀乎天文，以察時變。觀乎人文，以化成天下。

昔棘子成曰：「君子質而已矣，何以文爲？」子貢曰：「惜乎，夫子之説君子也，駟不及舌。文猶質也，質猶文也，虎豹之鞟猶犬羊之鞟。」夫文與質，非二物也。有是質必有是文，蓋亦表裏之符，不可强有，而亦不可强无之也。故子貢於此得以謂之「文猶質也，質猶文也」，猶之曰「文與質二名也，其實一物也」，故設喻曰：「此虎豹也，則其鞟必虎豹也；此犬羊也，則其鞟亦犬羊也。故虎豹之鞟與犬羊之鞟，二鞟也，而其實則一理也。」所謂一理云者，顧其質如何耳，而文則稱是故也。程曰：「理必有對待，生生之本也，有上則有下，有此則有彼，有質則有文，一不獨立，二則爲文。非知道者，孰能識之？」賁者，飾也。天下之物其文見於所飾者莫昭於天之文，又莫大於人之文，故賁之爻有所謂剛柔相爲往來之旨，聖人則曰「此天之文也」。賁之卦有所謂離明艮止之旨，聖人又曰「此人之文也」。夫賁之所以亨者，以六二之柔來而文初九、九三之剛故也。離本乾體也，坤再索于乾以成離，故曰「柔來而文剛」，此非世儒所謂坤之上六來居二位也。所謂「小利有攸往」者，分上九之剛上而文六四、六五之柔故也。艮本坤體也，乾三索於坤以成艮，故曰「分剛上而文柔」，此非世儒所謂乾之九二之剛往居上位也。夫柔來而文剛，則剛矣而有柔，故剛有所濟而賁之所以亨；分剛上而文柔，則柔矣而有剛，故柔有所附而小者利於往。剛柔相文，聖人謂是爲天之文，豈不曰日月之晦明、星辰之運動、雲霓之合散，凡致飾乎上者无非天之文也，然其所以分而爲晝夜、變而爲寒暑、積而爲歲時，其能外是剛柔相文之旨乎？不能也。離以明而處乎下，則是以明而爲文也，文而明則无不足之文；艮以止而處乎上，則是以止而爲文也，文而止則无或過之文。明止相文，聖人謂是爲人之文，亦豈不曰父子之有仁、君臣之有義、夫婦之有禮，凡致飾乎下者无非人之文也，然其所以嚴而爲尊卑、辨而爲貴賤、別而爲小大〔一〕，其能外是明止相文之旨乎？不能也。雖然，賁六爻與二體之用，所謂天與人之文不可揜也，如此奉天理人以斯文爲已任者，又在乎觀文之主焉。何則？在天固有是文也，不有以觀之，則天下之化无自而成。曰觀云者，固非騁其智、任其巧，以增益遷就之也，因其理之自然而我无拂焉爾。故夫因其在天者以求其變，則陰既極而陽已生，暑方徂而寒適至，盈虚消息之有其期，進退遲速之有其度，凡

〔一〕小大，四庫本作「大小」。

變之兆乎時者不容有所隱，故於變而无不察，此觀於天之文而有得也。因其在人者以致其化，則位乎上者使各由其道於其上，位乎下者使各由其道於其下，禮義廉恥以維其心，忠厚豈弟以陶其俗，風化之行乎人也，不容有所遺，故化之而无不成，此觀於人之文而有得也。在昔所謂觀文之主，吾於唐、虞、成周之際見之，即夫曆象以授人時，在璣衡以齊七政，與夫致日致月以辨四時之序，則變之在時也豈容有所隱？和萬邦而黎民於變，敷五典而五典克從，與夫禮防樂防以合天地之化，則化之在天下者豈容有所遺？然則曰「焕乎有文」，曰「重華」，曰「文明」，曰「郁郁乎文」，後世語賁文之盛，舍此將焉稽？

《象》曰：山下有火，賁。君子以明庶政，无敢折獄。

山止於上，火明於下，山下有火，明有所止之象也。夫賁者，飾也，賁飾之道，豈能增其實也？夫苟以文明爲尚而不知有所止焉，非賁飾之道也。故君子之於庶政則欲致其明，此明也；於庶獄則无敢折之，此止也。蓋折獄之道，不恃苛察，不貴辭飾，惟其情實而已矣。

初九，賁其趾，舍車而徒。

《象》曰：舍車而徒，義弗乘也。

車者，所以飾其行也。然可以車而車，則以車爲榮；不可以車而車，則車祇爲辱。剥之上九，「君子得輿」，民所載也，此可以車者也，故車以爲榮。解之六二，以小人而乘君子之器，盗斯奪之矣，此不可以車者也，故車祇爲辱。賁之初九雖具陽德，然居下位，故曰「賁其趾，舍車而徒」。夫趾在下而有行之物也，今也賁吾之趾，不以車而以徒，則世俗以徒爲辱，而君子以徒爲賁，何者？義之所在，可車則車，不可車則徒。吾居下位，以徒爲賁者也，豈可冒昧而不顧其義乎？昔彭更曰：「後車數十乘，從者數百人，以傳食於諸侯，不已泰乎？」孟子曰：「非其道，則一簞食不可受於人，如其道，則舜受堯之天下，不以爲泰，子以爲泰乎？」孟子所謂非其道，則初九所謂義弗乘也。以爻應言之，則初應四，義也；從二，非義也。故舍近而之遠，舍易而即難，此舍車而徒之象。

六二，賁其須。

《象》曰：賁其須，與上興也。

六二以一柔文二剛，初九舍二以即四，二與三俱无其應，故二之所賁者上隨夫三而已矣。六二柔而静者也，其動也，其止也，惟剛之是隨焉，猶之須也，其動與否惟頤之是隨焉，得所附也。自三至上，外實而中虚，有頤之象。夫賁之道，非能增加其質也，因其質而加飾之爾。然須之在人，亦豈外物也？血氣盛則蕃滋，血氣衰則減耗，蓋亦表裏之符爾。冠弁衣裳，文章黼黻，所謂文也，君子服之則隆殺等差，各稱其德。人非君子，則雖有是服不足敬也，詩人所謂「彼其之子，不稱其服」是也。故曰「賁其須，與上興也」。若曰視其體質如何爾，猶之須也上隨夫頤而已矣，其動與否不在我也。

九三，賁如濡如，永貞吉。

《象》曰：永貞之吉，終莫之陵也。

賁飾之道，在於以剛柔相文，相文是也，相文而非其道，則失之矣。六二、六四，以二柔而文九三之一剛；九三，以一剛而文六二、六四之二柔。在賁之時其相文是也，然或至於非其道而相文焉，此所謂不正之交，君子不貴也。故曰「賁如濡如，永貞吉」。剛柔相賁、相與潤色以成其文，此所謂「賁如濡如」也。然而相賁而或至失其正焉，此則賁之過也，故必以永貞而後吉。何者？六二、六四柔之正也，九三剛之正也，相比而相賁，不失正道，則吉於賁矣。夫人必自侮而後人侮之，君子之於正道而无少玷缺，則誰敢予侮哉！故賁於九三設「永貞」之戒，而曰「永貞之吉，終莫之陵」也，於六四亦曰「匪寇婚媾，終无尤也」，賁於永終之道望此二爻者深矣。

六四，賁如皤如，白馬翰如，匪寇婚媾。

《象》曰：六四，當位疑也。匪寇婚媾，終无尤也。

四當賁之時，隔於九三而未獲與初相賁，故曰「賁如皤如」。皤，白也。初動於下亦曰「白馬」，皆未受賁之象也。雖然，「白馬翰如」，則初之與四相即之志其疾如飛，非爲寇難之所隔，則相親以相賁也久矣，故曰「匪寇婚媾」。夫四與初居相應之地，初之剛動於下，有翰如之疾，豈三之所能隔哉！但三无其應而四當其衝，居可疑之位，故曰「六四，當位疑也」。雖然，四正也，三亦正也，其迹可疑而其實則匪它焉。但當賁之時，剛柔相比而有可疑之迹故爾。若三與二皆无其應，而近以相從，如須之於頤焉，則无可疑之迹也。然三曰「終莫之陵也」，四曰「終无尤也」，其能以正相比也歟？

六五，賁于丘[一]園，束帛戔戔，吝終吉。

《象》曰：六五之吉，有喜也。

儉嗇者，陰之性。質朴者，陰之才。當賁飾之時，以六居五，儉朴之主也。夫丘園，絲枲所自出之地也。當此之時，制度禮樂，儉朴之主謙遜未遑也，其所賁者丘園之地而已爾。此亦重本節用之意，故束帛於此不得不戔戔也。戔戔者，委積之貌也。夫此之所賁，雖若吝嗇，然海内士庶百

〔一〕丘，四庫本作「邱」，下同。

姓充實則亦由此而基焉，故曰「終吉」，而《象》曰「有喜也」。漢至文帝，雖已轉秦爲漢矣，制度未立，禮樂未興。故賈生太息之書有曰：「夫立君臣、等上下，使父子有禮、六親有紀，此非天之所爲，人之所設也。夫人之所設，不爲不立，不植則僵，不修則壞。」故有定經制之請，夫生於此時而請定經制，則賁飾之道也，而帝則謙遜未遑也。然開籍親耕，皇后親桑，勸農之詔无歲无之，敦本之風既行，而殷富之效乃見，則賁之六五之吉，文帝以之。

上九，白賁无咎。

《象》曰：白賁无咎，上得志也。

昔者夫子嘗有言曰：「周監於二代，郁郁乎文哉。吾從周。」又曰：「先進於禮樂，野人也；後進於禮樂，君子也。如用之，則吾從先進。」夫子既欲從周之文矣，又欲從先進之野，何其從之之異歟？曰：非異也，監二代以爲文，即先進之禮樂故也。禮樂之失也，其當周之末世、魯之僭擬耶？又重之以八佾、《雍》徹與泰山之事耶？是故夫子欲反其本而未能也，而有「如用之，則吾從先進」之説，蓋傷其失也。賁至上九，賁之極也。賁飾之極則嫌於失實，故欲其无過飾之咎也，必曰「白賁」而後可，所謂「白賁」云者，非不受賁之謂也，去其僞，落其華，使无勝質之文，如所謂先進禮樂之野是也。夫所謂先進禮樂之野，何也？曰：古者非不知酒醴之美也，而玄酒明水之尚； 非不知黼黻文繡之美也，而疏布之尚； 非不知莞簟之安也，而蒲越藁稭之尚。先進之禮樂如此，曾何足以動蕩人之侈心歟？夫惟不足以動蕩人之侈心，故其意在於著誠去僞，使人知有所謂簡敬之所在而不失其本真云爾。及其末流也，則質以文勝，人有侈心，而无復反本，此豈賁飾之初志歟？故大禮必簡，至敬无文，賁極反本，飾无過咎，而後上九之志始得矣，夫上九之志得，此夫子所謂「吾從先進」者也。

䷖坤下艮上

剥： 不利有攸往。

《彖》曰： 剥，剥也，柔變剛也。不利有攸往，小人長也。順而止之，觀象也。君子尚消息盈虚，天行也。

剥之成卦，五陰而一陽，陰始於姤，至於剥而五陰盛，剛爲柔之所剥，故曰「剥，剥也，柔變剛也」。以時言之，則柔變乎剛，下剥乎上，邪剥乎正，小人剥君子之時也。當是時也，五陰既盛，一陽僅存，小人道長，君子道消，往亦何所利哉，故曰「不利有攸往，小人長也」。夫當小人道長之時，既不利於有所往矣，則順時而知止，乃能觀剥之象也。蓋剥之象，其下坤也，其上艮也，坤順而艮止，此順而止之之義也。夫當小人道長之時，苟不知順時而止，而强聒以有往，則與小人立敵，而至於隕身流禍也必矣。故《易》於此爲君子謀，則以觀象曉之，而又以尚消息盈虚戒之，蓋處剥之道然也。夫有息必有消，有盈必有虚，理之常也。是理也，天且弗違，而况於人乎？所貴於君子，固當深知此理也。《語》曰：「不知命，无以爲君子也。」所謂命者，即天之理也。知天，則知天理之所在矣。故曉之以觀象云者，欲其知天也。戒之以消息盈虚云者，欲其事天也。凡此皆處剥之道故也，《易》之爲君子謀也如此。而東漢之季，陰小得志，賢人君子不知觀剥之象而尚夫消息盈虚之理，方且以口舌與之争鋒，至使刊章逮捕，駢首受戮，而士類爲之一空。其能不爲危言激論，身處濁世而怨禍不及者，惟一郭泰而止爾；絶迹於梁碭之間，因樹爲屋，自同傭人者，惟一申屠蟠而止爾。故司馬温公有曰：「天下有道，君子揚于王庭以正小人之罪，而莫敢不服；天下无道，君子括囊不言以避小人之禍，而猶或不免。黨人生昏亂之世，不在其位，四海横流，而欲以口舌救之，撩虺蛇之頭，踐虎狼之尾，以至身被淫刑，禍及朋友，士类殲滅，而國隨以亡，不亦悲乎！夫惟郭泰『既明且哲，以保其身』，申屠蟠『見幾而作，不俟終日』，卓乎其不可及也。」

《象》曰：山附於地，剥。上以厚下安宅。

山高而地下，其勢至不侔也，今也山附於地，則高者下矣，此地剥之象也。原其所以然，蓋亦下不厚而高者頹、址不安而高者危故也。爲人上者欲安其居而无傾危之患者，則亦務厚乎下而已矣。蓋下者上之本也，務厚乎下則其本固矣，未有基本既固而能剥者也。《書》云「民惟邦本，本固邦寧」，蓋謂是也。

初六，剥牀以足，蔑貞凶。

《象》曰：剥牀以足，以滅下也。

牀者，身之所安也，以況則君子所處之位也。小人之害君子也，必先去其所處之位，使之窮悴无所之也，而後得肆其害焉。故初則剥牀以足，二則剥牀以辨，四則剥牀以膚，蓋其叙然也。夫牀之所賴以安者，足也，足之見剥則正者傾矣，故曰「蔑貞凶」。初六之陰剥始自下，猶之牀足先見剥焉，則君子之貞始見滅於此時矣。滅，亡也。蔑、滅同義。

六二，剥牀以辨，蔑貞凶。

《象》曰：剥牀以辨，未有與也。

陰之剥陽進至於二，猶之剥牀自足而辨，其勢愈上矣。辨，上下交際之地也。夫牀之所賴以正者，上下交際之地也，辨復見剥，則正者愈傾矣，故亦曰「蔑貞凶」。當是時也，使六二如六三焉，則見與於上九之君子，而小人之禍庶乎其未至於斯也。惟其未有與也，故小人无所顧忌，而得以馴致其害焉，此剥道之所以浸長也。

六三，剥之无咎。

《象》曰：剥之无咎，失上下也。

六三處衆陰之中，獨與上九居相應之地，有輔上救亂之志，所謂小人中之君子也，故在剥之時爲无咎也。夫處衆陰之中而能與上下衆陰相失，獨與上九居相應之地，《易》於此可不以「无咎」與之乎？與之以无咎者，所以録小人之善也。子曰：「君子不以人廢言。」夫一言之當，其人未必然也，君子猶不以人廢之，則當剥之時，衆陰用事，而六三獨於衆陰之中失其上下，以與上九協焉，可无取乎？程曰「如東漢之吕强」，是也。

六四，剥牀以膚，凶。

《象》曰：剥牀以膚，切近災也。

六四，卦之上體也，夫剥至六四已及上體，所謂膚也，其切近於災，莫此爲甚也。君子之正至是而无可滅者，故不云「蔑〔一〕貞」，但云「凶」也。夫小人之剥君子也，始焉剥牀以足，次焉剥牀以

〔一〕蔑，原作「滅」，據通志堂本、四庫本改。

辨，至於六三，則雖與上九居相應之地，於剥爲无咎，然剥道浸長，亦未如之何也。至六四，則身及其害矣，復何有所處之位乎？小人之禍害，吁可畏哉！

六五，貫魚，以宫人寵，无不利。

《象》曰：以宫人寵，終无尤也。

六五，群陰之主，君之位也。在剥之時，君道不可以剥，故取下制群陰爲義。魚，陰物也，相群於下流，小人之象也。五能下制群陰，使之駢然順序，如貫魚然，則是以小人之道待小人也，故曰「以宫人寵」。宫人，嬪御侍使也，所謂陰小之人也。以宫人之寵寵之，是以小人之道待小人也。夫所謂待小人以小人之道何也？曰：小人之志，不過於希恩望寵而已，苟惟時其錫予、均其恩惠，使之充滿其意而无觖望之心，此待小人之道也。夫小人之心所以易生尤怨者，不以其道待之故也。惟能以小人之道待小人，故怨尤不生、禍害不作，此所謂「无不利」，又曰「終无尤」也。

上九，碩果不食，君子得輿，小人剥廬。

《象》曰：君子得輿，民所載也。小人剥廬，終不可用也。

天地不可以一日而无陽，天下不可一日而无君子。當剥之時，五陰既盛，上九以一陽居衆陰之上而有碩果不食之象者，存陽道也。夫以一陽而居衆陰之上，果之碩大者也。果既碩大，不剥而食諸者，生育之萌正寄諸此者也。墜地而復生，則剥反爲復矣，此復初九之一陽，即剥之上九也。君子得輿者，以一陽而居衆陰之上，而有衆民共戴之象，此君子得輿也，故曰「民所載也」。衆陰在下，而賴一陽之庇，故又有室廬之象焉。若夫剥道既終，九復見剥，則室廬壞矣，小人无所庇其軀矣，此乃自撤其庇之過也。然則君子存則小人安，君子去則小人禍，若飛廉、惡來、趙高、楊國忠之徒，終亦自取禍敗爾，故曰「終不可用也」。然則君子亦何負於小人，而小人亦何利於剥君子也？

卷十二

䷗震下坤上

復：亨。出入无疾，朋來无咎。反復其道，七日來復。利有攸往。

《彖》曰：復亨，剛反。動而以順行，是以出入无疾，朋來无咎。反復其道，七日來復，天行也。利有攸往，剛長也。復，其見天地之心乎！

復之初九，即剥之上九也。《經》曰：「往者，屈也。來者，伸也。」剥之上九雖居五陰之上，其勢往而屈也，此一陽之窮也；復之初九雖居五陰之下，其勢來而伸也，此一陽之亨也。故曰「復亨，剛反」云者，謂是剛也自剥之上反而爲復之初，此復之所以亨也。動而順行，則又合坤、震二體，以明復之所以亨也。夫震動而坤順，剛既來反，則陽動於下，以順而行於上，自此以往，无非順理而動也。夫如是，則剛反爲復，陽降而入；剛動以時，陽升而出。其出也，其入也，群陰莫之能害，故曰「出入无疾」。夫復之一陽出入乎群陰之中，而群陰莫之能害，則其以朋类漸進而來，又何咎乎？程曰：「所謂咎者，在陽氣則爲差忒，在君子則爲抑塞。」「夫一陽始生，至微也，固未能勝乎群陰以發生萬物也，必待諸陽之來，然後能成生物之功。」一君子始進，未盛也，亦未能勝乎群小人，以利澤天下也，必待衆君子之進，然後能成澤民之功。此一陽之復，既出入而无疾，則其朋类之來自无咎矣。夫陰生於午，其卦爲姤。姤，陽之始消於陰也，凡歷七變而後成復，則陰陽消長之道反復迭至，凡七日焉，天之運行如是也，故曰「反復其道，七日來復，天行也」。一陽既復，則君子道長實自此始也，故自復而往，爲臨，爲泰，爲大壯，以至爲乾，孰禦之哉，故曰「利有攸往，剛長也」。夫一陽始長，而天地發用之機實發於此時，故萬物之生布在天地者，皆天地發用之功也；而發用之機則實係於復之一陽，此所謂天地之心也，故曰「復其見天地之心乎」。程曰：「一陽復於下，乃天地生物之心也。先儒皆以静爲見天地之心，蓋不知動之端乃天地之心，非知道者孰能識之？」

《象》曰：雷在地中，復。先王以至日閉關，商旅不行，后不省方。

天地有无窮之用，曰動與静是也。人皆知動也者天地之用也，而不知静也者乃所以養其動也。夫當動而動，動而不括，此豈偶然而然也哉？蓋有以養其動故爾。雷在地中，陽氣復於不動之地，非不動也，安静以養之，將以致不窮之用云爾。先王順天之道，故當至日一陽之始生也，亦務安静以養其動焉。夫關也者，所以時其出入也，於至日而閉關焉，則使旅商不行。人君不巡省四方者，凡以静吾之動，而仰順乎天道也。

初九，不遠復，无祇悔，元吉。

《象》曰：不遠之復，以修身也。

陽，君子之道也。復，反善之義也。九以陽剛居復之初，復之最先者也，故曰「不遠復」，謂其失也不遠而能復也。王輔嗣所謂「比復好先」是也。祇，大也。元，亦大也。夫有過則有悔，初九之不遠復，非无過也，有不善未嘗不知，知之未嘗復行，所謂不貳過也。故雖不免於有悔，而无大悔矣。夫既无大悔，則其爲吉也，斯大矣。蓋大吉之與大悔，此二物也，不可以相有故也。夫聖人无復，故於其身若无事於修。不遠之復，則所以修其身之不善者以復於善爾，然其失者不遠而復焉。此顔子之學也，故夫子以此爻予之，而贊之曰「顔氏之子，其殆庶幾乎」。

六二，休復吉。

《象》曰：休復之吉，以下仁也。

休，止也。六二，震體。震，動也，以六居二，不動而止者也。夫二之不動而止者，何也？曰：知所止而止焉故也。夫二何爲而知所止也？曰：初九之君子修身居下，而二比之，此正六二之所宜親焉故也。故六二當復之時，以下仁爲吉，而謂之休復焉。《語》曰：「汎愛衆而親仁。」初九之君子，所謂「克己復禮爲仁」之人也，而六二之於初九親而下之，可謂知所止而止焉者也。求之孔門，則曾子之於顔子是也，觀其嘗有言曰：「以能問於不能，以多問於寡，有若无，實若虛，昔者吾友嘗從事於斯矣。」噫！若曾子非能下仁，其能知斯人而友之乎？

六三，頻復，厲无咎。

《象》曰：頻復之厲，義无咎也。

孟子曰：「人恒過，然後能改。困於心，衡於慮，而後作。」復至六三，再三之復也，所謂恒過而能改也，故曰「頻復」。頻復之厲，所謂困於心、衡於慮而後作也，故曰「无咎」。夫《易》之道在於知變，聖人之於人，不咎其有過也，而咎其不能改過，蓋所以開小人遷善之門也，故六三之頻復，不咎其恒過也，而予其頻復。雖然，頻復未足予也，必也知以危厲自警，則雖頻而咎可无也。不然，復雖頻矣而復頻失，咎何時而可无耶？夫苟如此，則失復善之義矣。

六四，中行獨復。

《象》曰：中行獨復，以從道也。

復之六四，即剥之六三也。方其爲剥也，六三處五陰之中，失上下以應上。及其爲復也，六四行乎五陰之中，獨復以應初。此二爻者，知賢識善如此，其可以陰柔少之乎？又可不謂之賢矣乎？故嘗謂君子之在天下，无所往而不可貴也。方衆陰之剥陽也，上九以一陽處一卦之外，疑若失位也，而六三能失上下以應之，故曰「剥之无咎」。及剥之來復也，初九以一陽處一卦之下，疑若尚微也，六二近而比之而曰「下仁」，六四遠而應之而曰「從道」。誠以道之所在，可從而不可違也如此。然則初九固賢也，而六二之下之，六四之從之，可不謂之賢矣乎？夫六四一爻遠應初九，其在後世則揚子雲所謂晞顏之人也。

六五，敦復无悔。

《象》曰：敦復无悔，中以自考也。

博厚者，地之德也。五體坤德而得尊位大中，當復之時，遠於剛陽之應，躬自厚者也，故曰「敦復」。夫以自厚爲德，則求其在己者而已矣，其與所謂下仁、從道者又異矣。蓋下仁、從道之復，資諸人者也，而敦復之復則資諸己者也。夫資諸己以爲復而能自厚其德，則无失之可指矣，故曰「无悔」。又不特无大悔而已也，何也？未嘗過乎中故也。考，稽也。動稽諸中而未嘗過乎中焉，非躬自厚者而能之乎？故曰「敦復无悔，中以自考也」。曰「自考」云者，以明敦復之復，非資諸人而然也。

上六，迷復凶，有災眚。用行師，終有大敗。以其國，君凶，至于十年不克征。

《象》曰： 迷復之凶，反君道也。

在復之上，而以陰柔之才居之。陰則暗而无睹，柔則懦而无從，故於復則爲迷也。夫曰「迷」云者，失道之謂也。在上而失道，則无適而非凶矣。何謂无適而非凶？曰： 有天之災，有己之眚，用之行師則終有大敗，用於其國則爲君之凶，以至於十年之久，終不能有所征往也，凡此皆凶之目也。夫復則合道，今也於復而迷焉，則與道相反矣，烏得而不凶耶？故曰「迷復之凶，反君道也」。上六在復之上而迷，故《易》於此極言凡爲君而在上者之道，至此而有所反也，其所以示後世在上者之戒也，可謂詳且明矣。

䷘震下乾上

无妄： 元亨利貞。其匪正有眚，不利有攸往。

《象》曰： 无妄，剛自外來而爲主於内。動而健，剛中而應。大亨以正，天之命也。其匪正有眚，不利有攸往。无妄之往，何之矣。天命不祐，行矣哉。

无妄合乾、震以成卦，乾天也，震動也，其動以天之謂也。夫其動也以天，動静語默无非天理，而人爲无與焉，此之所謂无妄也。蓋天下有自然之理，純乎天而已矣。天理所在，不可以一毫私意妄加於其間哉〔一〕，所謂正也，故在理則爲正，在人則爲性，在天則爲命，一也。剛自外來而爲主於内，謂初九也。初九之剛，乾一索於坤而得之，是以爲震，而无妄之外體又乾也，則初九之剛實自乾來，故曰「剛自外來」。震以初爻爲主，其在无妄則内體也，故曰「爲主於内」。夫以九居初，正也，爲主於内也，得其正則无妄之大本立矣。「動而健」謂震、乾之用也；「剛中而應」謂五之於二也。夫无妄之本既立於内，則由是而動，動而不窮矣，故健也。苟无其本，此妄也，欲動而健，得乎？以九居五，剛而中也，九五以剛中在上，而六二以柔中應之，二五各得其正，此又无妄之大體也，故曰「大亨以正」。夫所謂无妄者，正而已矣。初九以是正立无妄之大本，九五、六二以是正成无妄之大體，則當无妄之時，致天下於无妄，其爲亨也不亦大乎？此卦之德所以有曰元亨利貞也。天命即天理，循天之理，不以一毫人僞參焉，則理之所在，天命之所在也，故「大亨以正，天之命也」，何也？曰：天道之與天命，亦非二物也。其在臨也則言剛柔消長之理，故曰「天道」；无妄，則言其動以天，而人爲不與焉，故曰「天命」。「其匪正有眚，不利有攸往」者，夫初九、九五、

〔一〕哉，四庫本作「者」。

六二正也，正則能大亨；六三、上九不正也，不正則妄矣，故有眚災也。六三所謂无妄之災，上九所謂窮之災也是也。夫以正而往，則亦何往而不利？故初九云「往吉」，六二云「利有攸往」。苟匪正焉，則當无妄之世，何所往而利哉？故曰「有眚」，又曰「不利」，又曰「天命不祐」。甚哉！匪正之爲害也。然則正之所在，而天之祐常向焉，而君子則曰「此非天之我祐也，吾自祐也」。

《象》曰：天下雷行，物與无妄。先王以茂對時、育萬物。

雷之爲物也，其發聲也，其收聲也，必以其時，故語物之行乎天下而无妄者，惟雷足以當之。萬物之生固有所謂自然之天，因其自然之天而感發之者，雷也。故雷行於天下，未嘗妄發，而物之洪纖高下隨其賦予而能各全其天者，實自雷發之，故曰「物與无妄」。以言天之發育萬物也以天，而物亦因是而全其天也。先王之於萬物也，亦豈能紊其自然之天矣乎？對无妄之時，育无妄之物而已矣。蓋天有是時，吾非能先後之也，對而循之云爾；物有是生，吾非能加損之也，育而成之云爾，夫是之謂无妄。茂，盛也。朱子發曰：「不茂不足以育物，不對則妄矣，如春毋麛毋卵，夏毋伐大木之類。」

初九，无妄，往吉。

《象》曰：无妄之往，得志也。

初九，震之主也。初以震動之才而動於下，在无妄之時而吉於往者，何也？以九居初，正也，正則不妄矣。夫以正而動，則无適而非正，故曰「无妄，往吉」，而《象》曰「无妄之往，得志也」。河南曰：「誠之於物，无不能動。以之修身則身正，以之治事則事理，以之臨人則人化，无所往而不得其志也。」

六二，不耕穫，不菑畬，則利有攸往。

《象》曰：不耕穫，未富也。

以六居二，柔而静者也，静則无事。然六二實震體也，震動也，又能動而有行焉。静而无事，故有「不耕穫，不菑畬」之象。動而有行，故又曰「利有攸往」，謂以无事爲行故也。夫耕穫、菑畬，雖有始終先後之異，然均爲治田者之事。六二静而无事，故曰「不耕穫，不菑畬」，猶之曰：不耕不穫、不菑不畬，俱未始有事也。然屬震體而與九五居相應之地，所謂以正相與者也，以正相與，則當无妄之時而盡无妄之用矣，故曰「利有攸往」。夫陰以得陽爲富，知以无事自處，而不知以正而往應於五，此豈六二之欲富乎？是必有攸往而後利也，故《象》曰「不耕穫，未富也」。若六二者，其能以无事而爲行也歟？夫惟以无事爲行，此无妄之尤者也。

六三，无妄之災，或繫之牛。行人之得，邑人之災。

《象》曰：行人得牛，邑人災也。

无妄之卦德曰「元亨利貞」，其匪正有眚，六三以不正據六二正人之上，而阻二、五中正之應，此妄人也，故在无妄之時宜其有災也，故曰「无妄之災」。牛者，具陰順之性，六二以順爲正者也，而上應九五，牛之象也。六三居前而阻之，或繫之牛也。「行人之得」謂六二也，「邑人之災」謂六三也。二利有攸往，故曰行人。三居前而阻二，故曰邑人。然六二得順道而行，无往而不利，此得牛之象也，六三以不正徒自取災爾。由是觀之，則禍福得喪之理，蓋亦无甚難明也，特在正與不正之間爾。

九四，可貞，无咎。

《象》曰：可貞无咎，固有之也。

《易》，以陰居陰，以陽居陽，則謂之正，如初九、六二、九五是也。以陰居陽，以陽居陰，則謂之不正，如六三、九四、上九是也。然與其以陰居陽，寧以陽居陰，而剛柔小大之猶有其敘也，則无妄之九四是也，故「可貞无咎」。猶之曰此非正也，僅可爲正而已，不猶愈於六三矣乎？夫正者，人之性也。人之性或至於失其正而妄者，非性之罪也，不能有是正之過也。今也於正而未至於失，而猶有所謂可正云者，則亦知有是正而存之矣。蓋是正也，非外鑠我者也，我固有之也。因其固有而不失之，此《易》之所予也，故曰「可貞无咎」，而《象》曰「固有之也」。若四者，其亦不失其正性也歟？

九五，无妄之疾，勿藥有喜。

《象》曰：无妄之藥，不可試也。

嘗聞聖人之治天下也，刑罰不可妄施於人，兵師不可妄加於下國。刑罰而妄施於人則爲失刑，兵師而妄加於下國則爲失師。當无妄之世，蓋亦處之以无妄而已矣。夫苟不能自克己私，而人欲以勝，則天下生靈之禍自此始矣，此无妄於九五而有「无妄之疾，勿藥有喜」之戒也。夫以九居五，正也，正則不妄，《象》所謂「剛中而應，大亨以正」者，謂九五也，容有不知此乎？曰：以商之高宗，史謂有德可高者也，而傅説猶有「惟甲胄起戎」、「惟干戈省厥躬」之戒，又況後世好大喜功之主，如漢武帝、唐太宗，代不乏人也乎？蓋有是疾而後試之以是藥，則藥不爲妄，无是疾而試之以是藥，則妄矣。武帝蓋嘗試是藥於夷狄〔二〕矣，太宗嘗試是藥於高麗矣，皆无疾而藥而反以致僨者也。欲有喜，得乎？其曰「勿藥」、曰「不可試」云者，蓋所以深著後世爲君者之戒也。

〔二〕於夷狄，通志堂本爲空格，四庫本則將「夷狄」改作「匈奴」。

上九，无妄行有眚，无攸利。

《象》曰：　无妄之行，窮之災也。

上九以剛過之才，處无妄之極。已既失正，又欲進而不知止，所謂「其匪正有眚，不利有攸往」者也，故曰「无妄行有眚，无攸利」。夫以正而往，則其往也必利，初九、六二是也。已既失正，居上窮之地猶不知止，其能免災乎？故无妄之世，若上九者，妄之極者也。曰眚，曰災，眚即災也，先儒謂「在人曰眚，在天曰災」，固有是説也。今觀上九之爻贊以災釋眚，則知災即眚也，眚即災也，天即人也，人即天也。

䷙乾下艮上

大畜：　利貞。不家食吉，利涉大川。

《象》曰：　大畜，剛健篤實，輝光日新其德。剛上而尚賢，能止健，大正也。不家食吉，養賢也。利涉大川，應乎天也。

大畜，所畜之大也。夫所畜之大者何也？曰：　於己則畜德，於人則畜賢也。故夫「剛健篤實，輝光日新其德」，此畜德也；「剛上而尚賢，能止健」，此畜賢也。然畜德也者，畜賢之本也；畜賢也者，畜德之效也。夫苟己无是德，則賢不我慕，望望然去之矣，吾能彼畜乎？此大畜之《彖》其言畜德、畜賢，固自有次第也。剛健篤實、輝光日新，此合乾、艮之用以明人君之畜德也。夫剛健，乾也；篤實，艮也；輝光日新，乾、艮相得而不窮之用所由生也。乾不得艮，則徒健而已矣；艮不得乾，則徒止而已矣。夫惟剛健、篤實兩者相與爲用，而輝光日新，自此而不窮矣，此人君之畜德然也。「剛上而尚賢，能止健」，此則指上九之爻，又合艮、乾之用，以明人君之畜賢也。夫上九以剛而在一卦之上，此人君尚賢之象也。乾，健之物也，而處乎艮之下，受止而不辭，所謂能止健也。天下之人所謂賢而有德者，人君則尚之，尚之者尊之也；所謂健而有才者，人君則止之，止之者使之不吾舍也，非有以畜之而然歟？此人君之畜賢然也。大畜之卦德曰「大畜利貞」，至《彖》則推原卦德之所以然，而以畜德、畜賢而兼釋之，從而蔽之曰「大正」也者，蓋言人君之畜德也而至於輝光日新，其畜賢也而至於尚賢而止健，此非所畜之大而得其正，詎能至是乎？故曰「大正」也，此大畜利貞之本旨也。「不家食吉」，養賢也，此又言畜賢之義。夫人君之所尚者則謂之賢，而所止者則謂之健，合而言之皆賢者也，蓋德之賢於人者謂之賢，而才之賢於人者亦謂之賢故也。今夫賢者之不家食而吉者，非謂居天位、食天禄，一身之吉也，天下之吉也。天下之吉係於養賢，則挾天下之人才而與之共濟，何所適而不可？故繼之曰「利涉大川」。夫賢者之進退，天意之從違也。挾天下之人才而與之共濟，則天意之所在可知矣，故曰「應乎天也」。六五之君，謙虚无我以下賢，乾之九二居相應之地，故有應乎天之説。夫天高而在上也，今也六五下應九二，亦謂之應乎天，以明天之理无乎不在也，爲人君者不必求之天可也，求之賢者，則賢者即天也。噫！此大畜之實也。

《象》曰：天在山中，大畜。君子以多識前言往行，以畜其德。

天下之物所謂最大者，天也，今也在山之中，此其藴畜之大可知也。夫前言往行，耳目之所不接也。君子於耳目之所不接者，則多而識之，考其迹以觀其用，察其言以求其心，而古人之所以爲古人者，皆在我矣。夫德固我有也，然我心之所同然者，古人先得之，即其所先得者而以畜成吾德，則其所畜不亦大矣乎？故曰：「性无内外也，道无古今也。」

初九，有厲，利已。

《象》曰：有厲利已，不犯災也。

大畜之爲卦也，艮止也而在上，乾健也而在下。《象》所謂「止健」也。初九當乾健之始，而六四以陰止之，陽方上進而見止於陰，陰陽相持而其勢危矣，故曰「有厲」。雖然，上下之勢不敵固也，而又當止畜之時，其可不知所止乎？故其利在於已而不進也。夫惟利於已而不進，則不犯災危矣，此所以示在下者輕進之戒也。

九二，輿説輹。

《象》曰：輿説輹，中无尤也。

小畜之九三見畜於六四，而曰「輿説輹」，四説其輹也。大畜之九二受畜於六五，亦曰「輿説輹」，自説其輹也。夫説人之輹與自説其輹，語其勢之逆順蓋有間矣。何者？九三剛過而九二則剛得中故也。剛而得中則進止无失，夫何尤乎？程河南曰：「初與二剛健而不足以進，四與五陰柔而能止，時之盛衰，勢之强弱，學《易》者所宜深識。」朱子發曰：「初剛正也，二剛中也，四、五柔也，柔能畜剛，剛知其不可犯而安之時也。」夫氣雄九軍者或屈於賓贊之儀，才力蓋世者或聽於委裘之命，故曰「大畜，時也」。

九三，良馬逐，利艱貞。日閑輿衛，利有攸往。

《象》曰：利有攸往，上合志也。

在他卦則初九之於六四、九二之於六五爲正應，在大畜則以正應爲相止畜；在他卦則九三之於上九爲敵應，在大畜則以敵應爲同志，而同於上進，不復有相止之義也。夫惟九三、上九不復有相止之義也，故三以剛健之才往而上進，以與上合志，而有良馬逐之象焉。逐，追也。乾爲良馬，上九在上，三以剛健之才從下而追之，良馬逐也。雖然，九三之馬固良矣，然其如剛過何？故以「利艱貞」戒之，蓋九三正也，所謂馬之良也，苟不於過剛之是戒，而惟良之是恃焉，則泛軼之患不可謂无也。夫戒之以利艱貞，何說也？曰：「閑輿衛」是也。是輿也，方其在九二也，嘗說其輹而不進矣。非不進也，其所以爲不亟進者，乃所以爲九三之進也，則居此地者，可不即前日既說之輿閑而衛之，以致其戒乎？夫如是則利有攸往矣，此其所以與上合志也。

六四，童牛之牿，元吉。

《象》曰：六四元吉，有喜也。

夫四與五能以柔畜剛者，由其自畜之道素施故也。夫不能自畜，安能畜人？四之所以自畜之道何也？曰：以六居四，順之至也，夫惟順之至也，故有牛象。艮爲少男，故又曰童牛，當止畜之時，故又有童牛之牿之象。夫童犢始角而加之牿焉，則制其觝觸之性於其未發之時，此自畜之道素施也。惟能自畜，斯能畜人矣，故曰「元吉」。元，始也，大也。在他卦之爻則元吉云者或爲大吉，在此卦六四則元吉云者猶之曰吉自此始云爾。夫惟吉自此始，則始能自畜，終能畜人，故有喜也。

六五，豶豕之牙，吉。

《象》曰：六五之吉，有慶也。

五之所以自畜之道，何也？曰：以六居五，體柔而御剛也。夫惟體柔而御剛，故有豶豕之牙之象。夫豕之不能自已其剛躁之性，則必以是牙爲物之害也，當止畜之時，若强制其牙，則用力愈勞，安能已其剛躁之性耶？惟豶去其勢，則牙雖存，剛躁自已，人君之自畜如此，所以吉也。夫豕之有牙，其剛在内，豶去其勢，則雖有剛利之具而不自用矣，此以六居五之象也。艮爲黔喙之屬，故取象於豕。人君處天下之利勢，生殺予奪，其權固非輕也。若不能謙虚无我，去其勢而不恃焉，則己且不能自制，其能勝億兆欲利之心乎？故必去其勢若豶豕然，則雖有是牙不爲物害矣，故《象》曰「六五之吉，有慶也」。「有慶」之視「有喜」，則有小大之異，何者？其位異故也。《書》之《吕刑》云「惟敬五刑，以成三德。一人有慶，兆民賴之」，夫穆王言刑而及於德，而曰此一人之有慶而兆民之所賴也，則六五之豶豕，去其勢而馴其牙之效也。《易》家曰：「攻其特而去之曰豶。」

上九，何天之衢，亨。

《象》曰：何天之衢，道大行也。

《彖》曰「剛上而尚賢」，則上九是也。九以陽德而居五之上，爲五所尚，故能以身任天下群才之責而尸大畜之功，此所以有「何天之衢」之象。天衢，通顯之地也。下之三陽由己上進，故九三曰「良馬逐」，又曰「利有攸往」，又曰「上合志也」，此賢者之道所以亨也，故曰「道大行也」。何，如「何校」之何，《釋文》曰「梁武帝讀音賀」，是也，言以身任天下群才之責，當畜賢之時，爲五所尚，主張賢路，賢者之得志莫盛於斯也。

卷十三

䷚震下艮上

頤：貞吉，觀頤，自求口實。

《彖》曰：頤，貞吉，養正則吉也。觀頤，觀其所養也。自求口實，觀其自養也。天地養萬物，聖人養賢以及萬民，頤之時義大矣哉。

頤合艮、震而成體，上下二陽，中含四陰，上止而下動，外實而中虛，頤之象也。頤，養也。頤之卦德曰「貞吉」，而《彖》釋之曰「養正則吉也」，以言君子之所養不可以不正也。昔者樂正子之從子敖遊也，孟子曰：「我不意子學君子之道，而以餔啜也。」穆公之亟餽子思也，子思不悦，摽使者出諸大門之外，北面稽首再拜而不受，曰：「今而後知君之犬馬畜伋。」則君子之所養，其可以不正矣乎？謂之「養正則吉」，則養以不正，其凶又可知矣。「觀頤，觀其所養也」，謂自内觀外，觀夫人之所養也，所養者正歟則君子也，所養者不正歟則小人也。觀其所養則人之正不正无所逃矣。「自求口實，觀其自養也」，謂自外觀内，反觀己之自養。自養者正歟則君子之道也，雖貧且賤不去也； 自養者不正歟則小人之道也，雖富且貴不處也。 觀其自養，則凡自實諸口者所謂正不正亦无所逃矣。 然則有一言足以盡頤之道，曰正而已矣。 雖然，頤之道不正則本不立，不大則用不周，聖人將欲極言頤之道，故又言天地、聖人之所養以贊其大。 正以始之，大以終之，頤无餘蘊矣。 夫萬物之生盈乎天地之間，或動或植，无有不得其生者，實天地有以養之也，聖人之於萬民也亦然，故養賢以及萬民。 昔漢文帝之詔曰：「方春和時，草木群生之物皆有以自樂，而吾百姓鰥寡孤獨窮困之人或溺於死亡〔一〕而莫之省憂，爲民父母將何如？其議所以振貸之。」嗚呼！漢文帝養萬民者也，惜夫不知所以養萬民也。 夫聖人之心，其與天地之心亦一矣，然聖人與天地必欲同其功，則不可以若是屑屑也，有要道焉，曰養賢是也，蓋養賢者乃所以養萬民也。 孟子曰「堯舜之仁不偏愛人，急親賢也」是也，使其家賑而户貸之，則布帛酒肉之賜，今日之惠也，其如來日何？此无他，天地固天地，而聖人則人耳，其所養豈不有次第矣乎？故曰： 天地養萬物，聖人養賢以及萬民，卒也聖人與天地同其功，而人亦不以所養之次第議聖人，此之謂善法天地者也。 論頤至此，則頤之時豈不大哉？故贊之曰：「頤之時義大矣哉。」程河南曰：「或云義，或云用，或止云時，以其大者言也。 萬物之生養，時爲大，故云時。」

〔一〕 溺於死亡，四庫本及《漢書》卷四《文帝紀》作「阽於危亡」。

《象》曰：山下有雷，頤。君子以慎言語，節飲食。

山，物之善止者也。雷，物之善動者也。山下有雷，則動有止之謂也。頤之在人也，則亦下動而上止，故以動有所止爲頤之象。言語自内出者也，飲食自外入者也。頤，養也，謹言語者所以養德，節飲食者所以養生，此内外交相養之道也。夫言語不謹則招禍，飲食不節則生疾，皆非自養之道。君子觀動有所止之象，則有得於養之道也。河南曰：「在身爲言語，於天下則凡命令政教出於身者皆是也，慎之則无失；在身爲飲食，於天下則凡資財貨用養於人者皆是也，節之則无傷。」

初九，舍爾靈龜，觀我朵頤，凶。

《象》曰：觀我朵頤，亦不足貴也。

頤之成卦，爻之具陽德，惟初九、上九是也。上九以陽德在上，尸頤之功，凡出乎其下者皆由之以養，故曰「由頤」。初九以陽德在下，其視上九亦何慊焉，然初震也，上艮也，動而下者則其視止於上者有慊者多矣，故頤之初爻設「爾」、「我」之辭，而深尤乎初之自失焉。「靈龜」云者，以況則初九有可貴之質也。初九以諸爻皆由上九以養，故舍其可貴之質，而亦求養於上九。「爾」謂初也，初有可貴之質，不能操而存之，而輕動以求養於人，故爾之；「我」謂上也，上以陽德止於一卦之上而尸頤之功，故我之。「朶頤」云者，諸家皆云「朶，動也」，非也。朶无動意，草木之華擎乎枝葉之上謂之朶，上九以一陽在群陰之上，此朶頤之象也，而初自下觀之，故曰「觀我朶頤」。河南曰「初之所朶頤者四也」，此泥於爻應也，而亦以朶動其頤爲義，非也。蒙之九二，蒙之主也，故《象》曰「童蒙求我」，我謂二也。上九在上，頤之主也，故初之觀也而曰「觀我朶頤」，若泥於爻應而曰我四也，則失之矣，蓋六四陰也，陰求養於陽之不暇，安能養初乎？夫初之舍其可貴之質而動以求養於人，則其所貴者復安在邪？此所以爲凶，而《象》謂其亦不足貴也。樂正子，所謂善人也信人也，一從子敖遊而孟子以餔啜罪之，蓋閔其舍其可貴者，而亦不足貴故也。

六二，顛頤，拂經于丘頤，征凶。

《象》曰：六二征凶，行失類也。

頤之中爻二三四五皆陰，莫不正於六三，莫正於六二與六四也。二與四皆曰「顛頤」，二與五皆曰「拂經」，何也？曰：二處四陰之下，此頤之顛也，四處艮體之下，亦頤之顛也，故皆曰「顛頤」；陰與陽居相應之地，此《易》之經常也，二之于丘頤，五之從上，皆非《易》之經也，故曰「拂經」。夫六二處四陰之下而顛以自反，以自養其正可也，然不得謂之吉如六四者，二亦震體，不以静退許之。上九，頤之主也，然二之於上九非其應也，然不能固其静退之操，則亦不顧其非己之應也，而動以即之，故其征也爲凶。丘在外而高者，謂之上九也。上九艮也，艮爲山，故有丘象。夫不固其静退之操而自反以養其正，而即其非己之應以求養焉，以是爲行，所失甚矣，故《象》曰「六二征凶」。「行失類也」，蓋言上九雖頤之主而非二之應類也。夫六二雖以陰居陰，正也，然屬震體，故有征凶之戒。

六三，拂頤，貞凶。十年勿用，无攸利。

《象》曰：十年勿用，道大悖也。

頤之卦德曰「頤，貞吉」，《象》曰「養正則吉也」，以六居三，正乎？其與頤之卦德大相悖逆，故曰「拂頤，貞凶」，所謂養正則吉，養不正則凶也。夫六三之自養如此，而上九與之居相應之地，則上九之所養失其人，亦可知矣，故戒之曰「十年勿用，无攸利」。然則此雖六三之罪也，而上九亦不能无失焉，何者？養道之大悖也。以諸葛孔明之智也，而失之魏延、楊〔二〕儀；以魏鄭公之賢也，而失之杜正倫、侯君集。小人之小有才而不可用者，例皆如此，君子與之居相應之地，不亦過乎？十，數之終也，其曰「十年勿用」云者，深戒之辭也。

〔二〕楊，原作「張」，據通志堂本、四庫本改。

六四，顛頤，吉。虎視眈眈，其欲逐逐，无咎。

《象》曰：顛頤之吉，上施光也。

以六居四，正也，而又處艮體之下，所謂自反以養其正者也，故曰「顛頤，吉」。曰「吉」云者，夫未嘗求養於上九，而上九頤道之成也，其光自然有以下施乎四故也，何也？同體以相賁故也。夫四之與初，固其應也，然初九方且舍己之靈龜以觀上九之朵頤，己且不能自養，六四何賴焉？故四當艮之初，止於其所，自養以正，而以陰静自守，下无賴於初，而上亦无求於上，故有「虎視眈眈，其欲逐逐」之象焉。夫虎之視也眈眈，然其閒雅之態自若也，何者？不騁其欲故也。謂之「其欲逐逐」云者，何也？猶之曰其欲逐去而无餘也。如此則當頤之時，下无賴於初，上无求於上，其所以自養也庸何咎乎？夫六二之與六四皆正也，而四則曰「吉」，曰「无咎」，而二俱无有焉，反有征凶之戒者，震動之與艮止，其體性不同故也。

六五，拂經，居貞吉。不可涉大川。

《象》曰：居貞之吉，順以從上也。

五，君位也，而以六居之，養道之不足也。養道之不足而資養於上九，上非其應也，但以在己之上，故近而比之，亦曰「拂經」。雖然，於經雖拂，而上九以陽德在上，尸頤之功，而六五謙虚无我，以陰承陽，陽上而陰下，故有居貞之吉。而《象》曰「順以從上也」，以言六五非正也，以陰承陽，以順從上，陰陽各正其所，故曰「居貞吉」也。五之於上雖曰「拂經」，而有居貞之吉，二之於上亦曰「拂經」，而於征則凶，何也？曰：五之於上以其同體而比之，所謂親賢也，二之於上非其同體，若動而即之，則附勢而已矣。大川在艱難變故之地也，六五以陰柔之才，方賴剛明之賢以養於己，若施之艱難變故之地則不可也，故曰「不可涉大川」。河南曰：「以成王之才，不至甚柔弱也，當管蔡之亂，幾不保於周公，況其下者乎？故艱難之際，非剛明之主不可也。」

上九，由頤，厲吉。利涉大川。

《象》曰：由頤厲吉，大有慶也。

程河南曰：「上，師傅之位也。夫以剛明之德居師傅之任，而以養道佐五以養天下，而天下由之以養。」故曰「由頤」。夫權重位高則易危，古者人臣之當此任也，上足以保乎君，下足以信乎人，内足以保其身，使君臣上下兼受其福，夫豈偶然乎哉？是必以危厲自處，常懷兢畏而致然也，故曰「由頤厲吉」，而《象》曰「大有慶也」。「利涉大川」云者，夫以六五之才不足以濟難，而上賴於己，則當此任也，苟不竭其才力以濟天下之艱危，則天下何賴邪？蓋以君民上下之心而濟天下之難，何施而不利乎？故曰「利涉大川」。豫之九四，天下由之以豫，故曰「大有得」。頤之上九，天下由之以頤，故曰「大有慶也」。

☱☴巽下兑上

大過：棟橈。利有攸往，亨。

《彖》曰：大過，大者過也。棟橈，本末弱也。剛過而中，巽而説行，利有攸往，乃亨。大過之時大矣哉。

《易》以陽爲大，以陰爲小，大過之成卦，二陰居初、上之地，四陽聚於中爻，陽過乎陰者也，故曰「大者過也」。夫天下之物，夫苟小大多寡之適均也，則亦未爲過也。大過四陽而二陰，大者多而小者少，則大者過矣。亦由小過四陰而二陽，小者多而大者少，則小者過也。天下之事固有正理，此豈可過邪？然古今天下固有所謂非常之事者，如堯舜之揖遜、湯武之放伐是也。若以理而論，則揖遜也、放伐也，亦无非君子之時中也，特其事大勢重不常見爾。四陽聚於中爻，棟之象也，初、上二爻俱陰柔也，則中雖剛强而兩端柔弱，豈能勝此剛强之任哉？故於棟爲橈，而曰「本末弱」也，本末不弱則棟亦不橈矣。《經》曰「其初難知，其上易知，本末也」，則初、上之地，一卦之本末也，本末既弱，則四陽居中凛然其危也，欲无橈，得乎？觀此之象，則大過之時於剛雖過，而二三四五俱在中爻也。「巽而説行」，此又即巽、兑二體以釋卦德之所謂「利有攸往」也。夫當大過之時，剛既過矣，苟不得中，復不能巽，不能説，則是以剛爲行也，其所往也安能利乎？不能利，安能亨乎？惟中則雖剛而不過，惟巽則有以順物之理，惟説則有以服人之心，以此而行，此所以利有攸往而亨也。朱子發曰：「剛過而中，所謂時中也。過，非過於理也，以過爲中也。猶之治疾，疾勢沉痼，必攻之以眩瞑之藥。自其治微疾之道觀之，則謂之過；自藥與病相對言之，則謂之中。」又曰：「夫剛過而不反，不肖之心應之，未有不爲君子害也。」東漢之季，清議太勝，君子小人至不相容，大過已極，而君子不自知，是以不亨。夫大過之時，非常時也，君子之所以濟是時也，亦不可以常時處之，故《易》於此贊之曰「大過之時大矣哉」。河南曰：「如立非常之大事，興不世之大功，成絶俗之大德，皆大過之時也。」

《象》曰：澤滅木，大過。君子以獨立不懼，遯世无悶。

物理之相資養，以適平而止。澤有至説之性，而萬物説之，故木之所賴以養者，澤也。今也巽木在下，兑澤在上，是謂澤滅没乎木者也，豈不過甚矣乎？故爲大過之象。君子之當斯時也，獨立不懼，遯世无悶，此其所以大過人歟？夫獨立而懼，則不能獨立矣；遯世而悶，則不能遯世矣。此勉强矯激者之所爲，非本心之誠然者。孔子曰：「勇者不懼，仁者不憂。」當大過之時，獨立而不懼，遯世而无悶，非所養之大過人者不足以語此。

初六，藉用白茅，无咎。

《象》曰：　藉用白茅，柔在下也。

當大過之時，陽過乎陰者也，初六柔巽不震之才，而居在下之位，安其素分可也。或不知時識分，非自謹之道也，故其《象》曰「藉用白茅，无咎」。《繫辭》釋之曰：「苟措諸地而可矣，藉之用茅，何咎之有？慎之至也。夫茅之爲物薄，而其用可重也，慎斯術也以往，其无所失矣。」夫大過之初以茅爲象者，非薄其物也，以其在下也有可重之用，故取之云爾。大過之時，四陽〔一〕居中，其視在下之柔若无物焉者，而初也自謹自潔，不敢少自輕焉，可不謂之賢矣乎？藉以白茅，過於謹也，其在大過之時，其過可无矣，故曰「无咎」。

九二，枯楊生稊，老夫得其女妻，无不利。

《象》曰：　老夫女妻，過以相與也。

夫物極則衰，楊之爲木，陽氣易感之物也，雖然，易感而亦易衰也。大過，陽過也，天下之物所

〔一〕陽，原作「陰」，據大過卦形改。

謂陽之易過者，楊之爲木也，故九二、九五俱有枯楊之象。夫楊之枯，陽已過也，其在人則夫之老也。夫夫既老矣，宜若无所冀也，然或得女妻焉，則其生育之理猶在也，初六以陰柔在下而二比之，得女妻之象也。夫楊既枯而或有感焉，則有旁生之稊。稊，蘖也。《易》家謂稊根也，或曰楊之實也，非也。楊既枯矣，而有稊蘖之生焉；夫既老矣，而有女妻之得焉，則其在物也，在人也，所謂无不利也，何者？物不至於極，陽不至於過故也。而《象》則曰「老夫女妻，過以相與也」，何也？曰：老夫，過於老者也；女妻，過於少者也，老者與少者適相比焉，此之謂大過之時也，然其相與也而生育之理復自此始矣，正所以救陽過之失也。向使枯楊之不復生稊，老夫之不得女妻，則陽道之失，伊誰救之邪？此所謂《易》之不窮之理也，非知道者孰能識之？司馬温公曰：「初過於弱，二過於強，強弱相濟，厥功乃成，其於國也，如剛毅之君以寬柔之臣輔之，故无不利也。」蜀人之浮屠者曰：「四爻之剛，雖同爲木，然或爲楊，或爲棟。棟負衆榱，則材之強者也；楊爲早彫，則木之弱者也。蓋大過本末皆弱，二近於本，五近於末，故均爲木之弱也。」

九三，棟橈，凶。

《象》曰：棟橈之凶，不可以有輔也。

大過，陽過陰弱，陽爻以陽居陰，爲濟過之道，而九三復以陽居陽，在下體之上而不中，過乎剛者也。夫以過甚之剛在物之上，則强愎自用，如棟之橈不可支輔，而有顛覆之患矣，是以凶也。夫九三之與上六正居相應之地，則上六者，九三之輔也，然九三以陽居陽，其剛過甚，上六純陰而未弱，其能支輔之乎？《象》云「棟橈之凶，不可以有輔」者，以言九三剛過之才，而非上六之柔弱所能支輔之也。其曰「不可」云者，又有以見九三之强愎自用之失也。昔者周公負荷周室重任，其材固有大過人者，然吐哺、握髮以來天下之助，未敢以驕矜自處，故夫子有曰：「如有周公之才之美，使驕且吝，其餘不足觀也已。」豈如九三之以陽居陽，其剛過甚，以至如棟之橈，不可以支輔乎？其曰「不可」云者，所以深尤九三也。

九四，棟隆，吉，有它吝。

《象》曰：棟隆之吉，不橈乎下也。

九三、九四列之中爻之中，譬如屋室，衆材咸集，而棟則居中矣，故皆有棟之象。然九三之棟則橈，而九四之棟則隆而不橈，以陽居陽而居下體之上，與以陽居陰而居上體之下，其理勢之不同也。夫以陽居陰則有濟過之道，不專以剛强自恃也，故其在下者有可支輔之勢，而无傾覆之患，此所謂「不橈乎下」，不凶而吉也。下謂初六也，初與四正居相應之地，四既居陰，不恃其才之剛强，則在下者有剛柔相濟之勢，此所以謂「不橈乎下」也。或曰：《象》以「棟橈本末弱也」爲言，則初六之本弱與上六之末弱均也，而九四則「棟隆之吉，不橈乎下」，何也？曰：統論一卦之體，則陽過陰弱，故《象》有「棟橈本末弱也」之言；就諸中爻而別之，則九三以陽居陽，而非上六純陰之所能支也。九四之以陽居陰，而初六又以陰居陽，其本未摇而所支載者亦不至剛過，此棟之所以隆而不見橈於初六也，《易》可以概論之乎？雖然，譬之一室，九三之棟既橈，而九四之棟亦安能獨隆也？上六之末既弱，而初六之本亦安能不弱也？以言居中者與處本末之地者，可以相有，不可以相无也，故又曰「有它吝」，猶之曰：「此之棟雖隆矣，雖不橈矣，其如它之不然乎？」吝，所謂有所不足也。孟子曰「一薛居州其如宋王何」，此之謂大厦之傾，而非一木之所能支也。

九五，枯楊生華，老婦得其士夫，无咎无譽。

《象》曰：枯楊生華，何可久也。老婦士夫，亦可醜也。

楊既枯矣，以其耗竭之餘盡發而爲華，則其零落也可立而待也。夫何益於此枯也？上六之窮陰，无益於九五之生育也。上六窮陰處大過之極，老婦之象也；九五純陽處上六之下，士夫之象也。婦既老矣，雖得士夫，復何冀哉？以言俱无益於事也。不云「士夫得其老婦」，而云「老婦得其士夫」者，九五守中保庸，非有過也，其過在上六也，何者？以陰乘陽、以妻乘夫故也。九五无過，故曰「无咎」；輔弼非人，終无成功，故曰「无譽」。夫當大過之時，處大過之任，陰陽相資而不能成大過之功，而惟守中保庸求无過而已然，至於无譽之可聞，故可醜也。司馬温公曰：「上以衰陰附於盛陽，其於國也，如驕盈之君以愚庸之臣輔之，雖幸而无咎，不足以有譽也。」夫陰在卦初，女妻之象；陰在卦末，老婦之象。求之卦象，則下體巽也，巽爲長女，而反曰「女妻」；上體兑也，兑爲少女，而反曰「老婦」。《易》之取象如此其不一也，而泥於象者，象既不足，求之卦變，卦變不足，求之動爻，而《易》之旨愈失矣。

上六，過涉滅頂，凶，无咎。

《象》曰：過涉之凶，不可咎也。

處過極之時，而爲過極之事，非有大過人之才不可也，苟无其才而務爲過極之事，此小人行險以僥倖也。上六以陰柔之才當澤滅木之時，又大過之極，履險蹈禍而无益於救難，故曰「過涉滅頂，凶」。夫涉以能過爲功，今也至於滅没其頂，則反見溺矣，其何能濟之有？无咎者，自取滅没，无所歸咎也。夫不度時，不量力，而自取滅没，其可歸咎於人哉？故《象》曰：「過涉之凶，不可咎也。」

䷜坎下坎上

習坎：有孚，維心亨，行有尚。

《彖》曰：習坎，重險也。水流而不盈，行險而不失其信。維心亨，乃以剛中也。行有尚，往有功也。天險不可升也，地險山川丘陵也。王公設險，以守其國。險之時用大矣哉。

六子之卦，各以陰陽所居之位而取義焉。陽居二陰之下，非所處也，故動，此震也；陽居二陰之上，得所處也，故止，此艮也；若夫陽陷於二陰之中，則爲坎矣。陰居二陽之下，柔伏於内，故入，此巽也；陰居二陽之上，柔見於外，故説，此兑也；若夫陰麗於二陽之間，則爲離矣。夫坎以一陽陷於二陰之中，在物爲水。水之流動陽也，其止静陰也，流動之物處乎陰中者，陽陷乎陰也。水性善陷，陷爲險難，坎固爲險矣，謂之「習坎」者，險中復有險也，故曰「習坎，重險也」，此以上下二坎言坎之所以爲險也。初六曰「習坎，入於坎窞凶」是也，蓋初六居二坎之底故也。然則八卦皆重也，而坎特加一「習」字者，聖人指重險以示人，欲其知所戒懼，其仁深矣。水之爲物，止之斯爲淵，疏之斯爲川，水流而盈，然後出險，流而不盈，斯爲坎矣。夫不舍晝夜，水也，故語天下之物所謂至有信者，莫水若也。其流行也雖歷涉險阻而能不失其信者，此所謂有孚也，君子之行乎險難者實似之。故此心也質之天地，謀之鬼神，稽之千古之聖賢，契之《詩》《書》之所載，无適而不合者，以其在我之信未嘗少失故也。故繼之曰「維心亨」，心之爲物，所謂操之在我者，而信其所出之地也，求之於卦則坎中之一陽是也。夫陰在外，險也，剛在中則亨也，夫惟剛實之德在中而能亨，此所以行險而不失其信也。君子之歷涉險阻也，身雖陷難，其心則亨者，蓋以剛實之德在中故也，夫惟其心亨也，則其見於有行也无險之不濟矣。「行有尚」謂出險也。水之流行也，不舍晝夜，盈科而後進，放乎四海，故曰「往有功也」。水之往而有功也，爲江而爲海，君子之往而有功也，國治而天下平，究其本原之所自出，亦曰「有孚，維心亨」而已矣，此孟子所謂有本也。大哉乎！坎之用在乎險，故聖人於此又廣言天地之險，以明王公之所以守其國者，不可以或忽乎是也。夫積氣於上者天也，故蕩蕩蒼蒼不可紀極者，皆氣之積而然也，故曰「天險不可升也」。積形於下者地也，故高者爲山，次者爲丘爲陵，深者爲淵，皆形之積而然也，故曰「地險山川丘陵也」。王公觀諸天地之險，故亦設其險而有城郭溝池之固者，所以守衛其國而效法天地也。韓文公守戒之説曰：「今人有宅於山者，而知猛獸之爲害，則必高其柴援，而外施陷穽以待之；宅於都者，而知穿窬之爲盗，則必峻其垣牆，而内固扃鐍以防之。此野人鄙夫之所及，而非有過人之智而後能也，今之通都大邑，介於屈强之間，而不知爲之備。噫！亦惑矣。野人鄙夫能之，而王公大人反不能焉，豈才力爲之不足〔二〕歟？蓋以謂不足爲而不爲爾。」然則當用險之時，其用甚大，其可以或忽乎

〔二〕豈才力爲之不足，四庫薈要本校記認爲當作「豈才力爲有不足」，并云「刊本『有』訛『之』」，可作參考。

是歟？故贊之曰「險之時用大矣哉」，而孟子乃曰「固國不以山谿之險」，吴起對魏武侯亦有在德不在險之論者，此又爲恃險者設，而非險之罪也。

《象》曰：水洊至，習坎。君子以常德行，習教事。

坎者，水之科也，二坎相仍，習復之義也。故以水洊至爲習坎之象，洊亦重也，以謂上之坎既盈則重至於下坎故也，此孟子所謂「盈科而後進」也。夫盈科而後進，不舍其晝夜之功也，故曰君子之德行貴乎有常，而教事貴於習熟。德行而有常，則其視屋漏、暗室无異於十目十手之地也。教事而習熟，則困而知、學而知，其與生而知一也；勉强而行、利而行，其與安而行一也。此不舍晝夜之功也，其在《象》所謂不失其信是也。《中庸》曰「自明誠謂之教」，此教事也。

初六，習坎，入于坎窞，凶。

《象》曰：習坎入坎，失道凶也。

坎之下體，所謂坎中之坎也，而初六爻居二坎之底，所謂坎之陷也，故曰「習坎，入於坎窞，凶」。夫當坎險之時，以行有尚爲功，而行險之道，則以不失其位爲本。初以陰柔之才，而居二坎之底，安能出險乎？是以失處陷之道而凶也。六三亦入于坎窞者也，爻曰「勿用」，《象》曰「无功」，而未如初六之失道而凶者，所處太下則初六是也。然无其才而不能出險，則初與三大抵同也。

九二，坎有險，求小得。

《象》曰：求小得，未出中也。

二當坎險之時，處二陰之中，所謂坎有險也。然以剛中之才，求以濟險，亦可小濟，但未能出坎險之中爾，故曰「求小得，未出中也」。若能出坎險之中，則其得所求也，豈特小得而已哉？此非才之罪也，居使然也。雖然，以九五之才，且有「坎不盈，中未大也」之辭，則九二之「求小得，未出中也」，夫何尤焉。

六三，來之坎坎，險且枕。入于坎窞，勿用。

《象》曰：來之坎坎，終无功也。

乾之九三，處二乾之間，故曰「終日乾乾」。坎之六三，處二坎之間，故曰「來之坎坎」。來，謂下而即三也。三，坎也。之，謂往而之四也。四亦坎也，以言進退皆險也。夫居進退皆險之地，自君子處之，其恐懼不安何如也！然三乃以陰柔不正之才，不知恐懼，乃於險而且枕焉，則以不安之地爲可安也，故入于坎窞而不能出險，无以異於初焉。三以柔居剛，故有險且枕之象，處上坎之底，故亦曰「入于坎窞」。其曰「勿用」云者，戒之之辭也，夫當坎險之時，求以濟險，而或如六三之所處，則何險之能濟哉？故曰「勿用」。三，下之終也，故曰「終无功」。

六四，樽酒簋貳，用缶，納約自牖，終无咎。

《象》曰：樽酒簋貳，剛柔際也。

六四、九五俱无其應，而處君臣相際之地，故處剛柔相濟之義，而爲濟難之道焉，以言天下未嘗有无難之時，而亦未嘗无相與以濟難之人故也。樽酒，陽物也，貳之以簋，以陰際陽也。缶者，朴素之器，謂六四以陰居陰也。約者，誠信以相契之謂也。牖者，暗室之明處也。夫當坎難之時，上欲以見信於君而濟天下之難，則不可以无上交人主之道也。一樽之酒，貳之以簋，而復以瓦缶朴素之器用焉，此以況人臣以質實爲尚，而无事於浮飾也，其質實如此，又當納約自牖，因君心之明處而開導之，則雖當艱險之時，忠言可以見納，天下可以无難矣，故終无咎也。程河南曰：「自古能諫其君，未有不因其明者也，故訐直强勁者率多取忤，而温厚明辨者其説多行。漢高祖愛戚姬，將易太子，是其蔽也，群臣争之者衆矣，嫡庶之義、長少之序非不明也，其如蔽而不察何？四老人者，高祖素知其賢而重之，此不蔽之明心也，故留侯因其所明以及其事，則悟之如反手。且四老人之力，孰與張良、群公卿及天下之心？其言之切，孰與周昌、叔孫通？然而不從彼而從此者，由攻其蔽與就其明之異爾。」左師觸讋諫趙王太后事相類。

九五，坎不盈，祇既平，无咎。

《象》曰：坎不盈，中未大也。

《象》曰「水流而不盈」，則九五是也，故曰「坎不盈」。夫九五剛而中者也，然而不盈，則中而未大也。若坎而盈，則放乎其外，出險而難平矣，故繼之曰「祇既平，无咎」。祇，大也。平，謂坎之盈也。猶之曰：若坎而盈，則中之大而至於平矣。難平則有功而无咎，今也坎既不盈，則其中未大而險難未至於平，未可以言无咎也。其曰「祇既平，无咎」云者，蓋深望之也。夫九五以剛中之才居得尊位，猶未能平此險難，而剛中之效未至於光大者，重險之難既深，一方有險未能出中，餘爻皆陰柔非濟險之才，當險難之時下无應助，獨濟難矣。祇，與復初九「无祇悔」之祇同。祇，祈支反，大也。

上六，係用徽纆，寘于叢棘，三歲不得，凶。

《象》曰：上六失道，凶三歲也。

耿希道曰：「居險貴於過，過則身免於險；用險戒於過，過則人罹其害。」上六在上，非居險者，乃用險者也。夫過於用險，則强人而使我服，故拘之囚之无所不用其威。雖然，其威既窮，而不得其情猶昔也，則上有失道之名，而下无所説之禍矣，故曰「係用徽纆，寘于叢棘，三歲不得，凶」。夫徽纆，刑威之具也；叢棘，刑威之地也。係之徽纆，寘之於叢棘之中三歲之久，猶不得其情，則在人者久罹其害，而在上者愈增失道之愆矣，故曰「上六失道，凶三歲也」。夫子生三年然後免於父母之懷，故先王之制服也，亦三歲而服闋。天道三歲一變，步天之術亦三歲一閏，然後四時猶故也，則天人之道至於三歲未有不終而更者也。今上六沮人以威，用險太過，至於三歲之久猶不得其情，則居上之道所失多矣，安得而非凶歟？夫居下而失居險之道者，初六是也；居上而失用險之道者，上六是也。故語坎之失道而凶者，惟初、上二爻焉，何者？初太下而上太過故也。

卷十四

䷝離下離上

離：利貞亨。畜牝牛，吉。

《彖》曰：離，麗也。日月麗乎天，百穀草木麗乎土，重明以麗乎正，乃化成天下。柔麗乎中正，故亨，是以畜牝牛吉也。

離以一陰而麗乎二陽之間，在物爲火，火之體虚，麗於物而著其明者也。故火性善麗，而曰「離，麗也」。豈惟火哉？天下之物莫不各有所麗，苟无所麗，則不可以獨立於天地間，故其顯而甚著者，仰觀於天則日月是也，俯察之地則百穀草木是也。日月非麗乎天，則无以大照臨之功；百穀草木非麗乎土，則无以廣其生殖之利。求之於卦，則離上離下，重明是也，君臣上下皆有明德之象。然重明而不麗乎正，則明矣而或失之察，智矣而或失之鑿，非正也。重明而麗乎正，則本是正以爲化，而成天下文明之俗矣，於爻則二、五是也，故又繼之以「柔麗乎中正，故亨」。夫附麗之道易失於不正，又况於其質本柔也乎？以唐人之君多定策於刑餘，唐人之臣多失足於權倖者，失所麗也，故卦之德曰「利貞亨」，以言其貞則亨，不貞則不亨也。離之二、五以柔順之德而麗乎中正之位，此得所麗也，其能本是正以爲化而成天下文明之俗，宜也，此所以謂亨也。牛，順畜也，而又牝焉，順之至者。「畜牝牛」，謂畜其所謂至順者也。離之二、五利在於正，利於正而能亨，其與唐之君臣亦異矣。故雖蓄其至順之德，未嘗或失於不正，又何惡於柔順也邪？故曰「是以畜牝牛吉也」。以言柔而或失於所麗，則爲不正，不正則不能亨，徒曰「此吾之順德也」，而君子則曰「此非吉德也」。夫惟離之道利在於正，正而能亨，此所以畜牝牛而吉也。程河南曰：「或曰：二則中正矣，五以陰居陽，得爲正乎？曰：離主於所麗，五中正之位，六麗於中正，乃爲正也。學者知時義而不失其輕重，則可以言《易》矣。」

《象》曰：明兩作，離。大人以繼明照于四方。

予學《易》而至於離，觀其象曰「明兩作，離。大人以繼明照于四方」，掩卷而嘆息，曰：噫！此大人之所以大也夫！古今之所謂大人者，夫豈无自而然歟？己之明與人之明，兩不廢焉故也。己之明不廢，故能用人；惟己、人之明不廢，故能舍己從人。夫以一人之明，而能照見四方而无遺者，是必有所謂相繼而不絕之明故也。夫四方固廣且遠也，其事與物，纖悉幽隱，固未易盡照見之也。吾之明固不可廢矣，而人之明或偏廢焉，則吾之明亦有所止也，能照一事，其如他事何？能照一物，其如他物何？故夫所以繼己之明而不絶者，人之明也，大人以此故能照見四方而无遺也。噫！此大人之所以大也。重離之象，上離也，下亦離也，明兩作離，謂上之人之明與下之人之明兩不廢焉故也。若惟己之明是恃，而人之明或偏廢之焉，則不可謂之明兩作也。是象也，非大人孰能體之？

初九，履錯然，敬之无咎。

《象》曰：履錯之，敬以辟咎也。

離，陰麗乎陽者也。然初九在下，在下者必麗乎上，則初也者，亦麗乎二者也。夫離之所利者正也，初九、六二，正也，當文明之時以正相麗，其剛柔相與之文見於交錯之際，故初之麗乎二者，而曰「履錯」。然天下之有麗乎上，剛之有麗乎柔也，苟在我者不盡其莊敬之禮，不諂則慢矣。蓋諂則失己，非以下承上之道也；慢則失人，非以剛接柔之道也。故初之所以爲是敬者，非有他也，所以辟去其諂與慢之咎也，此所以无咎。夫初九之所以能敬者，何也？曰：以正故也。

六二，黄離元吉。

《象》曰：黄離元吉，得中道也。

六二居中履正，柔而得其所麗者也，故曰「黄離」。蓋黄，中色也，其在離也則中道也。離之卦德曰「利貞亨」，而《象》曰「柔麗乎中正，故亨」，則中正之道，離之本也，而六二得之，所謂宗本者舉在此矣，故曰「元吉」，以言離之居中履正莫吉於六二故也。河南曰：「不云正者，離以中爲重，所以成文明，由中也，正在其中矣。」

九三，日昃之離，不鼓缶而歌，則大耋之嗟凶。

《象》曰：日昃之離，何可久也。

九三處下卦之上，前明垂盡、後明當繼之時也，故曰「日昃之離」。夫日之昃矣，則暮光晚景，斯須入於地矣，其明安能久耶？然以理論之，有始必有終，有明必有晦，有生必有死，達者觀之，此特寒暑晝夜之常爾，奚足怪哉？瓦缶之爲器也，日用之常器也；鼓缶而歌，樂吾之常也。汨於常理者，不知樂吾之常，則以大耋爲嗟。此昧於死生之道者然也，其安於死乎？必不能也，故《易》於此以凶告之。夫八十曰耄，九十曰耋，大耋猶不免於嗟焉，其不能平心待盡可知矣，是自爲其凶也。雖然，離之所麗者正也，以九居三，正也，豈不能得其正而斃乎？特《易》於前明垂盡、後明當繼之時而設日昃之離之戒者，以言日既傾昃，明不能久也。程河南曰：「明者，知其然也，故求人以繼其事，退處以休其身，安常處順，何足以爲凶也！」

九四，突如，其來如。焚如，死如，棄如。

《象》曰：突如，其來如，无所容也。

離也者，明也，故其取象或爲明，或爲日，或爲火，顧其義如何耳[一]。《象》曰「明兩作，離」，此取夫明以爲義也； 九三曰「日昃之離」，此取夫日以爲義也； 九四曰「焚如」，此又取火以爲義也。夫一離既盡，一離復來，九四以不中不正，突然而處近君之地，其來甚遽，而火性炎上，有犯上迫五之象，故曰「突如，其來如」。夫六二，黄離之臣也，而初九之際之[二]，必敬而後无咎。六五君也，以柔順之德而處尊位大中，所謂文明之主也，而四以突然之剛迫之，可乎？然則恃突然犯上之剛者，乃所以自焚也，故曰「焚如」； 自焚乃所以自速斃也，故曰「死如」； 速斃乃所以自棄也，故又曰「棄如」。夫當文明之時，君臣如此其明也，而九四獨失之，而至於自焚以速斃，速斃以自棄，然則《象》所謂无所容也，非人之不之容也，四之自處如此，无適而可以自容其軀故也。

六五，出涕沱若，戚嗟若，吉。

《象》曰： 六五之吉，離王公也。

[一] 耳，通志堂本、四庫本作「爾」。
[二] 之，通志堂本、四庫本無。

夫居天下之至尊，而能知憂知懼者，此非明者不能也。人王〔一〕之勢固有萬鈞之重矣，以萬鈞之勢爲可恃，則享之而樂，樂之而肆矣，遑他恤乎？故敵至而不知憂，禍生而不知懼，此无他，明有所不足故也。六五以柔順之德，而處尊位大中，文明之主也。惟其明也，故能知懼而至於沱且涕，知憂而至於戚且嗟，則雖以陰柔居五而處乎剛强之間，而能保其位而吉也。《象》曰「六五之吉，離王公也」者，夫六五，王公之正位也，惟其明也，故知憂知懼而麗乎王公之正位而吉也，使其非知憂知懼，其能麗是正位而獲吉乎？坎之《象》曰「王公設險」，謂守其國也；離之五曰「離王公也」，謂麗正位也。

上九，王用出征，有嘉折首，獲匪其醜，无咎。

《象》曰：王用出征，以正邦也。

離麗既極而有不麗者焉。以九居上，剛而明者也，王者當此之時，則宜用此剛明以征討夫不服者。夫出征之道，貴在折去其首惡者，與執獲其非類者，如是則无害於文明之治矣，故曰「有嘉折首，獲匪其醜，无咎」。如九四當離麗之時，恃剛以陵上，由上九觀之，所謂非其醜類而首惡者，

〔一〕王，通志堂本、四庫本作「君」。

於以征之，則不正者去而邦正矣。

䷞艮下兑上

咸：亨利貞，取女吉。

《彖》曰：咸，感也。柔上而剛下，二氣感應以相與。止而説，男下女，是以亨利貞，取女吉也。天地感而萬物化生，聖人感人心而天下和平。觀其所感，而天地萬物之情可見矣。

程河南曰：「天地，萬物之本。夫婦，人倫之始。故上經首乾、坤，而下經首咸，繼以恒也。天地，二物也，故乾、坤二卦分天地之道。男女交合而成夫婦，故咸與恒皆二體相合而成夫婦之義。」夫咸合兑、艮而成體。兑，少女也。艮，少男也。少男、少女相與用事，此夫婦之始也。夫婦之始，其情篤於相感，故咸之爲義，感也。若王臨川所謂「有心曰感，无心曰咸」，此泥於字學也，初不知咸之爲義即感也，亦如恒之爲義即久也。「柔上而剛下，二氣感應以相與，止而説，男下女」，此則即兑、艮二體，以明其所以相感之義以言咸也。夫剛柔、上下自有定位，然咸以相感爲義，故男本在上，今也兑女居上，此柔上也；女本在下，今也艮男居下，此剛下也。蓋不如是，則陰陽二氣非所謂感應以相與也，惟其此感而彼應見於相與之際，故艮男在下，止以待説；兑女在上，説以應止。以是爲男下女之道，故女无自媒之失，而男有身帥之禮，故曰「是以亨利貞，取女吉也」。大抵取女之所以吉者，在於亨利貞而已矣。「柔上而剛下，二氣感應以相與」，此亨也。「止而説」，此利於貞也。是謂男下女之道而取女之所以吉者也。若夫以取女之吉，而施諸天地人物之際，則亦无適而不亨、无適而非正者矣，故繼之以「天地感而萬物化生，聖人感人心而天下和平。觀其所感，而天地萬物之情可見矣」，此又因男女相感之義而廣言咸道也。夫天地之感，即天地交泰之時而見之。方泰之時，天氣下降，地氣上騰，故凡受氣於天地者，无有不通，而萬物由此而化生。聖人體天地之化，而密庸於不言之際，故凡有此心可以感而通者，如桴之於鼓焉，此動而彼應，舉无物我遠近之間，而天下由此以和平。故觀天地交感而萬物所以化生之理，與聖人感人心而天下所以和平之道，則大而天地，衆而萬物，雖曰不同，而其情實可見矣。何謂天地萬物之情？曰：其在咸則所感是也。河南曰：「感通之理，知道者默〔二〕而觀之可也。」

《象》曰：山上有澤，咸。君子以虛受人。

〔二〕默，四庫本作「嘿」。

山上有澤，高而有容之象也。夫天下之物，至高者莫如山，至虛者莫如澤，今也至高之山上有至虛之澤，則无亢高之累，而有容受之地矣。此山上有澤所以爲咸之象，君子之觀此象也，亦豈以吾之所謂高者足恃哉！必也虛中无我，方寸之地擴然有容，不使有一毫亢高絶物之失或爲吾累，夫然後足以容受夫人矣。夫天下之人其善不同，智者有謀，材者有技，武者有勇，而賢者有德。使吾不能虛中无我，擴其所謂容受之地，而或有亢高絶物之累焉，則彼與吾何自而相爲感通也哉？故曰「君子以虛受人」，以言惟虛則能受人，不虛則不能受之故也。

初六，咸其拇。

《象》曰：咸其拇，志在外也。

咸之六爻自下至上，皆取諸身以爲象者，蓋人之四支百體雖有上下小大之不同，而其血氣脈絡之相感通，固有至理行乎其間。故大而天地、衆而萬物，感通之理即諸身而可見矣，此聖人制爻取象之意。初六以陰小之才，居在下之位，其在小人則拇之象也。夫拇之在足也，所謂指之大者也，足之行也而拇實處先，其止也亦未嘗易其處先之位。故足之行與止而拇也未嘗不向乎外者，此蓋自然之天也，故曰「志在外也」。艮，止也。初六居陰，當艮止之初，未嘗動也。然當咸之時，初與四居相應之地，故取拇之向於外也以爲象，而曰「咸其拇」，以謂雖處下位而未動也，而其志之所向則未嘗不在外也，此感道之固存也。君子之在下位也，未嘗求應夫物，亦未嘗却夫物而不之應也，感道固存，不因行而存，亦不因止而滅也。是理也，所謂「不爲堯存，不爲桀亡」者也。

六二，咸其腓，凶。居吉。

《象》曰：雖凶居吉，順不害也。

六二以陰柔處下體之中，腓之象也。腓，足之陰也，所謂足腹也。足之行也，而腓也陰以相之而已，其止也，則處静而不動焉，非如拇之志在外也。六二之在艮也，止中之止也，夫以静止爲道而當咸之時，與五居相應之地而動以應之，則失其所静止之道矣，故曰「咸其腓，凶」。夫惟知其凶而戒之也，安其居而不動，而順其所謂自然之理，則吉而无害矣。夫感道之在人也，不可强有，亦不可强无也。居止静之地，則貴於安時而順理。夫苟失其所守而動以應上，而不待夫上之命焉，其所守必喪，而於感道斯爲害矣，豈非凶歟？咸以六二設咸腓之戒，而以吉與凶兼言之者，以謂處此地者在所擇焉爾。蓋以六居二，正也，恐其失正，故有此戒。

九三，咸其股，執其隨，往吝。

《象》曰：咸其股，亦不處也。志在隨人，所執下也。

九三處下體之上，所謂股也。三雖艮體，然以陽居陽，又有應在上，非能止也，故曰「咸其股」。夫股隨上體而動者也，以剛過之才不能爲主於內，而其所秉執者，則在於隨上體而動焉，豈不可少之邪？故曰「執其隨，往吝」，吝謂可少之也。夫九三以剛陽如此之才，不能自主而隨物以往，故人動己亦動，其所秉執之志則在於隨人而已，汙下如此，故可少也。夫感之道，非能彼有動而此无隨也，顧其所感如何耳。感道利於貞，貞則无彼己先後之異。夫苟失其正也，則志之所在在於隨人而已，豈足多哉！夫九三正也，曷謂其失正也？曰：以陽居陽，剛過也，剛之過則躁動而失正矣。

九四，貞吉悔亡，憧憧往來，朋從爾思。

《象》曰：貞吉悔亡，未感害也。憧憧往來，未光大也。

六爻既以人身取象，則四也位股之上、脢之下，其心乎？四，心之位也，故爲感之主，而以感之道爲言焉。何謂感之道？曰：正是也，感不以正則有悔矣。其曰「貞吉悔亡」云者，《洪範》之稽疑有曰貞、曰悔之説，以言貞、悔二物不可以相有也，於貞既吉，則於悔斯亡矣。司馬温公曰：「執一以應萬，守約以御衆者，其惟正乎？」河南曰：「聖人感天下之心，如寒暑雨暘无不通、无不應者，亦正而已矣。」蓋四，説體也，而又居陰而應初，體説則害於剛果，居陰則妨於流通，應初則有所偏係，故其戒在於正也。夫感物也以正，則无所不通，苟憧憧然或往或來，以有思之私心而感物，則感道狹矣。故思之所及者，有以致其朋類之從，思所不及者，其能使之從歟？非所謂无所不通也，故曰「憧憧往來，朋從爾思」。《象》曰「貞吉悔亡，未感害也」者，夫係於私應則感道之爲害，於貞既吉，於悔既亡，則未爲感道之害也。夫苟憧憧然或往或來，以有思之私心而感物，則所感也狹，故曰「憧憧往來，未光大也」，此《繫辭》之釋此爻所以極論感道，而申之以天下何思何慮之説，以明同歸一致之理也。何謂同歸一致之理？曰：正而已矣。

九五，咸其脢，无悔。

《象》曰：咸其脢，志末也。

九五居中履正，人君之感也。夫人君感天下之道，在於廓然而大公，而尤不可以有所比、有所説也，若有所比、有所説，則失中正之道矣。五與二居感應以相與之地，皆中正也，故宜相與以中正之道感天下。然五亦説體也，若遠舍二而比説乎上，非人君之感也。夫上六處咸之末，以口舌爲容説之道，所謂小人也，而五也或以其近己也比而説之，不可也，故有咸其脢之象以戒之，使背其心之所向焉。脢，背肉也，與心相背者也。上六在上，五能背其心之所向，而不以其近己也比而説之，則无親狎小人之悔，而中正之道得矣。《象》曰「咸其脢，志末也」者，謂五有咸其脢之象者，以其志意之所向在於一卦之末，故欲咸其脢以背去之也。然則小人之不可比也如此，人君以中正之道感天下，若斯人者其可比而説之乎？

上六，咸其輔頰舌。

《象》曰：咸其輔頰舌，滕口説也。

上六以兑之陰柔居諸爻之上，其在人者，所謂居衆體之上者，則輔、頰、舌是也，故取以爲象也。夫上六，感之極也，居感之極，專以兑之口舌務爲柔媚極感之事，此小人、女子之常態也，故曰「咸其輔頰舌」。曰輔、曰頰、曰舌，三者俱舉，以言无所不用其媚也。夫以心思感人，所感已狹，騰口説以求感，其能感人乎？此感道之衰也。

䷟巽下震上

恒：亨，无咎，利貞。利有攸往。

《象》曰：恒，久也。剛上而柔下，雷風相與，巽而動，剛柔皆應，恒。恒亨，无咎，利貞，久於其道也。天地之道，恒久而不已也。利有攸往，終則有始也。日月得天而能久照，四時變化而能久成，聖人久於其道

而天下化成。觀其所恒，而天地萬物之情可見矣。

夫恒合震、巽以成體，震長男也，巽長女也，長男、長女相與用事，此夫婦之終也。夫婦之終，其道貴於有恒，故恒之爲義，久也。「剛上而柔下，雷風相與，巽而動，剛柔皆應，恒」，此則即震、巽二體，與卦象、卦義、卦爻之用以言恒也。夫咸柔上而剛下，則少男處少女之下，以男下女，爲男女交感之義，夫婦之始不得不然也。至恒也，則務爲恒久之道，故當正其位分，使尊卑有序，是則於咸有所反也，故曰「剛上而柔下」。震，長男也而在上，此剛上也；巽，長女也而在下，此柔下也。男女尊卑，剛柔履位，此夫婦居室之常道也，所謂夫婦之終也。「雷風相與」云者，謂震雷動於上，巽風隨於下，二者相與以爲用，此男行而女隨之義也，乃所謂恒也。「巽而動」云者，謂長女巽於内，長男動於外，在下者有巽順之德，而在上者有動爲之才，此所以能恒也。夫剛不應柔，柔不應剛，此豈恒理也哉？故恒之六爻剛柔皆應，自初至上，三剛、三柔各居相應之地，理之常也。以卦體言之，則剛上而柔下，剛柔之常也；以卦象言之，則雷風相與，雷風之常也；以卦義言之，則巽而動，動巽之常也；以卦爻言之，則剛柔皆應，又六爻之常也。合此四者，恒久之道然也，此卦之所以爲恒也。恒之卦德曰「恒，亨，无咎，利貞」，而《彖》釋之曰「久於其道也」。天地之道恒久而不已也者，蓋道患不恒爾，苟恒也則亨之效著矣。恒而能亨乃无咎也，恒而不可以亨者，非可恒之道故也，其能无咎矣乎？所謂「恒而能亨」者何也？曰：利於貞是也。苟失其正，則非可常之道也，故能久於其道者，久此而已。可恒之道利在於正，若夫不恒其德與恒於不正，皆不能亨，而有咎也。天地之道其所以能不已者，以恒久故也，人能常於其所可恒之道，則天地之理在我而已，豈他求云乎哉？卦之德又曰「利有攸往」，而《彖》釋之曰「終則有始」也者，夫利有攸往，惟有常者能之，此所謂不已也。請即天地之道而明之。今夫天地之道，自百刻積而爲晝夜，自晝夜積而爲寒暑。晝夜之相爲晦明，寒暑之相爲往來，遲速進退，機緘不停，故終始相循，如環之无端者，此蓋有常而然也。惟其有常，故有往而利如此也，如使有往而不利，則有今日之晝夜而止爾，又烏有來日之晝夜乎？有今歲之寒暑而止爾，又烏有來歲之寒暑乎？殆非所謂終則有始矣，故曰利有攸往惟其有常者能之。伊尹之訓太甲曰「終始惟一，時乃日新」，湯之盤銘曰「苟日新，日日新，又日新」，凡此皆以利往爲常也。至哉恒乎！夫所謂終則有始，非日月、四時不足以喻之，非聖人不足以盡之，故《彖》至此又引日月、四時之能久，以明夫聖人之久，而終之以「觀其所恒」，而見天地萬物之情，所以極言恒久之理也。夫誠者，天之道也，日月之照所以能久者，以其得天之誠也。使其不得天之誠，則臨照之功安能與天地相爲長久哉？故曰「日月得天而能久照」。天之道惟其誠也，故以此誠，妙而爲四時不窮之用，所謂變化也，四時之成功所以能久者，以其變化之不窮也。使其非變化之不窮，則往來之叙又安能遷變推盪如是之悠久哉？聖人之明，日月也，其序則四時也，而其誠則天也，故能久此道以爲吾之常。夫石以久溜而穿，澤以久熯而乾，一人持久於上而至誠之化，其行有常則天下化之，而成其美俗矣，何者？久使然也。由是觀之，日月得是常，故能久照；四時得是常，故能久成；聖人得是常，故能致天下之化成。則天地萬物之情，其能外是恒乎？蓋天地之大，萬物之衆，其往古來今之變、出生入死之説，曾无間斷者，皆其情也，觀其所恒，則可見矣。

《象》曰：雷風，恒。君子以立不易方。

震爲雷也而在上，巽爲風也而在下，雷動而風隨，雷、風之常用然也。夫雷、風有恒用，故君子體之亦當有恒德。方也者，不易之地也，君子所謂不易之地何也？《大學》曰「於止知其所止」，而其所止之目則曰：「爲人君止於仁，爲人臣止於敬，爲人子止於孝，爲人父止於慈，與國人交止於信。」此不易之地也，君子立其身於此地，則所謂有常之德也。外乎此以爲常，於中則爲過，於正則爲拂，非可常之道也。

初六，浚恒，貞凶，无攸利。

《象》曰：浚恒之凶，始求深也。

恒之《象》曰「剛柔皆應」，謂下體之一柔二剛，與上體之一剛二柔，各居相應之地也。然夷考諸六爻，而求其所謂相應之義，則俱无有也，何哉？豈《易》之旨淵微，而未易以文字索之邪？不然。其旨隱焉而明，學者未之詣邪？又不然。《易》更數聖人，前後立辭命意各各不同邪？蓋嘗思之，俱不然也。《易》之謂易，未易以概論之故也。夫《易》以應而論爻固也，恒之《彖》所謂「剛柔皆應」亦固也，然爻之所指，或不於是義而取義焉者，吾必左右勉强而附合焉，亦過矣。此世儒之失也，而愚也亦何敢效其尤邪？初六之在恒，亦不過取其巽入之義云爾。蓋初，巽之主也，當恒之初而以深入爲恒，故曰「浚恒」，而《象》曰「始求深也」。浚，深也。夫日月、四時之所以能久者，夫豈一日之故邪？今也當恒之初而遽焉求深，猶之造事也，未嘗有一日之勞而遽求其事成；猶之爲學也，未嘗有一日之功而遽求其造道；猶之與人也，未嘗有一日之雅而遽求己合；猶之事君也，未嘗有一言之投而遽求我從是也。夫造事而欲其有所成，爲學而欲其有所造，與人欲其有所合，事君欲其有所從，固所當然也，此在理所謂正也。然以未嘗爲恒，則望之太深、責之太遽，俱不免於无成而已，此於正而凶，又曰「无攸利」也。然則如之何而免是患也？曰：養之以誠敬，持之以悠久而已矣。

九二，悔亡。

《象》曰：九二悔亡，能久中也。

九，陽動之才也；二，陰静之位而且得中也：所謂動静之適中者也。夫所貴於常者，非以常爲常也，以中爲常故也。若動静而或失乎中，此非可常之道也，惟能以中爲常，則孔子所謂「君子而時中」是也。子曰：「中庸其至矣乎，民鮮能久矣。」於中而不能久焉，其能无不足之悔矣乎？九二之在恒也，以陽動之才處陰静得中之位，是謂適動静之中而能久乎中者也，能久乎中則无不足之悔矣，故曰「九二悔亡，能久中也」。夫中也者，天地萬物之所共由。天地之所以長久，日月、四時之所以不息，聖人之道所以亘古今而无弊者，以是中也。九二其能久乎此，則天地萬物之理盡在我矣，庸有不足之悔矣乎？

九三，不恒其德，或承之羞，貞吝。

《象》曰：不恒其德，无所容也。

以九居三，在恒所謂貞也，然而於恒无益焉，則所謂貞云者，亦未足多也，何也？九陽也，三亦陽也，以陽動失中之才而責之以能恒，過也，故曰「不恒其德」，謂其以剛處剛，當巽之極，其究也躁而不能恒故也。夫君子自立於天地之間，所以俯仰无愧，驗之千古之聖賢之心而皆合者，徒以此心存焉爾。此心不存則无所執守，在己者以爲不足爲吾累，而不知羞辱承吾後矣，何所逃此患邪？故曰「或承之羞」，由是言之則九三於恒无益，則所謂貞云者亦奚足多也？故曰「貞吝」，吝謂不足多之也。孔子曰：「言忠信，行篤敬，雖蠻貊之邦行矣。言不忠信，行不篤敬，雖州里行乎哉？」三之不恒其德，則親戚不親，朋友不友，人類不人，辱孰甚焉！所謂「州里行乎哉」，其曰无所容也，深絶之也。然則人而无恒，果何所利也哉！

九四，田无禽。

《象》曰：久非其位，安得禽也。

九，陽動之才也；四，陰静之位也。九以陽居陰與九二同，而位不得中與九二異，夫四之所以爲恒也而與二異，則處動静之道所失必多矣，故以「田无禽」喻之。夫田狩之事，爲禽設也，田而无禽，謂无功也；然田非无禽也，動静失中，則宜有而无也。四處動静之道，不得如九二之中，則其所久非所久也，安得而有功邪？故曰「田无禽」。失其所久也，而得得中之位，則於久爲有功。其所久也，而非得中之位，則於久爲无益。由是言之，以常爲常，不若以中爲常也，其旨明矣。

六五，恒其德，貞。婦人吉，夫子凶。

《象》曰：婦人貞吉，從一而終也。夫子制義，從婦凶也。

恒其德與不恒其德反也，何也？九三之剛太過，而六五以陰居中故也。夫五以陰居中，則婦之象也。婦人之道，守正從一，此身有盡而此道不改，以此爲恒，不知有他也，此婦人之吉德也，故曰「恒其德，貞。婦人吉」。雖然，天下事變其來爲无窮，君子之處事也，亦當與之爲无窮，夫然後不失吾恒焉。魯之男子學柳下惠，而乃不學下惠〔二〕，遂號爲善學下惠者，則下惠之道〔三〕豈可常也？蓋以吾之常而學彼之常，又何害其爲常也？若學下惠而泥下惠，豈足爲善學下惠也哉！此所謂制義也，夫有一事必有一義，此豈可泥也？夫子之職，制此義者也。若曰從一以爲常，若婦人然也，則夫子之職曠矣，故曰「夫子凶」。五，君位也，《易》於此設人君泥常之戒，故以婦人、夫子兼言之。《詩》之大序曰「言之者无罪，聞之者足以戒」，則六五之爻辭是也。

上六，振恒，凶。

《象》曰：振恒，在上大无功也。

人有恒言：「天下本无事，庸人擾之。」上六以陰柔之才，居振動之極，而且在一卦之上，此所謂擾亂天下之庸人也。故曰「振恒，凶」，謂以振動爲恒，而擾亂天下者也。夫當天下守常而无事之時，而以庸人加諸上位，彼庸人者豈能爲吾守常而无事也哉？天下被其擾亂之禍也必矣。如大漢之業至建元、元光間，已七十餘載矣，文、景恭儉富庶之餘，天下廓然无事，而王恢一唱馬邑之

〔二〕下惠，四庫本作「柳下」，下同。
〔三〕道，四庫本作「過」。

謀，以致匈奴侵擾北邊，兵連而不解，天下共其勞，干戈日滋。行者齎，居者送，財賂耗衰而不贍。入利者補官，出貨者除罪，武力進用，法令嚴具，興利之臣自此而始，而桑弘羊、孔僅輩言利，事析秋毫矣。然則首漢世騷擾之禍者，王恢也。若恢者，其庸人哉！恒之上六曰「振恒，凶」，《象》曰「振恒，在上大无功也」，此正爲恢等生事者設也。

卷十五

䷠艮下乾上

遯：亨，小利貞。

《彖》曰：遯亨，遯而亨也。剛當位而應，與時行也。小利貞，浸而長也。遯之時義大矣哉。

嗚呼！吾於《易》之遯，而知聖人憂道之心深且切也，而其憂天下之心尤深且切也。夫陰陽之進退，人事之消長，君子、小人之勝負，何嘗无此？而聖人之於遯也，必欲君子之崇重其義者，而懼其或有以浼辱夫我也，以謂〔一〕不如是則殆亦與小人无以異也。其用心深且切如此，此非特爲君子憂也，爲道憂也。夫天下事勢既已乖且非矣，宜若不可爲矣，而聖人於此猶有遲遲冀望之意，凡可以致力者无不爲也，又以謂不如是則天何生於君子，而天下亦何賴於君子也？其用心又深且切

〔一〕以謂，四庫本作「以爲」，下同。

如此，此非强聒以逆天也，爲天下憂也。嗚呼！此吾於遯而知聖人之心有如是不一之憂也。《經》曰「遯則退也」，則遯者陽退之卦也。然二陰雖長，其勢尚微，四陽在上，其勢猶盛，何遽爲此退避之計邪？《經》曰「往者屈也，來者信也」，當此之時，若以勢論，則不論盛衰，論屈信也。蓋二陰雖微，其勢來而信，四陽雖盛，其勢往而屈也。所貴乎君子者，知時而識機也，故當此之時，退藏以信吾道，吾身雖退，而其道則亨矣。故遯之所以能亨者，以遯而亨也，吾故曰：聖人之心爲道而憂者此也。雖然，當遯之時，君子處之亦未有必遯也，何者？二陰之長爲遯，則六二者遯之主也，九五以剛陽之德處中正之位，所謂剛當位也，下與六二居相應之地，而以中正相與，則當此時也而猶有此人也。夫豈不足與有爲乎？夫苟至誠相與而盡其所謂扶持安全之道，則天下亦未遽亂，而國家亦未遽亡也，此盡人謀以聽天命者也，故曰「與時行也」。「小利貞」者，指六二而云也。六，陰也，故曰「小」。以六居二，正也，故曰「利貞」。其曰「小利貞」云者，猶之曰：當此之時，大者之志雖在於遯而亨，而小者苟利於貞而无有他也，則雖當陰道浸漸而長之時，猶可助五以有爲而爲是扶持全安之計，毋棄是正以害君子而與君子爲仇可也。此聖人責望六二之辭也，吾又曰：聖人之心爲天下而憂者此也。夫當遯之時，所謂遯之大義也，則亦有二焉而已矣。二者何也？曰：速而去之所以遠害，一也；遲而不去所以救害，二也。二之義也，當遯之時无大於此二者，故聖人又嘆之曰「遯之時義大矣哉」。程河南曰：「遯者，陰之始長，君子知微，故當深戒，而聖人之意未遽已也，故有『與時偕行，小利貞』之教。聖賢之於天下，雖知道之將廢，豈肯坐視其亂而不之救？必區區致力於未極之間，强此之衰，艱彼之進，圖其暫安，苟得爲之，孔孟之所屑爲也。」河南此釋，其得孔孟之心歟！

《象》曰：天下有山，遯。君子以遠小人，不惡而嚴。

山固高矣，然而有所止也，若天之高則蕩蕩蒼蒼而无所紀極焉，故語天下之物極尊極高、極遠極大者惟天也。遯之《象》有取於「天下有山」云者，天非有心而與山較高下也，而山之於天自有不可侵、不可及之勢焉。其曰「天下有山」，則吾非汝去也，而汝自不吾及也，故爲遯之象。君子之於小人也亦然，由君子之心以視小人，憐其愚，憂其害，憫其平日用心之非，有一善未大於毫髮則爲之咨嗟嘆賞，而曰此所由以爲聖爲賢也，其用心如此，何嘗惡小人也？雖然，吾不汝惡，似與汝合矣，而卒非汝合也，其剛正嚴毅之氣有不可犯，豈得而親狎之乎？猶之觀天也，自下而觀之，以爲山之巔即天也，乃據山之巔以觀天，而天愈高、愈遠、愈不可及矣。此君子與小人遼絶之勢然也。

初六，遯尾，厲。勿用有攸往。

《象》曰：遯尾之厲，不往何災也。

尾之爲物，在物之後，事體之最小者也，六在初之象也。大壯以初爲本，上爲末，如乾、如比之類，則以上爲首。夫上在一卦之上也，既以爲首，則在遯之初，爲尾之象矣。蓋遯以居前者爲先遯，居後者爲後遯，初六在一卦之後[二]，故爲尾之象也。夫陰道浸長，陽懼罹害，故爲是遯避之計，而初六以陰小在下，何預汝事？苟亦遯焉，過計也，但處一卦之後，而以厲自警可也。若不知以危厲自警，則觀陽之遯而吾亦遯焉，此非遯也，乃追陽之逋也。夫追陽之逋，則與陽爲仇矣，此聖人所甚惡也，故戒之曰「勿用有攸往」，以言汝之往則陽不利矣。惟能以危厲自警，无傷陽之心而自安其瑣尾之分，則是不往也。不往則陽亦遂其遯避之計，何見傷害也，故《象》曰「遯尾之厲，不往何災也」。初六，陰之始長也，聖人防之遏之，而微其辭曰「遯尾，厲」；又昌言以戒之曰「勿用有攸往」；至爻贊又曉而譬之曰「遯尾之厲，不往何災也」。此非爲小人謀，爲君子謀也。

六二，執之，用黄牛之革，莫之勝説。

《象》曰：執用黄牛，固志也。

遯之所以爲遯者，在此一爻也。聖人於《象》既戒之以「小利貞」，爻辭又戒之以「執之，用黄

[二] 後，通志堂本、四庫本作「上」。

牛之革」，所以責望六二也深矣！以謂[一]不如是則自此以往棄正害陽，小人道長、君子道消而爲否矣，故此爻獨不言遯，而以固執其志取義焉。牛，順畜也。黄，中色也。革，堅物也。以六居二，而以中順之志自堅，而至於莫能脱去焉，則陰道未至於遂長，而君子未至於不利矣。夫陰陽消長，此天道之盈虚也，在聖人亦豈能加損益於其間？然於陰長陽退之卦，則深致之意焉，故於初六則戒之以「勿用有攸往」，於六二則戒之以「執之用黄牛之革」。使之在下位而不敢動焉，以謂苟縱之使動，則其禍亟矣，故婉其辭而戒之。嗚呼！聖人好惡之旨盡在是矣。

九三，係遯，有疾厲，畜臣妾吉。

《象》曰：係遯之厲，有疾憊也。畜臣妾吉，不可大事也。

九三，艮之主也。艮，止也。止於内體，而爲二陰之主，故當遯不遯，有所牽係而不能遠去。夫以剛陽之才，而牽係於陰小之人，此所謂有疾厲也。謂情有所溺，而志有所昏，故其疾至於耗憊，而危亡无日也。夫陰小之人，所謂臣妾是也。初與二處己之下，而九三爲之主，則畜臣妾之象也。當陽進之時，不知退藏以遠禍，而乃係志於陰小之人，不知疾生於所溺，而危亡將至，甚矣其

[一] 以謂，四庫本作「以爲」。

惑也。蓋陰小之人怙寵而得志，則陽道必至於衰危，此豈九三之吉邪？其曰「畜臣妾吉」者，以言在臣妾則吉，在九三則危也。夫陽大而陰小，陽貴而陰賤，以九三剛陽之才，而係志於陰小之人，豈能及於遠大之謀邪？夫九三所謂遠大之謀，何如也？曰：遯藏以遠禍是也，不爲此舉則必致疾憊而危亡无日矣，故曰「畜臣妾吉，不可大事也」。亂世之君子，不知全身遠害，而貪位慕禄，日與小人爲偶，而忘其明哲保身之道，如西漢之揚〔二〕雄，東漢之范滂，唐之王涯、賈餗是也。

九四，好遯，君子吉，小人否。

《象》曰：君子好遯，小人否也。

四屬外體，已遯在外矣。夫身既遯夫外，寧復内顧乎？故雖有初六之應，舍之而不顧矣，故曰「好遯」。好，如姻好之好，謂與初相好者也。夫君子有所好愛，然義當遯去，則舍其所好而去之不疑，所謂以道制欲、以義斷事者也，故曰「君子吉」。若小人則不然，牽於所愛，昵於所私，如所謂「係遯，有疾厲」是矣。此不知通變〔三〕者然也，故曰「小人否」，謂不通也。九四復設小人之戒者，以陽居陰而復應陰，懼其或泥而不通，故有此戒。

〔二〕揚，原作「楊」，據四庫本改。
〔三〕通變，四庫本作「變通」。

九五，嘉遯，貞吉。

《象》曰：　嘉遯貞吉，以正志也。

《傳》曰「嘉偶曰妃」。六二，九五之嘉偶也，舍之而遯焉，故曰「嘉遯」。夫六二、九五皆中正也，而居相應之地，以中正之道相與可也，而五又何爲而遯去夫二也？曰：　當此之時，六二以静爲正者也，而九五則以動爲正焉。以静爲正者，嫌於動也，動則害陽矣；　以動爲正者，嫌於静也，静則見害於陰矣。此遯之時義也，故九五不得不遯去夫二也。若不以遯去夫二爲義，而惟其應之相求焉，則消長之義亟矣。《象》曰「以正志也」云者，言當此之時，陽之志以遯爲正，遯則不失正矣。程曰：　「遯非人君之事，故不言君，然人君之所以避遠者，乃遯也。」蓋嘗論之，人君之所以避遠者，何事也？曰：　天下之治亂，社稷之存亡，君子小人之賢否，生靈之利害，吾身動静之吉凶。避凶而從吉，除害而去利，舍否而用賢，戒亡而圖存，去亂而即治，其所避遠者此其凡也。在《象》則曰「剛當位而應」，謂應夫二也；　而在爻則以避去夫二爲義，而不取乎應者。非相戾也，當時行則與時行，當正志則正志固也。

上九，肥遯，无不利。

《象》曰：　肥遯无不利，无所疑也。

昔揚子雲以范蠡遺文種書，而曰「至蠡策種肥哉」。蓋嘗論之，夫爲人謀而不忠乎，莫若蠡之策種也，而謂之肥，可乎？且以蠡之身既遯於五湖之上，其姓名既遯而爲鴟夷子皮，又遯而爲陶朱公矣，三徙成名，貲累鉅萬，散而復積，是遯也可謂肥矣，可謂无不利矣。然而文種今日得書，明日復得賜劒，而不得爲子皮、朱公之肥者，蓋教人疑人，是乃所以促人之死也。蠡遺種之書曰：「蜚鳥盡，良弓藏；狡兔死，走狗烹。越王爲人長頸鳥喙，可與共患難，不可與共安樂。子何不去？」此教人疑人也，夫蠡教種疑勾踐，是乃教勾踐疑種也。種今日得書，明日復得賜劒，又何怪乎？遯上九之《象》曰「肥遯无不利，无所疑也」，則以蠡策蠡可也，所謂无所疑也；以蠡策種不可也，所謂教種疑勾踐也。夫教種疑勾踐〔二〕，是乃教勾踐疑種也，豈得謂之无所疑也乎？吾故曰：爲人謀而不忠者，莫若蠡之策種也。子雲身居亂世，竊禄苟容，欲爲遯去之計如大夫蠡而不可得，日懼文種之禍至，故其取舍貿亂，方寸不寧，无惑乎有是云也，然亦可哀也哉！耿希道曰：「上九最遠於内，不係於陰，无所疾憊，故稱肥。」

〔二〕此後「勾踐」原皆誤作「夫差」，底本上已有校讀者朱筆所鉤標記，今據通志堂本、四庫本改。

䷡乾下震上

大壯：利貞。

《彖》曰：大壯，大者壯也。剛以動，故壯。大壯利貞，大者正也。正大而天地之情可見矣。

四陽之長，爲大壯。壯，盛也。陽居其四而陰則二爾，此陽盛之卦也，故曰大壯也。夫物之壯也，其基厚則壯，自初至四皆陽也，其基厚矣，故其壯爲大。「剛以動，故壯」，此合乾、震二體之用以言壯也。夫下剛而上動，則上動而下不摇，非壯者能之乎？然大壯之道，利於正而已矣。壯而不利於正，則强暴之爲爾，此豈大者之事乎？所謂大者，在爻則剛陽，在人則君子是也。「正大」云者，正而大也，正而大則其發用也无適而非正矣。所謂无適而非正者，天地發生之用是也。今夫天地之發生也，生而爲春，長而爲夏，揫而斂也而爲秋與冬，此所謂天地之情也。時乎春也則生，時乎夏也則長，時乎秋與冬也則揫而斂，而未嘗或失吾正焉，故萬物於此莫不各正性命而无夭閼之患，此正之大也。故欲見天地之情，即正大而可見矣，此天地之所以爲壯也，使其非壯，則正大之理安能如此之不窮乎？程曰：「天地之道常久而不已者，至大至正也。正大之理，學者默識心通之可也。」

《象》曰：雷在天上，大壯。君子以非禮弗履。

天，健物也，以雷之威而在其上，威而健者也，故爲大壯之象。天下暴亂之禍，惟禮可以已之，故語天下之壯者莫如禮。禮，天理也。君子克去己私，事事欲與天理合爲一，此又非勇而健者不能也。其曰「非禮弗履」，則凡一舉足必惟禮之是循也，以謂履之非禮之地，則必至失足而陷於禍敗矣，此非所以爲壯也。

初九，壯于趾。征凶，有孚。

《象》曰：壯于趾，其孚窮也。

初九以剛在下，而勇於前進，用壯于趾之象也，故曰「壯于趾」。夫以剛用壯，雖在上猶不可，況居下乎？征，往也。以此而往，其凶必矣，故曰「征凶，有孚」。孚，信也，謂信其征之凶也。所謂征之凶者，困窮而致敗之謂也，故又曰「壯于趾，其孚窮也」，謂信其有困窮之凶也。《語》曰「人而无恒，不可以作巫醫」，子曰「不占而已矣」，「不恒其德，或承之羞」，以言人而无恒，則不占而信其有羞也。大壯之初九曰「征凶，有孚」，曰「其孚窮也」，則亦不占而信其有困窮之凶也。

九二，貞吉。

《象》曰：九二貞吉，以中也。

夫居柔而處中，則剛不爲過，九二是也。大壯，陽盛之卦也，夫苟又以陽居陽，則剛過矣。王輔嗣曰：「未有違謙越禮，而能全其壯者也。」故陽爻皆以居陰爲美，夫陽爻而居陰，非九二與九四乎？然九四之比九二，又不如二之中矣，故九二之所以貞吉，以中也；而九四之貞吉又必以悔亡繼之，謂以九居四非中也故有悔，以其吉於正也故悔亡。然則以剛履柔而不用壯以爲壯，此所謂壯之正也，而又得中焉，何吉如之！程曰：「貞非以九二爲戒乎？」曰：《易》取所勝爲義。以陽剛健體當大壯之時，處得中道，无不正也。在四，則有不正之戒。人能識時義之輕重，則可以學《易》矣。」

九三，小人用壯，君子用罔，貞厲。羝羊觸藩，羸其角。

《象》曰：小人用壯，君子罔也。

九三以剛處剛，此雖正也而過乎中，剛之過也。夫他卦以剛過而居多凶之地，皆不免於危厲，況大壯陽盛之時乎？故以小人目之，而曰「小人用壯」。君子知危知懼，而不以壯爲用者也，故曰「君子用罔」。罔，无也。謂无所用也，猶之曰「罔有所用」云爾。其所以剛有所用之者，居剛正之位而當以危厲自警故也，故曰「貞厲」。苟不知此，則用壯之過而有「羝羊觸藩」之象矣。夫九四居前，間在二卦之間而爲二體之限，此藩象也。藩之爲物也，不純乎柔，亦不純乎剛，九四是也，而三用壯以觸之，其能全其壯鋭矣乎？故有羸其角之戒。程曰：「凡物莫不用其壯，齒者齧，蹄者踶，角者觸，羊壯於首，羝爲喜觸，故取爲象。」夫兑爲羊，九三乾也，乃取羝羊爲象；六五、上六震也，而亦取象於羊。坤爲大輿，而九四震也，則曰「壯于大輿之輹〔一〕」。《易》之取象大率類此，故坤非馬也而曰「牝馬」，離非牛也而曰「牝牛」，頤之初九震也而有取於龜，六四艮也而有取於虎，凡此類者豈泥諸爻象以求之乎？求之不得，則卦變、動爻、伏象、互體无所不取，而聖人之意愈失矣，此學《易》之大戒也。世之嗜奇好異者，徒知左右附會而僅得之，則曰學《易》者當如是也，而何以正直坦夷之説爲哉？此予之所否也。王輔嗣曰：「義苟合順〔二〕，何必坤乃爲牛；義苟應健，何必乾乃爲馬。而或者定馬於乾，按文責卦，有馬无乾，則僞説滋蔓，難可紀也。」輔嗣此言，不可謂不知《易》也。

九四，貞吉悔亡。藩决不羸，壯于大輿之輹。

《象》曰：藩决不羸，尚往也。

大壯之卦德曰「大壯，利貞」，謂以陽居陰，其在此時不用其壯，故得謂之正也。於正既吉則

〔一〕輹，原作「腹」，據四庫本及《周易》通行本改，下同。

〔二〕義苟合順，《周易略例》作「爻苟和順」。

於悔斯亡矣，四之所謂悔者，以其不得如九二之中故也。故必於貞既吉，則不中之悔可得而亡之矣。六五以陰虛居前，「藩決」之象也，藩限既決，則陽道尚往，而无阻礙之傷矣，故曰「藩決不羸」。四不取羝羊之象，而但曰「藩決不羸」云者，四居陰處謙，非九三用壯之比故也，此所謂以正爲壯者也。夫四震動之主也，而當四陽上進之時，以正爲壯，前无所礙，故有「壯于大輿之輹」之象。輿，善載而能行之具也。輿大而輹壯，前无所礙，當陽長之時，故曰「尚往也」。四，謙虛之位，善載者也，故爲大輿。乾以三陽居下，輔上而能行者也。故其輹壯，此所以尚往也。夫在事有是理，則「貞吉悔亡」是也；在時有是勢，則「藩決不羸」是也；在我有是器，則「壯于大輿之輹」是也。由是理，乘是勢而用是器，此君子之道所以獨盛於此時也。

六五，喪羊于易，无悔。

《象》曰：喪羊于易，位不當也。

程曰：「羊群行而喜觸，以象諸陽并進。」「五以柔居上，若以力制，則難勝而有悔，惟和易以待之，則群陽无所用其剛，是喪其壯於和易也。」以言人君治壯之道，不可以剛也，此說似矣。然按旅之上九，有曰「喪牛于易，凶」，謂旅人於其平易之時，而喪其在己之順德，今旅以剛亢在上，故莫之與也。夫上九之牛，既於上九取義而无與於他爻，則六五之羊，亦不當於群陽取義也審矣。

又况九四方當尚往之時，而有大輿壯輹之象； 五，君也，决其藩籬以來之不暇，豈容阻遏其上進之勢乎？果有此心，則失人君進善納賢之道矣。 大抵羊剛很之物也，五君位也，而以六居之，則於其平易之時，務喪去其自己剛壯之勢而不用，惟以謙虚无我自處，使下之群陽由己以上進，而略无阻礙之勢，此九四所以有藩决之象者，蓋指六五之謙虚而云也。 夫當陽長之時，苟以妨賢拒善爲心，則不能喪其在己之剛壯而以謙虚爲用也必矣，其能无在上之悔乎？其曰「位不當也」者，正所謂去其剛壯之勢而不用也。 夫惟如是，則當陽長之時其能无悔宜矣。

上六，羝羊觸藩。不能退，不能遂，无攸利。艱則吉。

《象》曰：不能退不能遂，不詳也。艱則吉，咎不長也。

上六陰柔，亦取羝羊爲象者，居震之極、壯之終也。 夫震之極則不能自止，壯之終則終於用壯，故亦稱羝羊。 然上六之藩何所取也？曰：處陰虚之地，旁若无物而蹢躅用壯，然不能退而自止，復不能進而遂意，進退舉无所利，亦若有所限隔而然也，故亦設觸藩之象焉。 然羝羊觸藩，以其有剛鋭之角也，今不以角取象，則是无角也。 夫无角而務觸藩，此上六陰柔而用壯之象也，以其用壯故曰「羝羊」，以其純陰故不以角取象也。 小人之用壯也，亦未必皆有剛壯之才，如九三然也，狂躁妄動，不能詳審以自安愚分，而至於進退舉无毫髮之利以自貽厥咎者，則大壯上六是也。

《中庸》曰：「愚而好自用，賤而好自專。生乎今之世，反乎古之道。如此者，災及其身者也。」此皆不能詳審之過也。然《易》於此又有「艱則吉」之戒者，閔其用心之非，而開其自省之路也。夫不量己之賢愚，不度勢之可否，則於進退之間亦何所利哉？如知其非所利也，而艱畏以自處，而戒其妄動之失，故《易》於此又以「吉」予之而曰「咎不長也」，以言若上六之爲也本有咎也，如知其非利也，而艱畏以自處，則其咎可以損去而獲吉也。嗚呼！聖人之設心若此，其仁矣哉！

卷十六

䷢坤下離上

晉：康侯用錫馬蕃庶，晝日三接。

《彖》曰：晉，進也。明出地上，順而麗乎大明。柔進而上行，是以康侯用錫馬蕃庶，晝日三接也。

晉合離、坤而成體，離明在上，坤順在下。上明而下順，文明之主作於其上，而順德之臣相屬於下，王者寵遇諸侯之日也。夫晉之爲義，則進是也，猶之曰「需，須也」。明出地上，即坤與離之象以明晉也；順而麗乎大明，即坤與離之義以明晉也；柔進而上行，又即六五之爻以明晉也。夫明出地上，則萬物咸仰此大明在上之象也，故曰順德之臣當此時得以附麗於大明之君，而相與以成康民之功焉，故曰「順而麗乎大明」。其在爻，則六二受茲介福于其王母，六三「衆允之志，上行也」是也。「柔進而上行」謂六五以柔順之道進而行乎上，而離之中爻方其乾坤之相索也，亦實自坤來，今居五位，故曰「柔進而上行」也。夫文明之主作於其上，順德之臣得所附麗而被其寵光焉，而五也又以柔順之道行乎上而逮乎下，故曰「是以康侯用錫馬蕃庶，晝日三接也」。夫諸侯者，王者所與共安此民也，故曰「康侯」。當晉之時，所謂侯者各以順體而奉承於上，而无有異志焉，又所謂治世之臣也。夫馬有行地之才，而又有承上之德，王用錫之馬也，而又至於蕃庶多焉者，所以稱其才而表其朋類之紛如也。不惟錫予如此之多且厚也，又見親禮，晝日之間其接遇之也至於再三焉，則寵遇之隆一至於此，爲諸侯者何修而得此於大明之主哉？曰：以其能爲治世之臣，而有安民之功故也，故《易》於此謚之曰「康侯」。其曰「晝日」云者，正明出地上之時也。在《詩》之《崧高》，其三章曰「王命申伯，式是南邦」，其四章曰「王錫申伯，四牡蹻蹻」，其五章又曰「王遣申伯，路車乘馬」，此詩爲宣王能建國親諸侯，褒賞申伯而作也。《烝民》詩，其三章曰「王命仲山甫，式是百辟」，七章曰「仲山甫出祖，四牡業業」，又曰「四牡彭彭，八鸞鏘鏘。王命仲山甫，城彼東方」，其卒章又曰「四牡騤騤，八鸞喈喈，仲山甫徂齊，式遄其歸」，此詩爲宣王能任賢使能而作也。至於《韓奕》之詩，其一章曰「韓侯受命，王親命之」，其二章曰「四牡奕奕，孔修且張。韓侯入覲，以其介圭。入覲于王，王錫韓侯。淑旂綏章，簟茀錯衡」，其三章又曰「其贈維何？乘馬路車」，其卒章又曰「王錫韓侯，其追其貊。奄受北國，因以其伯」，此詩爲宣王能錫命諸侯而作也。至於《江漢》之詩也，其二章曰「經營四方，告成于王。四方既平，王國庶定」，其三章曰「王命召虎，式辟四方」，其四章曰「王命召虎，來旬來宣」，又曰「肇敏戎公，用錫爾祉」，其五章又曰「釐爾圭瓚，秬鬯一卣。告于文人，錫山土田〔一〕」，此詩又爲宣王能命召公平淮夷而作也。夫即是四詩以觀之，則申也、甫也、韓也、召也，其在周宣之世所謂康侯也，而宣王也又能施寵遇之禮如此其隆且至也。則周家王業之所以能再隆而有光者，此固諸侯之力也，然究其所以然則宣王實使之。故序《詩》者，於《崧高》之詩則曰：「能建國親諸侯，褒賞申伯焉。」於《烝民》之詩則曰：「能任賢使能，周室中興焉。」於《韓奕》之詩則曰：「能錫命諸侯。」於《江漢》之詩則曰：「能命召公平淮夷。」其曰「能」云者，蓋以其功歸之宣王也。若宣王者，其能寵遇諸侯如此，在《易》之晉則所謂文明之主也，不然，何以有是之文明燦然以逮下也哉！

《象》曰：明出地上，晉。君子以自昭明德。

地者，陰晦之所也。明出地上，則離陰晦之所矣。夫所謂陰晦之所者何也？其在人也，則冥然无所覺知之地是也。夫无所覺知之地既已冥昧，則雖父不能詔之子，雖兄不能曉之弟。非其中心自能明了，如明出地上，駸駸而日進焉，則不可也，故曰「君子以自昭明德」。夫人性本明，其或不能遽然而明者，是必有所蒙蔽而然也。今也在晉之時，其進有漸，始於晦，終於明，其於吾之所

〔一〕錫山土田，原作「錫山川土田」，衍一「川」字，據四庫本改。

謂固明者而不失其明焉，此自昭明德之謂也。程曰：「明明德於天下，昭明德於外也；明明德於己，故云『自昭』。」

初六，晉如摧如，貞吉。罔孚，裕无咎。

《象》曰：晉如摧如，獨行正也。裕无咎，未受命也。

晉也者，以柔進也，以柔而進則與六五同德矣。初六之進也，乃與九四居相應之地，夫九四之在晉也，非所謂以柔進也，故目之曰「鼫鼠」。而初與之居相應之地，則嫌疑之不免也，故戒之以「晉如摧如，貞吉」，又戒之以「罔孚，裕无咎」。言當升進之時，爲初六者固當痛自摧抑，獨行其正，无涉於九四，然後吉也。「罔孚，裕无咎」者，无與九四相孚也，无與九四相孚則獨行吾正，自有餘地，不如鼫鼠之貪且畏也，故能裕而无咎，不然，則窘束迫促，若无容身之地矣。「未受命」云者，吾既痛自摧抑，獨行吾正，進退有地，則在己无過，而在人亦不見咎，惟未受命者能之。初六在下，其位甚卑，謹其所予，乃其分也，上命未至而諂以求進，非善處下之道也。

六二，晉如愁如，貞吉。受茲介福，于其王母。

《象》曰：受茲介福，以中正也。

夫既得是位而懼其无以稱是位，既得夫君而憂其无以報乎君，此君子所以自盡爲臣之道者然也。當晉之時，其道上進，在他人以爲喜而在君子以爲愁者，非以爲僞也，寵遇既厚則其憂懼有加故也。夫食人之禄，必懷人之事；乘人之車，必載人之憂。凡委質以事人者舉皆然也，而况六二處中正之位，而上有同德之主，寵遇於己也既厚，則其憂懼可以自已乎？故曰正吉，謂以中正之德處中正之位，必如是而後吉也。王母，六五也，以柔居尊位，故曰「王母」。六二知憂知懼，以中正而獲吉者，是乃受此介相之福于六五故也。《象》曰「康侯用錫馬蕃庶，晝日三接」，其受兹介福之謂乎？

六三，衆允悔亡。

《象》曰：衆允之，志上行也。

三與五同功而異位，當晉之時，又其同德者也。坤爲衆，三居坤極，順之至也，以順之至而上同乎五，此同類之所從也，故曰「衆允之」。「悔亡」云者，六三居非正中，而與五且非其應，然當柔進之時，順德既至，而衆臣從之以上進，五雖非其應，乃其同德者也，故其悔可亡。或曰：「志上行也」，烏知六三之志，非進與上九爲應乎？曰：六五，晉之主也。《象》曰「順而麗乎大明」，大明，五也。當晉之時，初以卑而在下，未受命也，猶知舍四而獨行乎正，三居人臣之高位，而乃不知惟五之從，舍乎同德之主而應乎進不以柔之人乎？夫苟舍同德之主而應乎進不以柔之人，則衆亦不允之矣，能使悔之亡乎？必不能也。噫！此爻又不可以應論也，學《易》者當權輕重之義以論爻可也。

九四，晉如鼫鼠，貞厲。

《象》曰：鼫鼠貞厲，位不當也。

當晉之時，諸爻皆以柔進也，而九四、上九獨以剛進焉，於晉之時義悖矣。雖然，就此二爻論之，上九處一卦之外，其進也非有迫乎五也，而所謂迫乎五者惟九四焉，蓋九四以炎上之性上侵故也。然五君位也，當晉之時所謂文明之主也，其寵遇之禮所以逮乎下也亦既厚矣，而下之所以相率而順附乎上者亦衆矣，而四也豈能爲之患乎？故以進之時，而以鼫鼠目之。鼫鼠，正詩人所謂碩鼠也，食我黍，食我麥，食我苗，貪而畏人之物也。《子夏傳》亦作「碩鼠」，是也。夫當柔進之時，而九四處近君之位，而獨以剛進焉，其冒進竊位如此，而五又有不可犯之勢，則貪而畏人，故有鼫鼠之象。《象》曰「鼫鼠貞厲，位不當也」者，謂當柔進之時獨以剛進，失進之義，故於貞爲厲，於位爲不當也。然則當此之時，居此之位，如之何而可也？曰：以六居四，以柔而進，則於位爲正當矣，何厲之云！

六五，悔亡，失得，勿恤。往吉无不利。

《象》曰：失得勿恤，往有慶也。

凡《經》所謂「悔」云者，有所不足於此也；所謂「恤」云者，有所係念於此也。晉之六五以柔進而上行，宜若於剛德有所不足也，然柔而得中，則柔不爲過，故曰「悔亡」。六五離明之德无所不照，如日之升，光被萬物，亦未嘗以察察爲明也，故曰「失得，勿恤」。夫恤其得失，則明之所及者自以爲得，而明所不及者則以爲失，過矣，故以「勿恤」戒之。惟夫不以得失爲恤也，則大君之道无往而不吉，亦无往而不利矣。夫苟恤其得失，而以察察爲明，則天下或有蒙其禍者矣。如漢宣之核實，而蕭、韓諸賢俱受其戮；如顯宗之慧察，至自撞郎，而鍾離意輩得以爲言；至如德宗以强明自任，疑蕭復輕己，謂姜公輔爲賣直，至用盧杞、趙贊，則至於敗亂而不知悔是也，安能慶及臣庶乎？故《象》又曰「失得勿恤，往有慶也」，曰「有慶」云者，則无是漢唐諸君之失矣。

上九，晉其角，維用伐邑。厲吉无咎，貞吝。

《象》曰：維用伐邑，道未光也。

晉也者，以柔進也。上九以剛而進，進至上九，无所復進也，故有進其角之象。角之爲物，在物之首，剛而鋭者也，此以九居上之謂也。程河南曰：「伐四方者，治外者也；伐其居邑者，治內者也；言伐邑，謂內自治也。」晉之上九，晉至其角，无所復進矣，惟能自反自克而內自治焉，則知所以危厲自警而獲吉矣，此所以无剛進之咎也。然在柔進之時，而以剛進焉，又必自反自克，而後可以无剛進之咎，則於正道固有所虧而未光者矣。故於貞爲吝，惟以自反自克爲用者，蓋所以救其正道未光之失也。夫晉至上九，進極必退，窮上反下，《易》之道然也。剛又知變，故上九之爻辭如此。

☷☲離下坤上

明夷：利艱貞。

《彖》曰：明入地中，明夷。內文明而外柔順，以蒙大難，文王以之。利艱貞，晦其明也。內難而能正其志，箕子以之。

晉者，明盛之時也，明君在上，故群賢於焉而并進。明夷者，昏暗之時也，暗君在上，故賢者於焉而見傷，此明入地中，與明出地上反也。夷，傷也。明而傷焉，當此之時，其在人君則爲昏暗，其在賢人則爲晦藏也。「明入地中」，此合離、坤之象以言明夷也；「內文明而外柔順」，此合離、坤之用以言明夷也；「利艱貞，晦其明也」，此又即以六居五之義以言明夷也。夫離在坤下，明入地中之象也，明入地中則其明滅矣，故爲明夷。以二體言之，內體離也，故內文明；外體坤也，故外柔順。其在人也，則文明之德藴於内而不耀，柔順之心施於外而无忤，《傳》所謂「有君民之大德，而又有事君之小心」是也。以此道而蒙犯大難，用能脱其厄禍，而不失其明聖，此文王所用之道以處暗世然也，故曰「文王以之」。明夷之時，暗主在上，賢者切而近之，不敢逃去，故利於處艱厄而不失其正，謂能隱晦其明而然也。其在爻則六五切近上六，而以陰晦居五是也。夫箕子，紂之諸父也，當是時也，罹此家難，故曰「内難」，然正其志以自守，不敢逃去，而亦獲免害焉，非能晦藏其明者能之乎？此箕子所用之道以事暗君然也，故曰「箕子以之」。《經》曰：「《易》之興也，其當殷之末世、周之盛德邪？當文王與紂之事邪？是故其辭危。」明夷之六五曰「箕子之明夷」，而夫子之於《彖》又以文王、箕子兼釋之，而紂之事愈彰彰矣。

《象》曰：明入地中，明夷。君子以涖衆，用晦而明。

昔者嘗即三不欺優劣之論，以論涖衆之道矣：西門豹治鄴，民不敢欺；子産治鄭，民不能欺；子賤治單父，民不忍欺。魏文帝問群臣：「三不欺於君德孰優？」鍾繇、華歆、王朗對曰：「臣以爲君任刑，則下畏罪而不敢欺；君任察，則下畏覺而不能欺；君任德，則下感義而不忍欺。」優劣之縣在於權衡，非徒低昂之差，乃鈞銖之較也。夫任刑固非涖衆之道矣，而任察尤非涖衆之道也。涖衆之道，在於有寬厚含容之德，而不任察以爲明也。夫苟无寬厚含容之德，而徒任察以爲明，則以人不能欺之爲得計也，而不知人情由此鯇鮀而不安，疑懼以生變，而群起以軋我矣，此又非計之得也。由是觀之，則莫明於用晦，而莫不明於任察也。昔有問安邊之策於班超者，超告之曰：「凡居邊者類非忠臣孝子，察見淵魚不祥。」問策者笑曰：「此但平平爾。」忽其言不用，而邊果以叛聞，豈非莫明於用晦、莫不明於任察乎？明夷之《象》曰：「明入地中，明夷。君子以涖衆，用晦而明。」信乎用晦而明也，凡居人上者不可不知此。

初九，明夷于飛，垂其翼。君子于行，三日不食。有攸往，主人有言。

《象》曰：君子于行，義不食也。

初九居明夷之初，初見傷者也。上六暗主之在上也，初之於上，位卑而勢隔，然明者見微而慮早，故爲是飛揚之計。龔深甫曰：「明夷之難在上，而初極遠之，宜下而不宜上者也，故明夷于飛垂其翼，不宜上而就下也。」夫「君子于行」，謂去其禄也；「三日不食」，謂去其禄位，則義不食其禄故也。謂之「三日」，則雖飢而死不顧也，此初九在下位之事也。夫當暗亂之世，處下位而无益於人之國家，而力又不能復還夫暗主之明，則義當引去。夫苟復爲是往就之計，則主人亦莫我信矣，何補乎？故曰：「有攸往，主人有言。」以伊尹之五就桀也，終不能移桀而之善，徒以促其亡爾。以三仁之在商也，所謂周親也，而不能回商辛之聽而免宗國之覆。疏遠之臣其如之何？得以免害，幸矣，此初九之君子所以義在引去而不顧也。

六二，明夷夷于左股，用拯馬壯，吉。

《象》曰：六二之吉，順以則也。

六二文明之主也，《象》曰「内文明而外柔順，以蒙大難」，《傳》曰「有君民之大德，而又有事君之小心」，則六二是也。蓋以六居二，又爲柔順之至也，而夫子釋之曰「六二之吉，順以則也」，此爻非文王而當明夷之時，其誰當之？而諸家或以初爻爲伯夷、太公，此爻爲太顛、閎天。夫以初爻爲伯夷、太公猶可也，何者？以其避紂也。以太顛、閎天當此爻，此何義哉？豈不以在下體而輔諸九三乎？未也。蓋諸家或以九三爲文王之爻，非也。此徒泥「不可疾貞」一言，而謂此文王之事也，此未識爻義也。夫九三，武王之爻也，非文王事也，欲盡文王小心事紂之義而以救世爲心，又能脱于厄禍而不失明聖，則非六二一爻不足以盡之。夫股，在下而有行之具也。明夷于左股則左股嘗見傷矣，此所謂羑里之厄也。六二陰也，故曰「左股」，然左股見傷，而强壯者猶无恙焉，則所以爲文王者猶故也，謂非禍難之所能害也。雖然，彼君也，我臣也，天命未革，則爲臣之分吾所不敢違也。而上以承乎君，下以安乎民，此吾之心不敢不自盡也，當此之時用拯之道，豈敢不用力哉！所謂用拯之道，何也？曰：上欲拯吾君而爲无過之君，下欲拯斯民而爲无難之民，此吾所以不敢不用其力也。此文王自盡之道然也，故曰「馬壯，吉」。夫馬之所以吉於壯者，徒以能拯載乎人也。而文王之心亦曰：吾之用力，上以承乎君，下以安乎人者，蓋不敢不如是之自盡也，以吾之順德而不敢失乎爲臣之則者然也。而贊《易》者則推原其本心，而因其馬壯之吉也，而贊之曰「六二之吉，順以則也」，此可謂得文王之本心也。吾故曰：六二一爻在明夷之時，非文王不足以當之。

九三，明夷于南狩，得其大首，不可疾貞。

《象》曰：南狩之志，乃大得也。

他卦九三與上六爲正應，在明夷則爲至明克至暗之象也。蓋九三明之極也，而在下卦之上；上六暗之極也，而處窮極之地：此以明除暗之義也。程曰「斯義也，其湯武之事乎」是也。九三離也，離明方也，在明夷之時而興除亂去害之事，故曰「明夷于南狩」。然南狩之志在于得其大首，而不可疾貞之也。上六居一卦之上，大首也，當明夷之時所謂暗亂之魁者也，故當克而獲之。「不可疾貞」者，耿希道曰：「以明除暗，如晝夜之進退，何可疾哉？」按《史記》載盟津之役，諸侯不期而會者八百，諸侯皆曰紂可伐也，武王曰：「女未知天命，未可也。」乃還師，歸居二年，聞紂暴虐滋甚，於是告諸侯曰：「殷有重罪，不可以不畢伐。」師渡盟津，諸侯咸會，武王乃作《泰誓》。

故《泰誓》一作而殷亡矣，此所謂不可疾貞也，若疾以貞之，則武王爲不知天矣。夫聖人之志，亦志於除亂去害而已矣，若志不在此，則悖亂之爲也。故《象》曰「南狩之志，乃大得也」，猶之曰九三之志所以大得者，以南狩也。曰「南」云者，謂其有是明也；曰「狩」云者，謂其除亂而去害也。然則有湯武之德，然後可以爲湯武之事。

六四，入于左腹，獲明夷之心，于出門庭。

《象》曰：入于左腹，獲心意也。

六爻自初至五，當暗亂之世，明者見傷，故初曰「明夷于飛」，二曰「明夷于左股」，三曰「明夷于南狩」，五曰「箕子之明夷」。惟四也以陰居陰，屬坤陰之體，无明之可傷，而爻辭但曰「入于左腹，獲明夷之心」，此正以陰邪柔從爲事。程河南所謂「邪臣之事暗君，必先蠱其心」是也，而諸家或泥「于出門庭」之一語，而曰此微子去商歸周之義也，則亦誤矣。夫邪臣之事暗主，其能易獲其心意者，蓋必有深入而陰中之計也。左，陰所也；腹，善容納者也。入于左腹，謂六四之所以見納於上者，以柔邪之道從陰僻中而入也，夫如是故有以得乎暗主之心矣。方當暗亂之世，以小人爲之君，必以小人而爲之臣，其心同志合，豈待至深至久而後至此哉？方其因緣獲進之初，而深入陰中之計已行矣，故曰「獲明夷之心，于出門庭」。然則此非小人之奸巧而入之之易也，蓋君心暗亂而入之之不難也，此心意之所以易獲也。夫人君之心或不謹，而易爲陰小之所入，天下雖欲不爲暗亂之世，得乎？禹之戒舜曰：「安汝止，惟幾惟康，其弼直。」夫汝止不安，則易動而易惑，不知幾康之是念，故輔弼之臣安得而直，邪佞之人安得而不易入乎？然則大智如舜，而禹之戒猶及於此，况愚暗之主乎？

六五，箕子之明夷，利貞。

《象》曰：箕子之貞，明不可息也。

他卦六五鮮有非君之位者，此卦乃以爲箕子之爻，何也？曰：以六居五，内陽明而外陰晦，此乃晦其明之義，以紂之暗亂，又將有失位之象，不足以當此爻也。箕子其親臣也，義不遠去其君，此時商家无主，故《易》於此乃以六五處箕子，爲其能晦其明而且切近上六故也。上六陰暗之極，則移紂以居此位，以陰暗既極，有在上而失位之象也，此《易》之微義也，不如是則非《易》矣。夫上六陰暗之極，其在明夷之時，故爲明夷之主。六五切近明夷之主，若不能自晦其明，則必見傷害，故箕子之當此時也，義既不當遠去其君，而忠言至諫又不能入，乃不得已而爲是佯狂之計以免於害。故在《象》則曰：「利艱貞，晦其明也。」而在爻則曰：「箕子之明夷，利貞。」夫箕子之當此時也，能晦其明，故其明不可息滅。夫箕子之明所以不可息滅者何也？亦曰：吾正此志以事君，此身可滅而此正不可滅也； 夫吾之正不滅，此其明所以不可息滅也。 嗟乎，事君若箕子可矣！

上六，不明晦。 初登于天，後入于地。

《象》曰： 初登于天，照四國也。 後入于地，失則也。

上六居明夷之極，明傷之極也。 明傷之極者何？ 坤之終也，居坤暗之終則明傷之極矣，故曰「不明晦」，謂不明而晦也，此與「晦其明」反也。 夫人君之道无他，在乎終始惟一而已矣。 伊尹之訓太甲曰：「常厥德，保厥位，厥德靡常，九有以亡，夏王弗克庸德，皇天弗保。」又曰：「今嗣王新服厥命，惟新厥德，終始惟一，時乃日新。」蓋嘗即是説而論之： 夫人君之始服厥命也，雖至庸懦之主蓋亦知所謹也，何也？ 始可能也，而卒爲難。 此所謂「初登于天，照四國也」。 及其晚也，欲心一萌，則以天下之莫我尊、莫我貴也，吾縱吾所欲，皇恤乎？ 惟其如是，此主道所以日微，君德所以日失，天下日駸駸而入於暗亂之世矣。 此所謂「後入于地，失則也」。 司馬温公曰：「其言失則者何？ 國家之所以立者，法也。 故爲工者，規矩繩墨不可去也； 爲國者，禮樂法度不可失也。 度差而機失，綱絶而網紊〔二〕，紀散而絲亂，法壞而國家從之。」嗚呼！ 爲君子者可不謹哉。

〔二〕 綱絶而網紊，各本皆作「綱絶而綱紊」，據《温公易説》改。

卷十七

䷤離下巽上

家人：利女貞。

《彖》曰：家人，女正位乎内，男正位乎外。男女正，天地之大義也。家人有嚴君焉，父母之謂也。父父、子子、兄兄、弟弟、夫夫、婦婦，而家道正。正家而天下定矣。

《易》有同人焉，有家人焉。同人之道，在於无所不同，故其卦德曰「同人于野，亨」；家人之道，在於无所不正，故其卦德曰「利女貞」。何者？正家之道以女正爲之本，亦以女正爲成功，女而正，則家之正可知矣。孔子曰：「惟女子與小人爲難養也，近之則不遜[一]，遠之則怨。」此豈易正也邪？今而女正則亦无所不正矣，故家人以女貞爲利，其在爻則六二、六四是也。「女正位乎

〔一〕遜，四庫本作「孫」。

内，男正位乎外」，此即六二、九五二爻以明男女之位正也。「家人有嚴君焉，父母之謂也」，此即九三、上九二爻以論父母之爲嚴君也。「父父、子子、兄兄、弟弟、夫夫、婦婦，而家道正」，此又謂自初至上六爻之皆得其正也。或曰：初九、六二、九三、六四、九五正也，上九正乎？曰：家人以陰居陽位，則非正也；以陽剛居一卦之上，詎非正乎？夫以六居二，而位乎内卦之中，此女正位乎内也；以九居五而位乎外卦之中，此男正位乎外也。男女各正其位，則尊卑上下之義得矣。然此非人爲之所能爲也，蓋天地之大義然也，何者？論天地化育之功，則雖由於二氣之交感，然上下之位固有所謂不易者矣，此其義之大者。夫六二、九五男女之象也，則九三、上九父母之象也，何者？二與五各在一卦之中，而三與上各在一卦之上故也。是故男女則欲其正，而父母則欲其嚴。二與五陰居陰、陽居陽，正也；九三、上九剛而過中，嚴也。故父母俱稱嚴君焉，以其各尸内外之尊故也。李博士元量曰：「九三、上九父母之嚴者，謂之君，則主於出命以正一家，猶國之有君焉。有國者主於義，過於義者常至於傷恩，故爲君者欲如父母之子萬民，《書》以『元后作民父母』是也。有家者主於恩，過於恩者常至於害義，故爲父母者欲如君之正一家，《易》以父母爲嚴君是也。」夫一家之中，有父子焉，有兄弟焉，有夫婦焉。曰父父、子子，則父子各盡其道也；曰兄兄、弟弟，則兄弟各盡其道也；曰夫夫、婦婦，則夫婦各盡其道也。尊卑上下各盡其道，則家道庸有不正矣乎？家道既正，則天下庸有不定矣乎？蓋風化自近始，天下者一家之積也，治天下之道即治一家之道也，家道正於此，天下定於彼矣。故聖人於此，又要其必至之效，而終之曰「正家而天下定矣」。不云「正家以正天下」，而云「正家而天下定矣」，此又有所謂自然之感通，而无遠近内外之間焉。《經》曰：「惟神也，故不疾而速，不行而至。」此自然之感通，而无遠近内外之間者然也。

《象》曰：風自火出，家人。君子以言有物而行有恒。

風者，變化之物者也；火者，著見之物者也。風自火出，則外之有所化者，由於内之有所著見乎外者也。夫正家而天下定者，家人之道然也。在内者无所著見於外，則在外者亦何所觀而化乎？故曰「風自火出」爲家人之象，君子觀此象以爲風化之本皆自内出，故一言一行不敢易焉。言有物而行有恒，此君子不敢易其在我者然也。夫有形可指謂之物，言而有物，此誠然之言也；不改其度謂之恒，行而有恒，此誠然之行也。君子之言行其不敢易也若此，則自内而出者足以著見乎外矣，彼得之觀感者庸有不化矣乎？故夫君子之言行，所謂著見乎外者，火之象也；得之觀感而无不化者，風自火出之象也。

初九，閑有家，悔亡。

《象》曰：閑有家，志未變也。

初，正家之始也，九以剛明之才當正家之始，宜如何哉？曰：正家之道，莫先於制其始，始之不制，末如之何矣。人有常言：「涓涓不遏，將成江河。毫末不去，將尋斧柯。」[一]此言始之在所制也。夫一家之内有長幼焉，有男女焉，當正家之始，苟不有以制其變於未然之初，則長幼失序、男女无别，害恩義、害倫理將自此始也。能无悔乎？故曰「閑有家，悔亡」，而《象》曰「閑有家，志未變也」。夫惟於其志意未變之初，而盡其所以防閑之道，謹其序，嚴其别，无使瀆亂而失其有家之則，此悔之所以亡也。程曰：「不云亡悔者，群居必有悔，以能防閑故亡爾。」魯桓公之於文姜也，不能防閑之，使爲二國之患，故詩人所爲賦《敝笱》也。鄭莊公之於叔段也，不知早爲之所，遂至於同氣交兵，故激祭仲蔓草之諫。此无他，不知家人初九「閑有家」之戒也。

六二，无攸遂，在中饋，貞吉。

《象》曰：六二之吉，順以巽也。

六二以柔順之德居中履正，而與九五居相應之地，夫何爲哉？陽倡而陰和，男行而女隨而已，故曰「无攸遂」。遂，專也。語曰「遂事不諫」，以謂夫人既專是事也，何諫之云爾。《春秋傳》曰

[一]《孔子家語·觀周》：「涓涓不壅，終爲江河；綿綿不絶，或成網羅；毫末不劄，將尋斧柯。」

「大夫无遂事」，亦不敢專也，而或專之，故《春秋》之所爲書也，如「公子遂如京師」、「遂如晉」是也，此坤所謂先迷也。九五，二之應也，則二者亦何敢有先迷之失乎？此所以无攸遂也，夫所謂「无攸遂」云者，亦不敢有所專也。然六二之職其亦有所專矣乎？曰：有之，在中饋是也，此六二所專之職也。蓋九五在上，二當以巽順之道承事之，凡九五之事既不敢專，其所專者，專其職守而已；婦人之職守，亦不過曰奉祭祀、饋飲食而已，此外无他事也，《詩》曰「無非無儀，惟酒食是議」是也，故《詩》有采蘩以奉祭祀，爲不失職；采蘋以供祭祀，爲能循法度。此雖指夫人與大夫妻而云也，然推而上之、推而下之，其職守莫不然也，夫是之謂貞而吉也。蓋不順則不能順承乎上而有先迷之失，不巽則不能居爲下之道而曠其職守，故曰「六二之吉，順以巽也」。夫爲人臣之道，亦若是而已矣。故在家人則六二是也，若在坤則六三是也。

九三，家人嗃嗃，悔厲吉。婦子嘻嘻，終吝。

《象》曰：家人嗃嗃，未失也。婦子嘻嘻，失家節也。

三處內卦之上，主治內之道也，故以家人婦子言之。然以九居三，剛過者也，故云「嗃嗃」，謂剛厲之過也。夫治家之道，不知寬猛適中之爲尚，而惟嗃嗃然，此悔也。然董之以威，束之以禮，使在下者肅然而有畏懼之心，故雖厲而吉，何者？於家道未爲失故也，苟惟不然，使婦子嘻嘻然笑樂無節，則終至於恣情適欲，棄禮亂倫，而家道衰微矣。故曰「終吝」，而《象》曰「失家節也」。然則與其嘻嘻而失家節也，寧嗃嗃而未失也。程曰：「在卦，非有嘻嘻之象，蓋對嗃嗃而言，謂與其失於放肆，寧過於嚴也。」

六四，富家大吉。

《象》曰：富家大吉，順在位也。

《易》以陰陽相得爲富，家人至六四，二卦之中也，當剛柔相際之地而以陰靜之才處之，所謂居而有之者也，故曰「富家大吉」。蓋家人六位，内外終始俱得其人，而四以鎮靜无營處近五之位，故能大富家之吉，則五之所委任者得其人可知也。夫六四以陰居陰，正也，而以至柔順至剛，剛柔相濟而與六二故无忌嫉之嫌，此家道之所以殷富也。大抵家人六爻各得其正，故雖陰陽錯居，舉无嫉妬，使四也比五而有妬二之心，使二也應五而有嫉四之嫌，又使三也在下而侵四之志，則四也安能順在此位，而大富家之吉乎？家人之卦德曰「利女貞」，至於此乎見之矣。

九五，王假有家，勿恤吉。

《象》曰：王假有家，交相愛也。

家人六位俱得其人者，以九五爲之君也，故有家之道莫此爲至，爲五者復何憂乎？故曰：

「王假有家，勿恤吉。」假，至也； 恤，憂也。 夫有家之道既極其至，則上下内外之心莫不交相親愛，此豈復有督責迫促而使之然歟？故勿恤而吉也。 夫以二、五言之，則二爻居相應之地，二有内助之德而五愛之，五有刑家之道而二愛之，此所謂交相愛也。 以六爻言之，則六爻剛柔各得其正，而以正道交相親愛，此九五所以得爲一家之主也，故以「假有家」獨歸之五焉。 以天下言之，則王者盡此有家之道以達之天下。 故親其親，以及人之親； 長其長，以及人之長； 幼其幼，以及人之幼。 使天下之内无遠近，无小大，无衆寡，交相親愛，雝雝睦睦，濟濟有叙，若在一堂之上焉。 則王假有家之道至此，又无復有加矣，故《象》曰「父父、子子、兄兄、弟弟、夫夫、婦婦，而家道正，正家而天下定矣」，盡是道者九五是也。

上九，有孚威如，終吉。

《象》曰： 威如之吉，反身之謂也。

家人至上九，家道之大成也。 夫能正家而至於家道之大成也，豈无所自而致然歟？ 蓋正家之道，以正身爲本。 孟子曰： 「天下之本在國，國之本在家，家之本在身。」其身不正，則未有能正家者也，况能國與天下乎？ 夫家道以嚴終，常人之情，其於妻孥也，則以恩掩義； 其於臣妾也，則以慢勝禮。 語其能以不失其威嚴，而使家人有祗畏之心者則未也。 雖然，徒能威嚴乎人，而不能威嚴乎其身，則在人者未有能我信而我從者。故威嚴之道，當先施諸其身，自反自克，使吾之身无一毫之可愧焉，則將不施威而有自然之威矣，何者？人深信之故也。「有孚威如，終吉」，而《象》曰「威如之吉，反身之謂也」。夫家道以嚴終，是故吉於用威也，然語其有自然之威，而若未嘗用威而人我從焉者，則以人之深信我也。夫人之深信我者，非信乎我之能用威乎人也，而信我之能用威乎我之身故也。夫惟能用威乎我之身，則所以信乎人也自有不威之威矣，雖欲人之不我從不可也。孟子曰：「身不行，道不行於妻子。」是言也，蓋爲不能用威乎其身，而徒用威於人者設也。然則不能用威乎其身，而徒能用威於人，則雖妻子亦不吾信而吾從也，況他人乎？嗚呼！吾以是知《易》之有家人也，聖人不以責之家人，而責之吾之身也。

䷥兑下離上

睽：小事吉。

《彖》曰：睽，火動而上，澤動而下。二女同居，其志不同行。說而麗乎明，柔進而上行，得中而應乎剛，是以小事吉。天地睽而其事同也，男女睽而其志通也，萬物睽而其事類也，睽之時用大矣哉。

天下之物自至理之外，君子亦聽其勢之如何爾，未嘗强同之也，此《易》之所以有睽。睽，乖也。睽，合離、兑以成卦。離，火也。兑，澤也。離爲中女，兑爲少女。「火動而上，澤動而下」，此即離、兑之象以言在物之睽也。「二女同居，其志不同行」，此又即離、兑之象以言在人之睽也。「説而麗乎明，柔進而上行，得中而應乎剛」，此則合離、兑之義，與六五之下應九二以言睽之小事吉也。夫澤、火二物俱以動爲用，未始不同也，然或動而上，或動而下，在物之睽有如此者；中、少二女生而同居，亦未始不同也，然志各有歸，其行不同，在人之睽有如此者。即物與人以論睽而睽之義曉然矣。兑，説也；離，麗也。離又爲明，以説順之道而附麗於離明，得所附也，當睽乖之時，説而不麗乎明，則私昵之情爾，如睽何？六五之君以柔進而上行，居尊得中，而下應乎九二剛明之臣，當是時也，雖不能合天下之睽，成天下之大事，則亦可以小濟矣，故曰「是以小事吉」也。胡安定曰：「夫睽乖之時，上下之情異，雖有大才德之人，亦不能大有所爲，但小事則可以得吉也。」「天地睽而其事同也，男女睽而其志通也，萬物睽而其事類也，睽之時用大矣哉」，此又廣言睽之時用，以明天下有不同之物而无不同之理也。夫天高地下，此天地之睽也，然二氣交感而成化育之事則同也；男陽女陰，此男女之睽也，生而有室家之願而相求之志則通也；萬物散殊，長短小大各各不同，此萬物之睽也，然賦性稟命、出入生死之事則類也。夫睽，乖也。天下之物固有以睽而合者，此又物理之不異也。聖人明物理之不異，故天地之大，人物之衆，聖人不務强同其勢而務嘿通其理，此所以處睽之時、盡睽之用而能和合萬類也。夫舉天地之大，人物之衆，聖人以一理通之而能合萬類之睽，其用若此，此天地人物之所不外也，故贊之曰「睽之時用大矣哉」。

《象》曰：上火下澤，睽。君子以同而異。

火與澤，燥濕之性既不同，而上下之勢復爾異，此睽之象然也。雖然，火與澤，以理觀之固亦未嘗不同也，何也？爲火者必上，爲澤者必下，此蓋理之所謂不得不然者，夫以理觀之，知其不得不如是也，非同乎？然以燥濕之性與夫上下之勢觀之，則誠異矣。君子之心固未嘗欲自異也，然或所居之位、所守之職有不同焉者，人曰此異也，而君子則曰此即吾之所謂以同而異焉爾。如孟子論禹、稷、顔子與曾子、子思，概以同道目之是矣。其次，若魯之男子以吾之不可學柳下惠之可，是亦以異而同也。

初九，悔亡。喪馬，勿逐自復，見惡人无咎。

《象》曰：見惡人，以避咎也。

睽之六爻，惟初與四居敵應之地。夫當居睽乖之時，而居相應之地者，乃敵應也，則兩剛齟齬之勢其乖異可知，此有悔也。悔而能亡者，謂初居下位而不與四校得喪故也。夫馬者所以行也，「喪馬，勿逐自復」者，謂雖喪其所行之具，而不與之校也，故曰「勿逐」。曰「勿」云者，戒之之辭也。夫當睽異之時，身處下位而能不與人校得喪，則吾之所以行之具，初亦未嘗喪也。故曰「自復」，謂其雖喪而无喪也，此悔之所以亡。惡人即九四也，所謂與初九爲敵應者是也。夫彼以剛在上與吾爲敵應，而吾復以剛與之校焉，不可也。然不與人校固可也，而其失也，又易至於棄絶夫人，則於悔雖亡而於怨咎又不能无也。蓋以剛傲然居上，而吾惟以不校之説是守焉，則或至於一切棄絶之，而睽異之勢又何自而合邪？故曰「見惡人无咎」，而《象》曰「以避咎也」。此處睽異之道而然也，不然，悔亡雖在所取也，不能免咎又焉足尚乎？

九二，遇主于巷，无咎。

《象》曰：遇主于巷，未失道也。

睽自二至上，各以陰陽相應。然睽乖之時，火動而上，澤動而下，陰陽之情乖異而不通，故相應之道比之它卦特不同爾。夫二以剛中之才，上應六五柔中之主，亦足以行其道矣。然睽之時小人當路，正道否塞，非君臣上下道合志同之日也，故當委曲宛轉以求通上之意，然後可以變睽離而爲遇合也，故曰「遇主於巷」。巷者，委曲之道也；遇者，遇合之謂也。以言當此之時小人未去，正道未闢，其所以能遇合於君者，在委曲宛轉引之於當道云爾。故曰「无咎」，而《象》曰「未失道也」。夫當堯舜之時，朝廷清明，无有蔽欺，爲君者以「予違汝弼」望乎下，爲臣者以「无若丹朱」戒乎上，直言正論，或吁或俞，故无待於委曲宛轉以覬其遇合也。孟子之於戰國則不然，是時楊、墨塞路，儀、秦縱横。故孟子於此，因齊王之好色也，則亦對之以好色之説；好貨也，則亦對之以好貨之説；好勇也，則亦對之以好勇之説。此委曲宛轉，以覬其遇合者然也。然對之好色也，則以太王爲言；對之好貨也，則以公劉爲言；對之好勇也，則以文武爲言。此雖遇主於巷也，曾何失道之有？若商鞅之説秦也，帝不入則王，王不入則伯，此雖有所遇合也，然失道多矣，能无咎乎？

六三，見輿曳，其牛掣，其人天且劓，无初有終。

《象》曰：見輿曳，位不當也。无初有終，遇剛也。

當睽之時，九四獨無其應，而六三以陰柔近而比之，所謂起疑似而招陵犯者也。夫輿者所以行也，牛者所以行是輿也，六三欲往以應上九，而四阻之，其能免侵陵之患矣乎？故見輿曳而不進，其牛掣而有所止。「其人天且劓」而重有所傷也，何者？位不當故也，使其以陽剛居此位，則无是患矣。夫天，髡其首也；劓，截其鼻也。首所以上向，而鼻所以上通也，而重見傷焉者，蓋四也欲阻其上向、絶其上通，而怒其不惟己之從故也。雖然，睽極則有終合之理，三與上居正應之地，其能終睽矣乎？特以所處之位遇乎九四之剛，故初雖不免於見傷，而終獲其應也，故曰「无初有終，遇剛也」。凡寇難在己之下，則曰「乘剛也」，若屯六二之於初九是也；寇難在己之上，則曰「遇剛也」，則睽六三之於九四是也。夫同人之世宜若无所不同也，而九五又居天下之利勢，其在當時容有不顧於分并起而争其應者，九三、九四是也，又况睽異之時乎？然則六三之不免見傷，无足怪也。

九四，睽孤，遇元夫。交孚，厲无咎。

《象》曰：交孚无咎，志行也。

於時既睽，所處又无應，故曰「睽孤」。雖然，初以陽德居下位，所謂同德之君子也，四能去其剛傲之氣而與之遇焉，則未爲睽孤也，故曰「遇元夫」。初以剛陽居一卦之始，以不校爲勇，以辟咎爲智，所謂善士也，故稱「元夫」。雖然，遇合之道不可苟也，吾不彼忌而後彼不吾疑，夫苟疑忌之情未能盡去，則睽異之勢又何自而合邪？故四必得初，交相孚信，而後四可以无孤危之咎也，故曰「交孚，厲无咎」。以言四既以孚信下交乎初，則初亦以孚信上交乎四，則雖孤危，其咎可无也。而《象》曰「交孚无咎，志行也」者，夫在睽而求通，方孤而思合，處危而欲安，患其无道爾。今也誠意一孚而同德相遇，則反睽而爲通，不孤而有合，去危而即安，特在於一交孚之際爾，四之志安得而不行邪？此其所以无咎也。雖然，四之遇初則曰「元夫」，而初之見四則曰「惡人」，初之待四无乃太甚矣乎？曰：　君子不以時之方睽也，而睽其所守；　不以己之无與也，而與非其應。四之无得於三，命也，而能使三之曳其輿，掣其牛，天且劓其人，以滋上九之群疑者，孰使之然哉？得非四之過邪？四也所爲若此，若以初之不校之德視之，豈不薰蕕之異臭而鳳鷙之異禀歟？故在四則目初曰元夫，貴初也；　在初則目四曰惡人，愧四也。此《易》奬善嫉惡之微旨也。

六五，悔亡。厥宗噬膚，往何咎。

《象》曰：　厥宗噬膚，往有慶也。

夫古今天下未嘗无睽異之時，然究其所以然也，則其咎宜誰歸？歸之天下之人不可也，歸之群臣亦不可也，而人君實任此責爾，此六五所以不能无悔也。然而其悔可亡者，蓋以謙柔自處，而能下應乎剛明之臣故爾。夫惟能以謙柔自處，而所宗敬者九二，剛明之臣也，故雖當睽異之時，小人當路，正道否塞，而九二以剛明之才噬而去之。其噬也易，若噬柔脆之物然，故曰「厥宗噬膚」。則五於此得以往而與二合，夫何咎之有？蓋小人之勝君子也尚矣。以六三不當位之才，而居睽卦之中，所謂起疑似而招陵犯之人也。二之於五居相應之地，能爲五之所宗敬，則力於濟睽者也。故以剛明之才，噬去此小人，若噬膚然，去其否塞，以通道乎五，而五遂得往與二合，君臣共濟以成此濟睽之功，則在五也豈不謂之有慶矣乎？夫四與初在下而非其應也，徒以同德相遇，尤能使其志之行，則五之於二居君臣相應之地，其效宜如何？故爻曰「往何咎」，而《象》又贊之曰「往有慶也」，然《易》於此時勉進六五之意深矣。

上九，睽孤。見豕負塗，載鬼一車。先張之弧，後説之弧。匪寇婚媾，往遇雨則吉。

《象》曰：遇雨之吉，群疑亡也。

六四无應故曰睽孤，上九有應亦曰睽孤，何也？程曰：「居卦之終，睽之極也。陽剛在上，剛之極也。在離之上，用明之極也，睽極則咈戾而難合，剛極則暴躁而不詳，明極則過察而多疑。上九有六三之應，其實不孤，而其才性如此，自睽孤也。如人雖有親黨，而自多疑猜，妄生乖離，雖處骨肉親黨之間，而常孤獨也。」夫「見豕負塗，載鬼一車」，此多疑之象也。豕，穢畜也，而又身被負〔二〕其塗泥，穢莫甚焉。三，兑體也，陰物而居澤，豕負塗之象也。上九視三，鄙其行之醜惡，故其象如此。車，人所乘也。鬼，非人也，而載之一車，載非其人之象也，上九謂三自下乘四而不惟己之是應，故又有是象焉。「先張之弧」，始疑而惡之，欲射之也；「後説之弧」，而弗射，則釋疑而

〔二〕負，四庫本無。

睽解矣。蓋物極必反，睽極必通，《易》之理然也。；若睽極而不通，則終於睽而已矣，此豈《易》之理也哉！《繫辭》以弧矢取諸睽，故睽之上九有張弧、説弧之象，夫後説之弧而弗射之者，以三非與寇爲婚媾，是故弗射之也。夫惟嫌疑既釋，則往而應之得所遇合矣，故曰「往遇雨則吉」。夫陰陽和則雨，終也睽合而和，此睽之所以吉也，向之所謂群疑者，如豕負塗、如車載鬼之類也，豈不一切釋去之耶？故曰「遇雨之吉，群疑亡也」，夫睽生於疑而孤又生於睽，今也群疑既亡，則睽者合矣，又何孤云？此上九之於六三，所以有遇雨之吉也。故上九有「先張之弧，後説之弧」之象，則六三亦有「无初有終」之辭，二爻必以先後終始爲言者，以言向也睽而今也通，《易》之理然也。

卷十八

䷦艮下坎上

蹇：利西南，不利東北。利見大人，貞吉。

《彖》曰：蹇，難也，險在前也。見險而能止，知矣哉。蹇利西南，往得中也。不利東北，其道窮也。利見大人，往有功也。當位貞吉，以正邦也。蹇之時用大矣哉。

蹇合坎、艮以成體，坎水在前，艮山在後，前有險，後有阻，何適而可哉？此所以爲蹇也。蹇之爲義，有止塞而无流通，故曰「蹇，難也」。蹇難之世，君子不幸而會逢其時，則亦奈之何哉？在我者，務知所以處蹇之道而已矣！故蹇之所以爲難者，以坎險之在前也，見險而能止，此處蹇之道也。《彖》合坎、艮之義以言處蹇之道，故曰「險在前也」。見險而能止，夫險難在前，人所共見，固不待明者而後見之也。然蹈危履險、亡軀害人而无益於救難者，明者不然也。故君子於此體艮之止而止焉，其曰「能止」，則救難之心非若是恝也，相時度勢而不以衝冒强聒爲能故也。此之所見，又在人所共見之外也，故贊之曰「知矣哉」。以言見人之所見者不足謂知，於人所共見之外而又有所謂能焉者，斯足謂之知也矣夫。所謂相時度勢者何也？卦之德曰「利西南，不利東北」是也。西南之維，坤實位焉。夫坤，地也。其勢寬平而順易，以寬平順易之道往以濟難，則其難舒矣，故「蹇利西南，往得中也」，此即九五一爻以言濟蹇之道也。夫當蹇難之時，往以濟難而不得中正之道焉，則是與難争也，與患難争鋒而求以濟難，惑也矣。何謂中正之道？曰：寬平而順易是也。以九居五而得中正之位，則是往以濟難而得中正之道也。五實坎體而謂之「利西南」云者，蓋坎體本坤，九往居中而成坎，夫九以剛明之才而往處坤之中位，非「利西南，往得中也」之義乎？若夫不知西南之爲利，而反其所詣焉，則有所不利矣，故《易》於此指其所之而避其所忌，而以利不利明以告之。夫東北之維，艮實位焉，此正坤之對而西南之反也。蓋艮山也，其勢險阻而危極，以險阻危極之道而濟難，何難之能濟乎？故曰「不利東北，其道窮也」，此即艮上有坎以言蹇之所以爲難也。「利見大人，往有功也」，此又即六二往應九五，以言濟蹇之有功也。「當位正吉，以正邦也」，此又謂自初至上，六爻皆得其正，以言蹇之必濟也。或曰：六二、九三、六四、九五、上六正也，初六正乎？曰：當蹇之世，陽居下位，則陽爲失位，以陰居下位，詎非正乎？夫以九居五，有陽剛中正之德，所謂大人也，六二以柔中之德往而應之，則其見之也何利如之？此所以能相與而成濟蹇之功也。六爻自初至上，陰陽各當其位，此《易》所謂正也。在人則爲貴賤履位，賢不肖襲情，上下各守其分而不相踰越，以此道而正邦，邦則自正矣，又何蹇之不濟乎？此所以吉也。夫天下之所以不理，患難之所以難去者，以上下之分不明也，今也六爻之間其剛柔素定如此，則求以濟蹇也，又豈必他求云乎哉？蓋正之在人也，所謂其本心也，以人之本心也而還以正之，則不勞而功成矣。盡是道而成是功者，則六二之與九五是也，故卦之德曰「利見大人，貞吉」。由是觀之，則當蹇之時，盡蹇之道，而以爲蹇之用也，豈不大哉？故「蹇之時用大矣哉」！何謂時用？曰：正而已矣。

《象》曰：山上有水，蹇。君子以反身修德。

曰「蹇」云者，有止塞而无流通之謂也。山上有水，則无下流之象也，此豈有他哉？蓋有所止塞之故也。夫山上之水无有止塞，則建瓴之便，孰能禦之？其曰「有水」云者，有而未決之義也。君子之道，所以未孚於人、未亨於世者，亦豈有他哉？時使然也。故夫水之蹇也，反其流而豐其蓄而已。其蓄既豐，則盈科而放海矣，孰能吾蹇耶？君子之蹇也，反其身而修德而已，吾德既修，則己正而物正矣，亦孰吾蹇耶？孟子曰「行有不得者，皆反求諸己」而已矣，求諸己者既至，則其行也豈復有不得矣乎？嗚呼！此君子之學以自反爲之本也。夫自反之學，其在平夷无事之時猶不可舍，而况蹇之時乎？故蹇之六爻，皆以往爲蹇、來爲宜也。

初六，往蹇，來譽。

《象》曰：往蹇來譽，宜待也。

夫可以行則行，可以止則止，出處之大致然也。又况當蹇之時，而居諸下位，其可以冒昧而輕進乎？故曰往則有蹇，來則有譽。夫初六以柔而居下，當斯時也，衆人皆以冒昧輕進而失，而吾獨以謹重待時爲得，庸非譽乎？其曰「宜待」云者，戒之也。

六二，王臣蹇蹇，匪躬之故。

《象》曰：王臣蹇蹇，中无尤也。

六二以柔静知止，在蹇之時爲遠於難，可以无蹇矣。然身雖无蹇，而與九五大人居相應之地，蹇而不濟，難而不救，將焉用居此位也？故必盡王臣之義，而後居此中位，可以无愧矣。「蹇蹇」謂時之方蹇，而吾當力任此蹇之責，此雖非其躬之蹇也，而上而吾君、下而天下之民皆予賴也，予其敢謂其非躬之故，而不以爲蹇也乎？惟能如是，故居此中位，隱於吾心而可以无過尤也。中，以位言之，則二之位也；以人言之，則王臣之心也。昔退之作《争臣論》，嘗引此爻與蠱之上九以譏陽城矣，而曰：「若蠱之上九，居无用之地，而致匪躬之節。以蹇之六二，在王臣之位，而高不事之心，則冒進之患生，而曠官之刺興。志不可則，而尤之不能无也。」亦曰居此位者則必及此事，若視政之得失若越人視秦人之肥瘠，忽焉不加休戚於其心，則過矣。夫諫諍，言官也猶不可曠，而况居大臣之位，而當蹇難之時，其可以自處於静止之地而已乎？

九三，往蹇，來反。

《象》曰：往蹇來反，内喜之也。

九三，艮之主也，内之二陰所以能自立於蹇難之世者，以三爲之捍蔽也。三若舍内而之外，則往而蹇矣，故莫若來而反諸内體之上，以爲二陰之主，則在内者得所附矣，其喜慰之心宜如何哉？《春秋》書「季子來歸」，穀梁子曰：「其曰季子，貴之也；其曰來歸，喜之也。」蓋當莊公死，子般弑，慶父主兵，季友力不能支，固嘗避難而出奔矣。當是時也，魯國方危，内難未定，國人思得季友以安宗社，故閔公即位之元年，書公及齊侯盟於落姑。盟，納季子也。而公羊子亦曰：「其言來歸何？喜之也。」何休釋之曰：「季子來歸則國安，故喜之。」此則蹇之九三，所謂「往蹇來反，内喜之也」之謂也。

六四，往蹇，來連。

《象》曰：往蹇來連，當位實也。

四，陰位也，而以六居之，當位者也。夫居其位而輕去之，則往而蹇矣。故亦莫若來而連下之諸爻，以静止自守，則得其所安矣。實，誠實也。夫處蹇之道，在於以誠實爲本，處蹇而不以誠實爲本，則内無所執守，外无所據依，人誰我與哉？故往既蹇矣，必欲來而連乎下之諸爻，相恃以爲安，則莫若以誠實爲之本也。《象》曰「當位貞吉」，此不云「當位正也」，而云「當位實也」何也？

程曰：「上下之交，主於誠實，用各有其所也。」

九五，大蹇，朋來。

《象》曰：大蹇朋來，以中節也。

六爻皆蹇也，而九五則處坎險之中，所謂蹇之大者。夫有剛健中正之德，而以身任天下之大蹇，則亦何所不可？而古者聖帝明王於此，則又必汲汲焉，務於來天下之助焉者，以爲戡難而正邦者，非群才之助不可也，此九五處大蹇之任，而又有賴於朋來之助焉。《彖》曰「當位貞吉，以正邦也」，蓋謂收正邦之功者雖九五也，而所以正邦者，則上下六爻皆當其位而然也。然則處大蹇之任，以中正之道節正天下者，非有賴於朋來之助，可乎？蹇之六位皆正人也，故曰「朋來」，夫既得朋來之助，而以中正之道節正天下，此九五所以收正邦之功歟？

上六，往蹇，來碩，吉。利見大人。

《象》曰：往蹇來碩，志在内也。利見大人，以從貴也。

蹇至上六，蹇之極也，又復何所往乎？往則自爲蹇蹙爾，非真有蹇也，故亦曰「往蹇」。碩，大也，寬綽舒肆之謂也。來則從五應三，其志在内而難賴以紓，故[二]曰「來碩，吉」。夫蹇至上六始言吉者，以謂[三]蹇至此極，物極必反，蹇極則通故也。《象》曰「利見大人」，大人謂九五也，夫九五朋來之主也，當此之時利見之者，豈惟上六也哉？而上六獨云爾者，處一卦之外，尤不可以不知所從故也。不然，當此之世不寧方來，而上六獨後乎五，故不能无凶。上六之在蹇也，可不知所從乎？其曰「利見大人，以從貴也」者，《易》之於上六也，懼其或恃己之尊，忘己之賤，而不知有所從也，故爲之戒云。嗚呼！聖人厭亂之心，即此亦可見矣。

䷧坎下震上

解：利西南，无所往，其來復吉。有攸往，夙吉。

《彖》曰：解，險以動，動而免乎險，解。解利西南，往得衆也。其來復吉，乃得中也。有攸往，夙吉，往有功也。天地解而雷雨作，雷雨作而

[二] 故，原作「政」，據通志堂本、四庫本改。
[三] 以謂，通志堂本、四庫本作「以爲」。

百果草木皆甲拆。解之時大矣哉！

天下未嘗有无難之時，亦未嘗无濟難之道，顧人謀如何爾！人謀一至，則反有難而爲无難，特其餘事爾，此《易》之所以有解。解合震、坎以成體。震，動也；坎，險也。「解，險以動，動而免乎險，解」，此即震、坎之體以言解也。「解利西南，往得衆也」，此則即震九四一爻以言解也。「其來復吉，往得中也」，此則即坎九二一爻以言解也。「有攸往，夙吉，往有功也」，此又即震九四之爻以言解也。夫需也，蹇也，皆險在前也，而當解之時險既散，則險不在前矣，故曰「險以動，動而免乎險，解」。猶之曰「曷謂乎險，以動也，蓋動而出乎險之外，已免乎險難」云爾，險難既免，此所以爲解也。夫所以濟難者，以寬平順易之道，蹇之利西南是也。今難之既解也，此道奚宜置哉？成湯之代虐以寬，及其既代虐也，亦不聞廢是寬也，此得衆之道也。其在卦也，則震體本坤，九以一陽往居坤下，是以成震。夫九以一陽而往居坤之下，非「利西南，往得衆也」之謂乎？爲衆故曰「得衆」，九四所謂「朋至斯孚」是也。夫天下之難既已解散，則是无所往也，既无所往，則當來而復諸安静之地，使天下知有息肩之暇、奠枕之安矣！此吉也，不然則亂去而兵未休，財匱而賦愈急，民瘦〔一〕而役不止，難何時而可解邪？此殆非所謂時中之道也。其在卦也，爻惟二陽，陽在四則

〔一〕　瘦，四庫本作「疲」。

爲震，陽在二則爲坎，坎中之一陽來居二位，此所謂「乃得中」也。雖然，難既解矣，既已無所往矣，治不忘亂，安不忘危，此又人君之至戒也。其可以難之既解，而恝然忘其所謂警戒之心哉？若有攸往，尤當夙致其警戒之念可也。益之戒舜曰「儆戒無虞」，而臯陶亦曰「屢省乃成，欽哉」，此有攸往而以夙爲吉也。夫惟能夙致其警戒之心，則有所不往，往而有功矣，其在卦也，則亦震之九四是也。震之爲義在於恐懼修省，而九四居動而免乎險之地，故又以「有攸往，夙吉」爲之戒云。夫《彖》之所言者皆人謀也，人謀既至，則天下无不解之難，而天地之解實如之。故又以天地之解以終一《彖》之義，天地解而雷雨作，此又即震、坎之象以言天地之解也。夫震爲雷，坎爲雨，雷雨一作而百果草木皆甲拆，則天地之内容有不解之物矣乎？此天地之解也，夫百果草木皆甲拆，惟解之時爲然，天下之難无不散，亦惟解之時爲然。然則古今之時，孰大於解也乎？故終贊之曰：「解之時大矣哉！」

《象》曰：雷雨作，解。君子以赦過宥罪。

昔孔子誦成湯之言曰：「萬方有罪，罪在朕躬。百姓有過，在予一人。」蓋以天下之有罪與過者，皆由上之所化故也。孟子曰「文武興則民好善，幽厲興則民好暴」是也。夫當大難方解之初，天下之人始出塗炭，去昏而即明，去亂而歸治，苟惟上之人追罪其罪、追尤其過而盡誅之，則更起天下之難矣，此非所以爲解也。故必也法天地之解，有聳動之大號、滂沛之大恩，如雷雨之作，而萬物均被其澤焉，則向之有罪與過者，咸釋然有更始自新之望矣，故曰「君子以赦過宥罪」。赦者，舍也；宥者，寬也。於過誤則赦而舍之，於罪惡則宥而寬之，此雖不能无輕重淺深之異，然待之以不死一也。雖然，人君之政有所謂赦宥云者，特因亂難既解之後而有是也，若屢行而不已焉，則適所以長寇而滋奸，非政也。其後世之過乎？此駁赦之論所以作於五代之張元。

初六，无咎。

《象》曰：剛柔之際，義无咎也。

夫當解難之初，類非柔弱之才所能勝也。然身居下位，能以已之柔而濟夫二之剛，使二之剛得已之柔以爲輔，而亦以剛際夫柔，則剛柔相資，於解之義爲无咎矣。不然，位既不足而才復歉然，當解之初豈能无咎也歟？蓋九二坎之主也，初六以陰柔之才當解之初，近而際諸九二，而九二亦自近而際之，此所謂剛柔之際也。夫同居内體，柔者能以柔而際剛，而剛者亦以剛而際柔，同心居内以贊成解難之功，得之矣，又孰得以才之不足而咎初也乎？或曰：初與四居相應之地，今而謂之與二相際，何也？曰：初爲坎底，勢不上達；四爲動主，性非下逮。凡曰「際」云者，上下相鄰之謂也，泰之九三曰「天地際也」是也。故初雖與四爲應，而无際四之象。

九二，田獲三狐，得黄矢，貞吉。

《象》曰：九二貞吉，得中道也。

田，狩事也；狐，疑物也；黄，中色也；矢，直器也。二以剛中之才爲坎之主，受解之任，卦德所謂「无所往，其來復吉」，而《象》所謂「乃得中也」是也。夫天下之難，常生於人情之疑惑，方其未解也，故不免於田狩之事。三狐者，人情衆多之疑也。九二則以田而獲之，既獲矣，夫復何所往哉？來而復諸安静之地，以中直之道待天下而已矣，故曰「得黄矢」。此九二之貞吉，而《象》謂之「得中道也」。夫方其難之未解也，受是解之任，而不以任是解之責，此固非二之所謂正也。及其難之既解也，三狐之既獲，而不知中道之爲得，此又豈二之正也歟？

六三，負且乘，致寇至，貞吝。

《象》曰：負且乘，亦可醜也。自我致戎，又誰咎也。

夫亂難既解，則貴賤履位，朝廷清明，容有非據之人加諸上位，則其致寇戎也必矣。六三以陰柔居下之上，所謂小人而處高位者也，夫小人宜在下者也，故三有負且乘之象。《繫辭》釋之曰：「負者，小人之事也；乘者，君子之器也。」則以六居三之謂也。夫以負荷之質，而且乘車，非所宜據可知矣，安得不召寇戎也哉？故《繫辭》曰：「小人而乘君子之器，盗斯奪之矣；上慢下暴，盗斯伐之矣。」何者？以小人而加諸上位，天下之所不容故也。若昏亂之世，則彼之志得以行矣，其孰能誰何之哉？「貞吝」云者，以六居三，不正者也，故於正道爲可醜吝，而《象》曰「負且乘，亦可醜也」。夫人必自侮，然後人侮之；國必自伐，然後人伐之。六三之負且乘，自侮自伐亦甚矣，則其致寇戎也，孰使之然哉？无所歸其咎矣！故曰「自我致戎，又誰咎也」，「我」謂三也。

《象》曰「又誰咎也」，疑「貞吝」下有「无咎」二字，今逸之。

九四，解而拇，朋至斯孚。

《象》曰：解而拇，未當位也。

夫處近尊之位，遇有爲之時，又有能爲之才，而其事業或未能厭滿於人心者，此九四所以有解而拇〔一〕之象，而《象》曰「未當位也」。拇之爲物，在下體而微者也，初六之象也。四與初正居相應之地，其所解者至微至狹，而其功未足以稱乎其位，故有是象也。惟夫解之所及者，不特至微至狹而已，使凡朋類之至，而吾无所不用其孚焉，則解之功大矣，斯足以當夫位矣，故又曰「朋至斯孚」，是言也所以勉四也。夫當解之時，在上而有功乎下也易，在下而致力乎上也難，故四與初雖

〔一〕拇，四庫本作「拇」。

居相應之地，初無際四之象，而四有解初之功，惜乎其未大也，此所以有「朋至斯孚」之勉焉。

六五，君子維有解吉，有孚于小人。

《象》曰：君子有解，小人退也。

夫天下之難所以未去者，在於小人有不肯已之心故也。夫小人之心所以不肯已者，非果難已之也，以君子之舉動无以保信之，而彼遂不肯已也。嗚呼！小人之心而至於不肯已也，此天下之難所以作而不休，而君子日夜用其智、竭其謀求以已其難，而難卒未已也。然則如之何而可以保信之乎？曰：維有解而已矣。君子維有解，則彼小人者必曰：「吾君子我赦也，不我殛也；我宥也，不我迫也。吾有更生之望矣，吾有自新之路矣。曩者吾以爲斯世之棄人也，今復得以齒於天地之間矣；曩者吾以爲逃刑避罪之不暇也，今復得以爲太平之人矣。吾何爲而爲此亂民也哉！」如此，則雖不用智、不竭謀以與小人争一旦之命，而彼之不肯已之心釋然散去而无餘，而難自已矣。何者？蓋吾有以保信之故也。故曰「君子維有解，有孚於小人」，而《象》曰「君子有解，小人退也」，曰「退」云者，已其不肯已之心，而无復與我争衡故也。然則已難之道，其事甚約，其效甚速也如此。夫武王之既伐商也，歸馬於華山，散牛於桃林，示天下不復用兵，此維有解之謂也；而又發鉅橋之粟，散鹿臺之財，大賚於四海，而致萬姓之悦服，此有孚於小人也。當是時也，爲小人者雖欲不已其不肯已之心，得乎？《彖》曰「解之時大矣哉」，盡是大者則六五是也，於古人則武王是也。

上六，公用射隼于高墉之上，獲之无不利。

《象》曰：公用射隼，以解悖也。

解至上六，解之功已成矣，故極言解悖之道。夫隼，鷙悍之禽也，所謂上慢而下暴，六三之象也。解之六爻，惟三與上各處一卦之上而非其應，故上以震動之極而尤在諸爻之上。於位則正，於勢則便，於器則利，於時則宜，以正而去不正，獲之蓋无難者，故曰「公用射隼於高墉之上，獲之不无利」。三居下之上，内外之限也，故有高墉之象。若同人九四「乘其墉」，則内外之限又在九四矣。《繫辭》之釋此爻也，而曰：「隼者，禽也；弓矢者，器也；射之者，人也。君子藏器於身，待時而動，何不利之有？動而不括，是以出而有獲。語成器而動者也。」此又申解悖之道也。

卷十九

䷨兑下艮上

損：有孚，元吉，无咎，可貞，利有攸往。曷之用？二簋可用享。

《彖》曰：損，損下益上，其道上行。損而有孚，元吉，无咎，可貞，利有攸往。曷之用？二簋可用享。二簋應有時，損剛益柔有時。損益盈虚，與時偕行。

昔者聖人之作《易》也，蓋所以抑人欲而就天理者也。始終六十四卦大抵然也，而其尤深切著明者，予又於謙也、節也、損也之三卦見之矣。是何也？蓋人之情，莫不欲倨肆之爲便，而誇尚之爲高也，而聖人則抑之曰是不可也，《易》有謙退之道焉，此卦之所以有謙；人之情，莫不欲侈縱以自適，而滿溢以自盈也，而聖人則抑之曰是不可也，《易》有節止之道焉，此卦之所以有節；

人之情莫不欲裒〔一〕剋以自肥，而忿戾之是騁也，而聖人則抑之曰是又大不可也，《易》有自損之道焉，此卦之所以有損。聖人之心，何其仁也！蓋聖人者，天理之盟主，微《易》則斯人天理日負，而人欲日勝。《易》微此三卦，則所以抑人欲而就天理者，又或緩而未切、晦而未明者矣。夫卦之所以爲損者，聖人曰「損下益上，其道上行」，諸儒之言曰「損乾之九三益坤之上六，此之謂其道上行也」。噫！未也，此泥於卦變而曰此卦自泰來也，而予之所見則曰：聖人之心不如是之徒然也，以徒然之學而求聖人之心，此所謂終日談飲食而无益於飢渴者也。又況其所談者，非真可飲真可食之物也，如飢渴何？然則其説何也？曰：予聞之，六子之卦，皆由乾坤父母、陰陽二氣相感而然也，八卦成列，因而重之，則以艮重兑是以爲損，非謂以坤重乾而爲泰，復由泰而爲損也。故夫所謂「損下益上」云者，以卦之才言之，不過曰乾三索於坤而得兑，而兑之在損也則爲下體，故曰「損下」，謂六三之爲陰也；坤三索於乾而得艮，而艮之在損也則爲上體，故曰「益上」，謂上九之爲陽也。如是足矣，又何用自泰來乎？以卦之義言之，則兑之三爻以説居下，而皆上應，説以奉上者也。故凡天下之有餘才餘智者不自有也，損之以益上，則獻替之道行於上矣；凡天下之有餘粟餘布者亦不自有也，損之以益上，則供奉之道行於上矣，故曰「其道上行」。雖然，損之道以誠

〔一〕 裒，四庫薈要本作「掊」。

信爲本，損而不本於誠信，則有餘才餘智者損之則以爲屑，有餘粟餘布者損之則以爲怨。此无吉而有咎，非可貞之道不可行也，其能舉天下之君子、小人以仰事一人矣乎？故損而有孚，則元吉而无咎矣，此之謂可貞之道有攸往而利也。所謂「有攸往而利」者，无施而不可也。且以享祀言之，享祀之禮其文雖繁，然以誠敬爲本，「曷之用」謂何用乎文之繁也。夫苟誠敬，則於其享祀也，雖二簋之簡且薄亦可用矣，何者？以有孚故也。左氏曰「苟有明信，澗溪沼沚之毛，蘋蘩薀藻之菜，筐筥錡釜之器，潢污行潦之水可薦於鬼神，可羞於王公」是也，而夫子從而釋之曰：「二簋之簡且薄，而可用以享者，惟損之時爲然。夫末之勝而本之衰，文之盛而實之衰，則二簋亦可用以享矣，此所謂當損也。」夫苟本實未喪，而過用裁損，則又失之矣，故曰「應有時」，謂時然而然，而吾之應之不可泥也，故又繼之曰「損剛益柔有時」。夫剛易失之强，强則或過；柔易失之弱，弱則不足。損剛以益柔，損强以益弱，損過以益不足，此時中之學也，故又終之曰「損益盈虛，與時偕行」。夫《易》之爲《易》，時焉而已矣，君子之於《易》，亦隨時以從道而已矣。或損也，人曰此虛也；或益也，人曰此盈也。而不知君子无容心於此也，與時偕行而已矣，夫惟與時偕行，則或損也，或益也，而惟時之爲聽。則當此時也，而二簋之是用，不亦可乎？此卦之德所以有曰「有孚，元吉，无咎，可貞，利有攸往。曷之用？二簋可用享」也。

《象》曰：山下有澤，損。君子以懲忿窒慾。

山下有澤，澤寇山而山塞澤也，夫彼日爲吾寇，而吾日有以塞之，則吾之所以塞彼之寇者用力多矣。蓋塞之者止其勿吾寇而已也，吾非從彼也，夫吾非彼之從，則其能自克者甚矣。此所謂損也，君子於此故懲忿窒欲。程曰：「天下之害，无不由末之勝也。」損者損過而就中，損浮末而就本實也。淫酷殘忍，本於刑罰；窮兵黷武，本於征討，此君子之忿在所懲。峻宇雕牆，本於宫室；酒池肉林，本於飲食，此君子之欲在所窒。有所懲、有所窒者，皆損之力也。

初九，已事遄往，无咎，酌損之。

《象》曰：已事遄往，尚合志也。

兑體三爻，皆損下以益上也。然九二則以弗損而爲益，六三則以獨行而得友，初九之陽方盈在下，則當損下之盈，以益上之虚，此所謂出粟米絲麻以事其上者也。夫耕穫蠶繅之事既以已矣，則當速往以奉於上，乃能不失以下事上之職而獲免厥咎。雖然，損下之道又不可過，過則害民，故當酌而損之。量其勢，度其宜，使下之所以供於上者其心不厭，而上之所以取乎下者其道不窮。如是則君民之志庶幾其可合，而上下无齟齬之嫌矣。然則下事方休，而速往以繼之，其孰曰不可？已，止也；遄，速也；酌，量也；尚，庶幾也。

九二，利貞，征凶，弗損益之。

《象》曰：九二利貞，中以爲志也。

庸人之事君也，惟知曲意媚説、竭力順從而以爲忠也，而曰此益上之道然也，然以媚説順從爲事，則在己者所損多矣，安能裨益於人主之萬一哉。君子於此，則以无所損於己者益於上也。夫所謂无所損於己者，何謂也？曰：中正是也。君子以中正之道自守，自守如此，則雖不若世之庸人曲意媚説、竭力順從而以爲忠也，而益上之實无出諸此，此乃所以益之也，故曰「利貞，征凶，弗損益之」。而《象》曰「九二利貞，中以爲志也」，九二説體也，故有利貞征凶之戒，然以九居二，中也，中則正矣，故知弗損益之之義。《書》曰「若射之有志」，夫射期於中也，故設鵠以爲志，而射者之志亦志於鵠，君子之志亦志於中而已矣。中以爲志，則在己者无失，而益上之實亦无出諸此，又何待於枉己而曲從、損己以爲益也哉。李大亮之都督凉州也，臺使至，諷大亮獻名鷹，大亮密表曰：「陛下絶田獵久矣，而使者求鷹。如陛下意，乃乖昔旨。如有擅求，是使非其才。」太宗報書曰：「有臣如此，朕何憂。」倪若水爲江州刺史，明皇遣使江南採鵁鶄，若水論之，爲反其使。李德裕之在浙西也，詔造銀盝子粧具二十事、織綾二千疋，德裕上疏極論罷之。又詔益州織半臂、背子、琵琶捍撥、鏤牙合子等，蘇頲不奉詔。唐家諸臣所以益上也如此，正得利貞弗損益之之義。

六三，三人行，則損一人。一人行，則得其友。

《象》曰：一人行，三則疑也。

程曰：「三人，謂下三陽、上三陰。三陽同行，則損六三以益上。三陰同行，則損上六以爲三。」此未免泥於卦變，而謂損自泰來一也。然則所謂「三人」云者，舍損以泥泰，亦惑矣。夫兑之三爻，皆志於益上，然初九、九二則以剛應柔，而六三則以柔應剛，故三人同行而語其自損之至者，則六三也，故曰「損一人」，是一人也獨往以應上。故艮兑相合，男女搆精，而盡天地交感之義，而成萬物化育之功矣，此所謂得其友也。蓋六三者兑之主，而上九者艮之主，少女、少男，陰陽相配，夫婦之道貴於專一，若三人行則疑所主矣。故《象》曰「一人行，三則疑」也，而《繫辭》於此爻又以致一之説釋之，坤之《象》曰「西南得朋，乃與類行。東北喪朋，乃終有慶」，亦是意也。

六四，損其疾，使遄有喜。无咎。

《象》曰：損其疾，亦可喜也。

六四以柔順之才處近君之位，所謂人臣之高位也，處此之位，當損之時宜如何哉？務在順民之心，損其疾苦，而又不至於困憊，然後加檢省焉，則天下之心以爲上之人我恤而不我忘也，其孰不舉欣欣之喜色，而以爲庶幾无疾病也，又孰我咎乎？孟子謂鄒穆公曰：「凶年饑歲，君之民老弱轉乎溝壑，壯者散而之四方者，幾千人矣，而君之倉廩實，府庫充，有司莫以告，是上慢而殘下也。」夫饑饉之來，賑之卹之，惟恐其後，如六四之所謂「使遄有喜」可也，今也不能損其疾苦，使之流離轉徙，及至兵戈之日，斯民疾視其長上而不救其死，則怨咎之心至此始獲逞矣，爲穆公者又從而尤之，則上下相咎，何時而已耶？故曰「夫民今而後得反之也，君无尤焉」，謂其既不能使下之无咎於上，而上之人又安可歸咎於下乎？

六五，或益之，十朋之龜。弗克違，元吉。

《象》曰：　六五元吉，自上祐也。

夫居天下之中，而能虛中而无我，自損以逮下，此甚盛之德也，故天下之益皆歸焉。其曰「或益之」，謂益之不一也，故有十朋之龜之象焉。夫龜，靈智之物也，古者用之以稽疑。一人虛中而無我，自損以逮下，則天下智者效其謀，才者奏其技，而有不能自已之心焉，其爲吉也不亦大乎？夫人謀之從違，天命之予奪也，一人自損於上，而天下之益皆歸焉。此人也，而天之理實行乎其中矣，故《象》又曰「六五元吉，自上祐也」。《詩》之《卷阿》，言求賢用吉士而作也，其首章曰：「有卷者阿，飄〔二〕風自南。豈弟君子，來游來歌，以矢其音。」詩人之意蓋曰一人虛中无我，自損以逮

〔二〕飄，原作「凱」，據四庫本及《詩經》通行本改。

下，若卷阿然，則飄風可得而入矣，故來游來歌者於此得以矢其音焉。其七章曰「藹藹王多吉士，維君子使，媚於天子」，其八章曰「藹藹王多吉人，維君子命，媚於庶人」，則益之不一，其勢蓋如此也。然於其四章乃曰「爾受命長矣，茀祿爾康矣。豈弟君子，俾爾彌爾性，純嘏爾常矣」，則「六五元吉，自上祐也」又可知也。然則成王之所以能爲持盈守成之主者，此蓋有得於損之六五也歟？

上九，弗損益之，无咎貞吉。利有攸往，得臣无家。

《象》曰：弗損益之，大得志也。

夫損極必益，處損之極，若以剛亢在上，損下不已，是非處上之道也，故上九以不損而益下爲義。夫君子之志，志於益下而已，方其益下之功未及於斯人也，則吾之此志未爲得也。益人之功所及者一二，而所不及者猶不可勝計也，則吾之此志亦未爲大得也。及其位人之上，而曾无損於下焉，惟有益於下而已也，則吾之平日窮之所養，而見於達之所施也，容有少慊云乎哉？故曰「大得志也」，如是則位人之上，可以无咎過也，揆之正理，庸非吉乎？夫執此之志以往益於下，此上九之所利也。卦德有曰「元吉，无咎，可貞，利有攸往」，上九以之，故論其所得，則上九處人臣之極位，而專以益下爲心，豈遑家謀乎？夫六三以陰柔在下，專應上九，故有一人行之義。上九以陽剛居上，得損極必益之理，故志在益人而不遑家謀。《易》之爲易，隨爻取義，類皆如此，不可泥也。

䷩震下巽上

益：利有攸往，利涉大川。

《彖》曰：益，損上益下，民説无疆。自上下下，其道大光。利有攸往，中正有慶。利涉大川，木道乃行。益，動而巽，日進无疆。天施地生，其益无方。凡益之道，與時偕行。

益合震、巽而成體，以卦之才言之，坤一索於乾而得巽，而巽之在益也則爲上體，故曰「損上」，謂六四之爲陰也；乾一索於坤而得震，而震之在益也則爲下體，故曰「益下」，謂初九之爲陽也，此主初九、六四二爻以言益也。夫陽本居上，今也初九居一卦之下，又有自上下下之義，亦如屯之初九，以貴下賤之謂也，此再指初九一爻以言益也。以卦之義言之，則凡人君損四海之供奉，以益天下之不足，則天下之心以爲此吾君之惠也，其爲説懌豈有紀極也邪？損萬乘之尊嚴，以下天下之賢者，則天下之心又以謂此吾君之謙也，其道下濟豈不大光矣乎？夫損四海之供奉，以益天下之不足，宜若所損者偏在上，而所益者偏在下也，而民説无疆，則所益又在上矣。損萬乘之尊嚴，以下天下之賢者，又宜若所損者偏在上，而所益者偏在下也，而其道大光，則其所益又在上矣。然則益之爲道，上下俱享其利矣，故卦德曰「利有攸往」、「利涉大川」，无適而不利焉。「利有攸往，中正有慶」，此指震、巽二五各得其正以言益也；「利涉大川，木道乃行」，此指巽、震二體皆爲木而以言益也；「益動而巽，日進无疆」，此又指巽、震二卦之用以言益也；「天施地生，其益无方」，此又指乾、坤一索而得震、巽，長子長女相與用事，以言益之功用之所以大也。至於「凡益之道，與時偕行」則結一《彖》之文以言益之道與益之時所以相爲无窮者也。夫以九五居中履正爲益之主，六二居中履正爲益之臣，二五以中正居君臣相應之地，當益之時相與以成益之功，何往而不利哉？此所以有慶也。益之爲言，利濟夫物之謂也。「利涉大川」云者，《易》之所謂濟世之大功也。夫涉大川，則舟楫之是恃也，有舟楫之足恃，則亦何不濟之云乎？益之時貴於无所不濟也。今也合巽、震而成卦，則木道固无所不足矣，以之而濟物，此木道之所以行也。震，動也；巽，順〔一〕也。益動而巽，則凡有所動順乎理之謂也。夫循理而動，則人僞去盡而誠意有餘，以此爲益則其進也日進而无已也。彼天施而地生，其所以益萬物也，未嘗以一方拘者，是亦循理而動焉爾。故一氣既施，而感是氣者无遠邇、无小大，莫不於此而肇其生焉，則天地之益豈以一方拘之乎

〔一〕順，原作「巽」，據四庫本改。

哉？以是言之，則大凡益之爲道，本於順理而動，而極於天地，其大者又可以一言而盡也，何也？曰：誠而已矣。誠則始焉而日進无疆，終焉而其益无方，此非至誠之德與時偕行而无有窮已，其能至是乎？噫！大哉誠也。

《象》曰：風雷，益。君子以見善則遷，有過則改。

雷以動之，風以散之，雷、風二物相繼有序，此雷、風所以爲恒。風得雷而威益彰，雷得風而聲益遠，雷、風二物相益爲用，此風雷所以爲益。君子觀風雷相益之象，而盡其所以相益之道。故見善則遷，不以是善之在人也而忌之；有過則改，不以是過之在己也而吝之。外不忌其在人者，内不吝其在己者，此外内之義相益之道然也。

初九，利用爲大作，元吉无咎。

《象》曰：元吉无咎，下不厚事也。

他卦以九居初，雖有剛明之才而處下位，不可以有爲也。在益則初九震之主也，上之人方且自損以益下，而投之以艱大之事，其責之也厚。倘或避難辭重，而无以副上之責，則在己者爲不勝任矣。故居此之任者，以用大作爲利，謂其所利者利於成大功、集大事，蓋初與四居相應之地，而九五在上，又有同德之君。四，巽之主也；初，震之主也。震、巽相與當益之時，而艱大之事義不可辭故也。故有能爲之才而當可爲之時，而上又有同德之君、知己之大臣，則其成大功、集大事也何往而不利？故居一卦之初而有元吉也，謂其得吉也處衆賢之先而且大也，既有元吉，則在己者无有不勝任之咎矣。夫當此之時，事之投我者既厚，吾苟以其位之下也而厚其事焉，則避難辭重，不能成大功、集大事，人且以不勝任咎之矣，故《象》曰「元吉无咎，下不厚事也」。彼衛之忠臣不得其志，詩人爲之賦《北門》，其二章曰：「王事適我，政事一埤益我。我入自外，室人交偏讁我。」其三章曰：「王事敦我，政事一埤遺我。我入自外，室人交偏摧我。」夫所以適我、益我、敦我、遺我者，若是其厚也，疑若得我之志而展我之才矣；然我入自外而讁我、摧我者又若是其衆，而无有我知而我信者，則我之志亦安能得，而我之才亦安能展邪？欲如益之初九元吉无咎，難矣。然則君子於此當如之何？曰：亦歸之天命而已矣。故詩人爲之三歎曰：「已焉哉！天實爲之，謂之何哉！」

六二，或益之，十朋之龜。弗克違，永貞吉。王用享于帝，吉。

《象》曰：或益之，自外來也。

益之六二即損之六五也，在損爲六五則爲獲益之君，在益爲六二則爲獲益之臣，語其能虚中无我，自損以逮下則一也，故二爻无異辭也。昔者魯欲使樂正子爲政，而孟子爲之喜而不寐，而公孫丑乃疑而問之曰「樂正子强乎，有智慮乎，多聞識乎」，孟子皆曰否，但曰「其爲人也好善」而已，蓋嘗論之矣，强則自用，有智慮則多疑，多聞識則務以所長蓋人，人心有是三累，其能使四海之内輕千里而來告之以善乎？夫惟好善之心勝，則雖非强也，雖非有智慮也，雖非多聞識也，此正秦穆公所謂一介[一]臣之无他技者，然其心休休能容，而天下之益皆歸焉，以是而輔相人主，優於天下矣，此好善之力也。然損之五則曰「元吉」，而益之二則曰「永貞吉」，何也？以六居二雖正也，然震體也，震則動，動則不常矣，故以「永貞」戒之，以言永得其正則吉矣。「王用享於帝，吉」云者，謂以二之虚中而且永貞，故雖王者用此道以享上帝，則上帝降格，猶可以獲吉，又况用此以逮下，則四海之内其有不輕千里而來告之以善乎？是宜或益之者自外而來之多且衆也。夫以衛文公臣子多好善，賢者樂告以善道，而詩人猶爲賦《干旄》以美之，又况六二爲益之大臣矣乎？其益之之多且衆宜也。

六三，益之用凶事，无咎，有孚。中行，告公用圭。

《象》曰：益用凶事，固有之也。

[一] 介，四庫本作「个」。

天下未嘗无凶患之事，此古今之所固有也，當益之時，无所不用其益而後可也。夫古今天下固有所謂凶患之事也，苟坐視而不之救，此豈居民上者之職歟？雖然，用是事也，類非拘常而襲故者所能爲也，是必有所謂沉鷙淵謀之才，而後能處此。六三之在益也，居下之上，所謂在民上者也；以六居三，又有所謂沉鷙淵謀之才者也。以如是之才居如是之位，而當如是之時，知天下固有所謂患難凶災之事也，則撫機應變以盡其所以益之之道，乃其所長者，故天下之人賴我以得益，而在我者既无用事之咎，而上之人亦信之而无疑矣。夫既无我或咎，而且有以信乎我，故曰「无咎，有孚」。如是則九五中行之君，自有告命之至，以爲六三有救患之公心，而用圭瑞以錫之也，故又曰「中行，告公用圭」。泰之九二曰「得尚于中行」，蓋中行之君謂五也。詩之《崧高》，美宣王褒賞申伯而作也，其曰「錫爾介圭，以作爾寶」，蓋圭之爲瑞也，所以達上之信也。六三既无用事之咎，而有見信之實，故九五中行之君有達信之告命以旌其人也。三與四，皆公位也，故六三曰「中行，告公用圭」，六四曰「中行，告公從」，而大有之九三亦曰「公用亨〔一〕于天子」，鼎之九四亦曰「覆公餗」也。夫天下未嘗无凶患之事，此古今之所固有也，然亦未嘗无善救凶患之才，則六三是也，故《象》又曰「益用凶事，固有之也」。漢武帝時河内失火，上使汲黯往視之，黯還報曰：

〔一〕亨，通志堂本、四庫本作「享」。

「家人失火不足憂。臣過河内，河内貧人傷水旱萬餘家，或父子相食。臣謹以便宜持節，發河内倉廩以賑貧民，請歸節伏矯制罪。」上賢而釋之。夫益之六三无用事之咎，而有見信之實，汲黯以之。

六四，中行，告公從，利用爲依遷國。

《象》曰：告公從，以益志也。

四，巽之主也。以巽順之道，輔九五中行之君，此所謂以柔乘剛、以巽爲益者也。故中行之君亦有告命之及，以六四有益國之志也，從其所爲而成其公焉。六四當此之時，以吾君之我從也如此，則用其所爲之利者，當何如哉？亦曰：吾既以益國爲志，則凡國家之所當依者依之，而不敢遷；所當遷者遷之，而不必依。或依或遷，吾无容心也，視國家之如何，而盡吾之所以益國之志而已矣。四之志其公如此，宜乎中行之君有告命之及，從其所爲而以成其公也。夫五等之爵，惟公爲盛，苟非以至公爲心，奚稱哉！今也六三公於益民，六四公於益國，是宜中行之君皆有告命之及，謂之公而无愧也。

九五，有孚惠心，勿問，元吉。有孚惠我德。

《象》曰：有孚惠心，勿問之矣。惠我德，大得志也。

夫聖人之益天下也，必有至誠惠益之心，行之於不言之間，而非家至而人提之也，此所謂益之大者，故曰「有孚惠心，勿問，元吉」。而元吉之效見於天下，則天下之蒙益於聖人也，亦皆至誠以歸惠乎上之德，此以誠召誠之道然也。夫舉天下之大，皆知以至誠以歸惠乎上之德，則其爲益也孰大於是？故曰「元吉」，而《象》謂之「大得志也」。夫聖人惠益天下之志，至是而大得焉，非其益之大，孰至於是？且聖人之益天下也，自夫使之絲身穀腹、仰父俯子各遂其生之外，豈无勞苦恐懼之事使之趨之？而天下皆曰：此上之人所以生我也，所以安我也。則上之所以益乎下者，豈非有至誠惠益之心？而天下之所以蒙益乎上者，亦豈非至誠以歸惠乎上之德而然哉？以誠召誠，理固然也，又豈待於區區告問之勞，而後致其我信也哉！夫聖人之心本乎至誠，然必曰「勿問」云者，此所以設後世人君務行小惠者之戒也。

上九，莫益之，或擊之。立心勿恒，凶。

《象》曰：莫益之，偏辭也。或擊之，自外來也。

夫益極必損，處益之極又以剛亢在上，求益不已，此豈處上之道哉？故莫有益之者，謂其求益不已，知益己而不知益人，而人亦莫之益也，故曰「莫益之，偏辭也」。若知己與人爲无異，豈曰「偏辭」云乎哉？夫六二以虛中无我，自損以逮下，故益之者衆，而曰「或益之，自外來也」。上九以剛亢居上，既莫益之，則傷之者亦衆矣，故曰「或擊之，自外來也」。然則人之立心，其可以求益爲常乎？其曰「立心勿常，凶」，此聖人戒人鑒上九之失，而曰勿以求益爲常，此凶之道也。夫所謂凶者，「莫益之，或擊之」是也。

卷二十

☱☰乾下兑上

夬：揚于王廷。孚號有厲。告自邑，不利即戎。利有攸往。

《彖》曰：夬，决也，剛决柔也。健而説，决而和。揚于王庭，柔乘五剛也。孚號有厲，其危乃光也。告自邑，不利即戎，所尚乃窮也。利有攸往，剛長乃終也。

君子之去小人也，雖有去之之勢，不敢恃也。剛强果敢，惟恐或過；警懼戒敕，惟恐不及。故反之於己也无或失，則施之於彼也无不當，此君子去小人之道然也。夫當夬之時，以五剛决一柔，宜若勢有餘矣，无復有可慮者矣。而卦德乃曰「揚于王庭」、「孚號有厲」、「告自邑，不利即戎」，而聖人深致之意如此其嚴且至也，然後乃曰「利有攸往」，此豈恃有去之之勢也哉？蓋不如是，則非全勝之道故也。「夬，决也，剛决柔也」，此五剛决一柔以言夬之義也。夫剛則能决，而夬之爲卦五剛而一柔，剛有終長之勢，而柔无不盡之理，此夬之義有取於剛决柔也。「健而説，决而和」，此合乾、兑二體之用以言夬之道也。夫健而濟之以說，則其所以決小人也，无剛暴之失，而有和柔之善。故吾不彼疾，而彼不吾忌，邪正之辨、黑白之分脱然而解，不相疑也。東漢之君子不知出此，而乃切齒厲色，日與小人争鋒，故小人之謀日深，而君子之黨日危，以至忠良盡殲而社稷隨之。向使即健而説之説，而悟決而和之旨，无是禍也，夫何小人之不可決去之乎？「揚於王庭，柔乘五剛也」，此又指上六之一柔不容於衆君子，而衆君子公去之也。夫王庭者，公道所自出之地也，卦有五剛，君子之道已盛，然以一柔而乘五剛，小人憑陵自肆於上，衆君子在下猶未安也，故相與揚公道於王庭，以共去此小人也。夫去小人，而不以公道去之，則是李訓之謀也。昔李訓之謀去宦官也，而假甘露以赤其族，此盗賊之謀也，以盗賊之謀去小人，小人不可去，徒熾其焰而逞其毒爾，謀何在邪？「孚號有厲，其危乃光也」，此又言雖以公道去小人，又當不忘戒備也。夫孚其大號以警戒于衆，使知以此之甚盛決彼之甚衰，猶有危道不可易也，如是則雖危无危，而決小人之道光矣，此與衆棄之之謂也。朱翊善曰：「若舜之誅四凶，而天下服是也，若隱其誅，如唐之李輔國，則不光矣。」「告自邑，不利即戎，所尚乃窮也」，此又言去小人之道必先自治，而无尚於剛武也。程曰：「邑，私邑也。告自邑，先自治也。君子之治小人，以其不善也，必以己之善道勝革之。故聖人誅亂，必先修己。舜之敷文德是也。」朱翊善亦曰：「告自邑者，告戒自我私邑，云自治也。君子將治小人，必先自治，自治則以我之善去彼之不善，小人所以服也。舜修文德，文王无畔援，歆羡自治也。」夫戎，兵戎也。決小人之道，在於揚公道於王庭，孚號於有衆，以與衆共棄之。苟或以兵戎爲尚，此剛夬之過也，故聖人以「不利即戎」戒之，而曰「所尚乃窮也」。朱翊善曰：「自古用兵去小人，如漢唐之季召外兵以去近習，其禍至於覆宗，聖人之戒不亦深乎！」「利有攸往，剛長乃終也」，至此則言所以去小人者既盡其道，則小人終去之无難也。夫君子之所以去小人者既盡其道，則由夬以爲乾，往无不利矣，此所謂剛長乃終也。若剛之長至夬而不終，則餘孽未亡，禍胎猶在，終爲衆君子之患矣。朱翊善援桓彦範不誅武三思以爲喻，是也。始五王提衛兵誅嬖臣，中興唐室，其功卓矣。張柬之將遂夷諸武，而彦範乃曰：「三思，几上肉耳，留爲天子藉手。」俄而武三思因韋氏盗朝權，彦範等流逐戮辱若放豚然，而唐室爲之再危，此剛長之不終也。向使即利有攸往之説，而悟剛長乃終之旨，無是禍也，又何小人不可終去之乎？

《象》曰：澤上於天，夬。君子以施禄及下，居德則忌。

澤之爲水，本在下也，今也上升於天，其勢不居，必決而下也，故爲夬之象。君子觀此象也，故有所取，有所忌。其所取者謂取其決散之義[一]也，故施布禄澤以及乎下，此有所取也；其所忌者

〔一〕義，通志堂本、四庫本作「意」，下同。

謂不取其決散之義也，故居畜吾德以積諸身，此有所忌也。他卦之象皆取一義，此卦象設彼此二義者，亦如諸卦之爻一爻含一義，或一爻兼取二義者。聖人之意，設彼此以相明，以謂不有所反則學者或得此而失彼矣。

初九，壯于前趾，往不勝爲咎。

《象》曰：不勝而往，咎也。

九以剛動之才居夬之初，唱決柔之謀者也，故曰「壯于前趾」。所謂居衆動之先，先衆而動之象也。夫先衆而動以決去在上之小人，決意而往，未有咎也；往而不勝，則爲咎矣。何者？首決柔之謀者，必有全勝之道而後可，不勝而往，咎將誰執？則夫首決柔之謀者，其可輕動而躁進也哉？宋申錫之謀誅宦官也，在唐文宗之世實首其議，嘗對上言請漸除其逼，謀固善矣，然不能謹其密，處以漸，謀未必及施而身被其禍，伊誰之咎邪？然則首決柔之謀者，其可輕動而躁進也哉？

九二，惕號，莫夜有戎，勿恤。

《象》曰：有戎勿恤，得中道也。

上六以一柔乘五剛，五剛之所恥也，然恥之甚者莫甚於九五，何者？以其逼近而厚其侵陵迫脅之辱者也。雖然，五之辱，二之辱也，何者？以同德而居相應之地，故不得不負此辱也，負其辱則決柔之責二實任之矣。夫任人之責而贊行決柔之事，豈可易也？故當内懷警惕，外嚴誡號，而後可以无憂。夬，所以去小人者也。特患其謀不締[一]，戒備无素，而小人之謀或先我而發爾。宋申錫之謀未及施，而鄭注之誣告已爲王守澄地矣。此無他，不知内懷警惕而外嚴誡號之過也，夫惟内懷警惕而外嚴誡號也，既有其素，則雖有戎作於莫夜，可無憂矣，何者？吾故[二]有以待之故也，故曰「得中道也」。何謂中道？曰：吾之謀未及發，而小人得以先之，非中也；小人之謀既已發而吾无以待之，亦非中也。以九居二，故得中道。

九三，壯于頄，有凶。君子夬夬，獨行遇雨。若濡，有慍，无咎。

《象》曰：君子夬夬，終无咎也。

九三，上六之應也，應之者，決之也，亦如明夷九三之於上六是也。而《易》家惑於「獨行遇雨」之一語，皆咎九三應上六之爲非也，而胡安定、程河南、朱子發又皆前後相承，謂九三爻辭差錯，至再易之，此蓋惑此一語，求其意而不得，故不免均以差錯待之也。殊不知九三以陽居陽，又處乾健之極，不患剛決之不足也，患於太過爾。夫以太過之剛當夬決之時，與小人居相應之地，寧

[一] 締，四庫本作「諦」。
[二] 故，通志堂本、四庫本作「固」。

復有相順之理矣乎？故曰「壯于頄」，此聖人戒其剛過也。夫頄之在顏面也，所謂顴也。顴，剛物也。壯于頄，則尤非能以柔順待人者也，況待小人乎？此以九居三之象也，而聖人之戒之若曰：當此之時健而説、決而和者，此決小人之道也。居乾健之極，與小人居相應之地，而疾惡之心見於顏面而不知濟之以和説焉，此凶之道也。何者？小人之或我疑故也。小人我疑，則君子之禍至矣，可不知所戒乎？故告之以有凶而使知戒也。然以陽居陽，又處健之極，夬夬之才如此，其將何以濟之？曰：君子之所謂「夬夬」云者，夬之至也，以和説之道而濟是夬夬，則亦終何夬夬之爲咎也？蓋應之者乃所以決之也，則衆陽同行以決上六，而吾則獨行以遇雨也，雖若有沾濡之失，而未嘗无愠憂之心，思必決之，則其遇雨也又何嫌也？此夬夬之所以終无咎也。若夫以是夬夬而居小人相應之地，而惟壯于頄之是尚焉，則雖欲无凶，不可得也，又安能无咎矣乎？然則君子當夬決之時，不幸與小人居相應之地，當以有凶爲戒，以有愠爲心，而以无咎爲善，如九三所云可也。

《易》以陰陽和爲雨，三與上應，故有遇雨之象。

九四，臀无膚，其行次且。牽羊悔亡，聞言不信。

《象》曰：其行次且，位不當也。聞言不信，聰不明也。

五陽決一陰，其志甚鋭也，而決道之不足者莫九四若也，何者？以陽居陰，而所處之位不當故也。夫以陽居陰，此於剛實之德既有所不足矣，而乾之三陽復自下進，故四於此失其所安而有臀无膚之象。夫決道不足則无勇進之義矣，而又曰「其行次且」，謂滯泥而不前也。夫當決柔之時，而衆陽皆決策上進，而四獨有此之象，何以鞭其後耶？故《易》於此又設其象以勉進之，而曰「牽羊悔亡」，謂與諸羊相牽勉而前，則次且之悔可亡也。張橫渠曰「牽羊，讓而先之」，蓋牽羊者非挽拽之謂也，讓之使先行則有肯前之勢故也。四也次且而前，既有悔矣。天下之衆陽讓而先之，相牽勉而前，則其悔可亡。雖然，當斯時也告之以牽羊悔亡之説，在爻固有是言也，而決道不足，則雖聞是言也，而亦若不聞也。何也？不足於決，則疑畏之心勝而見義之勇消，故不以斯言爲可信故也，聰於聞善言顧如是乎？然九四之失亦未必至是也，聖人特以其所居者陰也，故諄複以詳其戒。或曰：九二亦居陰也，何无是戒乎？應之曰：夬之九二則以中道論，不以居陰論也，蓋二與五居相應之地，贊五以決柔之事，既得中道，豈或以居陰爲嫌乎？

九五，莧陸夬夬，中行无咎。

《象》曰：中行无咎，中未光也。

九五，決柔之主也，既以陽德居陽位，又藉衆陽之助往決一柔，宜若易然，故有莧陸夬夬之象。莧陸，董遇云：「莧，人莧也。陸，商陸也。」朱子發曰：「莧，蕢澤草也。葉柔根小，堅且赤。

陸，商陸，亦澤草也，葉大而柔，根猥大而深，有赤、白二種。」此以莧陸爲二物也。《子夏傳》云：「莧陸，木根而草莖，剛上柔下也。」程河南曰：「今所謂馬齒莧也，曝之難乾，感陰氣多者也，而脆易折。」此以莧陸爲一物也。要之，草之易決者也，又況九五以陽居陽，又藉衆陽之助，此之爲決所謂夬夬者也。夫以天下之至決，而決天下之易決者，又豈特摧枯拉朽之比哉？於此而又曰「中行无咎」云者，蓋健而説、決而和者，決之善也，苟有剛暴之失則過矣，故必中行而後无過咎也。夫必貴於中行而後无過咎也者，以中道之未光也，若有剛過之失而无和柔之善，則雖合天下之力足以勝一小人，揆之中道未爲光大也。九五剛而中者也，然必云爾者，謂其剛長至此，五陽之勢强盛，故戒其或過也。九三以陽居陽而處乾健之極，九五以陽居陽而藉衆陽之助，故曰「夬夬」云。

上六，无號，終有凶。

《象》曰：无號之凶，終不可長也。

夫夬之五剛所以日夜持嚴不忘警備者，徒以上六故也。今也剛長將極，陰消將盡，一陰處剛長乃終之地，此《雜卦》所謂小人道憂之時也。故雖號剛以求免夫禍，无庸及也，終有凶必矣，何者？終不可長也。程河南曰：「或曰：聖人之於大惡，未嘗必絶之也。今直使之无號，謂必有凶，可乎？曰：夬者，小人之道消亡之時也。決去小人之道，豈必盡誅之乎？使之變革，乃小人之道亡也，道亡乃其凶也。」

䷫巽下乾上

姤：女壯，勿用取女。

《彖》曰：姤，遇也，柔遇剛也。勿用取女，不可與長也。天地相遇，品物咸章也。剛遇〔一〕中正，天下大行也。姤之時義大矣哉！

予聞之邵康節曰：「復次剥，明亂中生治乎！姤次夬，明治中生亂乎！時哉時哉，未有剥而不復者，未有夬而不姤者。是以聖人重未然之防。」嗚呼！是言也，治亂倚伏之機其在是矣！夫姤之所以爲姤者，前夬此則夬也，夬以一柔乘五剛，所以爲之日夜持嚴不敢忘戒備者，蓋以上六一陰之故也。一陰既決，而一陰復出乎五剛之下，若不期而會焉。嗚呼！此豈吉徵也耶？雖曰若不期而然也，而倚伏之機已發於此時，又殆非所謂偶然者。是以古今享治之君謂治无亂，遇亂之君

〔一〕遇，原作「柔」，通志堂本同，據四庫本改。

已亂无術，此所以治世少而亂世多者，無怪也。聖人之於姤，又安得不以「女壯，勿用取女」爲戒乎？姤，遇也，柔遇剛也。此以一柔遇五剛，以言姤之義也。夫古者有遇禮，謂不期而會也，而春秋亂世之君私相會約，簡略慢易，无兩君相見之禮，則多自托於不期之會。故《春秋》書遇者七，而書内之遇者三而皆書「及」，如隱公四年夏，公及宋公遇於清之類是也；書外之遇者四而皆書爵，如隱公八年春，宋公、衛侯遇於垂之類是也。夫既簡略慢易，无兩君相見之禮，則莫適爲主矣，然《春秋》之所譏者，亦不過譏其无禮云爾，未有大變也。姤，遇也，柔遇剛也，此豈特无禮而已哉？顧雖若不期而會也，然陰長於内、陽消於外，陰爲主而陽爲客，爲主者日勝，爲客者日負，則亦理勢之必然者。嗚呼！此豈偶然小變也耶？故又戒之曰「勿用取女，不可與長也」，此指初六之一陰有消陽之漸，以言姤之戒也。夫女弗用取者，以其壯也。或曰：非以巽爲長女也，而謂之壯乎？曰：是固然也，然聖人之意又不專在是也。奚在乎？曰：一陰在下，此消陽之漸也，聖人即微以見著。此初六所以爲女壯也，自此以往則爲遯、爲否、爲觀、爲剥以至於爲坤者，皆初六之爲也，非女壯而何？吁！女壯如此，豈可與之長久也哉？故聖人不得不爲之戒曰：此勿用取之女也。以類言之，則過惡之方萌，奸邪之始長，盗賊之初熾，夷狄〔二〕漸盛，此皆何可與之久也？惟

〔二〕夷狄，通志堂本、四庫本皆空三格。四庫本并標註「闕」字。

智者見微而辨早，當有以處之矣。雖然，姤，遇也，以一柔而遇五剛，而有消陽之漸，是故在所戒也。若夫天地之大，人事之要，又豈无待於相遇也乎？故聖人於此，又必援天地、君臣以廣言遇道也。「天地相遇，品物咸章也」，此即姤之時，以言天地相遇之功也。夫以月建言之，則姤也者建午之月也，六陽至巳而極，則一陰生於午矣，此天地相遇之時也。夫萬物相見乎離，離正位乎午，當建午之月而萬物各以品目章章乎天地之間。故於斯時也，在《説卦》則曰「萬物相見」，在姤則曰「品物咸章也」。「剛遇中正，天下大行也」，此即二五同德之應，以言君臣相遇之功也。夫剛而中者二也，剛而中且正者五也，然謂之剛遇中正，則二剛相遇而九二亦得爲中正也。何者？《易》以陰居陽則爲不正，以陽居陰而且得中，豈得謂之不正矣乎？當是時也，有是君有是臣，以同德相遇，其道可以大行於天下矣。蘇東坡曰：「陰之長，自九二之亡而後爲遯，始无臣也；自九五之亡而後爲剥，始无君也。姤之世，上有君、下有臣，君子之欲有爲，无所不可。故曰：剛遇中正，天下大行也。」夫當姤之時，以天地、君臣相遇之義論之如此，其不可廢也，豈不大哉！故贊之曰：「姤之時義大矣哉！」程河南曰：「天地不相遇，則萬物不生；君臣不相遇，則政治不興；聖賢不相遇，則道德不亨；萬物不相遇，則功用不成。姤之時與義，皆甚大也。」司馬温公曰：「姤，消卦也。孔子何大焉？夫世之治亂、人之窮通、事之成敗，不可以力致也，不可以數求也，遇與不遇而已矣。舜遇堯，而五典克從、百揆時叙；禹遇舜，而地平天成、六府三事允治；

伊尹遇成湯，而格於皇天；師尚父遇文王，而天下大定。」姤之時義，豈不大哉！

《象》曰：天下有風，姤。后以施命誥四方。

天爲尊矣，其所以與萬物相遇者，以有風也，故風一披拂而萬物爲之鼓舞而感動焉，故曰風者天之號令也。人君之尊天也，其所以與民相遇者，亦如風之於萬物焉，則能使之鼓舞而感動者矣，故曰「后以施命誥四方」。蓋天之所以與萬物相遇者，莫捷於風，而人君之所以與萬民相遇者，亦莫疾於施命故也。然不曰號、不曰令而曰命云者，蓋命天理也，天下之事惟天理不容僞，以僞言告之施之，跬步不可也，况四方乎？《盤庚》曰：「王播告之修，不匿厥旨」、「罔有逸言，民用丕變」。夫人君之所以誥四方也，尚容有或匿之旨，而不能无或逸之言，欲天下之丕變也難矣。故人君之尊天也，其一話一言，亦无違天理而已矣。夫天理所在初无定體，在天則曰天命，在君則曰君命，生死予奪，物无不聽者，非謂天與君之尊而聽之也，聽夫理而已矣。及其失也則不然，朝號暮令而誠意不加，家至户曉而衆心愈玩。此所謂徒掛牆壁之具爾，又安知姤之象有所謂施命之旨也哉？

初六，繫于金柅，貞吉。有攸往，見凶。羸豕孚蹢躅。

《象》曰：繫于金柅，柔道牽也。

夫姤之所以爲姤者，在此一爻也，而吉與凶實於此乎判。何也？有以制之則吉，无以制之則凶故也。夫所謂制之之道何也？曰：猶之止物也，必有鎮重之器止之使勿動也，柅之爲器，所以止物也，而金爲之，所謂鎮重之器者也，此九二之象也。初之一陰始生，君子懼其動也，從而牽繫之於其所謂金柅者，使柔道於此止而不得有所往，則君子小人各正其位，此吉也，故曰有以制之則吉。苟或不然，在我者鎮重之器有所不足，則彼失所繫而縱其所往，故陰日長而陽日消，小人日進而君子日退，必見凶害矣，故曰无以制之則凶。初六爻辭，聖人既設吉凶兩端，使君子知所戒矣，然慮之也深而防之也周，故又設「羸豕」之象，使君子不以一陰之微而忽之也。夫豕，醜穢之畜也，而且羸弱，宜若无足慮者，此一陰在下之象也，然徒知今日如是之羸豕，而不信其能蹢躅而害物，則誤矣。一陰微而在下，可謂羸矣，然徒知今日如是之一陰，而不信其能强盛而害陽，不亦誤乎？故曰「羸豕孚蹢躅」，此聖人重設其戒也。朱子發曰：「一陰雖弱，方來也；五陽雖盛，既往也，其可忽諸？自古禍亂，或始於牀笫之近、給使之賤、夷裔荒服之遠，易而忽之，馴致大亂。反求其故，必本於剛正不足。若柔道有牽，君子、小人各當其分，禍亂何由而作？」

九二，包有魚，无咎，不利賓。

《象》曰：包有魚，義不及賓也。

東坡曰：「姤者，主求民之時，非民求主之時也。故近而先者得之，遠而後者不得也，不論其應與否也。」河南曰：「在他卦則初正應於四，在姤則以遇爲重。」此二之於初，則曰「包有魚」；四之於初，則曰「包无魚」。夫魚陰物也，貪餌而善逝，民之象也，初六是也。當遇之初，二與初相遇爲密也，故近而包之，則曰有魚矣。何也？蓋无常懷者民也，近之則親，遠之則疏，二居近民之位而有遇民之道，故民亦從而親之，蓋理勢然也，又何咎乎？賓謂四也，夫初既主二，則四雖初之應也，然其勢睽隔而阻於外，故以賓目之。夫初六之民，既主於二，此豈四之利歟？故曰「不利賓」。蓋以理義言之，一民不可以事二君，初既主二，則義不及四明矣，而二有之，庸何咎也？不然，則民將散亂无所主制，而群小之禍作於下矣，豈特賓之不利乎？爲九二者，亦將岌岌乎殆矣。然則九二之「包有魚」也，亦其勢不得不有之也，何也？已亂之道无出乎此故也。

九三，臀无膚，其行次且。厲，无大咎。

《象》曰：其行次且，行未牽也。

夫初六之民，既主於二，四其正應也，義且不及，三何有焉？三若乘二而求與初遇，失所安也，故曰「臀无膚」。夫乘二既不安也，則當反乎其處可也，而遇情未忘，不能遽去，而有遲遲顧戀之態，故曰「其行次且」。雖然，九三剛而正也，剛而正則知其非義之遇，而不可以過求也，而自厲自警，雖有爭初之咎，可以少損矣，故曰「厲，无大咎」。然三既知厲矣，未能无咎而止曰「无大咎」何也？曰：如知其非義也，斯速已矣可也。今也雖其行也未牽繫於初，而猶不免於次且焉，故其咎未可能盡无也。夫當遇之時，一陰在下，衆陽之情皆所欲遇也。然相遇之道不貴踰越，以三之剛正，固不宜非義以求遇，然不免於此者，蓋巽其窮也躁，而三者巽之窮故也。凡人不能自反自克、以道制欲而安其素分者，皆躁之爲也，故聖人於此以「厲」責之。夫姤之三與夬之四，亦无異辭也。姤也者，夬之反也。

九四，包无魚，起凶。

《象》曰：无魚之凶，遠民也。

夫遠民者，民亦遠之；近民者，民亦近之。九四遠而包初，遂失其應，而曰「无魚」，蓋失遇民之道故也。夫遇民之道，不可遠也。四之无魚，而其起也凶禍隨之，而《象》則以遠民罪之云者，此非四之遠民也，乃四之自遠也。何也？上之人有所動起也，而輒罹其凶，曾无親上死長之民，非自遠而何？魯昭公之去季氏也，宋樂祁譏之曰：「政在季氏三世矣，魯君喪政四公矣，无民而能逞其志者，未之有也。」魯君失民矣，請以待命猶可也，動必憂矣，既而昭公伐季氏，果不勝而死於外。以是觀之，无魚之凶，吁！可畏也。蓋嘗因是而論之，姤之初與四，其正應也，初不四之應而惟二之遇，何也？遠與近之間也。有夏之民，癸之民也，民不癸之應而湯之遇，癸實遠之，而湯實近之故也；有商之民，辛之民也，民不辛之應而文、武之遇，辛實遠之，而文與武實近之故也。然則古人所謂「民无常懷，懷於有仁」云者，此非民之无常也，上之人所以遇之之道无常故也。

九五，以杞包瓜，含章。有隕自天。

《象》曰：九五含章，中正也。有隕自天，志不舍命也。

張子厚曰：「杞，周於下者也。夫杞枸，檵也，木之美者也。其才高，其葉大而蔭，故周於下，九五之象也。而瓜者，草之蓏者也，滋於此而蔓於彼，其實甘脆，虆虆然也，亦民之象也。夫瓜之潰也，必自内始，初六之陰，自内卦而長之象也。九五當陰長之時，處高而强盛，必當有以庇乎下而豫防乎民之潰，故有以杞包瓜之象。」子厚所謂厚下以防中潰，是也。夫以九五居中而正者也，當陰長之時有中正之美，含之以俟天命，何所容其心哉！故當是時也，一陰浸長，陽道消剥者，天也；厚下以防中潰者，人也。在我者未中歟、未正歟，吾之憂也。在我者既中矣、既正矣，雖或不遇而至隕越者，則亦天之命也，吾獨奈之何哉？故含章以俟天命者，九五之志也，子厚所謂盡人謀而聽天命是也。雖然，命，天理也，在天謂之命，在人則中正之德是也。中正之德藴蓄於内，則在我之外无别有天矣。故人謀既盡，天命在是，天人之理相合而不相舍，則天命之修短又在我而不在天矣，夫何隕越之有哉？昔召公作《召誥》一書以誥成王，專以天命告之也。然一書之旨，則在於「祈天永命」之一語而已爾。及吾求其所以祈天永命云者，則又不過於敬吾之德焉，觀其悉數夏商而告之曰：「我不敢知曰，有夏服天命，惟有歷年。我不敢知曰，不其延。惟不敬厥德，乃早墜厥命。我不敢知曰，有殷受天命，惟有歷年。我不敢知曰，不其延。惟不敬厥德，乃早墜厥命。」夫「有歷年」與「不其延」，或修或短，召公以爲凡此皆天命也，命在天，故皆非我所敢知也，然我所以敢知者，惟知「不敬厥德，乃早墜厥命」云爾。然則厥命之早墜云者，乃在於厥德之不敬，而疾於敬德者，又祈天永命之要學也，故曰：「肆惟王其疾敬德，王其德之用，祈天永命。」嗚呼！吾以是知九五有中正之德，志不舍命，其能祈天永命矣。「有隕自天」，非所患也。

上九，姤其角，吝无咎。

《象》曰：姤其角，上窮吝也。

剛居一卦之上，亢窮而无所遇，角之象也。夫相遇之道，不可遠也，以九四之於初也，雖應而无所遇，故《象》以遠民罪之，況上九乎？蓋亢則自絶，剛則喜觸，以是遇人，人望而畏却矣，其誰與遇哉？噫！當遇之時而无與之遇，何吝如之？夫我有遇人之道而人不我遇，則其過在人。然孟子於此猶有言曰：「仁者愛人，有禮者敬人。愛人者，人恒愛之；敬人者，人恒敬之。有人於此，其待我以横逆，則君子必自反也，曰：我必不仁也，必無禮也，此物奚宜至哉？自反而仁矣，自反而有禮矣，其横逆由是也，君子又自反也，曰：我必不忠矣。自反而忠矣，其横逆由是也，君子至此，則不得已而以妄人目之，以禽獸侣之。」由是觀之，則我无遇人之道而人不我遇，則其過又誰在乎？噫！在我而已矣。此上九之「姤其角」，无與之遇，既以爲吝也，而又无所歸其咎也。噫！是咎也既无所歸，歸之己可也，故又責之曰「无咎」。

卷二十一

䷬坤下兑上

萃：亨。王假有廟。利見大人，亨利貞。用大牲吉，利有攸往。

《彖》曰：萃，聚也。順以説，剛中而應，故聚也。王假有廟，致孝享也。利見大人，亨，聚以正也。用大牲吉，利有攸往，順天命也。觀其所聚，而天地萬物之情可見矣。

《易》之有「萃」云者，謂天也人也，鬼神也，君與臣也，民也物也，交相會通之時也。故其卦德曰「萃亨」，而《彖》則釋之曰「萃，聚也」。夫萃之所以爲聚者，合兑與坤而言之則曰「順以説」，即五與二而言之則曰「剛中而應」，此萃聚之故也。夫坤，順也而在下，則下有以順乎上也；兑，説也而在上，則上有以説乎下也。下既有以順乎上，而上又有以説乎下，此上下之萃也。以九居五，剛而中者也，上有剛中之君，而下應乎柔中之臣，剛柔相應，君臣聚會，此君臣之萃也。所謂萃聚之故如斯而已矣，故曰「萃，聚也。順以説，剛中而應，故聚也」。「王假有廟，致孝享也」，此又言人神之萃也。胡安定曰：「夫人之生，則精神萃於身，及其死也，雖欲見其容貌而有不可得。王者觀萃之卦，設爲廟祧，以萃祖宗精神於其間，以盡孝子之心。使天下當萃之時，皆知尊事其祖先也。」王謂九五也。假，至也，盡也，所謂致孝享是也。「利見大人，亨，聚以正也」，此又言君民之萃也。大人亦謂五也，夫當萃之時，天下之人所以惟見大人之爲利者，以九五大人所以萃天下者，以其有是中正之德故也。河南曰：「人聚則亂，物聚則紊。非大人治之，則萃所以致争亂也。萃不以正，則人聚爲苟合，財聚爲悖入，安得亨也？故利在於正。」「用大牲吉，利有攸往，順天命也」，此又言天人之萃也。夫時在天，隨乎時者在乎人，當損之時二簋可用享，則萃之時用大牲非吉歟？當剥之時，不利有攸往，則萃之時有攸往非利歟？蓋不如是非所謂順天命也。天命即天理也，隨時而動，无違天理，此所謂順天命也。「用大牲吉」，亦承上文所謂王假有廟而明用大牲之意，然當此之時凡事皆吉於用大，亦不特大牲而已也。成大功，立大事，興大利，去大害，凡此皆吉於用大者也。故繼之以「利有攸往」，謂凡有所往惟此時爲利故也。夫觀坤、兑之順、説，而知上下之萃；觀二五之相應，而知君臣之萃；觀致孝以享廟，而知人神之萃；觀以正聚人，而又知君民之萃；觀天命之不可不順，而又知天人之萃。則天地萬物所以萃聚之情，豈容有所遯乎哉？故蔽之曰：「觀其所聚，而天地萬物之情可見矣。」程河南曰：「凡有者皆聚也，有无、動静、始終之理，聚散而已。故觀其所聚，而天地萬物之情可見矣。」

《象》曰：澤上於地，萃。君子以除戎器，戒不虞。

澤水上聚於地，則其聚者多矣，故爲萃之象。然所聚者既多，則播蕩匯漾之患生矣。故地大而物衆，人繁而事叢，則兼取并奪之禍常生於此時。若以爲時方和會也，而忘其所可戒，此正秦人夷名城而銷鋒鏑者也。夫四海已囊括矣，天下已席卷矣，當此之時，自以爲豪傑既鉏，海内一統，子孫萬世帝王之業。故向之天下之兵，今也聚之咸陽，爲十二金人，宜其无有可慮者矣。居无何，陳涉以氓隸之人斬木爲兵，揭竿爲旗，天下雲合響應而秦亡矣。是何也？不知不虞之爲可戒也。龔深甫曰：「兵作於睽，偃於萃，萃久則弊，然則除其弊而新之，惟此時爲然。」兵法曰「天下雖安，忘戰必危」，此之謂也。

初六，有孚不終，乃亂乃萃。若號，一握爲笑，勿恤，往无咎。

《象》曰：乃亂乃萃，其志亂也。

初與四居相應之地，以陰而應陽，萃之正也。然三以无應與四相比，而有近而相聚之嫌，故初之孚於四也，而不終其孚焉，故曰「乃亂」，謂相信之志疑亂而不一也。然居萃聚之時，上下相求，下順而上説，故初之志雖疑亂而不一，而四也必説而應之，故曰「乃萃」。「若號」，謂乃亂也。「一握爲笑」，謂乃萃也。夫初之志既疑亂而不一也，故有若號之象焉，謂以憂疑自沮也。四也説以應之，則一握之頃復變號咷而爲笑樂矣，謂得其所聚也。夫如是則初也又何必憂疑自沮，而至於若號乎？故戒之曰「勿恤」。夫既勿用憂恤而往應於四，則亦孰我咎乎？故又勉之曰「往无咎」。大抵初以陰柔之才而居下位，才與位俱不足者也。當萃之時，其才與位既俱不足，而六三又以无應而與四有相聚之嫌，故初疑四之不已應也，而相信之志至於疑亂而不一，聖人於此可不戒之而勉之乎？

六二，引吉无咎，孚乃利用禴。

《象》曰：引吉无咎，中未變也。

孟子曰：「丈夫生而願爲之有室，女子生而願爲之有家。父母之心，人皆有之。不待父母之命、媒妁之言，鑽穴隙相窺、踰牆相從，則父母國人皆惡之。」此言正喻君臣相聚之道然也。故又繼之曰：「古之人未嘗不欲仕也，又惡不由其道，不由其道而往，是鑽穴隙之類也。」夫必由其道而往，此六二之所以吉於有引也。蓋以六居二，正也，而九五在上亦正也，二、五居相應之地而其聚也以正，故无不由其道之失。五之於二也，既有引而進之之禮，則二之於五也亦必吉於引矣，故其聚也以正，其誰咎之？夫孚者萃之本也，二以正道許五，則所謂中心之誠然者未始或變也，如此則上下相聚，不待文飾而誠意交通矣，猶之祭也以誠敬爲主，故雖簡薄可用以薦也。「孚乃利用禴」，禴，祭之簡薄也，謂誠意交通，又何以文飾爲哉！雖然，同此時也，《彖》以用大牲爲吉，而六二以用禴爲利，何也？曰：備物者，王者所以隨其時；有孚者，人臣所以通乎上。

六三，萃如嗟如，无攸利，往无咎，小吝。

《象》曰：往无咎，上巽也。

當萃之時，以陰比陽，若有所萃也，故曰「萃如」。然萃貴於正，三之於四非萃之正也，故若有萃而實无所萃也，故曰「嗟如」，謂欲萃於四而不獲也。夫欲萃而无所萃，又何利乎？故又曰「无攸利」。夫三與上居相應之地，雖非正應，猶愈於无所萃者，若往而與之萃，則亦所謂以類聚也。又況各居順説之極，下順而上説，以同類相與，又何咎歟？故又勉之曰「往无咎」。曰「小吝」云者，夫以陰與陽萃，則以晦求明，以弱資强，而萃聚之道爲有益也，今以陰萃陰，特求免於窮悴无萃之嗟爾，何所益哉？此於萃聚之道，小而吝也。上六无與爲萃者，若六三者往而與之萃，則巽而受之，此亦上六之所欲也，故曰「往无咎，上巽也」。

九四，大吉无咎。

《象》曰：大吉无咎，位不當也。

當萃之時，上比九五之君，得君之聚也；下比群陰，得民之聚也。得上下之聚，可謂善矣，然四以陽居陰，非正也，雖得上下之聚，必大吉然後无咎。大，周徧之義也，无不周然後爲大。夫天下之聚固有不由正道而得者，非理枉道而得君者，自古多矣； 非理枉道而得民者，蓋亦有之。 如齊之田常、魯之季氏是也，其得爲大吉乎？ 得爲无咎乎？ 此程河南之説也。

九五，萃有位，无咎，匪孚。 元永貞，悔亡。

《象》曰： 萃有位，志未光也。

五，萃之主也。 夫當萃之時，爲萃之主，莫大於有其位，又莫大於有其道。 蓋位也者，所以一天下之聚者也； 而道也者，又所以久天下之聚者也。 九五曰「萃有位」，則所以一天下之聚者，謂有是位也； 又曰「元永貞」，則所以久天下之聚者，又必有其道也。 夫當萃之時，有是位而无是道，則九五之志豈得謂之光大矣乎？ 雖能无咎，而天下不我信者亦衆矣。 故曰「匪孚」，謂天下之人容有言曰： 上之人但以位而萃我也，而其道則未至也。 此豈能无未光之悔乎？ 故必「元永貞」而後「悔亡」。 元始也，永終也，貞不變之謂也。 惟夫九五之德居中履正，而能終始不變焉，則萃天下之道无餘事矣，故无未光之悔而曰「悔亡」也。 程河南曰： 「元永貞者，君之德，民所歸也，故比天下之道與萃天下之道，在此三者。」

上六，齎咨涕洟，无咎。

《象》曰： 齎咨涕洟，未安上也。

夫以陰柔之才而處萃之上位，而欲下之已聚者，難矣。又况當萃之時，諸爻剛柔皆有其應，而上六獨无焉，其安能居此上位乎？宜其齎咨嗟嘆而至於涕洟也。鄭康成曰：「目出曰涕，鼻出曰洟。」夫上六，萃之終也，説之極也。萃久則散，説極則悲，蓋其勢然也。當是之時，比五而居上，此蓋小人之得志者也，宜若得所萃矣。然萃久則散，説極則悲，向者以爲甚安也，今也反以爲未安焉，小人而乘非所據，故不能終保其位，大抵然也。其曰「无咎」云者，在君子以爲无足咎之故也。

䷭巽下坤上

升：元亨。用見大人，勿恤。南征吉。

《彖》曰：柔以時升，巽而順，剛中而應，是以大亨。用見大人，勿恤，有慶也。南征吉，志行也。

夫天下之事，有所謂日進而不窮者，蓋亦順夫理而已矣。夫苟於理而未順，未有能日進而不窮者，此《易》之所以有「升」而卦德則曰「元亨」也。夫升之所以元亨者，以坤居巽上而言之，則曰柔以時升；合巽與坤而言之，則曰巽而順；指九二之於六五而言之，則曰剛中而應。此其所以元亨也。夫柔之爲物，非能强進者也，自非務順乎理，安能升乎？其曰「柔以時升」云者，時之在天也，積百刻而成日，積日而成月，積月而成時，積時而成歲。初若甚微，終則甚著；初若甚近，終則甚遠。柔之能升也，蓋亦如此而已矣。何也？與時俱升故也，故曰「柔以時升」。坤，順也；巽，亦順也。下巽而上順，其曰「巽而順」，則亦无適而不用其順也，以此爲升，非順乎天理矣乎？以九居二，剛而中者也，上應六五柔中之君，故曰「剛中而應」。夫當升之時，雖曰以柔而升也，然猶之木也，其能自下而升諸上者，苟其中之不剛，則亦委靡而已矣。此又柔之不可无剛也，故以九二之剛中，而上應六五之柔中，内有所主而外有所應，以此爲升，是亦順乎理者也。合是三者以言升，此升之所以元亨也，故曰「是以大〔二〕亨」。「用見大人，勿恤，有慶也。南征吉，志行也」，此又申言大亨之效，有所戒有所勉，而使君子之必知所升也。夫升之所以大亨也如此，則用此道以見大人，又何憂其不升也？故二之與五剛柔得中，君臣相應，何慶如之！夫苟或憂其不升而遽已焉，則安能大亨矣乎？其曰「勿恤」云者，戒之也。南，明方也，升之所謂大亨者，蓋亦捨晦而趨明之謂也，故以南征爲吉，而曰「志行也」。夫君子之志，亦志於明而已矣，不志於明又安能大亨者也？其曰「南征」云者，又勉之也。夫聖人之彖升也，既言其所以大亨如此，又有所戒，又有所勉，爲君子者可不務乎？然則人臣之進君，學者之進學，臨事而從長，皆然也。

〔二〕　大，原作「夫」，據通志堂本、四庫本改。

《象》曰：地中生木，升。君子以順德，積小以高大。

天下之物由微以至著、自下而之上者，地中之生木也。何也？順使然也。蓋坤順也，巽亦順也，以順生順，故坤地之中生巽之木，始於毫末，終於尋丈者，以順故也，此升之象然也。德之在君子，亦猶木之於地也，何也？君子之性順也，而德出於性，亦順物也。以順生順，故其積也不已，則始於小善，終於爲聖爲賢，其高且大孰禦焉！孟子曰：「孩提之童，无不知愛其親，及其長也，无不知敬其兄。」夫愛親，仁也；敬長，義也。君子之仁，始於愛親而已，及其以愛親之仁積之而至於无所不愛，則仁滿天下矣；君子之義，始於敬兄而已，及其以敬兄之義積之而至於无所不敬，則義滿天下矣。夫由愛親而至於无所不愛，由敬兄而至於无所不敬者，非順德不能也。吾故曰：天下之事，亦有所謂日進而不窮者，蓋亦順乎理而已矣。

初六，允升大吉。

《象》曰：允升大吉，上合志也。

升，以柔升者也，然初六以柔巽之才居升之初，非有剛明之援與之同升，則亦未易升也。惟初也以柔巽欲升之志，上承九二剛明之賢，故九二亦以其同體也，而與之合志以同升焉，故曰「允升」。允，信也。夫九二方且信我，而與我合志以同升焉，則其爲吉也孰大於此？蓋謂之大吉，則當升之初，上下相信而不相疑，由此而升則功業可以被天下矣。所謂吉之大者，實基於此故也。

九二，孚乃利用禴，无咎。

《象》曰：九二之孚，有喜也。

《象》曰「剛中而應」，謂二之於五也。當柔升之時，卦惟二剛，而九二剛而中，又巽體也，故无過剛之失，而足以上應柔中之主。故曰「孚乃利用禴，无咎」，謂二、五剛柔之得中，而君臣之相應故也。夫君臣之志患不相孚，苟孚也，則雖簡薄可用也，何也？无事於文飾故也，故以用禴爲利，謂以誠敬爲主也。如是當柔升之時，庸詎以過剛爲咎乎？河南曰：「自古以剛强之臣事柔弱之君，又當升之時，非誠意於交，其能免咎乎？」夫九二，能以誠意上通於君，亦豈爲臣之道无咎而已乎？道合而志行，則其利澤可以被於天下，此九二之孚所以有喜也。萃，以上萃下者也，故六二「引吉无咎」，而復以「孚乃用禴」繼之；升，以下升上者也，故九二曰「孚乃利用禴」，而復以「无咎」繼之。此雖升者萃之反，而九者六之反也，而以誠敬上通乎五，則亦一也。

九三，升虛邑。

《象》曰：升虛邑，无所疑也。

夫當柔升之時，而九三之升也，乃獨以剛過之才升焉。如涉無人之墟，故有「升虛邑」之象。

夫其升也，如升虛邑然，又何疑沮之有哉？龔深甫有曰：「李元量、耿希道皆以此爻爲湯、武之升，而以六五爲舜、禹之升。」蓋六四「王用亨于岐山」既爲文王之升矣，則以此爻爲湯、武，六五爲舜、禹故也。今輒依之。李元量博士曰：「初與二，臣之升也，過乎二則非純臣之象，是以九三之升惟湯、武足以當。方夏之末、商之季，法度廢矣，禮樂墮矣。故國雖大謂之邑，其曰虛又若无人耳。」

六四，王用亨于岐山，吉无咎。

《象》曰：王用亨于岐山，順事也。

六四以柔順之德，居謙虛之位，順之至也。昔者文王有君民之大德，又有事君之小心，故自處謙順，而其德則升，其道則亨。故六四之升，有「王用亨于岐山」之象，蓋謂文王嘗用此至順之道而亨于岐山矣，以是爲亨，則吉于亨矣，其誰咎之乎？乃若後世之權臣强諸侯，不知王者有至順之事而包藏禍心，至於攘奪僭竊者，難免乎萬世之咎矣，况欲吉，得乎？李博士曰：「孔子曰：『我欲托之空言，不如載之行事爲深切著明也。』蓋謂示後世已然之事，其功過於空言，故明夷取於箕子，升取文王岐山，凡此亦載之行事欲其深切著明也。」

六五，貞吉升階。

《象》曰：貞吉升階，大得志也。

《象》曰「柔以時升」，蓋謂五也。李博士曰：「凡人君皆升乎天位，而所以升則不同。有去民之害，順乎天而升，若湯、武者矣；有功德被於天下，薦諸天而升，若舜、禹者矣。」六五，貞吉而後升階，蓋言於正既吉，升而有序，堯、舜、禹是也，故以階言之，謂賓主以揖遜而升者也。耿希道曰：「舜、禹之事，聖人所欲也；湯、武之事，豈聖人所欲哉？」故「貞吉升階」爲「大得志也」。若夫明夷之九三，其所以大得者，乃南狩之志爾，非聖人之本心也。

上六，冥升，利于不息之貞。

《象》曰：冥升在上，消不富也。

升至上六，无所復升矣。坤陰既極，冥昧无覩，故曰「冥升」。夫消息盈虛之理，曷可常也，有息必有消，有盈必有虛。升至上六，无所復升矣，而猶不已，則有消而无息，有虛而无盈矣。上六曾不知此，冥於升者也，故曰「冥升在上，消不富也」。然以上六不知止息之心，用之或得其正，則又利矣，故復曉之曰「利于不息之貞」。孟子曰：「仁義忠信，樂善不倦，此天爵也。」此不息之貞也，惟施於此爲利，若施於消息盈虛之際，則不富矣。

䷮坎下兑上

困：亨，貞大人吉，无咎，有言不信。

《彖》曰：困，剛揜也。險以說，困而不失其所亨，其唯君子乎。貞大人吉，以剛中也。有言不信，尚口乃窮也。

《易》之六爻，大率以陽爲君子、陰爲小人，如姤、復等卦，則陰陽雖分多寡而有消長之漸；至泰至否，則陰陽之勢均矣，然亦大率以往來屈信爲君子、小人之勝負。至困，則陰陽之勢亦均，此雖非消長之卦，不以往來屈信論，而陽爻又雜於群陰之中，爲之掩隔，此君子不偶之象也，故聖人名其卦曰「困」。而《彖》曰「困，剛揜也」，所謂剛者，九二、九四、九五是也。二之剛，爲初與三之所揜；四與五之剛，爲三與上之所揜。故曰「困，剛揜也」，此指三陽爻見揜於三陰以言困也。「險以說」，此又合坎、兑二體之用，以言乎困之道也。夫困也者，所謂險難之時也。當險難之時，而能說以處之，則樂天安義而不失其所守，故時雖困矣而其道則亨也。夫時雖困而道則亨，此非君子不能也，故繼之以「困而不失其所亨，其惟君子乎」。子思子曰「君子素患難，而行乎患難，无入而不自得焉」，此之謂也。若小人則安平无事之時，猶失所守，況當險難之時乎，又焉得亨矣！「貞大人吉，以剛中也」，此又指二、五之剛中，而能盡處困之道也。夫正者，在天則爲命，在人則爲性，而在事與物則爲理。古今有殊時，而此正則不變，萬物有成敗，而此正則固存。故是正者，在困之爻則二、五是也，在人則大人是也。何者？以其剛中故也。其中也剛，則此正不移，投之困窮險難之地，何往而不吉乎？非能吉也，能不失其正故吉也。或曰君子、或曰大人云者，亦无異義也。卦德於「大人吉」之後，又繼之以「无咎」之辭，謂當此之時以大人之德不能无困，然在我者有處困之道，故有吉而无咎也。《彖》文省此二字者，謂既吉則无咎矣。朱子發引范諤昌之言曰：「《彖》文脱『无咎』二字，恐未必然。」「有言不信，尚口乃窮也」，此又指兑説在上或至於「尚口」，以爲處困之戒也。夫當險難之時，固在於説以處之，然不知自説之道，而徒尚口舌以求説於人，欲以免夫困，人誰信之哉？衹自取困窮爾，故曰「有言不信，尚口乃窮也」。前言以説處困而亨，此又言尚口乃窮者，蓋言當此之時，自説可也，説人不可也。此聖人重複發明兑説之旨，恐萬世之下處困之君子，誤用其心也。

《象》曰：澤无水，困。君子以致命遂志。

澤也者，水之所鍾之地也。今也坎水在下，兑澤在上，見澤而不見水，澤无水者也。夫其澤存其水亡，此困乏之義也，故爲困之象。君子當困窮之時，而至於空乏其身，行拂亂其所爲，宜然而不然，若澤之无水焉者，此世人所謂有不可知者存也，而君子於此則務致其命焉。子曰「不知命，无以爲君子也」，又曰「窮理盡性，以至於命」，君子之學不至於命，如處困窮何？故處困窮之道在於致命，謂欲至其所至之地也。命之學至之而无餘，則在我之志者亦，无所不遂者矣。君子之志，志於行吾義而已。學而不至於命，則一爲窮困患難之所攖，必至於喪其所守矣！義何在焉？故夫知義與命之爲一者，可與處困矣。

初六，臀困于株木。入於幽谷，三歲不覿。

《象》曰：入于幽谷，幽不明也。

夫柔之所附者剛也，剛既見揜，則柔亦失所附矣。夫剛揜則剛困，柔失所附則柔困，故初之與四雖居相應之地，然四方困於見揜，而未能下應於初，初欲上應於四，又爲九二之剛所礙，則居失所安矣。故有臀困於株木之象，株木指九二也。夫陰柔之人，一有所礙遂不能安其所遇，而至於迷惑自失，入于困窮幽暗之地。故曰「入于幽谷」，謂坎險之底而不能自拔也。夫不能自拔於幽暗之地，則雖上有九四之應也，三歲之久其能覿乎？此无他，陰柔之人既无明見，一遇困難遂至顛冥失錯，理固然也，故《象》曰「入于幽谷，幽不明也」。

九二，困于酒食，朱紱方來，利用享祀，征凶无咎。

《象》曰：困于酒食，中有慶也。

《象》曰「正大人吉，以剛中也」，夫以大人剛中之才，而處人臣正中之位，則九二是也。九二以剛居中則安其所遇，故雖困窮險難，曾何足以動其心？但處人臣正中之位，而未能推君之惠澤，以充足天下之願欲，而使之飽滿酣適焉，則吾以是爲困也，故曰「困于酒食」。雖然，二、五之大人以正相應，亦不終困也，故又曰「朱紱方來，利用享祀」。蓋「朱紱方來」云者，五之下接乎二也；「利用享祀」云者，二之上通乎五也。夫朱紱之爲服者，王者所以蔽膝也，九五方來下接乎二，故取蔽膝之服以爲象。享祀之禮，以至誠默通乎神明者也，九二自守於下，利用至誠以上通乎五，故取享祀之禮以爲喻。夫上有以接乎下，而下有以通乎上，此大人以正相與而不終困者然也。然又以「征凶无咎」戒之者，謂方困之時，爲九二者若不知以至誠自守，而往求遇合，此非大人之道也，犯難罹凶乃其自取爾，又誰咎乎？夫以九二之剛中，猶不免於戒，處困之道庸可易乎？故《象》又申之曰「困於酒食，中有慶也」，蓋謂當是時也，雖未能推君之惠澤以徧及天下，惟以剛中自守，而无庸有所往焉，則自有「朱紱方來」之慶矣。程河南曰：「自昔賢哲困於幽遠，而德卒升聞、道卒爲用者，惟自守至誠而已。」

六三，困于石，據于蒺藜，入于其宮，不見其妻，凶。

《象》曰：據于蒺藜，乘剛也。入于其宮，不見其妻，不祥也。

石，堅重之物也，而非陰柔之才所能勝也，往而犯之，祇自困爾。故《繫辭》曰「非所困而困焉，名必辱」，謂九四、九五二剛在上，堅重不可犯也，而三犯之，以取困也。蒺藜，蔓草之有角刺者。不正之人，濫乘非據而處正人之上，豈所安也？故《繫辭》曰「非所據而據焉，身必危」，謂九二之剛中豈可乘也，而三乘之，非其所安，猶藉刺負芒然也。夫六三所以輕犯二剛，以取困者，徒以上六吾配故也。六三陰也而居陽，自以爲陽也，故求配於上六。然上六，宫則是也，而非其妻，故曰「入于其宫，不見其妻」。小人輕進妄動，无與親合，危辱困極如此，豈吉祥之徵也哉？故不免於凶禍也。《繫辭》於此又言其所以凶也，而曰「既危且辱，死期將至，妻其可得見耶」，蓋甚之也。以是觀之，當困之時，不善處困者，三陰之爻皆然也，然君子爲之商其尤不善者，六三是也，初六次之，上六又次之。

九四，來徐徐，困于金車，吝有終。

《象》曰：來徐徐，志在下也，雖不當位，有與也。

坎中之一陽，下礙初六，故曰「株木」； 其爲材也剛，上衝九四，故曰「金車」。凡此，皆九二之象也。夫初既困于株木而不能上進，四又困于金車而不能下逮，何咎如之？然九二有「朱紱方來」之慶，九五又有「徐有説」之理，二、五自以同德相應，而九四應初之志，可以徐徐而來也。「徐徐」，謂有困窒而未遽前也。夫處不當之位，動輒有礙，而未遽如意，所賴者有與在下，終必遂志，非終困也，故雖吝而有終。河南曰：「有終者，事之所歸者正也。初、四正應，終必相從也。寒士之妻，弱國之臣，各安其正，苟擇勢而從，則惡之大者，不容於世矣。」

九五，劓刖，困于赤紱。乃徐有説，利用祭祀。

《象》曰：劓刖，志未得也。乃徐有説，以中直也。利用祭祀，受福也。

《象》曰：「正大人吉，以剛中也。」夫以大人剛中之才，而處人君正中之位，則九五是也。然當困之時，剛有所揜而志未得通，故有劓刖之象。劓之謂傷於上也，刖之謂傷於下也，上下皆揜於陰，爲其傷害故也。夫五之困如此，故遠近隔絶，應效未至，故其説未遽有也，故徐徐焉爾。而《象》又推原九五所以致説之道，而曰「中直也」。蓋言二、五大人以此道相許久矣，但時方困，剛方揜，故其説徐有也。祭祀者，人君所以禮神也，夫祭祀之事必以誠敬爲主，而後獲福祐之報。九五之下交於二也，不以誠敬默通乎二，安能獲其應助之力乎？故曰「利用祭祀，受福也」。夫二、五皆以至誠相感通，故同以祀事明之，然要之獲應助之力者五也，此「受福也」之言所以獨歸之五焉。禮有祭天神、祀地祇、享人鬼之别，五居尊，故言祭；二在下，故言享：各以其所當用也。

上六，困于葛藟，于臲卼。曰動悔有悔，征吉。

《象》曰：困于葛藟，未當也。動悔有悔，吉行也。

困至上六，困之極矣。六三非其正應也，徒以陰柔相纏繫而已，非果能脱己之困束也，故困于葛藟。九五不可乘也，陽剛中正之君，方務去剛揜之困，而上以陰柔乘之，豈其所安？故又曰「于臲卼」。夫上六有此二困，而不知物極則反、困極則通，何也？无乃自謀之拙乎？「曰」云者，自謀之辭也，如是自謀曰「動則有悔也，姑求安於臲卼之地，而甘心於纏繫之人也」，而不知不動乃所以有悔也。然則爲上六者，又何錮於不動而以動爲諱乎？故聖人於此明以告之以「征吉」，謂其舍臲卼乃所以安，釋纏繫乃所以脱其困束也。由是觀之，甘心於纏繫者未爲計之當也，若以動爲悔乃所以有悔也，則莫若吉於行也。聖人所以爲上六謀者，至此可謂審矣，爲上六者舍其自謀以從聖人可也。

朱子發曰：「范雎困於鄭安平，虞卿困於魏齊，猶能解相印以全其軀，况體易之君子乎？」

卷二十一

䷯巽下坎上

井：改邑不改井，无喪无得，往來井井。汔至，亦未繘井，羸其瓶，凶。

《彖》曰：巽乎水而上水，井。井養而不窮也。改邑不改井，乃以剛中也。汔至亦未繘井，未有功也。羸其瓶，是以凶也。

朱子發曰：「此卦《彖》文脱錯，當曰『巽乎水而上水，井。改邑不改井，乃以剛中也。无喪无得，往來井井，井養而不窮也。汔至亦未繘井，未有功也。羸其瓶，是以凶也』。」以文義考之，理當然也。井之爲物，體用備者也。君子之學，備夫體與用者也，故體欲其居，用欲其不居，體居則其德有常，用不居則其功不匱，德有常而功不匱，井之所以爲井也，而君子實得之。巽在物爲木，其義則入也，巽之木入乎坎水而上出之，則井之功用見乎外矣。故曰「巽乎水而上水，井」，此合坎、巽之義，以言井之功用也。井田之法，八家爲井，四井爲邑。邑者，人所聚；井者，人所食。然邑可改遷，而井不可改也，何也？水之所在故也。猶君子可以富也，可以貧也，貴可使爲王公，賤可使爲匹夫，此邑可遷改也。道之所在，不爲堯存，不爲桀亡，此井不可改也，何者？以其剛中也。如使其中之不剛，則易涸矣，安在其不可改耶？盡乎此者，於爻則二、五是也。故曰「改邑不改井，乃以剛中也」，此指二、五之爻，以言井之體也。夫井之爲物也，取之而不竭，无喪也；存之而不盈，无得也。无喪无得，則凡有求於我者，皆賴我以爲用故也。得乎我而往者，井井然也；未得乎我而來者，亦井井然也。然井之所以爲井者，未嘗不一也，何者？有所謂不窮者存也。故曰「无喪无得，往來井井，井養而不窮也」，此又合井之體用，以言井之所以不窮也。汔幾也，繘綆也，夫井以濟用爲功，幾至於井而未及於濟用，則亦與未施綆於井同也。何也？无益於用故也。君子之道，推己以及物而已矣，雖曰知推之而未嘗及物，則亦與不知推者同也。何也？无補於物故也。故曰「汔至亦未繘井，未有功也」，此又言井以濟用爲功，而不可以中廢也。若夫所以上水者瓶也，而或羸焉，則又非特未有功而已，終於无功焉爾矣。何也？未至者可勉而至，已壞者終於无成故也。夫君子有善用之才，則取之於己，用之於人，有餘也。在我之才，或至於不善用焉，則如東漢不知謹密之君子，自保其身之不暇，又何暇於濟世而救物也哉？故曰「羸其瓶，是以凶也」，此又因井以言不善用其才者之戒也。吾故曰：未至者可勉而至，已壞者終於无成。

《象》曰：木上有水，井。君子以勞民勸相。

巽爲木而在下，坎爲水而在上，其曰「木上有水」云者，木上本非有水也，以木巽乎水而上水故也，此木上有水所以爲井之象也。夫水之蓄聚乎井也，其初蓋未嘗勞也，及夫以木巽之，登水於木，則動盪汲引，以至於或灌或濯，或烹或煎，其用始勞矣。君子之於民也亦然，春使之塗足而耕，夏使之曝背而耘。以至於爲商也，則使之竭力於負販；爲工也，則使之精心於技能；爲士也，則使之鋭志於行藝。何其勞也，蓋以謂不如是，則不免爲无用之棄民故也。而民之趨之，亦曰：「雖上之我勞也，然不如是，則吾其棄民矣。又安得不如是之勞也？」所謂「勸相」云者，木一物也，水亦一物也，二物相合而後井之功用見矣。若木自木、水自水，則如功用何？君子之於民也既勞之，其道蓋有以使之相資以爲用者，若六府之交修、三事之咸和，其出入也相友，其守望也相助，其疾病也相扶持。至於父子以仁親、君臣以義合、夫婦以禮别、長幼以序秩、朋友以信遇，此皆勸相之大凡也。

初六，井泥不食，舊井无禽。

《象》曰：井泥不食，下也。舊井无禽，時舍也。

初在下而居陰，井之泥也。泥則不可食，不可食則廢而无用矣，故曰「舊井」。夫養而不窮者，井也。无得无喪，往來井井，又安有新舊之間乎？夫惟廢棄而不用，則无日新不窮之功矣。故目之曰「舊井」云，謂之「无禽」，則禽鳥且不至，况人乎？此泥濁在下，爲一時之所棄也。小人污辱之行，人所不取也，以至於禽類亦舍棄之，則初六之井泥是也。程河南曰：「舍，上聲，與乾之『時舍』不同。」

九二，井谷射鮒，甕敝漏。

《象》曰：井谷射鮒，无與也。

他卦九二少有可議者，惟井之九二則異於是，何也？九雖陽剛也，而居陰，陰虚則下漏，又巽體也，巽之陰虚在下而復缺，无有隄防之者。夫缺漏在下，故无所容蓄，而井之水注射於下，以此爲井，未也，乃澗谷也，故曰「井谷」，而有「甕敝漏」之象。甕之爲器也，完則能蓄，今也敝且漏焉，宜其注射於下也。鮒魚，生長於澗谷之間者也。井谷之水，初无停積，徒注射鮒魚而已。鮒魚，物之在下而微也，初六之象也。若使在下而有陽剛之助，則能隄防此水，而不爲井之谷也，故《象》曰「井谷射鮒，无與也」。困之九四曰「來徐徐，志在下也，雖不當位，有與也」，九四所謂「有與」云者，指初六也；今九二井谷之水注射於下，初六陰虚在下，而无有隄防之者，故曰「无與也」。程河南謂「上无應援」，朱子發謂「九五不應，无與之者」，皆誤矣。或曰：九二之在井既有甕敝漏之象，而《象》乃例稱之曰「改邑不改井，乃以剛中也」，何也？曰：澗谷之水尤非易涸者也，此豈可改易者邪？以其漏下，故曰「井谷」，然語其剛中則亦自若也。或者又曰：「羸其瓶，凶」，此豈非九二之所謂「甕敝漏」邪？曰：「羸其瓶」云者，此爲不善用其才者之設也。「甕敝漏」則以喻井谷也，其所指異矣。學《易》者觀象而得其影，非善觀象者也，凡此皆諸家之誤也。

九三，井渫不食，爲我心惻。可用汲，王明，并受其福。

《象》曰：井渫不食，行惻也。求王明，受福也。

九三以陽居陽，陽爲實，爲明。明則无初之泥，實則无二之漏，其渫也固宜。渫云者，清之謂也。水既清矣，此可食也，而或不見食焉，孰不爲九三惻心耶？「惻」云者，憫其不食故也。「我」謂三也，蓋君子有可用之實，而不見用於時，君子无庸過自惻也，爲我心惻者人也。《象》曰「行惻」云者，以九三之行清渫如此，而不見食焉，豈不爲人所惻邪？「可用汲，王明，并受其福」，此亦惻者之辭也，此九三之清渫之行如此，可以汲之而食也。汲之者誰乎？王之明也。謂以我之渫、王之明，兩者不可相无故也，如此則并受其福矣。王者享任賢之福，而賢者有福天下之功，非并受其福而何？《象》曰「求王明」云者，求謂汲之也，知九三有可汲之實而遂求之者，此非王者之明不可也。在九三也有可汲之實，在王者又明知其可汲也，而遂求之，則賢者之福徧及上下矣。若王不明，而不知九三之是求焉，則爲九三惻者將何時而已耶？此人主之不幸，而生人之无福也，又何并受其福之有？司馬子長曰「王之不明，豈足福哉」，此之謂也。

六四，井甃，无咎。

《象》曰：井甃无咎，修井也。

六四以陰居陰，陰虚亦敝漏也。然在己雖漏而下，有九三隄防之助焉，則其與九二之得初六亦異矣，故有「井甃」之象。謂在己雖陋，而修治隄防之力則有賴焉爾，此所以能補其過而无咎也。朱子發曰：「古者甃井爲瓦裹，自下達上。」然則二之所謂「甕敝漏」云者，則亦瓦裹之不修故也。瓦裹之不修，非初六之在下乎？夫以敝漏之資，所與處者曾无修治隄防之助，此九二所以无與也；所與處者，有修治隄防之助而免敝漏[二]之患，此六四所以无咎也。然則君子之所與處者，欲其有補於己，而異乎九二之无與，則不可以不謹所與也。

九五，井洌，寒泉食。

《象》曰：寒泉之食，中正也。

九五以坎中之陽，而居正北方之位，故其爲井也洌，其爲泉也寒。夫以中正之德居中正之位，

[二] 漏，原缺，據通志堂本、四庫本補。

此堯、舜、禹、湯、文、武之君，所以有功於養人也，故曰「寒泉之食，中正也」。若孔子、孟子，有養人之德而无養人之位，此九三之井渫而不食，而萬世之下猶有爲之惻心者。雖然，渫與洌，性也；食與不食，命也。孟子曰：「性也，有命焉，君子不謂性也。」又曰：「命也，有性焉，君子不謂命也。」君子之所謂性、命云者，而九三、九五之爻求之過半矣。

上六，井收勿幕，有孚元吉。

《象》曰：元吉在上，大成也。

井至上六，井道之大成也。夫井道既大成矣，宜无物我之嫌可也，故戒之曰「井收勿幕」。上六，以陰居陰，陰道吝嗇，故爲之戒云。「收」，謂其井道之功成也。夫道至此功成矣，若居有其成而不以與人，猶爲未成也，故以「勿幕」戒之。懼其以成功自居也，能若是則有孚矣。何者？我不拒人，而人亦不以我爲拒人故也，其爲吉也豈不大乎？故聖人於此以「元吉」與之。夫井與鼎，皆養人之具也。鼎之上功已成矣，則不可以无鉉；井之上功已成矣，則不可以有幕。何也？幕所以覆井，而鉉所以舉鼎也。鼎之功已成而无以舉之，功猶未成也；井之功已成而或有以覆之，得爲成功矣乎？故井之上曰「井收勿幕，有孚元吉」，而鼎之上則曰「鼎玉鉉，大吉无不利」。

離下兑上

革：已日乃孚，元亨利貞，悔亡。

《彖》曰：革，水火相息，二女同居，其志不相得，曰革。已日乃孚，革而信之。文明以説，大亨以正，革而當，其悔乃亡。天地革而四時成，湯武革命，順乎天而應乎人。革之時大矣哉！

予學《易》至於革，喟然而嘆曰：噫！革之在《易》也，其變易之尤大者乎！何也？得失之報、理亂之數、始終之變具在，諸卦未嘗不歷歷焉及之，惟革命一説必待革而後盡其辭，此其故也。而或者必曰：文王之於卦德也，特曰「已日乃孚，元亨利貞，悔亡」而止耳；其子文公之於九五也，特曰「大人虎變，未占有孚」而止耳。至於孔子，然後廣及革命之事。噫！夫豈知微其辭於卦德者，此文王之旨也；又微其辭於九五者，此文公之旨也。即是辭是旨而申之以其事、實之以其人而无復隱諱焉者，此則孔子之旨也。孔子之於《春秋》也，而曰：「我欲托之空言，不如載之行事爲深切著明也。」今於《易》亦然，故夫托之空言而使人默喻夫革者，文王、文公是也；載之行事而使人欲明夫革者，孔子是也。然則《易》微孔子，革之旨或幾乎晦矣，又孰知夫革之在《易》也，其爲變易之尤大也乎？故夫革之所以爲革也，以離火、兑澤言之，則爲水火相息；以離中女、兑少女言之，則又爲二女之不相得。夫水得火而竭，火得水而滅，今也澤在火上，則水火相止息者也，如此亦豈物理之常也？二女雖均女也，今也少女反乘中女，故雖同居也，其志豈相能哉？此亦非人情所可常也。即是人情、物理而并論之，革之所以爲革也如此。故曰「水火相息，二女同居，其志不相得，曰革」，此合離、兑二體之象，以言革之義也。夫聖人之舉動也，初无待於積日持久，而人皆知其爲當然也，此所謂「已日乃孚」也。已，止也，乃斷〔一〕辭也。止於一日之間，而无有不孚者，此豈有它哉？蓋其爲革也，有以深信夫人故也，是説也在爻則爲九五未占有孚，在聖人則爲成湯之彰信兆民是也。故曰「已日乃孚，革而信之」，此指九五以言革之效也。夫暗亂之與人心怨懟，時乎革也，則革暗亂而文明，革怨懟而爲和説。文明，離也；兑，悦〔二〕也，故曰「文明以説」，此又合離、兑二體之用，以言革之時也。革之六爻皆正也，故初九、六二、九三、九五、上六正也，而以九居四，以陽居陰，亦正也。乃若統攝衆正而尸革之功者，此又九五所以爲革之大人也。故卦德曰「元亨利貞」，而《彖》以「大亨以正」釋之，此又總六爻之正，而尸之五以言革之道。夫當革之時，去亂而即治，舍故而趨新，此生常事也。然苟揆之人心而然，質之天地萬物之理而皆合，

〔一〕斷，原作「繼」，據通志堂本、四庫本改。
〔二〕悦，通志堂本、四庫本作「説」。

蔽之古聖賢之説而无異辭，則是事也雖若越常異者，而有悔也，然革之而當，又何悔云？成湯之既伐於夏也，有慚德焉，曰「予恐來世以台爲口實」，此有悔也；而仲虺則曰：「天錫王勇智，表正萬邦，纘禹舊服。兹率厥典，奉若天道」，此則悔亡也。夫革道患不當爾，苟當也，則雖成湯有南巢之役可以无慚，又况天下之事，所謂小小變革也乎？故曰「革而當，其悔乃亡」。此又曰「大亨以正」，此言革道之善也。夫世事之推遷而天地之變易也，故《彖》於此又以天地之革以明湯武之革焉。夫革春而爲夏，革秋而爲冬，雖曰寒暑之不同，而二氣之相推，四時以成，則一而已。革夏而爲商，革商而爲周，雖曰世代之不同，而其上順天命、下應人心，則亦一而已。一者何也？所謂理之當然是也，天地聖人均所不能違也。夫天地變易，世事推遷，以時爲大，故又贊之曰「革之時大矣哉」。噫！知革之時爲大，則予所謂革之在《易》也，其變易之尤大者，信乎其尤大也。

《象》曰：澤中有火，革。君子以治曆明時。

離，火也，而在下；兑，澤也，而在上。故曰「澤中有火」，此即《彖》之所謂水火相息也。時之運於天也，日月之相推，寒暑之相盪，此水火相息之謂也。然人皆知日月之相推、寒暑之相盪如是也，而不知其所以相推相盪之由，此曆學之所由設也。故夫曆之設也，以二至明陰陽之始，以二分正陰陽之中，以閏餘定陰陽之終，始、中、終具舉，而日月星辰之運動不失其序。故天道運於上而人事應於下，而无有主撮之異矣，此革道之明效也。

初九，鞏用黄牛之革。

《中庸》有曰「雖有其德，苟无其位，亦不敢作禮樂焉」，則革之初九是也。夫九以剛明之才當變革之時，宜若可以有爲也。然其位在下也，以能爲之才處在下之位，而或過爲改作之事，此豈所謂君子之時中矣乎？故處此之位，惟以中順之德自守而已可也。故曰「鞏用黄牛之革」，而《象》曰「鞏用黄牛，不可以有爲也」。鞏，固也；黄，中色也；牛，順物也。夫革，變革之謂也。其曰「黄牛之革」，則堅而不變。此又不革之革也，以況則〔一〕君子在下，以中順自固，而无過動之愆，此所謂時中也。

《象》曰：鞏用黄牛，不可以有爲也。

六二，已日乃革之，征吉无咎。

《象》曰：已日革之，行有嘉也。

六二以中正之德，上應九五中正之君，當革之時，无有可愧者矣。卦德所謂「已日乃孚，元亨

〔一〕則，四庫薈要本有校記：「則字疑衍。」

利貞，悔亡」，則六二與有勞焉。故曰「已日乃革之，征吉无咎」，而《象》曰「已日革之，行有嘉也」。夫卦德所謂「已日乃孚」云者，人之深信乎五也。六二所謂「已日乃革之」云者，二之有功於五也。人之深信乎五，初无待於持久焉者，以二之有功於五也，亦初无待持久之勞故也，是何也？中正之德相革之主，成革之功不難而易故也。以是而行，故有嘉美而无過咎，此《象》所謂「革而當，其悔乃亡也」。而六二則曰「征吉无咎」，又曰「行有嘉也」，以言革道之善如此也。

九三，征凶，貞厲。革言三就，有孚。

《象》曰：革言三就，又何之矣。

嗚呼！吾觀革九三，而知革道不可以或過也。夫天下之弊，不可以不革也，不革則弊不去。弊既革矣，亦不可以過於革也，過於革則下不安。九三居下體之終，所謂革道之小成也。而又以剛處剛，或過用其剛焉，此革之所戒也，故曰「征凶，貞厲」。自古不明此戒，而或至於過用其剛者多矣。夫朝綱不振，吏治苟且，糾之以嚴可也。嚴而不已，以至禍及縉紳、動罹戮辱者，此剛過也。奸宄害治，罪惡既稔，懲之以刑可也。刑之不敬，以至禁網苛密、刀鋸横施者，此亦剛過也。戎虜伺釁，猾我中夏，威之以兵可也。兵或不戢，以至中外騷擾、民不堪命者，此又剛過也。夫以九居三，正也。剛而或過，得爲正乎？糾吏治以嚴，懲奸宄以刑，威戎虜以兵，正也。嚴而不已，刑之不敬，兵之不戢，得爲正乎？曰：然則處九三之時者，宜如何？曰：當以危厲自警，而无忿於是正，斯可矣。故又曉之曰「革言三就，有孚」。蓋以革道言之，自初至三已三就矣，謂革道之小成也。「有孚」謂亦以〔二〕著信於人矣，此豈可以復有往歟？故《象》又申之曰「革言三就，又何之矣」，則九三征凶之戒，不其著明矣乎？

九四，悔亡，有孚，改命吉。

《象》曰：改命之吉，信志也。

九四以剛陽之才，處近君之位，而當水火相革之際，事之可悔者從而革之，革之而當，故曰「悔亡」。夫處近君之位而所改革者，何事也？曰：子從父之令，不得謂之孝；臣從君之令，不得謂之忠。惟四也近而親五，以同德佐上，而其孚信素結主心。故上有所命，當改則改之，在我不爲嫌，而在君子亦不爲疑，嫌疑兩忘，此所以吉也。故曰「有孚，改命吉」，而《象》曰「改命之吉，信志也」。夫事君之道，以誠信爲本，又況居獻替親密之地，命在上出也，而我乃得以改之，自非孚信之志素結主心，安能有此吉乎？唐太宗嘗欲以鄭仁基息女爲充華，典册已具，魏徵言之，帝即詔

〔二〕以，四庫本作「已」。

停其册；高昌王麴文泰將入朝，西域諸國欲因文泰遣使奉獻，帝詔迎之，徵又言之，帝追止其詔；至於遣使立葉護可汗也，使者未還，復遣使諸國市馬，徵又言之，帝爲之止。凡此類者，所謂改命也。然苟非徵也展盡底蘊、不事形迹，而剴切之誠上當帝心，則改命之吉未易至是也。

九五，大人虎變，未占有孚。

《象》曰：大人虎變，其文炳也。

乾之九五，有大人飛龍之象，革之九五有大人虎變之象，均是人也而象則異云者，亦各乘其時故也。夫革之五，革命之主也。特爻辭不顯言之爾，蓋其爲德也大，故其發見也亦大。當此之時，舉事應變，文理昭著，猶之虎變也，炳然之文有不可揜，而其威信所格罔有不服。故无待於占决，而知天下有信順之心焉。噫！非上順天心、下應人心，其孰能變化感通如此，其至矣乎！

上六，君子豹變，小人革面。征凶，居貞吉。

《象》曰：君子豹變，其文蔚也。小人革面，順以從君也。

革至上六，革道之大成也，又不特九三「革言三就」而已也，故以君子、小人并言之，以言革之成效也。向也君子隱於巖穴，遯迹自晦，今也離隱而之顯，見於有道之世，功業著見，如豹之變其文，蔚然而盛也；向也小人苟免虐害，悱然不服，今也去虐而歸仁，中悦而誠服，曾无矯飾之態，故革去面從，而以悦順之心從乎君也。夫舉天下之君子、小人莫不皆有所革，如此則革道之大成也。當此之時，豈可復有所往哉？務在鎮静以安人心。以漢承秦之後，蕭規曹隨，以興清静之化可也。夫苟昧此，則斯民又未有息肩之暇矣！故又戒之以「征凶，居貞吉」。蓋天下之弊，始則患乎不能革，故六二應五，當革之任，則勉之曰「征吉」。弊已革，又患乎不能守也，故九三、上六俱以「征凶」戒之。然三之「征凶」則曰「貞厲」，而上之「征凶」則曰「居貞吉」者，革於三則防其剛過，於上則以陰静終也。

䷱巽下離上

鼎：元吉亨。

《彖》曰：鼎，象也。以木巽火，亨飪也。聖人亨以享上帝，而大亨以養聖賢。巽而耳目聰明，柔進而上行，得中而應乎剛，是以元亨。

鼎也者，致潔以養人之具也。故鼎有新義，凡天下之事，所謂日用而日新者，必曰鼎新，以其致潔故也。《序卦》曰「革物莫若鼎」，《雜卦》曰「鼎取新也」，是也。《易》也者，日用而日新之道也，故其卦有取於鼎焉。古者制器必取諸象，鼎之爲卦也，實具鼎之象焉。故以全卦觀之，則分植乎下者足也，初六是也；完實乎中者腹也，二、三、四是也；對峙乎上者耳也，六五是也；橫亘乎上者鉉也，上九是也。夫物有足有腹有耳有鉉，非鼎乎？故曰「鼎，象也」，此以卦之六畫，以言鼎之象也。以二體觀之，則巽爲木也而在下，離爲火也而在上，以木巽火而火出乎木，則又鼎之功用見矣。故曰「以木巽火，亨飪也」，此以離、巽二體言鼎之用也。夫鼎之爲用至重也，天下莫不用之，然惟聖人爲能極其用，故繼之曰「聖人亨以享上帝，而大亨以養聖賢」。蓋以是惟新之命而畀之聖人者，上帝也，故聖人必有以享之。然於享上帝必曰「亨」，而養聖賢則曰「大亨」云者，孔氏《疏義》曰：「享上帝尚質，特牲而已，故直言亨；聖賢既多，養須周徧〔一〕，故亨上加大字也。」朱子發曰：「以享上帝之心，推之以養聖賢，人有不樂盡其心者乎？」其曰「聖人亨以享上帝，而大亨以養聖賢」，此又即鼎之用，以言惟聖人爲能極其用也。「巽而耳目聰明，柔進而上行，得中而應乎剛，是以元亨」，此則即巽、離之用與六五之柔中以言卦德之所以元亨也。夫鼎之爲卦，巽下也，故有人君卑巽下賢之象；離上也，離爲目，又六五鼎耳也，故有耳目聰明之象。夫人君能卑巽以下賢，則天下之賢孰不爲吾用哉？故以天下之耳爲耳，則其耳聰；以天下之目爲目，則其目明：此所謂「巽而耳目聰明」也。夫人君之耳目既聰明矣，則以柔居尊位，无愧也。故柔順之

〔一〕周徧，《周易正義》作「飽飫」。

道，巽於下，則爲下賢；進於上，則爲六五而且得中焉，以與九二剛中之賢居相應之地，此所謂「柔進而上行，得中而應乎剛」也。夫巽而耳目聰明，則巽之效也；柔進而上行，則柔之效也；得中而應乎剛，則中之效也。鼎之君，具此三者，故卦德曰「元吉亨」，而《彖》曰「是以元亨也」。蓋謂之元亨，則吉在其中矣。河南曰：「凡卦，離上者皆云『柔進而上行』。柔，在下之物也，乃居尊位，進而上行也。」斯言也，不惑於卦變矣。

《象》曰：木上有火，鼎。君子以正位凝命。

李博士曰：「木上有火，非鼎也，鼎之用也。猶之木上有水，非井也，井之功也。語井而不及功，語鼎而不及用，非觀象知意也。」夫鼎之爲器也，其形端正，其體鎮重，其用日新。故鼎之奠於此也，而木上之火亦凝然於此，而後亨飪之功見焉。君子之觀此象也，則亦正其位而已矣。其位既正，則命令遂於此而凝焉。如木火之凝然於鼎也，則造化之功亦於此見矣。蓋木火相資以成變化，有凝命之象。凝，聚也。《中庸》曰「苟不至德，至道不凝焉」，予亦曰「苟不木火，鼎之用不凝焉」。然則鼎之用不凝，則鼎也者无用之器也；君子之位不凝，則位也者亦豈非无用之器乎？故曰：「語井而不及功，語鼎而不及用，非觀象知意也。」

初六，鼎顛趾。利出否，得妾以其子，无咎。

《象》曰：鼎顛趾，未悖也。利出否，以從貴也。

初，鼎之最下，趾之象也。鼎當致用之初也，傾而倒之，去其故穢以取新潔，故曰「顛趾」。夫趾顛，則鼎覆矣，此宜若非順道也。然時乎當顛也，則於理爲未悖也，故穢者不去，則新入者亦穢矣，庸可以顛趾爲嫌乎？故曰「鼎顛趾，未悖也」。利出否，以從貴也」，其在人則棄不善以從善也。夫鼎趾之顛，不正者也，然出否以從貴，則雖顛未悖也。故又曰「得妾以其子，无咎」，蓋妾非正者也，猶之鼎之顛也，然而有子焉，則不正之咎可无也。何者？有可貴者在也。故夫善之出於不善也，君子不以尤前之不善也，而棄夫今日之善，若追其前日也而尤之，則殆非棄瑕録善之道也。蘇東坡曰：「聖人之於人也，貴其身不問其所從，論其今不考其素，苟騂其角，犂牛之子可也」。朱子發曰：「得賤臣者，苟利於宗廟社稷，則或出於屠販、奴隸、夷裔、俘虜，不問其素可也」。

九二，鼎有實。我仇有疾，不我能即，吉。

《象》曰：鼎有實，慎所之也。我仇有疾，終无尤也。

九二，以剛實居中，此鼎之有實而居中者也。夫受任而得中，則任无過分，而能有其實矣。否則必致滿溢之愆，如九四之覆餗，實何有焉？此君子所以貴於自謹也，故《象》曰「鼎有實，慎所之也」。若九四不知自信，而有覆溢之愆，則所之之不慎故也。我仇謂六五也，四繆當高位重任，而上比乎五，其得君亦既專矣； 五欲下應以助二，而四實間之。故曰「我仇有疾，不我能即」，夫五之不我能即，則惟四之是即可知矣。此過分之任，莫大之責，不以加之二而四實當之，故二也得以適當其分而无過其實，而不失之也，故曰「吉」。而《象》曰「我仇有疾，終无尤也」，夫五之有疾，乃所以爲二之无尤，使二也不知慎其所之，而冒越以干五，則過分之尤，終亦有所不免矣。其能无尤矣乎？王輔嗣曰：「有實之鼎，不可復有所取； 才任已極，不可復有所加。」胡安定曰：「鼎之實必有齊量，若過其盈溢，則有覆餗之凶。君子有才德，亦有分限，若職事過其才分，則亦有瘝官之謗。」

九三，鼎耳革，其行塞，雉膏不食。方雨虧悔，終吉。

《象》曰： 鼎耳革，失其義也。

九二，鼎實之得中也； 九三，則鼎實之將盈也。而又以陽居陽，其實充充然，美且甘也，是故可食也。然君子能爲可食，不能使人必食之，故曰「鼎耳革，其行塞，雉膏不食」。夫鼎耳，六五也。五以无爲爲鼎之主而尸舉措之功，然其所以舉措者又在乎鉉。鉉，上九也。九三與上九，非其應也，故上不以鉉而授之五，則五亦不以耳而聽之三，此鼎耳之革也。「革」云者，謂失其所以相從之義也，如此則鼎有滯塞，而无行移矣。故三雖有美且甘之可食者，如雉膏然，又何望於見食已乎？雖然，蘊其德，久而必彰；守其道，其終乃亨。以五之耳目聰明，決非棄才之主；以上之剛柔有節，亦非蔽賢之士。方將陰陽和而雨焉，則不食之悔可以虧去，而終獲其吉也。爲九三者宜守其正，以有待焉可也。

九四，鼎折足，覆公餗，其形渥，凶。

《象》曰：覆公餗，信如何也。

鼎之實，自二至四，无餘地矣。无餘地則溢，溢則覆，此理之常也。又況以九居四，中非九二而正非九三，其才與德視二與三固已有慊矣！而且居近君之地，位高位、謀大謀、任重任，其能无傾覆之患矣乎？此所以不勝其任，下折而上覆也，故曰「鼎折足，覆公餗」。足，初六也。四本應初，今也鼎折其足，此非初之誤四也，乃四之累初也。餗，鼎之實也，覆公餗，如漢王所謂「敗乃公事」也。夫足折而餗覆，則淋漓於外，鼎之形體爲之汙辱也，任不勝而公事敗，則醜惡外見，堂堂國體豈不爲汙辱已乎？廢興存亡，未可知也，故曰「其形渥，凶」。原其所以至是者，何也？《繫辭》曰「德薄而位尊，知小而謀大，力少而任重故也」，故《象》曰「覆公餗，信如何也」。夫不度德，不量力，而遽當其任，以致凶患，何如其信也？昔吴起與田文論功，起發三問，而文皆應之曰：「不如子。」起曰：「此三者皆居吾下，而位居吾上何也？」文乃曰：「主少國疑，大臣未附，百姓不親，方是之時屬之子乎？屬之我乎？」起默然良久曰：「屬之子矣。」王陵讓平、勃以阿呂后意，背高帝約，平曰：「於面折庭爭，臣不如君；全社稷定劉氏，君亦不如臣。」卒之誅呂安劉者，平與勃也。夫田文、陳平，方之古大臣雖曰未可，然位高位、謀大謀、任重任，言與事符，亦庶幾於能信者。

六五，鼎黄耳，金鉉，利貞。

《象》曰：鼎黄耳，中以爲實也。

六五，以中虚之德爲鼎之主。中則不亢，虚則能受，此所以居无爲之地，而尸舉措之功者也，故曰「鼎黄耳」。然在鼎之上，受鉉以舉鼎者，耳也，六五之象也；在鼎之外，貫耳以舉鼎者，鉉也，上九之象也。上既曰「玉鉉」矣，而五又曰「金鉉」，何也？曰：六五之中虚，而資上九剛實之助，故謂上九曰「金鉉」；以上九之履柔不純乎剛，而且與五接也，故又曰「玉鉉」。鉉即上九也，亦猶耳即六五也。而諸家乃謂「金鉉」九二也，「鼎耳革」九三也，夫二與三既爲鼎之實矣，而復得爲鉉爲耳；五與上既爲耳爲鉉矣，而復不得專爲耳爲鉉，此何義歟？又况鼎之形模度數，古人蓋於此尤嚴也。自鉉至趾，其位分固自有次第，其法象固自有顛末，不應如是之重複而倒置也。六五之有取於「金鉉」云者，蓋謂以虚而受實，體柔而納剛，以六五之中虚，而能來上九剛實之助，此黄耳之得金鉉也，以是爲正，非所利歟？故曰「利貞」。然則人君欲受人之實，而以爲己之實也，非有所謂中虚之德則不可，故《象》又曰「鼎黄耳，中以爲實也」。

上九，鼎玉鉉，大吉，无不利。

《象》曰：　玉鉉在上，剛柔節也。

鉉，居鼎之上，鼎之外物者也，非若耳、趾之類之相聯屬焉者也，此上九之象也。然鼎之舉措在乎耳，而其所以舉措者又在乎鉉。鉉也者，雖鼎之外物也，舍是則不可，何者？烹飪之事既已也，則是鉉也，必也勇然相五以尸舉措之功，而惟恐其覆。功既成矣，則是鉉也，復脱然无所累，而自處於鼎耳之外，若无與焉。其動也、其静也，无適而不得其宜如此也。此之爲德，蓋不可以一偏名也，求之於物，必也謂之「玉鉉」而後可。蓋玉也者，不偏於剛，而亦不偏於柔，剛柔之有節故也。鼎之上九，處一卦之外，以剛而履柔，得動静之宜，此玉鉉在上，剛柔之有節也。故聖人於此侈言其功，而曰「大吉，无不利」。蓋鉉也，而金爲之，特爲其剛而已，猶未足以語其德之全也；語其德之全而有剛柔之節者，非玉不可。古之君子，不以禄位累其心，時然後應，功成而不居，動静進退无適而不利者，蓋其德全故也，此上九玉鉉之象也。

卷二十三

䷲震下震上

震：亨。震來虩虩，笑言啞啞，震驚百里，不喪匕鬯。

《彖》曰：震亨。震來虩虩，恐致福也。笑言啞啞，後有則也。震驚百里，驚遠而懼邇也。出可以守宗廟社稷，以爲祭主也。

震者，陽始生之卦也。夫陽生必自下始，故乾、坤之交一索而成震，其在六子則爲長子，謂一陽之始生也，然陽剛非居下之物也，故有發動之義。其取象也，則於物爲雷，雷之爲物也，奮擊以達陽氣，則震之一陽處重陰之下之象也。上下皆震，是爲重震，故《大象》又有洊雷之象。夫陽動於下，其勢上達，故震有亨之道焉。「震來虩虩，恐致福也。笑言啞啞，後有則也」，此指初九居重震之初，以明震之所以亨也。夫笑樂不能生笑樂，而所以生笑樂者，恐懼也。初九以剛明之才居長子之任，當震動之初而震懼之來，虩虩然其恐懼也，則其與魯哀公所謂「寡人未嘗知憂，未嘗知懼」者異也，豈不足以致福乎？故以「笑言啞啞」繼之，蓋始於恐懼，終於笑樂者，此先後之序，而理之所不能違也，故曰「後有則也」。「震驚百里，驚遠而懼邇也。出可以守宗廟社稷，以爲祭主也」，此又再申「震亨」之義也。夫「震來虩虩」，懼在我也；「震驚百里」，懼在人也。警諸我者无失，則施諸人者无嫌矣。猶之雷也，震及百里，遠者驚，邇者懼，其威浸廣矣。故夫邇之懼，則自初九之身始；遠之驚，則震不于其躬于其鄰，又可於上六見之。夫威之所加者廣，則下之所服者衆；下之所服者衆，則出而守宗廟社稷而主其祭祀也，又寧懼於喪乎？此卦德所以有「不喪匕鬯」之吉也。程河南、朱子發、徐氏皆云《彖》謂「出可以守宗廟社稷，以爲祭主也」上文脱「不喪匕鬯」一句，以文義考之，是也。夫有國之事，祀爲大，大器之重長子是主，故長子之出也，而宗廟社稷之主在是焉。匕，《詩》所謂棘匕也，謂以棘薪爲之，所以登鼎實于俎也；鬯，《書》所謂秬鬯也，謂以秬黍爲之，所以灌地以求神也。二者皆所以祭也，而長子能不喪之焉，可以守宗廟社稷，可以爲祭祀之主矣。吾原其所以可，則亦始於恐懼、終於獲福而已矣。不然，則宗廟也、社稷也，此豈可以慢易守之歟？昔者成王蓋足以語此矣。嘗觀之《詩》，清廟之祀、執競之祀，此有事於宗廟也；載芟之祈、良耜之報，此有事於社稷也。而天下後世徒知成王能守宗廟、主祭祀如是也，而不知《清廟》之作，固有所謂「閔予小子，遭家不造，嬛嬛在疚」之懼；《我將》之享，又有所謂「我其夙夜畏天之威，于時保之」之懼。則成王恐懼之心，蓋未嘗一日忘于懷也。嗚呼！此其所以荷太平之休、享假樂之福歟。

《象》曰：　洊雷震，君子以恐懼修省。

上下皆震，故曰洊雷。洊雷，與「水洊至」之洊同。蓋一坎既盈復至一坎，謂之水洊至；一雷既震一雷繼之，謂之洊雷也。君子之法此象也，則亦有不一之恐懼者矣，故曰「以恐懼修省」。蓋恐懼云者，作於其心，此一恐懼也；修省云者，見於行事，此又一恐懼也。夫然後有合於重震之象。李博士曰：「《詩》美宣王，遇災而懼，側身修行，天下喜於王化復行。知恐懼而不能修省，則見於聲音顔色之間而已，非所以爲恐懼也。」

初九，震來虩虩，後笑言啞啞，吉。

《象》曰：　震來虩虩，恐致福也。笑言啞啞，後有則也。

初九成震之主也，以剛明之才當震動之初，疚心於恐懼而盡卦之德。故爻之辭即卦之辭，不嫌其重襲，而夫子亦以所以釋卦者而釋爻，不以重襲爲嫌也。或曰：九四亦震也，聖人何不以此予之？曰：　以陽居陰，震遂泥也，恐懼有所不足矣。解見卦彖。

六二，震來厲，億喪貝，躋于九陵，勿逐，七日得。

《象》曰：　震來厲，乘剛也。

夫當恐懼之時，人皆怵於有所喪，而君子則獨安焉而不之懼者，蓋吾有所謂深足恃焉者存也。夫其所恃者何也？曰：在己者足恃，則不肯役於得喪之間以失其正，而惟正之是守；在人者足恃，則知其必不以不正之禍而加諸守正之人。初九，震之主也。以九之剛威動而上奮，孰禦之者？而六二乃以至柔當其鋒，岌岌乎殆哉，而其喪失者多焉，故曰「震來厲，億喪貝」。何者？彼方來而我乘之故也。然六二方不降其操、不移其守而安處自若，曾不怵於所喪，而有「躋于九陵」之勢，與所謂「勿逐，七日得」之理焉。曷爲知其爲厲也，而反躋之？又曷爲所喪之既多而所得之可必也？亦曰：時雖當懼矣，其人亦足懼矣。然吾之正，或棄而不守，此則大可懼也，吾安能舍其大可懼者，而惟區區之得喪是計哉？此之謂在己有足恃也。彼初九也，亦將曰：吾當震懼之初，而自恐自懼之不暇，安敢妄加恐懼於人哉？況當此時，與吾同體守正道、爲正人如六二者幾人哉？在我欲其亨，而在六二則所處如此之危；在我致其福，而在六二則所喪如此之多。吾之心亦豈所安也？然則六二所以躋于九陵而无患、得所喪而无逐者，亦賴有此耳，此之謂在人有足恃者。夫震來厲，時也；億喪貝，勢也；躋于九陵，勇也；勿逐七日得，智也。以勇處時，以智審勢，孰謂六二之至柔，而勇且智若是乎？此无他，當恐懼之時而所恃以无懼者，以正自守故也。厲，危也。億，多也。鄭氏云「十萬曰億」。六五「億无喪」，《象》曰「大无喪也」。億，大數也。貝，貨也。二所有之資也，居則其位、用則其財也。躋，登也。九陵，即初九也。九在初，其勢上進，故曰「九陵」，躋于九陵即《象》所謂「乘剛」也。勿，戒之也。逐，追也。七日者，程河南曰：「卦有六位，七乃更始，事既終，時既易也。」得，對喪言之也。

六三，震蘇蘇，震行无眚。

《象》曰：震蘇蘇，位不當也。

《傳》曰：「愛我者，美疢也；惡我者，藥[一]石也。」六三，處兩震之間，前之震懼未去，後之震懼又來，三處其間不敢寧居，追尤塞愆，故得以起廢立懦、神回氣醒而生理復還矣，不其幸歟，故曰「震蘇蘇」。既殪而復生曰蘇，六三之在震，不正而且不中，无足取者，以斯人而處斯世，其見惡多矣。然惡之者，能使之不遑寧居、追尤塞愆，乃所以生之也，故《象》曰「震蘇蘇，位不當也」。然三當此時能自震懼，以不中不正慊然於心，不敢當位而寧居也。夫惟能自震懼，則其見於有行也，可无眚過，去不善以從善矣，故又曰「震行无眚」。嗚呼！吾以是知天下未嘗有可棄之人也，一不幸而生於无事安樂之世，耳聞諛言，目見諛事，居前无喪，處後无恐，迷年没齒，終无警悟，以至於委靡不振，積尤累釁而比屋皆可誅，故不得不爲可棄之人矣，豈不謂之不幸矣乎？若六三者，不中

〔一〕藥，四庫本作「惡」。

不正，宜若可棄矣，然生震懼之世，處兩震之間，動輒震懼，遂得以起廢立懦而爲无眚之人，此君子所以爲之喜幸也。朱子發曰：「震爲反生。三，震之極也，反生蘇也。」

九四，震遂泥。

《象》曰：震遂泥，未光也。

九四離下體而之上體，其位高矣，然比之初九則所慊多矣。何也？以陽居陰故也。夫陽剛震動之物也，而反居陰，陰則底滯而不能亨。不能亨，豈震動之義歟？故曰「震遂泥」，而《象》曰「未光也」。夫離下體而之上體，宜若震道至此光矣，然乃滯泥而未光者，是則其在己也，威德雖修而未隆也，勇斷雖行而或止也；其在人也，衆心雖服而猶疑也，群情雖畏而尚玩也。此震道所以爲未光也。以唐憲宗之剛明果斷，自初即位，慨然發憤，志平僭叛，而捍命者誅，悔過者服，固可稱矣。然淮西既平而驕侈浸生，信用非人而功業不竟，故史臣止稱之曰「唐之威令，幾於復振」而已。夫威令之復振也，而曰「幾」云者，未光之辭也，豈非有所泥而然歟？

六五，震往來厲，億无喪有事。

《象》曰：震往來厲，危行也。其事在中，大无喪也。

震之成體，雖在於初九、九四二爻，而得尊位大中以主天下之動者，則六五是也。夫五之所以能主天下之動者，以是大中故也。故當此之時、處此之位，恐懼戒謹，務危其行，往來之間不敢失足，則能无喪其所有之事矣。蓋五之所有之事者，不在乎他，在乎中而已矣。中之爲道，天地得之而覆載，日月得之而照臨，維斗得之而不窮，堯、舜、禹得之而相授受，皆在此一事耳！苟於此事也，而无或喪失之焉，則其大者在我矣。故曰「億无喪有事」，而《象》曰「其事在中，大无喪也」。億，大也。六五之所謂大者在於中，於其大者而无喪焉，則隨宜隨變而不越乎時中，此所以能主天下之動也。然則非能於往來之間而務其行，則亦未易至此。故先之以「震往來厲」，而《象》曰「危行也」，而後繼之以此。

上六，震索索，視矍矍，征凶。震不于其躬于其鄰，无咎。婚媾有言。

《象》曰：震索索，中未得也。雖凶无咎，畏鄰戒也。

上以陰柔之才居震動之極，中无所主而驚懼之甚者也，夫中无所主則外有所眩，故曰「震索索，視矍矍」。夫以中无所主之人驚懼既甚，何往而可哉？故戒之曰「征凶」。然處恐懼之外，而恐懼之來未切於己，而過爲是恐懼，則與其恐懼既至而不知恐懼者固有間矣，故聖人於此又以无咎予之，而曰「震不于其躬于其鄰，无咎」，謂二剛在下，尚遠於己，而其鄰若六五者於往來之間如彼危厲，故上六覩此鄰戒亦生畏懼，則雖凶而无咎矣。夫當此之時，中无所主，而驚懼太甚，使其有親己之人恃之以爲應援，亦豈至此？故曰「婚媾有言」，謂其无與爲應也。司馬温公曰：「震不于其躬于其鄰者，禍在彼而恩在此也。楚人滅江，秦穆公爲之降服、出次、不舉、過數，曰『吾自懼也』。君子曰：《詩》云『維彼二國，其政不獲。維此四國，爰究爰度』，其秦穆公之謂乎？」

䷳艮下艮上

艮：艮其背，不獲其身；行其庭，不見其人，无咎。

《彖》曰：艮，止也。時止則止，時行則行，動静不失其時，其道光明。艮其止，止其所也。上下敵應，不相與也。是以不獲其身，行其庭，不見其人，无咎也。

凡物處不當其所則動，震之一陽是也；當其所則止，艮之一陽是也。艮以一陽處當其所於上，而二陰亦處當其所於下，上下各當其所，此艮之所以爲止也。以艮重艮，則上下二體亦无不然者矣。夫天下有當然之理，无乎不在，在止則爲止，在行則爲行。惟隨其當然而各止其所止者常得之，而拘之者則失之也。故時止則止，止也；時行則行，亦止也。何則？當然之理，散在行止之間，是爲當止之地，人能於其當止之地也，而止於其所當止，不以行止二其見焉，則在止亦止也，在行亦止也。故聖人於此一言以蔽之，曰「時」。所謂「時」云者，亦不過曰當然而然也。夫其静而止也，其動而行也，均不失其時焉，此在我所謂不窮者，故曰「其道光明」。彼認止以爲止，而蔽於時止之止；認行之非止，而蔽於時行之亦止者，果足與語止道哉？昔孟子以「可」之一言斷孔子之行止久速，又以「時」之一言斷孔子之聖，其知夫子亦審矣！至其形容之也，又曰：「金聲也者，始條理也；玉振也者，終條理也。」夫聖人於其始終之際也，皆有所謂條理云者，此時止之爲止，而時行之亦止也，此夫子所謂不窮者，宜其道之光明至於今而猶不揜也。艮之卦德曰「艮其背不獲其身，行其庭不見其人，无咎」，此即艮之卦體以明艮止之道也。夫背之在人者，止於其所不見之地者也。人之所以不能止其所止者，以其牽於欲也。欲牽於前，則求其止有不可得。故艮之道當艮其背，謂所見在前而背乃背之，則止於其所不見之地，莫或爲吾亂矣。王輔嗣所謂「目无患也」是也，故曰「艮其止，止其所也」，謂得其所止之地也。《大學》曰「於止，知其所止」，此止其所之謂也。而其所止之目則曰：「爲人君，止於仁；爲人臣，止於敬；爲人子，止於孝；爲人父，止於慈；與國人交，止於信。」則當然之理，无乎不在，患不知所止焉爾。艮之爲卦也，上下二體剛柔相敵，无相與之義，故命之曰「敵應」。夫相應則相親，不相與則相背，此所以有艮其背之象也。「艮其背」故「不獲其身」，此時止之爲止也；「行其庭，不見其人」，此時行之亦止也。何者？艮止其所，而吾之所知者，則止其所而已，自止其所之外，皆吾所不知故也。故夫艮之爲艮也，吾知其爲背而已矣，又何求於身之獲也哉？此時止之爲止也。然時乎行之也，吾亦未嘗不行也。故雖行之於庭除也，亦不見其人焉，此時行之亦止也。行止之間，无適而不得其所也如此，於止之道所以爲无咎也。夫近而不相得則凶，《易》之情大抵然也。然艮止之時，故雖上下敵應，不相與也，而不以爲過。何者？當止故也。故曰「无咎」，乃若施之他卦，則不能无咎矣。

《象》曰：兼山，艮。君子以思不出其位。

上下皆艮，故曰兼山。夫兩山兼峙，各止其所，重艮之象也。君子體此象，故曰「思不出其位」。程河南曰：「位者，所處之分也。萬事各有其所，得其所則止而安。若當行而止，當速而久，或過或不及，皆出其位也，況踰分非據乎？」張橫渠曰：「如素夷狄行乎夷狄，素患難行乎患難也。」朱子發曰：「位者，所處之分，君子據正循分，亦各止其所而已。周公之忠，大舜之孝，皆分當然也。」耿希道曰：「不出其位，其身止也。思不出其位，其心亦止也，所以象兼山也。」

初六，艮其趾，无咎，利永貞。

《象》曰：艮其趾，未失正也。

蘇東坡曰：「艮，自趾而上至於輔，與咸一也。咸以上六爲輔而五爲脢，艮之輔在五而脢不取，何也？脢則背也，艮之爻皆取於動者而已。艮何取於動也？曰：卦合而觀之，見兩艮焉，故取其體之静者而配之，曰『艮其背』；爻別而觀之，各見其所遇之位，位有不同而吉凶悔吝生焉，故取其體之動者而不取其静，以爲其静者已見於卦矣。」夫艮，既以人身取象，則初六艮體之極下者，趾之象也。其體則下，其事則初也。夫事止之於初，而其止早矣，故曰「艮其趾」。當止之初而或不知所止者，則必失正而有咎；今也止之於初，故未至於失正而能无咎也。其曰「利永貞」云者，戒之也。趾之爲物也，在下而好動，易於失正，而初六不純乎柔，非能守正者，故當止之初爲之戒云。司馬温公曰：「君子於其所止，不可不謹擇也，止於永貞，利莫大焉。」

六二，艮其腓，不拯其隨，其心不快。

《象》曰：不拯其隨，未退聽也。

六二處下體之中，腓之象也。腓，足腹也，處足之陰，足之動止而腓實相之者也。夫以六居二，中且正者也，當艮止之時，宜若其所止在己而不在人也。然九三下體之主也，故二之行止係乎所主而已不與焉。猶之腓也，動止在股而不在腓也。夫以中且正之人又當艮止之時，而其所止不自夫己而自夫人，曾不能自救其隨人之失，則其心宜如何？想其退聽以隨夫人也，殊非其本心也。故曰「艮其腓，不拯其隨，其心不快」，而《象》曰「不拯其隨，未退聽也」。夫以二之中且正之才，而不獲自施而施於人焉，於己則不能自拯其隨人之失，於人則又未甘心而退聽之。其憤懣不自足如此者，誠爲中正之累者矣。古之人或不幸而類乎此者，西京之揚子雲是也。吾讀班孟堅《漢書》，見其嘗以「清浄无爲，少嗜慾」稱之矣，又嘗以「不汲汲於富貴，不戚戚於貧賤」稱之矣，又嘗以「非其意，雖富貴不事也」與「三世不徙官」、「恬於勢利」稱之矣，而子雲亦有「知玄知默」、「爰静爰清」等語，以自稱述。吾切意當有漢之季，守中蹈正者，莫子雲若也。夫何新室既建，子雲乃受止而不辭！及《法言》之作，乃有「明哲保身」之語，又有「龍以不制爲龍」之語，又有「鴻飛冥冥，弋人何慕」之語。吾竊謂此豈子雲快于其心而爲是言邪？蓋亦聊攄其憤懣爾！然則能爲中正之累者，子雲有焉。

九三，艮其限，列其夤，厲薰心。

《象》曰：艮其限，危薰心也。

九三，下體之終也，以上下二體觀之則交際之地也，故曰「限」。夫人之身雖有體節程度或高或下，然其脉絡血氣必也周流會通，曾无上下之間。然後耳目聰明、手足便利而中外无恙，故能屈伸俛仰无不如意，而心得以夷然居中，而享其无事之樂。今也艮其限而有所止焉，則上體自上、下體自下，截然不相關屬，而其所謂夤者不得不列矣。夤，膂肉之下接者也。夤之列，則所謂心者，其能獨寧乎？吾見其岌岌焉危矣！何者？上下二體之相絶，則不堪其憂者心也，故曰「艮其限，列其夤，厲薰心」。蘇東坡曰：「憂之及心也，謂之薰。」程河南曰：「止道貴乎得宜，人之固止一隅，則處世乖戾，與物睽絶，艱蹇忿畏，焚撓其中，豈有安裕之理？」

六四，艮其身，无咎。

《象》曰：艮其身，止諸躬也。

身者，百體之總名也，四已離下體而之上體，故得總百體而謂之身焉。「艮其身」，謂施止道於其身也。夫人之一身，患不知所止爾，如知其所止，則能置其身於无過之地。以此齊家，以此治國，以此平天下，皆自此身始矣，可不知所止乎？孔子曰：「射有似乎君子，失諸正鵠，反求諸其身。」太甲自怨自艾之言曰：「欲敗度，縱敗禮，以速戾于厥躬。」古之聖賢，施止道於其身也，蓋汲汲如此，誠知所本矣。孟子曰：「天下之本在國，國之本在家，家之本在身。」身與躬，即一物也，或者有身信而躬屈之説，非也。

六五，艮其輔，言有序，悔亡。

《象》曰：艮其輔，以中正也。

艮之成體雖在於九三、上九二爻，而以中正之道主天下之止者，則六五是也。夫五之所以主天下之止者，雖不在於區區之話言，而一嚬一笑之微，實足以係天下之休戚，而召當世之治亂，可无戒乎？故五在上，出命者也。其在上體，則言語所自出之地者，輔也，故有取於輔焉。夫言輕發而无叙，則有悔。五，施止於輔頰，以中正之道自守，故有所不言，言必中節而无招憂之悔矣。故曰「艮其輔，言有序，悔亡」，而《象》曰「艮其輔，以中正也」。或曰：五，於正有所不足，而云「以中正也」者。曰：以中故正也，惟其以中故正，則以此道而主天下之止，□乎何有？

上九，敦艮，吉。

《象》曰：敦艮之吉，以厚終也。

上九，成艮之主也，夫艮至上九，艮之終也。艮之終，則篤實之德愈久而愈堅。故曰「敦艮，吉」，而《象》曰「敦艮之吉，以厚終也」。河南曰：「人之止，難於終久，故節或移於晚，守或失於終，事或廢於久，人之所同患也。上九能敦厚於終，止道之至善，所以吉也。」夫震莫善於初，而艮則莫善於終，而九三、九四不與焉者，艮者震之反，艮之上九即震之初九故也。君子以是知震貴始、艮貴終。

䷴艮下巽上

漸：女歸吉，利貞。

《彖》曰：漸之進也，女歸吉也。進得位，往有功也。進以正，可以正邦也。其位，剛得中也。止而巽，動不窮也。

《易》中多以男女夫婦發其義者，蓋亦本陰陽而作也。陰陽之用，見於造化，則爲天地；施之人事，則君臣也；而其較然易知者，則男女夫婦也。然人皆知發生之德皆屬諸陽，而抑知陽之不得陰，則發生之功將施之何地邪？故夫天必得地而後成造化之功，男必得女而後有生育之理，君必得臣而後致升平之效，其相須之勢固如此也。然上之所以須乎下者，固若是其急也；而下之所以往就乎上者，亦未宜遽然也。何也？上之汲汲乎下也，則於禮爲无闕；而下之或汲汲乎上者，則於禮爲深諱故也。惟其然也，故女子无輕動之失，而君子有難進之風。此《易》之所以有漸，而漸之卦德所以有「女歸吉，利貞」之辭也。蓋漸之爲義，未遽然之謂也。天下之理，於其未遽然之中，雖日望之不足也。猶之木也，始於毫末，終於合抱，此豈一朝一夕之故哉？而其進也，蓋亦自有漸也，故《彖》曰「漸之進也」，以言天下之理，固有所謂未始遽然者存也。女子之歸於人也，其始也納采，其次問名，其次納吉，又其次請期，而後繼之以親迎之禮，於是夫婦之道始成。此所謂漸之進也，以此爲進，故曰「女歸吉」也。朱子發曰：「臣之進於君，人之進於事，學者之進於學，君子之進於德，未有犯分躐等而能進也，而漸專以女歸爲義者，禮義廉恥之重，天下國家之本，无若女之歸也。」夫男女之合，禮所重焉，故君子之仕也亦然。孟子曰：「丈夫生而願爲之有室，女子生而願爲之有家。父母之心，人皆有之。不待父母之命、媒妁之言，鑽穴隙相窺，踰牆相從，則父母、國人皆賤之。古之人未嘗不欲仕也，又惡不由其道也。不由其道而往者，與鑽穴隙相窺之類也。」夫不由其道而往，則不得謂之「女歸吉」也，安得謂之正矣乎？惟其進也以漸，則不愆於正矣。「進得位，往有功也。進以正，可以正邦也」，此則指漸之六爻，各得其正以言漸也。夫漸之六爻，六二、九三、六四、九五正也，而初、上二爻雖不當位，亦陽上而陰下，得尊卑之正矣。陰陽各得其正，此所謂進得位也，此所謂進以正也。夫位，位也；而正，則道也。有是道而无是位，則功无自而成；有是位而无是道，則下无所觀法矣。故夫所謂有功者，必曰得位；而所謂正邦者，必曰以正也。位，猶馬也；正，猶轡勒也。有是馬矣，而致遠之功固在是矣，然而无是轡勒焉，則顛蹶之患隨之矣。欲正，得乎？故正也者，位之所寶而漸之利也。「其位，剛得中也」，此又專指九五一爻以言漸也。夫進得位，進以正，此六爻之所同也，然語其位之剛得中也，則九五之所獨也。夫惟以九居五，剛而得中，此所以履至尊、總衆正而成漸之功也。「止而巽，動不窮也」，此又合艮、巽二體之用，以言漸之所以有功也。夫止，立我之道也；巽，應物之道也。知有我而不知有物，則有止而已矣，非能動也；知有物而不知有我，則喪其所止而動易窮矣。何者？不動，則无漸進之義；動而窮，則是躁動也。夫漸之義，非戒於動也，而戒於躁動焉。則止於此而巽於彼，而立我應物之道兩得而无遺，此動之所以不窮也。夫在我有不窮之理，則亦无越乎是正而已矣。漸之所利者正，而六爻之位各得其正，此不窮之源，蓋有所自來也歟？

《象》曰：山上有木，漸。君子以居賢德善俗。

艮爲山，巽爲木。山固高矣，上有木焉，則木又出於山之上矣。夫木之所以能如此之高者，夫豈一朝一夕之故哉？其所由來者漸矣，惟其有漸，故始於毫末、終於合抱，而有不可禦之勢焉，此蓋止於此而巽於彼之道然也。君子將以善天下之風俗也，亦豈一朝一夕之所能致哉？賢善之德，居之在我而所止於此者，既足以爲風化之本原矣，而至誠未有不能動者，故其美化流行自身而家，自家而國，自國而天下，此所謂止於此而巽於彼之道也。《象》曰「止而巽，動不窮也」，其是之謂歟？

初六，鴻漸于干，小子厲，有言无咎。

《象》曰：小子之厲，義无咎也。

漸之卦德，有取於女歸；漸之《大象》，則有取於木漸；漸之六爻，則又有取於鴻漸。或取諸人，或取諸物，所取不同，其所以發明漸進之義，則亦一也。鴻之爲物也，非其往不往，非其居不居，其行有叙、往來有時者也。六爻之位，自初至上，尊卑小大各得其正，故有取於鴻漸焉。六以陰柔之才初有所進，固未離乎下位也，故有「于干」之象。干，水湄也，未得位之象也。夫當始進之初，進未得位，而又上无應援，故當以謙卑自處而致其危警之心，則於進退之義可无過咎也。「小子」云者，此古人之謙辭也，湯曰「予小子履」，武王曰「予小子發」，周公曰「予小子旦」。初六，以謙卑之志處此下位，自危自警，不敢妄進而恐失進退之義，故曰「小子厲也」。「有言」，猶所謂有説也。夫初六之所以自危自警如此者，蓋有説也。其説謂何？亦曰：吾當始進之初，上无應援，故不得不如是之自危自警故也。夫如是，則於其進退之義，夫何有一毫之失歟？故曰：「小子之厲，義无咎也。」

六二，鴻漸于磐，飲食衎衎，吉。

《象》曰：飲食衎衎，不素飽也。由干而之磐，君子得位之象也。

磐，石之平夷而可據者，而鴻也漸乎其上，莫安之地也。君子處莫安之地，而飲食乎其上，則有寛閒和樂之道，而无迫促顧懼之憂矣，故曰「衎衎」。謂以六居二，居中履正，而以中正之道上應剛中之君，故居其位、食其禄而无愧焉，故曰「吉」。夫君子居人之位、食人之禄，患不稱爾。苟在我者居中履正，而以中正之道上應於君而得以行其道，則進居其位，安享其禄，不爲素飽也。「不素飽」猶詩人所謂「不素飧」，言不徒食其食也。

九三，鴻漸于陸，夫征不復，婦孕不育，凶。利用禦寇。

《象》曰：夫征不復，離群醜也。婦孕不育，失其道也。利用禦寇，順相保也。

九三之視六二，其位抑又高矣，故有「于陸」之象。《爾雅》曰：「高平曰陸。」鴻以漸而得高平之地，君子得高位之象也。然君子之進也，不難於得位而難於守正。以九居三，正也，上无其應而比於六四；以六居四，亦正也，而下亦无應而比於九三。三、四相比，疑於以不正而合，此漸道之所忌也，故爲之戒曰「夫征不復，婦孕不育，凶」。三與四俱无其應，故以夫婦目之，謂三也若離其群往與四合，而不復於正道；四也亦失於正道，而得孕於三，而不成乎字育。如此則凶矣，故《象》曰「夫征不復，離群醜也。婦孕不育，失其道也」。征，往也；醜，類也。謂漸之六爻皆无不正，三若獨往而不復於正道，則是離其群類也。婦人未有孕而不育者，四若失其道，而得孕於非交，此所以不育也。三與四各得其正，未應至是，而《易》於此必云爾者，以二爻既俱无應而且相比，故爲之戒也，既戒之，又勉之曰「利禦寇」。夫嗜慾之寇人甚於盜賊，惟禮義可以已之。使三也以道制慾、以禮制心而不失吾正，則四也亦不陷於不義矣，此順以相保之道也。朱子發曰：「夫人之所以致非道之交者，罔不自己求之。我无隙以乘之，彼何自而來乎？」程河南曰：「君子之與小人比者，自守以正，豈惟君子自完其己而已乎？亦使小人得不陷於非義。是以順道相保，禦止其惡，故曰『利用禦寇』。」然則聖人獨以「利用禦寇，順相保也」之辭而責之九三者，蓋謂禦己之寇以自保者，乃所以保四也。爲四禦寇以保四者，乃所以自保也，凡此皆九三之責也，四何與焉？此蓋聖人責備賢者之義然也。夫三，艮之主也，貴於知止，故發此義。

六四，鴻漸于木，或得其桷，无咎。

《象》曰：或得其桷，順以巽也。

六四之視九三，其位抑又高矣，故有「于木」之象。蓋四巽體也，處艮之上，山上之木也。然鴻之掌不能握木，則位雖高矣，豈鴻之所安也？而語其所安之地，則或得其桷而後可也。蓋桷者，木之方平而其才之可以中榱桷者，然後爲得所安焉爾。夫君子之所恃以爲安者，亦必曰正而已矣。今而進處近君之地，以正道居正位，則能順事乎上而有所入焉。以六居四，柔順而正者也，又爲巽之主，是皆體順巽之德，而不失其正焉。此所以進處高位，而无冒進之咎也。

九五，鴻漸于陵，婦三歲不孕，終莫之勝，吉。

《象》曰：終莫之勝吉，得所願也。

《爾雅》曰：「大陸曰阜。大阜曰陵。」九五得尊位大中，故有「于陵」之象。朱子發曰：

「鴻，水禽也。進而至陵，其位莫高焉，然非其樂也。君子之樂，王天下不與存焉。故曰『鴻漸于陵』。」夫五之婦，二是也，二、五以中正相許，久矣。然當是時也，三與四以无應介乎其間，聖人方且有失正之戒。故二也，其進不遽，以正自守，而至於三歲不孕焉，又何遇合如是之難也？蓋正者婦之德，而孕者婦之功，君子之心與其汲汲於有功，无寧汲汲於守吾之正故也。雖然，中正之道有必合之理，故始雖難進，而終莫爲之間焉。故曰「終莫之勝，吉」，而《象》曰「得所願也」。蓋五之所願者，願得正臣以爲吾中正之輔；而二之所願者，亦願以正道而事中正之君故也。

上九，鴻漸于陸，其羽可用爲儀，吉。

《象》曰：其羽可用爲儀，吉，不可亂也。

胡安定釋上九「鴻漸于陸」而曰：「『陸』，當爲逵字。逵，雲路也。」而程河南是之，竊因二先生之意，而深考六爻之義，則知以陸爲逵者，誠是也。何者？古人之文章多尚音律，而於《易》尤多焉，以漸之六爻觀之，初之干、言；二之磐、衎；三之陸、復、育；四之木、桷；五之陵、孕、勝；而上之逵、儀。何疑焉？又況上，漸之極也，而在六爻之上，所謂一卦之外也，宜有于逵之象，不應復爲九三之于陸也。《爾雅》曰：「九達謂之逵。」以言虛曠无蔽礙之謂也。鴻之漸也，于其雲路則翽翽其羽，進退可觀，故可以爲在下之表儀，此於漸之道爲吉也。何也？其來往也有時，其進退也有度，蓋有所謂不可亂者存也。故曰：「其羽可用爲儀，吉，不可亂也。」程河南曰：「於漸之時，居巽之極，必有其序，如鴻之離所止而飛於雲路，在人則超逸乎常事之外者也，進至於是，而不失其漸者，此賢達之高致也。」

卷二十四

䷵兑下震上

歸妹：征凶，无攸利。

《彖》曰：歸妹，天地之大義也。天地不交而萬物不興，歸妹，人之終始也。説以動，所歸妹也。征凶，位不當也。无攸利，柔乘剛也。

夫《易》之道，貴於不窮，而惡於或窮。故聖人之於《易》也，於其所貴者，則每每援引天地大義，而以告夫人；於其所惡者，則又重爲之戒，而以明示夫人。是何也？所不可滅者天理也，所不可不戒者人慾也，人慾之縱而天理之害也。夫惟天理之不可滅也，故於家人，則曰「男女正，天地之大義也」。聖人又引天地大義爲「歸妹」言者，亦非他也，人之終始又在於所重故也，此之謂天理之不可滅者也，吾故曰「《易》之道，貴於不窮」。乃若人慾之縱，而能爲天理之害者，則尤在於所戒焉爾，故於姤則曰「勿用取女，不可與長也」。聖人於姤既曰「勿用」，又曰「不可」云者，此非惡夫柔也，惡夫柔之能爲剛害也。柔能害剛，則歸妹之位不當、柔乘剛，所以有「征凶，无攸利」

之戒也。此之謂人慾之縱而天理之害，不可不戒也，吾故曰《易》之道又惡於或窮。夫歸妹之義所以得爲「天地之大義」云者，蓋歸妹合震、兑二體而成卦。震，東方也；兑，西方也。此天地生成之義然也。其在人也，則震，長男也；兑，少女也。古者制嫁娶之禮，男以三十而娶，女以二十而嫁，故其所歸妹也。妹，少女之稱也。天地之大義，而震與兑見之，故曰「歸妹，天地之大義也」，此即震、兑相合以明歸妹之義也。大抵天地不相交感，則萬物之既衰者无自而復，女不歸男，則生生之理廢矣，又安能前者有終而後有始，如是之不窮矣乎？故又繼之曰「天地不交而萬物不興，歸妹，人之終始也」，此又即天地之大義，以明人之終始然也。由是觀之，豈非《易》之道貴於不窮矣乎？「説以動，所歸妹也」，此合震、兑二體之用，以示歸妹之戒也。夫説者，小人之情也，其所歸者妹也，故説以動，然説无紀極而動无止息，鮮有不失其正者。故繼之以「征凶」，以言惟説是動，則縱其所往莫之知止，而凶隨之矣。何者？失正故也。以六爻之位觀之，九二、六三、九四、六五位皆失正，初與上雖當陰陽之位，然陽在下，陰在上，亦不當位也。陰陽所處，俱不當位如此，何動而不凶乎？故曰「征凶，位不當也」，此又言六爻俱不當位，以明歸妹之所以征凶也。雖然，不特位不當也，又有乘剛之過焉，以兑之六三而乘初九、九二之剛，以震之上六、六五而乘九四之剛。夫以柔乘剛，則下制乎剛；剛爲柔所乘，則受制乎柔。剛柔易位，尊卑貿亂而家政替矣，又何往而利乎？故又繼之曰「无攸利，柔乘剛也」，此又指三陰乘剛以明歸妹之所以无攸利也。程河南曰：「夫陰陽配合，男女交搆，理之常也，然縱欲而流放，不由義理，則淫邪无所不至，傷身敗德，豈義理哉？此歸妹之所以凶也。」又曰：「男女有尊卑之義，夫婦有倡隨之禮，此正道也。苟不由正道，徇情肆欲，惟説是動，則夫婦瀆亂，男牽欲而喪其剛，婦狃説而忘其順，如歸妹之乘剛是也，此所以无往而利也。」由是觀之，豈非《易》之道又惡於或窮矣乎？夫由前之言以觀，則《易》之道貴於不窮，由後之言以觀，則《易》之道又惡於或窮。聖人懼天理之或滅也，此《易》之所以有歸妹；聖人又懼人欲之或縱而天理之或害也，此歸妹之卦辭所以又重爲之戒云。噫！微吾聖人，則天理之盟主伊誰尸歟？

《象》曰：澤上有雷，歸妹。君子以永終知敝。

夫澤之爲物也，鍾莫説之性，必有所説也，而後澤水爲之動揺。今也澤上有雷，陽之氣既以奮震，則澤水從而感動於其下。此女從男之象也，故爲歸妹。程河南曰「雷震於上，澤隨而動，陽動於上，陰説而從」是也，然陰陽之相感也，雖至於動説，而動説之不已，則又失永終之道焉。何謂永終之道？曰：男女有尊卑之序，夫婦有倡隨之禮是也。此道或失而動説不已，則徇情肆欲、棄禮亂倫，女无雞鳴之誨，士无昧旦之警，而家政日廢，醜德日彰矣，欲永終，得乎？君子知此弊之所由生也，常生於動説之不已，故於女也懼其狃於説而忘其順也，則帥之必以禮；於男也懼其牽於欲而喪其剛也，則其動必以正。以此而始，以此而終，又何弊之有哉？不獨夫婦之道爲然也，天下之事莫不有弊，知其弊之所由生也，而致其謹焉，則終无弊矣。訟之《象》曰「君子以作事謀始」，亦是意也。

初九〔一〕，歸妹以娣，跛能履，征吉。

《象》曰：歸妹以娣，以恒也。跛能履，吉相承也。

初，下位也；九，陽德也。當歸妹之時，以陽德居下位，乃諸娣之賢明者。諸侯娶妻，諸娣從之。韓侯之詩曰「韓侯迎止，于蹶之里」、「諸娣從之，祁祁如雲」是也，故初有「歸妹以娣」之象。夫娣不正而合者也，故稱跛焉，然而能執謙之志以説承上，故曰「跛能履」。夫有賢明之才執謙卑之志，安恒處分以助承其君而不失厥職，以是爲得。故曰「征吉」，而《象》曰「歸妹以娣，以恒也。跛能履，吉相承也」。

九二，眇能視，利幽人之貞。

《象》曰：利幽人之貞，未變常也。

〔一〕九，原作「六」，據歸妹卦形改。

孔氏釋義曰：「九二不言歸妹者，既在歸妹之卦，歸妹可知，故略不言也。」蘇東坡曰：「九二亦娣也，其不言歸妹何也？因初九之辭也。」而龔氏、耿氏又皆指二爲嫡，而曰「初以娣承二，二以嫡承五」，今以文義考之，俱未然也。夫九二正得下體中位，不應取娣象，而六五位上體之中，以貴爲行，既稱其君矣，則所謂嫡者五也，二亦不應復爲嫡也。然不言歸妹何也？曰：二處下體中位，居陰守常，未適乎外，所謂女子之賢明而妹之未歸者。故爻辭但以女子守常爲正，而以幽人象之，而曰「眇能視，利幽人之正」而已。蓋以九二賢明之才，位下體之中，當斯時也，何所用其明哉？但當居陰守中，而自托於幽眇之地，夫然後不失其常矣。故曰「眇能視，利幽人之貞」，而《象》曰「未變常也」。蓋謂「眇能視」者，以二有賢明之才，未始自鬻自衒，而其視不過寄諸幽眇之地，以是爲能而已矣。此九二所以不言歸妹，不取娣象，亦无嫡義，而獨取幽人以爲象歟！「幽人」，猶詩人所謂「窈窕淑女」，有幽閒正静之象。

六三，歸妹以須，反歸以娣。

《象》曰：歸妹以須，未當也。

蘇東坡曰：「古者謂賤妾爲須，故天文有須女。」朱子發亦引《天官書》云：「須女四星，賤妾之稱。」夫三，下體之高位也，不應有賤須之名。然以六居三，居不當位，德不正也，柔而尚剛，行不順也，爲説之主，以説求歸，動非禮也。夫女子之可貴者，爲其正也、順也、動以禮也。今也六三犯此三不韙，其目之曰「須」也固宜，此《象》所謂「未當也」。夫歸以須，六三也；歸以娣則初九也。若以六三而比初九，誠相反也，何也？初有賢明之才，執謙卑之志，處常安分，用獲其吉，三有是乎？夫三與初，既如是之相反也，則雖欲爲娣不可得也，宜其惟須之爲也。故曰「反歸以娣」，謂三之歸以須，與初之歸以娣相反也，夫是之謂「未當」。

九四，歸妹愆期，遲歸有時。

《象》曰：愆期之志，有待而行也。

九二，妹之未歸也，故不以歸妹言。九四，妹之可歸而未歸者，故曰「歸妹愆期」。何也？九四賢明之才，雖與二同，而所處之位則與二異故也。夫二與四皆居陰也，何謂其所處異也？曰：卦爻有六，已居其四，以九居四，已離兑體，此所謂愆期之歸妹也。夫女子於歸妹而或愆者，何也？曰：禮以女子二十而嫁，或有大故，則以二十有三爲節。九居四位，既離兑體，此所以有愆其期而遲其歸之象也，何也？有時而然，而非悖於禮經故也。夫生而願爲之有家者，女子之志孰无是也？然或有待而行，而至於愆其期焉者，亦各言其志也而已矣。故曰「歸妹愆期，遲歸有時」，而《象》曰「愆期之志，有待而行也」。四雖上體，然亦居陰，故有遲滯而不遽前之象，若陽貨謂孔子曰：「懷其寶而迷其邦，可謂仁乎？好從事而亟失時，可謂知乎？日月逝矣，歲不我與。」而夫子從而諾之曰：「吾將仕矣。」夫時之失而日月之逝，在夫子豈不知此？然夫子之志蓋亦有待云爾，故嘗以匵玉自況，而曰：「我待價者也。」又嘗以匏瓜況其不然而曰：「吾豈匏瓜也哉！」則聖人之志，非固爲是愆期之事，以取誚於人也，亦曰「遲遲吾行」者，此非我也，時也。

六五，帝乙歸妹，其君之袂不如其娣之袂良，月幾望，吉。

《象》曰：帝乙歸妹，不如其娣之袂良也，其位在中，以貴行也。

五君位也，歸妹之處此位也，所謂嫡夫人，小君位也，莫尊且貴焉。雖然，尊且貴也，以六居五，體謙從禮，而无亢滿之失，故曰「帝乙歸妹」。《子夏傳》曰「天乙，湯也」，湯嫁妹之辭，有所謂「往事爾夫，必以禮義」之言，則欲其无亢滿之失可知，故泰之六五，去驕去泰，與此爻同象。夫惟雖尊且貴，而能體謙從禮也，故尚禮而不尚飾。衣袂所以爲容飾也，而曰「其君之袂不如其娣之袂良」者，其良在德不在袂也。良，美好也。若娣，則以容飾爲事者也。袂之良，則其德未必如袂也。何也？其君、其娣，各有所尚故也。《葛覃》之稱后妃也，不過曰「刈」、「濩」〔二〕，是中谷之葛，

〔二〕濩，通志堂本作「穫」，據四庫本改。

以爲絺綌而服之云爾，及其薄污也，而又薄澣之，以爲后妃恭儉節用之德，則其良在德不在袂可知也。夫陰陽之義，配日月也，日君也，月則小君也，小君體謙從禮，而无亢滿之失，以況則「月幾望」也。夫五君位也，當歸妹之時而以小君位焉，可謂尊且盛矣。然以六居之，則雖盛未盛也，則月之幾望是也，此非六五之所謂吉乎？若夫月望則與日并，陰盛則與陽敵，此女媧、呂、武所以亂天下也，其禍可勝言哉！然其所以至此者无他，不知亢滿之是戒云爾。乃若歸妹之六五，以帝乙之貴行謙遜之德而不失乎處中之道，寧有是過乎？故《象》又曰「其位在中，以貴行也」。

上六，女承筐无實，士刲羊无血，无攸利。

《象》曰：上六无實，承虛筐也。

夫婦女之職，所以輔相夫子承先祖、供祭祀者也。故詩之《采蘋》，述其采彼蘋藻，盛之筐筥，湘之錡釜，奠之室牖，尸之者有齊季女也。《禮》，亦稱祭祀之禮，主人親割牲、取血以祭，而「執其鸞刀，以啓其毛，取其血膋，是烝是享」。而《信南山》之詩亦以此責幽王之不能，則夫先祖之是承，而祭祀之是供也，孰大於是？今也上六處歸妹之終，勢已窮也；居震之極，動不静也；柔弱无能，才不堪也；陰虛不實，誠不存也；愚闇處上，好自用也。有是數者，以女言之，則「承筐无實」矣；以士言之，則「刲羊无血」矣。其如承先祖、供祭祀何？未見其有所利也，故曰「无攸利」。而《象》則特取「虛筐」、「无實」以爲言者，蓋歸妹上六，女子也，女子不才，重責之也。

䷶離下震上

豐：亨。王假之。勿憂，宜日中。

《彖》曰：豐，大也。明以動故豐。王假之，尚大也。勿憂，宜日中，宜照天下也。日中則昃，月盈則食，天地盈虛，與時消息，而況於人乎！況於鬼神乎！

豐者，時之極盛者也，何謂極盛？曰：在萬物，則爲衆多；在生齒，則爲繁庶；在幅員，則爲廣遠；在庶事，則爲詳備；在人材，則爲茂盛；在國家，則爲殷富；在天下，則爲平治；而在功業，則爲光明而盛大也。故卦之德曰「豐，亨」，而《彖》曰：「豐，大也」。夫卦之所以爲豐者，合離、震而成也。離明而震動，明則足以有照，動則足以有行。明、動相資，此致豐之道也。故曰「明以動故豐」，此合離、震二體之用以言豐也。夫數椽之室，非甚大也，功力不至，則積日累歲而不能成。豐大之世，其所謂大也，固若是其盛也。爲人君者，苟无其道以致是大，則是大也其能如是其盛乎？故夫致豐之道，惟王者爲能至之，何則？所尚者大也。何謂所尚之大？曰：明以動是也。非明，則无以照；非動，則无以行。故夫所以致是豐者，此道也。語其能盡此道者，非王者，則不可，故曰「王假之，尚大也」。假，至也。此又即明以動之義，以言惟王者爲能盡致豐之道也。夫所謂致豐之王者，非六五乎？六五，以陰柔居尊位，而屬震體，有震懼驚憂之象。當此之時，聖人則戒之以勿憂。離明在下，日未中之象也。日而未中，則照有所不周，當此之時，聖人又勉之以宜日中。蓋以驚憂自沮，則動有所不足也；照有所不周，則明有所不足也。此非尚大之謂也，聖人於此又不得不有所戒，又有所勉也。故曰「勿憂，宜日中，宜照天下也」，此又即六五與震、離之象，以爲王者之戒與勉也。雖然，致豐易，保豐難，人知今日之豐生於前日之不豐也，又烏知後日之不豐生於今日之豐邪？故聖人於此，又因勿憂宜日中之一辭，而别演其義曰：「日中則昃，月盈則食，天地盈虚，與時消息。而况於人乎？况於鬼神乎？」所以示萬世人主處豐之大戒。夫日既中矣，則當傾昃；月既盈矣，則當缺食。此豐不常豐之譬也。何則？天地之理，時息則盈，時消則虚。今日之盈，乃後日之虚息而不已之所致也；後日之虚，又今日之盈消而不已之所致也。是理也，此天地之所不能違也。故夫天地之盈虚，在陰陽則爲進退，在萬物則爲盛衰，而其章章在目，可以日夜驗之者，則日之中昃與月之盈食也。由是觀之，則時消時息而盈虚繼之，此雖天地之大猶不能違，而况人與鬼神乎？蓋天地之間，聚而爲人，散而爲鬼神者，此即天地盈虚之理然也，《經》曰「精氣爲物，遊魂爲變，是故知鬼神之情狀」是也。夫觀日月之昃食，而知天地之盈虛；觀天地之盈虛，而知人鬼之聚散。天地萬物之理不可常，蓋如此也。不因此之理而知豐之不常豐也，而盡其所以保豐之道，可乎？何謂保豐之道？曰：持其盈、守其成，如成周之成王是矣。夫成周之世，以萬物，則盛多矣；以四方民，則和會矣；以土宇，則昄章而孔厚矣；以禮與樂，則庶事大備矣；以人才，則蕩蕩乎其多矣；以曾孫之稼之庾，則如茨如梁、如京如坻〔一〕；以當時之治，則既醉太平矣；以功業之盛，則又有酌以告成矣。此所謂豐大之世，而極盛之時也。使其不能持其盈、守其成，安能保是豐邪？然成王所以持其盈、守其成者，何如？曰：吾嘗以《詩》考之，「嬛嬛在疚」〔二〕，見於朝廟之言；「成王不敢康」，見於郊祀之什；「予其懲，而毖後患，莫予荓蜂」，又見於求助之作：此其故也。

《象》曰：雷電皆至，豐。君子以折獄致刑。

雷既至，電亦至焉，兩者相會而震耀於天地之間，使人掩耳閉目之不暇，何其盛哉！此雷電皆至所以爲豐之象也。夫震雷、離電施之人事，則刑獄也，故《傳》曰「爲刑罰威獄，以類天之震曜」。然刑獄之事，豈君子之得已也？不過將以聳懼夫人，而使之皆知警畏云爾。故夫法離明以折獄，

〔一〕坻，通志堂本作「城」，據四庫本改。
〔二〕嬛，通志堂本作「儇」，據四庫本改。

象震動以致刑。明以折獄，則足以照其幽枉之情；動以致刑，則足以施其剛威之用。震曜并行，下皆警畏，此所以法雷電皆至之象也。河南曰：「噬嗑，以明在上而麗於威震，王者之事，故爲制刑立法。豐，以明在下而麗於威震，君子之用，故爲折獄致刑。旅，明在上而云君子者，旅所以慎用刑與不留獄，君子皆當然也。」

初九，遇其配主，雖旬无咎，往有尚。

《象》曰：雖旬无咎，過旬災也。

初九，明之初也；九四，動之初也。在他卦，則陽與陽爲非應；在豐卦，則雷電皆至，明動相資以成其功。蓋明而非動，則明无所用；動而非明，則動无所之。兩者可以相有，而不可以相无，故初遇四，則謂四爲配主；四遇初，則謂初爲夷主也。配，如「廣大配天地，變通配四時」，以言其均敵也。夷，等夷也，猶之曰莫適爲尊卑也，故兩者相遇皆曰「主」云。夫人之情勢均則不相下，不相下則怨隙生矣，惟豐之初與四明動相資，故雖勢均而力敵，不爲過咎，故曰「雖旬无咎」。旬，十日也。十日之數，天地相函，奇耦錯居，而无或羸或踦之處。何者？適均故也。初與四，其勢雖均而非其應，往與之遇，明動相資以成其功，故曰「往有尚」。「有尚」云者，謂有功也，故坎曰「行有尚，往有功也」是也。雖然，明動相資以成其功，則不以勢均力敵爲過咎也。或有求勝之心，而无相濟之意，則相先以相失，嫌怨搆而災害生矣。此災害不生於相資，而生於相勝也，故《象》復戒之曰「雖旬无咎，過旬災也」。

六二，豐其蔀，日中見斗，往得疑疾。有孚發若，吉。

《象》曰：有孚發若，信以發志也。

六二，明之主也，无應而不動，有明而无用者也，故體柔居陰以自蔽晦，而有豐其蔀之象。蔀，草芥陰蔽之地也。當明之時，而居陰蔽之地，不豐其明，而豐其蔀者也。日中，明盛之時也。當明盛之時，而所應者六五昏暗之君，故曰「日中見斗」。斗，昏見也，居中而主運乎，六五之象也。夫二與五居相應之地，然以陰應陰，未能必其見用，乃所以自取嫌疑忌嫉也。何者？嫌疑忌嫉之心，闇主之所不免也。明而復昏，故《易》得此故曰「往得疑疾」。雖然，當此之時，居此之位，以其見疑見嫉也，而遂已乎？曰：未也。程河南曰：「君子之事上也，不得其心，則居其至誠，以感發其志意而已。苟誠意能動，則雖昏蒙可開也，雖柔弱可輔也，雖不正可正也。古人之事庸君常主，而克行其道者，己之誠上達，而君見信之篤爾。管仲之相桓公，孔明之事後主是也。」故曰「有孚發若，吉」，而《象》曰「信以發志也」。

九三，豐其沛，日中見沬。折其右肱，无咎。

《象》曰：豐其沛，不可大事也。折其右肱，終不可用也。

按陸氏《釋文》云：「沛，古本或作旆，謂幡幔也。」王輔嗣、胡安定、程河南、朱子發、蘇東坡皆因之。又曰：「沫，《字林》作昧，斗杓後星也。鄭氏亦讀作昧。」《子夏傳》云：「昧，星之小者。」胡安定、程河南亦云：「昧，微星也。」朱子發依《字林》所釋曰：「昧，斗後小星，微昧之光。」夫幡幔，懸於上而蔽於下，障蔽光明之物也，此上六之象也。五，有斗象，上居五後，則沬居斗後也，則沬亦上六之象也。九三，以陽居陽，有能爲之才者也。然當此之時，爲豐之主者六五也。五既柔暗，而三之所應者又上六也，則上者既有以蔽乎下，而九三雖有能爲之才，亦无所施也。故曰「豐其沛」，以言其有所障蔽而然也；又曰「日中見沬」，以言其所見者微而昧也。肱之在人也，所以輔佐上體者也，所謂右肱尤其有力者，此九三以能爲之才而應乎上之象也。然三固有是才矣，而其所應者昏闇之人也，則无以施其用矣，此所謂「折其右肱」也。然則當此之時，有能爲之才而无所用也，又何所歸咎乎？故曰「折其右肱，无咎」，以言君子之心初无所怨无所尤也。《象》曰「豐其沛，不可大事也」者，夫豐大之世，明動相資乃能成豐，三有是才，而上之人既無足賴，如此則豐大之功何自而可成邪？故曰「不可大事也」。人之所恃者右肱也，所謂可以大事者，此其具也。今也右肱既折，所以勝大事也者无其具矣。故又曰「折其右肱，終不可用也」，此蓋重歎九三有是才，而其用不獲施也。

九四，豐其蔀，日中見斗。遇其夷主，吉。

《象》曰：豐其蔀，位不當也。日中見斗，幽不明也。遇其夷主，吉行也。

九四，動之主也，當明盛之時，處近君之位。然其所居者陰也，而又位重陰之下，故與六二同其象，而曰「豐其蔀，日中見斗」。而《象》曰「豐其蔀，位不當也。日中見斗，幽不明也」，蓋二之「豐其蔀，日中見斗」，體柔而居陰，而所應者又陰也；四之「豐其蔀，日中見斗」者，居陰而位重陰之下，而所承者亦陰也。雖然，當明以動之時，而四也實爲動之主，豈以位不當也與幽不明也而可以已乎？曰：未也。初與四居相應之地，同德而相濟，所謂「夷主」也。四若下而與初遇，則當此之時，其爲輔助豈小也？未可以勢均力敵而不下應之也，故曰「遇其夷主，吉行也」。

六五，來章，有慶譽，吉。

《象》曰：六五之吉，有慶也。

程河南曰：「六五陰柔居尊而正體〔二〕，无虚中巽順下賢之象，聖人設來章之爻以爲教耳〔三〕。」愚竊謂，未可以此罪五也。何也？蓋以六二、九四見斗之象觀之，則五也誠闇主也。然當豐大之時，所謂「以柔闇居尊而正體，无虚中巽順下賢之象」者，則上六之「豐其屋，蔀其家」是矣。六五則未然也，何也？其所處者中也，所處者中則无自豐自亢之失矣。夫古之人君，固有闇而明者矣，何也？闇者我也，明者人也，以人之明而爲我之明，則我雖闇何嫌焉？固有弱而强者矣，何也？弱者我也，强者人也，以人之强而爲我之强，則我之弱何嫌焉？夫惟六五之所處者中也，故雖陰柔也而无不斷之失，雖體震也而无過動之愆，此爻辭所以有來章之吉也。夫「章」云者，剛柔之雜而成體者也。《經》曰「分陰分陽，迭用柔剛，故《易》六位而成章」，六五以闇而資明，以弱而資强，則自初至四，所謂明以動之才者皆入吾彀中矣。何者？蓋吾有以來之故也。君臣之相得曰「慶」，有是實而名隨之曰「譽」。當豐大之時，而五也有「來章」之吉焉，故曰「有慶譽，吉」。蓋謂有慶有譽，此六五之所以吉也，而《象》特曰「有慶」云者，舉慶以見譽焉。

〔二〕 六五陰柔居尊而正體，《周易程氏傳》作「五陰柔居尊而震體」。
〔三〕 聖人設來章之爻以爲教耳，《周易程氏傳》作「聖人設此義以爲教耳」。按，此句引自《周易程氏傳》豐卦九四與六五兩爻之傳，原非一句。

上六，豐其屋，蔀其家。闚其户，闃其无人。三歲不覿，凶。

《象》曰：豐其屋，天際翔也。闚其户，闃其无人，自藏也。

上六，豐之極也。豐之極必亢，以六居上，所謂愚自用賤自專也，其誰與之？夫在上曰「屋」，取其能覆而已矣。今也「豐其屋」，翔于天際，亢高之象也。在下曰「家」，取其可居而已矣。今也「蔀其家」，掩蔽其内，幽闇之象也。夫屋雖豐而家則蔀，則莫之與居矣，故又曰「闚其户，闃其无人」。闃，寂也，以言居幽處闇、亢高自絶，而人莫之與也。故曰「自藏也」，謂之自藏，則非人之遠己也，乃己之遠人也，至於三歲之久而人猶不之覿焉，欲无凶，得乎？此九三所以甘心於折肱，而无所歸其咎也。然則程河南所謂陰柔居尊而震體無虚己下賢之象也者，非六五也，乃上六也。

䷷艮下離上

旅：小亨，旅貞吉。

《象》曰：旅，小亨，柔得中乎外而順乎剛。止而麗乎明，是以小亨旅貞吉也。旅之時義大矣哉。

入而麗乎内者，處家之象也，故合巽、離而爲家人；止而麗乎外者，旅人之象也，故合艮、離而爲旅。旅也者，聖賢失位之時也。夫君子之道，固无往而不亨，然時乎得位，則其亨在於天下；時乎失位，則其亨止於身。故卦之德曰「旅，小亨」而已。孟子因周霄之問仕也，而曰「士之失位也，猶諸侯之失國家也，故君子三月無君則皇皇如也」；而公明儀亦曰「古之人三月無君則弔」，曰「古之人」云者，蓋指孔子也，以其皇皇如也故以弔言之。夫孔子以皇皇一旅人，今日之齊，明日適衛，然進以禮，退以義，得之不得曰有命。故吾孟子得以知其心，斷然以或者之言爲非是，而曰：「若孔子主癰疽與侍人瘠環，則何以爲孔子？」此卦之德又曰「旅貞」也，而《彖》復釋之曰「旅小亨，柔得中而順乎剛。止而麗乎明，是以小亨旅貞吉也」，此則指六五一爻與艮、離二體之用，以言旅之所以小亨與貞吉也。夫用剛，非旅道也，故莫尚乎用柔，然柔不可過也，故莫尚乎得中。旅人失位而寄乎外，夫苟徒以媚説順從乎人而已也，此固柔也，而不得謂之得中。孔子見南子、諸陽貨，此所謂順乎剛也，然而无失中之柔焉，則亨德在孔子矣。其在爻也，則以六居五，得中位而屬外體，麗乎二剛之間，故曰「柔得中乎外而順乎剛」，此釋旅之所以小亨也。孟子曰：「吾聞觀近臣，以其所爲主；觀遠臣，以其所主。」何者？君子有所止也，不可以不麗乎明故也。故孔子亦曰：「君子之居是邦也，事其大夫之賢者，友其士之仁者。」誠如或者之言，於衞主癰疽，於齊主侍人瘠環，則旅之正不在孔子矣，非所謂麗乎明也。故曰「止而麗乎明」，此釋旅之所以貞吉也。夫失位者，旅之時也；亨與貞者，旅之義也。當旅之時，非亨則旅道窮矣，非正則旅道失矣。故旅之卦德曰「旅小亨」，又曰「旅貞吉」。旅一也，而再言之，蓋謂其時義之大，在此兩者故也。故孔子於此又歎之曰「旅之時義大矣哉」。

《象》曰：山上有火，旅。君子以明慎用刑而不留獄。

山，高遠之地也；火，明曜之物也。山上有火，則明寓高遠，足以有照，而其勢迅疾，不能久留，旅不處也，故其象如此。夫刑非輕用之物，而獄非可久留之地。故君子觀旅之象也，而得之明无不照之義，則於刑也，每致其明而謹用之；得其迅速而不留之義，則於獄也，亦隨而決之而不留焉。大抵旅道宜慎而不宜留，刑獄之事適與相類，故《象》取其義云。

初六，旅瑣瑣，斯其所取災。

《象》曰：旅瑣瑣，志窮災也。

初六，以陰眇之才居卑下之位。當羈旅之時，非所謂行道救世之志也，此不過謀小利、爲小人而已爾，故曰「旅瑣瑣」。夫君子之志，固有所謂遠且大者存也，何也？欲行道以救世故也。夫如是，故旅道不窮而亨、无災而吉，若卦德之所云是矣。今初六之旅也，瑣瑣然也，則其志窮矣。窮則无動而吉，此其所以自取災害也。

六二，旅即次，懷其資，得童僕貞。

《象》曰：得童僕貞，終无尤也。

次，旅之居也； 資，旅之用也； 童僕，旅之役走者也。旅即次，則其所舍也，有其居； 懷其資，則其所蓄也，有其用； 得童僕，則其所以奔走而服役也，又有其人。旅道何修而得此哉？蓋以六居二之爲正故也。夫旅道患不正爾，正則吾无尤於物，而物亦莫吾尤也，此其所以有安而无危、有得而无喪也。而《象》特曰「得童僕貞」云者，此省文之例也。而程河南、朱子發皆云「得童僕之忠貞者，親信之而不疑」，此於義固无害，然九三「喪其童僕，貞厲」，而《象》曰「以旅與下，其義喪也」，則又上之所以遇下也，其失固有在也，而非童僕不正之罪也。

九三，旅焚其次，喪其童僕，貞厲。

《象》曰：旅焚其次，亦以傷矣。以旅與下，其義喪也。

九三，以剛居剛，剛之過也，處下體之上，又艮之上，自高也。夫自高，則不能順乎上而上不與，故曰「焚其次」，謂離火在上有焚象也。過剛，不能柔乎下而下不附，故曰「喪其童僕」，謂剛止於上无逮下之象也。夫《易》惡亢而戒剛，大過剛亢，平時猶不可用也，而况於旅乎？故九三之「焚其次」，誠異夫二之「即次」矣；「喪其童僕」，又異乎二之「得童僕」矣。何也？以九居三，此雖正也，然而剛過則於正爲厲故也。故《象》又曰「旅焚其次，亦以傷矣。以旅與下，其義喪也」，蓋謂既已有焚其次之傷矣，而又喪其童僕焉，此暴厲之過也。夫旅，親寡之時也，朝夕之所與者，童僕而止爾，豈可以旅視之也？九三以旅視乎下，則彼童僕也，亦必以旅視乎上矣，其能久留乎？此喪其童僕，其人固然也。曾子曰：「上失其道，民散久矣。」夫上之於下也，能來之而不能留之，則上下相視皆旅人也，欲其不喪，得乎？故《書》曰：「民罔常懷，懷于有仁。」九三之厲，可謂不仁矣，而又當旅之時，用其不仁之術，宜其然也。或曰：九三之與六二固異矣，而不曰亡其資，何也？曰：其次既焚，資何有焉？舉重以見輕也。

九四，旅于處，得其資斧，我心不快。

《象》曰：旅于處，未得位也。得其資斧，心未快也。

九四，以陽動之才而居陰静之位，得所處也，故曰「旅于處」。然陰静之位宜若可處也，當旅之時，旅于外，猶未爲得位也。資，貨用也；斧，利物也。夫君子以行道救世爲心者也，位未得而道未行，故雖身旅乎外，得其所處而貨利之交至也，君子之心蓋亦未快於是也。孟子之在齊、在梁、在薛也，兼金之餽或受或不受：其受之也，或曰饋贐，或爲兵餽，以其有辭；其不受之也，則以无處而饋之也。故曰：君子而可以貨取乎？此四之雖得資斧，而我心未始以是爲快也。或曰：用剛非旅道也，而四亦剛也，何也？曰：處上體之下，而又居陰位，故无亢剛之失。

六五，射雉，一矢亡。終以譽命。

《象》曰：終以譽命，上逮也。

程河南曰：「人君无旅，旅則失位。」故五雖君位，不取君義，此一爻孔子之象也。夫雉，文明之物也。六五，離之主，故取雉象。矢，射雉之器也。離爲戈兵，故取矢義。夫有文明之才，斯有文明之化，聖人之志蓋在是矣。然聖人之志雖在於是，其如一矢之遺亡何？謂其失位而旅故也。春秋之君，蓋亦有知孔子之爲聖人者矣，若魯哀公、衛靈公、齊景公、楚昭王是也，其次則孟僖子、季康子、楚子西、吴太宰嚭之類，蓋亦不乏人也，然而不能用也。故雖終以譽命而上逮乎己也，徒足以致旅之小亨而已矣，而文明之化卒不見於當世，可不爲之重歎矣乎？

上九，鳥焚其巢，旅人先笑後號咷。喪牛于易，凶。

《象》曰：以旅在上，其義焚也。喪牛于易，終莫之聞也。

上九之視九三，尤爲剛亢者也。凡物棲高處亢而寄諸危地者，鳥之巢是也，故旅之上取以爲象。夫高極必危，離火有焚象也，故曰「鳥焚其巢」，以况則旅之好尚自取焚害，其義固然也。「先笑」謂喜居物上也，「後號咷」謂巢焚之故也。夫牛，順物也。旅道以柔順謙下爲本，上九喪其至順之德於其笑樂平易之時，今也以巢焚之故而號咷也，其誰與聞邪？蓋言剛亢自絶一至於此，而終莫之與也，此上九之所以凶也。

卷二十五

䷸巽下巽上

巽：小亨。利有攸往，利見大人。

《彖》曰：重巽以申命，剛巽乎中正而志行。柔皆順乎剛，是以小亨，利有攸往，利見大人。

八卦之德，語其剛柔之履位者，无若艮之與巽也。何也？艮，以一剛履諸上位，故止於上而爲二陰之主；巽，以一柔定位乎下，故上順二剛而甘處乎下。夫在上者，能使在下者順之而不我違；在下者，能順乎上而不之違。此豈上之於下也，有所脅迫，而下之於上也，有所畏懼而然哉？理之所在，不得不然也，故卦德曰「巽，小亨。利有攸往，利見大人」。蓋所謂「小亨」云者，指下卦之一柔而云也。夫巽以一柔而處卦之下，有順入而不迫之義，故《易》以巽爲風。上下皆巽是爲重巽，故有申命之義。今夫風之播於物也，夫豈遽焉而已哉？披之拂之，鼓之舞之，在此者有不能自已之誠，則在物也，亦將披靡動蕩而惟風之從，有不能自已者矣。是故上之所以命乎下也亦然。孔子曰「不戒視成，謂之暴」，孫武子曰「約束不明，申令不熟，將之罪也」，必也先後之告戒、終始之諄復，而後下之觀聽也既熟，則順從乎上者斯衆矣。王輔嗣所謂「上下皆巽，不違其令，命乃行也」是也。故曰「重巽以申命」，此指上下二巽以言巽之象也。夫巽，雖以一陰爲主，然在巽之時，二、五以陽剛而居中正之位，則是剛亦巽也。剛而亦巽，則剛无過剛矣，故二與五以同德而居相應之地，巽乎中正，爲巽之大人而志行乎下。初與四各居一卦之下，皆以柔而順乎上。夫以初與四之柔，處一卦之下，以其才則微也，以其位則卑也，此《易》之所謂「小」者。小者烏能亨歟？蓋皆順乎剛而然也。是故居二之位者，以大人而爲之臣，而初六之柔順之；居五之位者，以大人而爲之君，而六四之柔順之。剛中正者之志既行，則小者亦亨矣。此巽之一柔其在初也，所以爲巽之始；其在四也，所以爲巽之終。故夫體此道以有往，與夫所以見大人也，宜无不利者矣。故曰「剛巽乎中正而志行，柔皆順乎剛，是以小亨，利有攸往，利見大人」，此指二、五之剛與初四之柔，以言巽之所以亨與利也。朱子發曰「九五之剛，巽乎中正」，而於九二之剛，則不以正予之，特曰「巽乎中」而已；又曰「六四利有攸往，利見大人」，而不以大人與二也。夫豈知九二居中正之位，亦得謂之「中正」，解之九二「貞吉，得中道也」是也；乾之二、五以同德相應，故俱稱「大人」，何獨於巽之二、五而疑之乎？若程河南之論則不然，其曰「如二、五之剛中正，大人也」，此則於二、五无異辭矣。

《象》曰：隨風，巽。君子以申命行事。

巽以申命爲義，《象》以重卦言之，則曰「重巽」；《象》以二象言之，則曰「隨風」。曰「隨」云者，前之風既播，後之風繼之，相隨逐而不已之謂也。亦如洊雷爲重震之象，水洊至爲習坎之象也。夫上之所以命乎下者，爲行事而設也。將行是事，知所以命乎下，而不知所以申夫前日之命焉，則觀感之未孚，而聽從之不一。吾欲是事之必行，而在人者未有不以爲上之人有所脅迫乎我，而强乎我之必從也。然則，先後之告戒，始終之諄復[一]，此豈上之人爲是過巽不情之舉哉？蓋入之既深，令之既熟，則在我者无拂民以從欲，而在彼者无傲上而從康者也。

初六，進退，利武人之貞。

《象》曰：進退，志疑也。利武人之貞，志治也。

初六居重巽之下，巽而又巽者也。夫巽而又巽，亦有二義而已矣。何謂二義？曰：當與否是也。所謂否者，志之疑也；所謂當者，志之治也。志之疑，則或進或退，初无决擇，此巽而又巽者然也；志之治，則巽而又巽云者，吾非過於巽也，將以審處時宜、斷决物情，而未敢遽焉故也。

[一] 復，各本皆作「複」，四庫薈要本作「復」，并有校記「刊本『復』訛『複』」，據四庫薈要本改。

夫如是又何惡於過巽已乎？蓋過於巽者，所以爲決也，故曰「利武人之貞」。夫武人以沉鷙而不暴爲貞，若過於悍勇，非正也。夫過於悍勇，則亦不免於亂耳，何治之云？履之六三曰「武人爲于大君」，六三履之主故也；巽之初六亦曰「利武人之貞」云者，初六重巽之主故也。夫一爻而具二義者，巽之初六之類是也。

九二，巽在牀下，用史巫紛若，吉，无咎。

《象》曰：紛若之吉，得中也。

昔者孔子嘗有言曰：「事君盡禮，人以爲諂也。」夫禮，少有缺失則爲未盡。又況禮也者，順乎理之謂也。於理焉既順矣，若有所未盡，又焉得爲順已乎？巽之爲義，蓋言順也。二之於五，以剛應剛，在巽之時，或有不順焉，則失其義矣，故有「巽在牀下」之象。夫牀，所以安也，在牀下則退巽而不安乎其居之謂也。二之於五也，謹其事上之禮，退巽謙抑如是之甚者，非諂也。謂吾於禮焉而未盡，則事上之道實有缺失故也。故夫下之事上也，如人之於神焉。史巫者，事神之人也。用史巫之道以事上，是以事神之禮事乎上也。如是則其獲吉也，紛紛乎其多矣，故曰「用史巫紛若，吉」。夫孔子盡禮，人以爲諂，則疑於有咎矣。然世皆倨，我獨恭，於禮焉既盡，則人以我爲諂无害也。何也？理之所在，人以我爲諂，而我以我爲當然故也，故曰「无咎」。謂於當然之理而无或過也，故《象》又曰「紛若之吉，得中也」。所謂「中」云者，當於理之謂也。是道也，在巽，則爲九二之中位；在人，則爲孔子之盡禮也。

九三，頻巽，吝。

《象》曰：頻巽之吝，志窮也。

九三，居兩巽之間，一巽既盡，一巽復來，故曰「頻巽」。夫謂之頻巽，則頻失可知。蓋九三以剛處剛，又居下體之上，非能巽者，當巽之時，勉行巽事，以救頻失故爾。夫卑巽之志，不出於自然而勉爲之，則前倨後恭，動而易窮，豈其志歟？故曰「吝」，而《象》曰「志窮也」。盛德之君子則不然，謙恭順巽，本於自然，如孔子之於鄉黨則自然恂恂，於宗廟朝廷則自然便便，與下大夫言則自然侃侃，與上大夫言則自然誾誾，以至或與與，或踧踖，或色勃，或足躩，或鞠躬，或戰色，隨處隨當，動出而不窮，何其盛哉！此无他，執謙之志曾无不足故也。若九三頻巽之吝，其志窮也，何足以語此？

六四，悔亡，田獲三品。

《象》曰：田獲三品，有功也。

巽至六四，離下體而居近五之位，承乘皆剛，宜於有悔。然柔順无忤，居巽之道，以此承上則其道上信於君，以此與下則其道下信於人，此悔所以亡也。夫巽道施諸上下，舉无少失如此，故以田狩之事喻之。夫三品之獲，田狩之有功也。古者以田狩之獲分爲三品，一爲乾豆以奉祭祀，一供賓客與充君庖，一頒徒御，此三品也。三品之獲，徧及上下，以況則四之巽道施諸上下而无失也。夫四居巽之道如此，非特悔亡也，而又有功焉，可不謂之善處巽矣乎？

九五，貞吉悔亡，无不利，无初有終。先庚三日，後庚三日，吉。

《象》曰：九五之吉，位正中也。

九五，以陽剛居中正之位，出命之主也。夫命出於上，得中正之道，則下无不從，故曰「貞吉悔亡，无不利」。蓋不正則有悔，於貞既吉，則悔斯亡矣。以九居五，貞也，故无不貞之悔，此所以无不利也。「无初」，謂始未善也，夫始既未善，故不得不有所更；「有終」，謂既更斯善矣，若初之既善，則又何更爲也？故繼之以先庚、後庚之説。庚，更革也。十日，自甲、乙至戊、己爲中，過中則當變，故謂之庚。蓋庚於五行爲金，於四時爲秋。金主斷制〔一〕，秋主嚴厲。自甲、乙至戊、己，

〔一〕制，原作「則」，有校讀者以朱筆改爲「制」，通志堂本、四庫本亦作「制」，今據改。

春、夏生物之氣既已備矣。庚，則能成物之氣，當施於此時。故華者落之，實者完之，此有更革而然也。夫變更，事之大者，此豈可易也？亦如造物之初，戒之警之，而不敢忽焉可也。蠱，造事之初也，故以先甲、後甲言之；巽，更事之日也，故以先庚、後庚言之。夫當未更之先也，則必一日、二日至于三日，致其戒謹之心，更之欲其善也；及既更之後也，則又一日、二日至於三日，致其戒謹之心，慮其未盡善也。如此則吉於變更矣，故曰「先庚三日，後庚三日」。或曰：蠱言先甲、後甲，而曰終則有始；巽言先庚、後庚，而曰无初有終。何也？曰：甲者十日之首，而事之始也，此有始也；庚者十日之過中，而事之當更者也，此无初而有終也。蠱之六五尚夫柔也，故曰甲；巽之九五尚夫剛也，故曰庚。揚子雲曰「庚斷義，甲斷仁」是也。

上九，巽在牀下，喪其資斧，貞凶。

《象》曰：巽在牀下，上窮也。喪其資斧，正乎凶也。

九二，居下體之中，巽而得中，則巽在牀下，乃以爲得，故曰「得中也」。上九，居重巽之極，巽過極矣，則巽在牀下，乃以爲喪，故曰「喪其資斧」。資，所有也；斧，利物也，所以斷也。陽剛則能斷，此上九所本有也。今也喪其本有，失孰甚焉，故於正道爲凶也。夫居上而過於巽，此豈通變之道也？又焉得爲正乎？曰：非正也，乃於正而凶也。故《象》又曰：「巽在牀下，上窮也。喪

其資斧，正乎凶也。」朱子發曰：「魯自襄公三家分其民，四世從之。至昭公失國，无所竄伏。蓋

處上極巽，亡其資斧，乃正凶也。」

䷹兌下兌上

兌：亨，利貞。

《彖》曰：兌，說也。剛中而柔外，說以利貞，是以順乎天而應乎人。說以先民，民忘其勞。說以犯難，民忘其死。說之大，民勸矣哉！

夫兌，以一陰居二陽之上，柔說外見，故曰「兌，說也」。卦以「亨，利貞」爲德者，蓋說有致亨之道，謂內外之情交通而无壅也。然所利者又在於貞，蓋說之非其道，則失正矣，如夫婦之以淫姣、朋友之以諂諛、君臣之以媚佞是也。惟在我之剛存諸中而无失，柔順在外接於物而无忤，內外兩得，此說之所謂正也，故曰「剛中而柔外」。「說以利貞」，此指二、五之剛，與三、上之柔以言兌也。夫正道之在天下，此天、人之心也。正道盡於此，則上之所以順乎天者，此道也；下之所以應乎人者，此道也。此湯、武所以出斯民於水火之中，而民大說者，天、人之心實在於是故也。故曰「是以順乎天而應乎人」，此人即說以利貞，以言說之功也。朱子發曰：「夫就佚辭勞，好生惡

死，民之常情，用之以説，乃忘四體之勤，決一旦之命而不顧，非説之以道，能如是乎？古之人有行之者，周公之東征是也。故曰：『説以先民，民忘其勞。説以犯難，民忘其死。』」「説之大，民勸矣哉」，此又極説道之大，而其效若是也。

《象》曰：麗澤，兑。君子以朋友講習。

程河南曰：「天下之説不可極，惟朋友講習。雖過説无害，蓋兑、澤有相滋益處。」又曰：「兩澤相麗，交相浸潤，互有滋益之象，朋友講習互相益也。」朱子發曰：「兑爲口〔一〕、爲講，兩兑爲習。」蘇東坡曰：「取其樂而不流也。」

初九，和兑，吉。

《象》曰：和兑之吉，行未疑也。

初九雖剛，然居下位，當説之時，未見其有用剛之失也。故曰「和兑」，以言雖剛也而反處下，説而能和者也，此其所以吉。《象》曰「行未疑也」者，以言其行未有可疑，未見其失故也。河南曰：「陽剛則不卑，居下則能巽，處説則能和，无應則不偏，此所以吉。」

〔一〕口，各本皆作「江」，據《漢上易傳》改。

九二，孚兑，吉，悔亡。

《象》曰：孚兑之吉，信志也。

《象》稱「剛中」，在兑之下體，則九二是也。夫以剛居中，則誠實之德充足乎內，未嘗非道以求説。故當兑之時，自信有餘而无失己之嫌，故曰「孚兑，吉」。夫六三陰柔而不正，所謂非道以求説者也，而二比之，疑於有悔矣。然二居中自信，故雖與三同體而未嘗説之，此其悔所以亡也。河南曰：「二，剛實居中，志存誠信，豈至説小人而自失乎？」朱子發曰：「夫石碏、石厚，父子也；叔向、叔魚，兄弟也〔一〕；子産、伯有，同族也。雖比也，豈能説之？」

六三，來兑，凶。

《象》曰：來兑之凶，位不當也。

六三，居兩兑之間，一兑既盡，一兑復來，故曰「來兑」，以言左右媚説，相繼而不絶者也。夫以不正之才，居兩兑之間，處四剛之際，左右逢迎，惟以容説爲事。此小人之失正者，故於兑爲凶，而《象》曰「位不當也」。夫上下四剛皆君子也，三以小人厠乎其間，而所居之位又高位也，豈其

〔一〕兄弟也，各本均缺，據《漢上易傳》補。

當乎？

九四，商兑。未寧介疾，有喜。

《象》曰：九四之喜，有慶也。

夫當兑之時，九五兑之主也，六三、上六皆五之疾也。當此之時欲去五之疾，所賴者誰歟？九四是也。蓋四以剛德處近君之位，則進謀獻議，欲去君之疾而後已。吾君之疾未去，則吾之所以商此二兑也，其能自寧已？是必去此二疾，而後有喜也。「介」云者，介於其間，以剛輔上，而欲去此二疾故也。二疾既去，此九四之喜，而天下之慶也，故《象》曰「九四之喜，有慶也」。昔楚莊王日夜爲樂，令國中曰：「有敢諫者死。」伍舉入諫，莊王左抱鄭姬，右抱越女，坐鐘鼓之間，伍舉曰：「願有進隱。」莊王曰：「舉退矣，吾知之矣。」居數日淫益甚，大夫蘇從入諫，王曰：「若不聞令乎？」對曰：「殺身以明君，臣之願也。」莊王於是罷淫樂，任伍舉、蘇從以政，國人大悦。此所謂九四之「喜有慶也」。

九五，孚于剥，有厲。

《象》曰：孚于剥，位正當也。

《象》稱「剛中」，在兑之上體，則九五是也。夫以九居五，以陽剛之德而居正中之位，所謂剛明之主也。寧有孚于小人之失，而致是剥道也哉？蓋當説之時，近比上六，故《易》於此設是戒。河南曰「堯、舜之盛，未嘗无是戒也」是也，又曰：「雖舜之聖，且畏巧言令色，安得而不戒也？」「有厲」云者，剥陰消陽也。五，孚于剥而不之疑焉，此危道也，故爲之戒云。《象》曰「位正當」云者，此責九五之辭也，若曰：五以陽居陽，位正當也，而惟小人之是孚焉，則有厲矣，豈所宜然？

上六，引兑。

《象》曰：上六引兑，未光也。

夫兑之所以爲兑者，六三、上六是也。上六之位，尤高於三，此又陰小之尤見幸者。故其爲媚説也，必九五引之而後發，非若三之左右逢迎，以求容悦也，故曰「引兑」。昔者褒姒不好笑，萬方皆不笑。幽王爲熢燧以召諸侯，寇至，則舉熢燧。諸侯悉至，至而无寇，褒姒乃大笑，幽王説之，爲之數舉熢燧。然雖得笑於一女而失信於諸侯，此所謂引兑也。夫引之而後説，其无意味甚矣，故《象》曰「未光也」，猶之曰：以説事人已爲非矣，而又待引焉，未足多也。蘇東坡曰：「六三、上六皆兑之小人。六三履非其位，以求説爲兑者，故曰「來兑」，言不招而自來也，其心易知，其爲害淺，故二陽皆吉而六三凶。上六超然於外，不累於物，此小人托於无求以爲兑也，故曰「引兑」，言九五引之而後至也，其心難知，其爲害深，故九五孚于剥。」

䷺坎下巽上

渙：亨。王假有廟。利涉大川，利貞。

《彖》曰：渙，亨，剛來而不窮，柔得位乎外，而上同。王假有廟，王乃在中也。利涉大川，乘木有功也。

渙，散也。以巽重坎，是以爲渙。其《象》則有取於「風行水上」。蓋風行水上，无有凝礙，其行迅疾，而水亦爲之動蕩而流散。其在人，則奔走而從事之時也。夫當奔走從事之時，必也有所謂剛柔共濟之才，而後致渙道之亨。今也渙以九之剛來居於二位，而有不窮之義。以六之柔得四之位于渙之外體，而上同乎五，此所謂剛柔共濟之才也。故九五於此得以盡有廟之道，居中履正，爲渙之主，乘巽之木以濟坎險，而有利涉大川之功也。此渙之所以亨歟？萃與渙皆云「王假有廟」者，萃，聚也，欲祖宗精神之聚於此也，故假有廟以亨之；渙，散也，懼其散也，又假有廟以收之，鬼神之理聚散而已矣。王者以孝治天下者也，故設爲廟祧，以萃祖宗之精神於其間，常欲其聚而或懼其散，此於萃、渙而并及之，所以起天下孝子順孫思親之心，而盡奉先之道也。卦德有曰「利貞」云者，九五正位乎上，利以正道奔走天下之群才，而成此渙功也。《彖》釋卦德而不及「利貞」，《彖》辭之末疑有逸文，蓋於中孚可見矣。

《象》曰：風行水上，涣。先王以享于帝立廟。

風行水上，上下散動，涣之象也。先王觀此象，故爲之設其郊祀之禮，以享上帝，則神明通矣。又爲之立其廟貌，以萃祖宗之精神，而盡其奉祀之心，則散者聚矣。河南曰：「係人心、合離散之道，无大於此。」

初六，用拯馬壯，吉。

《象》曰：初六之吉，順也。

夫當涣散之初，則時未至於涣也。居坎難之始，則難未至於極也。當此之時，順此之勢，而亟救之，則用拯之道得矣，然必有是才而後可。初六之才，順有餘矣，而所不足者健也。故必馬壯而後吉，謂以壯濟順，而後用拯之道爲全然。初，陽位也；六，陰德也。以陰德居陽位，則亦剛柔之不偏也。而爻贊獨曰「初六之吉，順也」者，蓋多其能因時順勢而亟救夫涣也。

九二，涣奔其机，悔亡。

《象》曰：涣奔其机，得願也。

《彖》曰「剛來而不窮」者，謂九二也。故爻辭又有「涣奔其机」之象，謂當涣之時，九以陽剛來居二位。二，安靜之位也，故有奔其机之象，此剛來之所以不窮也。若以九居二，而失所安焉，則剛之來不能不窮也，豈机之象乎？夫惟安靜，然後能一天下之動。五奠王居於上，而二奔其机於下，二、五以同德居相應之地，而各得所安，此所以能合天下之涣也，豈非君子救世安民之志願然歟？故《象》曰「得願也」。所謂「悔亡」何也？曰：二居坎難之中，宜若有悔，然九二行乎患難而不動聲色，而卒以涣其難，故曰「悔亡」。王輔嗣、胡安定、程河南、蘇東坡以初六爲机，龔深甫、耿希道、洪成李以九五爲机，朱子發又以六四爲机，此皆未深究夫「剛來而不窮」之義，而知机即二也。其則不遠，又何遠之求？

六三，涣其躬，无悔。

《象》曰：涣其躬，志在外也。

三，居坎難之極，當涣之時，志於涣難而出險，而其涣也止於其身而已，不遑他恤也，故曰「涣其躬」。夫「涣其躬」與「涣其群」固異矣，然與其不能於其躬，如坎之六三險且枕，而以危爲安者不亦遠乎？故曰「无悔」。上九之「涣其血去逖出」，而涣以「无咎」與之，謂其能遠害也。六三與之居相應之地，而《象》曰「涣其躬，志在外也」，其亦慕上九之爲乎？其能无悔宜矣。

六四，涣其群，元吉。涣有丘，匪夷所思。

《象》曰：涣其群，元吉，光大也。

《象》曰「柔得位而上同」者，謂六四也。九五，涣之君也，以陽剛正位乎上，以主天下之涣。六四，五之佐也，以巽順居近密之地，以涣天下之難。故曰「涣其群」，謂其所涣也，涣乎天下之衆，而不止於其身如六三而已也，此其吉所以爲光且大也。夫六四能涣天下之難，則能合天下之涣而聚之，此其吉所以大也。夫豈涣其躬而已哉？故曰「涣有丘」，丘，聚之大也，合天下之涣而聚之，此其吉所以大也。夫豈涣其躬而已哉？故又曰「匪夷所思」。夷，等夷也，謂六三也。夫四與三均是柔也，然三涣其躬而已，四則涣其群，而能合天下之涣而聚之，此豈六三思慮之所及也？河南曰：「四、五二爻爻義相須，故通言之。」方涣散之時，用剛則不能使之懷附，用柔則不足爲之依歸。四以巽順之正道，輔剛中正之君，君臣同功，所以能濟涣也。「元吉，光大」不在五而在四者，二爻之義通言也。朱子發曰：「宣王承厲王之後，天下離散，召伯之徒佐王建國，親諸侯，遣使勞來安集，涣其群也。」

九五，涣汗其大號，涣王居，无咎。

《象》曰：王居无咎，正位也。

九五，涣之君也。當涣之時，爲涣之君，宜有新民之大命、合涣之大政，以施諸人。故曰「涣汗其大號」，謂其號令一涣而不復反也，故取汗爲象。「涣王居，无咎」，《象》曰「王居无咎，正位也」者，朱子發曰：「涣之時民思其主，故王居正位乃无咎，在他時安居不能順，動則有咎矣。故禹别九州而始於冀，湯勝夏而歸於亳，武王勝商而至於豐，王正位，則涣散者知所歸矣。」涣一也，而再言之者，「汗其大號」取其散所以欲涣也，「王居正位」取其正所以合涣也。

上九，涣其血，去逖出，无咎。

《象》曰：涣其血，遠害也。

上九以陽剛之才，當涣散之終，禍難既散，脱然處无用之地，所謂功成而身退也。故曰「涣其血，去逖出」。血，有所傷也，涣其血，則能遠去禍害而无所傷矣。逖，遠也。時當避去，而猶昧夫遠引之義，則亦未能无謗咎也。故去必逖出而後无咎，此張子房從赤松子游，大夫蠡去越之時也。

䷻兑下坎上

節：亨。苦節不可貞。

《彖》曰：節，亨，剛柔分而剛得中。苦節不可貞，其道窮也。説以行險，當位以節，中正以通。天地節而四時成，節以制度，不傷財，不害民。

有一言足以盡天下事物之理，曰：中是也。中則无過，无過則可以通行而不窮，否則易窮矣。《易》之有節，以言事之有所止也。所止者何？止於中而已矣。惟中故亨，此卦德所以言亨也。夫天下之事不剛則柔，剛過則暴，柔過則縱。惟節之六爻，以六三之柔而節初九、九二之剛，以九五之剛而節六四、上六之柔。剛柔有節，各居其三，而九五、九二又居二卦之中，剛而不至於過，此節道之所以亨也。故曰「節，亨，剛柔分而剛得中」，此指六爻三剛三柔，與二、五之剛中以言節之亨也。夫節貴於中，不中則過，過則苦矣，此非人情之所堪也，豈可以此爲正乎？上六之「苦節，貞凶」是也。朱子發曰：「凡物過則苦，味之過正、形之過勞、心之過思，皆曰苦，苦節則違性情之正，物不能堪，豈正道也哉？申屠狄之潔、陳仲子之廉，非不力也，立節太苦，不可正也。」故曰「苦節不可貞，其道窮也」，此又指上六以戒苦節之過也。夫人之情，樂於縱肆而惡於止節，今也務行乎人情之所惡者，而於人情之所樂者則務禁止之，凡此皆人情之所難者。夫務行乎人情之所難行之事，凡《易》之所謂「行險」者。然有道焉，使人於其所難行者行之而不憚，而惟上之從焉者，蓋有以説之故也。夫惟有以説其心，則俾之行其所難行者將如履平地矣，又奚以險爲哉？此節道之善也，故曰「説以行險」，此又指兑、坎二體之用以言節之義也。司馬温公曰：

「兑，説也，和易也。坎，險也，嚴峻也。知説而不知險，則民不肅；知險而不知説，則民不親。不肅則慢，不親則乖，慢與乖，亂亡之道也。是以説以行險，得節之宜也。」夫節物者，无其位則不能行，无其道則不可久。九五，節之位也。以九居五，於位爲當，此節物之有其位也。中正，節之道也。既中且正，可以通行而不窮，此節物之有其道也。故曰「當位以節，中正以通」，此又指九五一爻以言節之主也。雖然，節之爲道，此豈特人道爲然也，而天地之道亦莫不然。今夫天、地二氣之運行也，十有五日一氣，四十有五日一節，故一歲之中，凡爲氣者二十有四，而爲節者八，而後四時由此而成。使其无節，則二氣失序矣。制度之立也實似之。故十一者，取民之制；而量入以爲出者，用財之度。財用於上，既無或傷，則上之取民亦無所害。故曰「天地節而四時成，節以制度，不傷財，不害民」，此又即天地之節以明人君之節也。然則中正也者，固節之道；而制度也者，又中正之道所寓焉。

《象》曰：澤上有水，節。君子以制數度，議德行。

澤，水所鍾也。澤上有水，當其分限而止，不滿溢也，故爲節之象。數度，所以爲節也。德行，欲其中節也。古者之制器用、宫室、衣服也，莫不有多寡之數、隆殺之度存乎其間，使賤不踰貴，下不侵上，以是爲節。故貴賤上下各安其分，存於中爲德，發於外爲行，隨時合宜，无過不及，則爲中節。如禹、稷之於平世，顔子之於亂世，曾子之去，子思之守是也。而孟子於此數君子也，則概以同道與之，其善議德行也歟？

初九，不出户庭，无咎。

《象》曰：不出户庭，知通塞也。

節，當止之時也；初，至下之位也；九，能動之才也。夫當止節之時，居至下之位，雖有能動之才，未可動也。故曰「不出户庭，无咎」，户庭，所處之尤邃，而不與物接者也。夫有能動之才，以時與位之未可者也，故謹密以自守，而非務爲離世絶俗之事，故无過咎。大抵通則行，塞則止，吾非戾通以就塞也。當此之時居此之位，分所當然故也，所貴乎君子者知此而已。故《象》曰「不出户庭，知通塞也」，此回居陋巷之時也。

九二，不出門庭，凶。

《象》曰：不出門庭凶，失時極也。

二，視初位已得中，中則不塞而通矣。故有「門庭」之象，蓋門庭之視户庭，已非尤邃故也。夫苟以時當止也，吾雖有能動之才，亦宜如初之不出焉，則有失時之凶矣。夫通則行、塞則止，此君子之所當知也。初塞則止，二通則行，斯不昧於通塞矣。而二也亦效之而不出焉，則其失時一至於此，能无凶乎？故《象》又曰：「不出門庭凶，失時極也。」極，至也。謂其當出不出，失時之至也。然九二之剛得中，亦未必至是也。《易》特因初九知通塞之義，而示之戒云，此韓退之貽書少室山人之時也。

六三，不節若，則嗟若，无咎。

《象》曰：不節之嗟，又誰咎也。

三，説體也，而居下體之極，失正而不中，所謂極乎説而不知節也。夫説極則憂來，憂之來皆不自節致之，何所歸咎乎？故曰「不節若，則嗟若，无咎」，而《象》曰「不節之嗟，又誰咎也」。君子以禮約己，以道制欲，非无所説也，説而不至於極，故无不節之嗟。若六三，極乎説而不知節，何足以語此？朱子發曰：「此爻與離之九三『不鼓缶而歌，則大耋之嗟，凶』，象異而意同。」

六四，安節，亨。

《象》曰：安節之亨，承上道也。

夫天下之事，不可以勉强爲也，而節道尤不可以勉强爲也。蓋節而勉强，則在己者爲難行，而在人者爲難從，此非可久之道也。九五居中履正，爲制節之主。而四也，以柔居柔，正也，上乘乎五，故剛柔相濟，而成制節之功，此非有所勉强而然也。故曰「安節，亨」，而《象》曰「承上道也」。

蓋中正者，九五之節道也。六四以柔順利正之德，承之而无所違，此非安於節者，能若是乎？其亨宜矣。河南曰：「節以安爲善，强守而不安，則不能常，豈能亨也？」

九五，甘節吉，往有尚。

《象》曰：甘節之吉，居位中也。

《象》曰「當位以節，中正以通」，蓋謂五也。五當位居中，以中正之道制節於上，在己則安行，在人則易從，故曰「甘節吉」，謂其无苦刻難行之道故也。夫其爲節也无苦刻難行之道，則自斯以往可以通行而无窮，无窮則有功矣，故曰「往有尚」。「有尚」謂有功也，坎曰「行有尚，往有功」是也。安定曰：「味之甘，人所嗜也；節之道，人所惡也。今五爲制節之主，能以中正爲之，使人樂從如嗜甘味也，所以得其吉矣〔一〕。」

上六，苦節，貞凶，悔亡。

《象》曰：苦節貞凶，道窮也。

〔一〕《周易口義》：「甘者，味之甘，人所嗜也。夫節之道，是節人之情、防人之欲，人之所惡也。今九五，以陽居陽，處得其正；又居上卦之中，履至尊之位，爲節制之主。當節之時，能以中正爲之，節制無過、無不及。施於當世，則天下之人，無尊卑、長幼、上下，以至於遠近、幽隱，皆悦然樂而從之。是九五爲節之道，使人樂從，如嗜甘味也，所以得其吉矣。」

司馬温公曰：「三極說而過乎中，故曰『不節若，則嗟若』；上極險而過乎中，故曰『苦節不可貞』。」蓋節道至九五爲中且正，過乎此則非中正矣。上六所處，過乎五而極乎險，人所難堪者也。此所謂節之苦也，故於貞爲凶，而其道不得不窮，謂其道不可通行於世也。然又曰「悔亡」，何也？曰：世之單人匹夫，行一介之行，以佛氏之寂滅、老氏之空虛，往往自信其說，至於老死而不知悔者，類皆如此。此上六之悔所以亡也。

卷二十六

䷼兑下巽上

中孚： 豚魚吉，利涉大川，利貞。

《彖》曰： 中孚，柔在内而剛得中。 説而巽，孚乃化邦也。 豚魚吉，信及豚魚也。 利涉大川，乘木舟虚也。 中孚以利貞，乃應乎天也。

昔左氏以「信不由中」責周、鄭二國。《易》有中孚，信之由中者也。 以成卦觀之，在二體，則爲中實；在全體，則爲中虚。 蓋中不虚則有所累，有所累害於信者也。 中不實則无所主，无所主則又於信爲失矣。 故曰「中孚，柔在内而剛得中」，此指三、四之中虚，與二、五之中實，以言中孚之成卦也。 夫在人有自然之心，天下有自然之理，得其自然之心，而順其自然之理，則説於下而巽於上矣。 此非誠信足以爲感化之本，其能致然歟？故曰「説而巽，孚乃化邦也」，此指兑、巽二體之用，以言中孚之及萬民也。 中孚卦德有取於「豚魚吉」者，蓋豚躁而魚畏，物之難感者也。 信能感豚魚，則其信至矣。 朱子發曰：「先王之交萬物，无非信也。 取之必有時，用之必有節。《風》

有《騶虞》，信及豚也；《頌》有《潛》，信及魚也。動物蓄息莫如豚魚，信及豚魚，上下草木鳥獸无所不及，而至誠之道可以贊天地之化育，如是乃吉。」故曰「豚魚吉，信及豚魚也」，此指豚魚以言中孚之及物也。夫誠信之道无所不利，仗誠信以濟險難，則如乘虛舟而无覆溺之害矣。豈有不利者乎？朱子發曰：「乘木之利，乘桴不如乘舟，重載以越險〔一〕，不如乘舟之爲安，仗誠信以蹈大難，猶乘木而其中枵然，豈復有風波之虞哉？古人虛己游世，五兵兕虎不能害，用此道也。」故曰「利涉大川，乘木舟虛也」，此又指卦畫之中虛以言中虛之可以濟難也。夫誠者，天之道也。天之道，在人則曰性，而在性則曰正而已矣。正者中孚之本，故中孚之卦德，所利者貞。而此性之貞，發爲是孚，无非用中之信也。天人相感通之理，盡在是矣。故曰「中孚以利貞，乃應乎天也」，此又指中孚之所本者正，以言中孚之可以應天也。夫誠信之道大可以化邦，微可以及物，高可以應天，險可以濟難。此非中虛而无所累，中實而有所主，其效豈足以至是哉？

《象》曰：**澤上有風，中孚。君子以議獄緩死。**

程河南曰：「水體虛，故風能入之；人心虛，故物能感之。風之動於澤，猶物之感於中，故

〔一〕重載以越險，《漢上易傳》作「重載而乘險者」。

爲中孚之象。」夫物之感動乎中者，无若刑獄之最可惻者也。蓋死者不可復生，而刑者一成而不可變，故君子於此加惻焉，而盡吾中心之誠以處之。皋陶之稱舜也，而曰「罪疑惟輕」，又曰「與其殺不辜，寧失不經」。故漢法於疑獄則有讞，而《周官》亦有八議之辟。蓋不如是，以其一成而不可變之刑，而加諸不可復生之死，非君子所謂盡心者。故議獄者，所以緩其死，謂其有未必死者存也。程河南〔二〕曰：「君子之於天下之事，无所不盡其忠，而議獄緩死，最其大者。」是故中孚之象有取於此。

初九，虞吉，有他不燕。

《象》曰：初九虞吉，志未變也。

夫君子，以自信爲本。不能自信，而汲汲焉以求人之我信，則末矣。世之庸人淺夫，中无所得，人之見信則以爲喜，或不之信則歉然也。夫豈知君子有自信之學也哉？九，以剛明之才，處中孚之初，於位則下，於事則始也。當此之時，固宜審度，以自信爲本，故曰「虞吉」。夫苟未能自信而求信於人，則是有他也，志或有他，則中心摇摇失其所安矣。故曰「有他不燕」，謂其信否不卜

〔二〕程河南，原作「河南」，據通志堂本、四庫本改。

之已，而卜之人故也。夫惟當中孚之初，必先自信而不變其志，以求信於人，此初之所以吉於虞也，故《象》曰「初九虞吉，志未變也」。

九二，鳴鶴〔一〕在陰，其子和之。我有好爵，吾與爾靡之。

《象》曰：其子和之，中心願也。

中孚二、五爻義互相發明，蓋二與五以同德居相應之地，分則君臣也，義猶父子也，而其莫逆則朋友也。故夫五唱於上而二和之，則有「鳴鶴在陰，其子和之」之象；五有好爵而與二靡之，則有爾我之稱。夫五與二居相應之地，中有二陰爲之隔，此鳴鶴之在陰也；五以誠信發之於上，而二亦以誠信應之於下，此所謂其子和之也。故《象》特指之曰「其子和之，中心願也」，謂二以中心之孚願應乎五也。我謂五也，五中孚之主故也，爾謂二也，五有好爵而與二共之，則五亦以中心之孚願應乎二可知也。好爵，美爵也。靡，《徐音》云亡彼反，《韓詩》云共也。大抵五有唱於上，而二亦既和之於下矣。苟不與之共天位、食天禄，此孟子所謂士之尊賢，而非王公之尊賢者也。夫惟上有九五爲之君，下有九二爲之臣，上下以同德相應，而後中孚之化可成，此二、五爻義所以

〔一〕 鳴鶴，原作「鶴鳴」，據《周易》通行本改。

互相發明也。

六三，得敵，或鼓或罷，或泣或歌。

《象》曰：或鼓或罷，位不當也。

二與五以同德，遠而相應；三與四以同德，近而相比。近而相比，故曰「得敵」，謂得與四爲匹敵，如艮所謂敵應也。朱子發亦引《子夏傳》云「三與四爲敵是也」。夫三與四雖均以陰虚處一卦之中，然六三德不當位，豈四之比哉？故或鼓張而作，又或罷廢而止，或悲泣而憂，又或歌樂而喜，此所謂无常之人也，豈足與言誠信也哉？此无他，不中失正，而非中孚之所尚故也，故《象》曰「位不當也」。

六四，月幾望，馬匹亡，无咎。

《象》曰：馬匹亡，絶類上也。

夫陰道畏盈而孚志貴一，中孚所以爲中孚者，三與四也。夫三既不足與四比矣，則四也處近君之位，爲成孚之主，當以滿盈爲懼，而一志以從上，故有「月幾望，馬匹亡」之戒。夫月望，則與日敵矣；陰盛，則與陽角矣。惟月幾望，而不至於滿盈焉，則得臣道之正矣。夫四與三，均以陰虚居一卦之中，近而相比。然處近君之位，不惟五之承而三之比焉，則孚之志不一矣。故又〔二〕曰「馬匹亡，无咎」，而《象》曰「絶類上也」。夫兩馬爲匹，匹類也，《詩》曰「兩服上襄，兩驂雁行」是也。凡駕車，用馬四謂之駟車，兩服在前，故曰「上襄」；兩驂次之，故曰「雁行」。今四不三之比而惟五之承焉，故有「馬匹亡」之象，謂云絶其匹類，而獨上承乎五也，此所以爲成孚之主而無滿盈之咎也。然則三雖得敵，而四又亡其匹，陰道畏盈，而孚志貴一也如此夫？

九五，有孚攣如，无咎。

《象》曰：有孚攣如，位正當也。

五，中孚之主也，近而六四以謙虚承我者也，遠而九二以剛中應我者也。而五復以剛實之德位乎正當之位，所謂以誠信交誠信者也。故曰「有孚攣如」，謂自近及遠，以誠信之道綢繆固結，如相攣引然也。當孚之世有君如此，又何過之可言哉？此九五之所以无咎也。

上九，翰音登于天，貞凶。

《象》曰：翰音登于天，何可長也。

〔二〕又，通志堂本、四庫本作「爻」。

上巽體也，《説卦》曰「巽爲雞」。翰音，雞也。《禮》曰：「雞爲翰音。」夫雞謂之翰音者，蓋雞之鳴也，鼓其羽翰而後鳴，猶《詩》所謂「斯螽動股，莎雞振羽」是也。夫雞非登天之物，向使鼓其羽翰，蓋亦不免於控地而已矣，何可長也？處中孚之極，誠信之道不能悠遠，故有是象。夫正也者，中孚之所利也。誠信之道不能悠遠，豈所謂利歟？於正爲凶，故曰「貞凶」。

䷽ 艮下震上

小過：亨，利貞。可小事，不可大事。飛鳥遺之音，不宜上宜下，大吉。

《彖》曰：小過，小者過而亨也。過以利貞，與時行也。柔得中，是以小事吉也。剛失位而不中，是以不可大事也。有飛鳥之象焉，飛鳥遺之音，不宜上宜下，大吉，上逆而下順也。

昔者聖人之重卦也，以兑重巽，四陽聚於中爻，故命其卦曰「大過」，謂陽過也；以震重艮，四陰分於上下，故命其卦曰「小過」，謂陰過也。陽過於中，則本末弱也，故大過有棟橈之象；陰過於上下，則上逆而下順也，故小過有飛鳥之象。蓋《易》者象也，有是理則有是象，有是象則起是義，程河南所謂「至微者理也，至著者象也，體用一元，顯微無間」是也。夫陽大而陰小者，安能亨哉？以過故亨也。天下固有越常救失之事，如《象》所謂行過乎恭、喪過乎哀、用過乎儉是也，不有所過，安能亨哉？故曰「小過，小者過而亨也」。然過道又利於貞，不利於貞，則凡有所過者皆僞也。所謂正云者，不失時宜之謂也。蓋事固有時，而當過者過之，則以爲當；不過，則以爲失。如夏葛冬裘，隨時而已，故曰「過以利貞，與時行也」。「柔得中」，謂二與五；「剛失位而不中」，謂三與四也。二、五之柔俱得中位，故當小過之時，可小事而已，故曰「是以小事吉也」。乃若所謂事之大者，則非陽剛之才得位、得中，不能濟也。今也三與四俱失位而且不得中，失位，則无所用其剛；不中，則其才又過乎剛。故當小過之時，不可以大事，故曰「是以不可大事也」。夫小過之成卦，四陰分與上下，故取飛鳥爲象。蓋鳥之飛也，羽翼分張，故小過上下四陰有兩翼之象，而初與上皆取象於飛鳥，而曰「飛鳥以凶」，又曰「飛鳥離之，凶」。大抵過道順行則吉，逆施則凶，猶之飛鳥也，騰上決起時或有遺音焉，安能上徹乎？此所謂「不宜上也」，何者？上逆故也。音遺於下，下所共聞也，此所謂「宜下也」，何者？下順故也。以卦畫考之，五與上二陰爻，下乘四與三剛爻〔一〕，故曰「上逆」；初與二二陰爻，上承三與四二剛爻，故曰「下順」。夫過宜然而然，則雖過非過也，而以逆順爲吉凶，此所以取象於飛鳥也。故曰「有飛鳥之象焉，飛鳥遺之音，不宜上

〔一〕下乘四與三剛爻，「三」後似脱一「二」字。

宜下，大吉」，上逆而下順也。夫卦德以宜下爲大吉，則以不宜上爲大凶[一]可知，何者？逆順之不同故也。

《象》曰：山上有雷，小過。君子以行過乎恭，喪過乎哀，用過乎儉。

雷之始也出於地上，及其壯也在於天上，今也山上有雷，小有所過之象也。行過恭，喪過哀，用過儉，時乎當然，故君子不得不少有所過也，蓋不如是，則不能矯正一時之失矣，故夫當過而過，不以爲過，苟不當過而過則過矣。朱子發曰：「考父之過恭，高柴之過哀，晏平仲之過儉，非過於理也，小有所過乃所以爲時中也」。

初六，飛鳥以凶。

《象》曰：飛鳥以凶，不可如何也。

夫當過而過，不以爲過；不當過而過，則過矣。初以陰柔在下，當陰過之時，輕動躁疾，有飛鳥之象，犯「不宜上宜下」之戒，此所以凶也。《象》曰「不可如何也」，謂不宜然而然，蓋甚之也。鼎之四，不知自信以至覆餗，故曰「信如何也」；小過之初，不知其不可以至於凶，故曰「不可如

[一] 凶，四庫本作「逆」。

何也」，皆甚之之詞也。下之九三之象「凶如何也」，亦是意也。

六二，過其祖，遇其妣；不及其君，遇其臣，无咎。

《象》曰：不及其君，臣不可過也。

初，一卦之始也，故有祖象。二居其上，所謂「過其祖」也。二與初同體也，近而相比，故曰「遇其妣」。三，成艮之主也，故有君象。而六二居其下，所謂「不及其君」也。二以陰乘陽，以下奉上，故曰「遇其臣」。蓋對祖言之故曰「妣」，對君言之故曰「臣」，妣與臣皆二也。曰「遇」云者，適當其時與分之謂也。六二或過或不及，皆適當其時與分，而不愆於中焉，此在過之道爲无過也，故曰「无咎」。劉仲平博士云：「過乎祖，則有繼世之譽；過乎君，則有犯上之嫌。故《象》曰『不及其君，臣不可過也』。」

九三，弗過防之，從或戕之，凶。

《象》曰：從或戕之，凶如何也。

以九居三，在他卦則爲過剛，在陰過之時，則不以剛過爲過也，故曰「弗過」。夫九三，既不以剛過爲過矣，則當以陽剛艮止防遏陰過，故又曰「防之」。苟失此戒，不知預防之道，而惟陰之是從焉，則陰道過盛，莫之止遏，而陽爲之傷矣，故又戒之曰「從或戕之，凶」。夫陰道過盛，爲君子者不知預防其害於其未害之前，及其委己而從之，而爲其所害也，則无及矣。故《象》又曰「從或戕之，凶如何也」，重爲之戒云。

九四，无咎，弗過遇之。往厲必戒，勿用永貞。

《象》曰：弗過遇之，位不當也。往厲必戒，終不可長也。

陰過之世，聖人閔九三、九四二剛之失位而不中也，爲之再三以致其戒，恐其罹害故也。又皆以「弗過」言之，謂當此之時，所過者陰也，而非陽也。然九三之剛弗以爲過者，處二陰之上，在於防遏二陰，爲三者不知防之而反從之焉，則有或戕之凶。九四之剛弗以爲過者，處二陰之下，適與二陰相遇，爲四者剛不當位，不能止遏二陰，惟以謹守自處爲本。故先之以「无咎」之辭，而後之以「往厲必戒，勿用永貞」戒之。蓋二陰過盛，處一卦之上，九四不幸適與之遇，既不能止遏，其勢惟以謹守自處，爲去小人之道可也。苟或不知量時度勢，而往往與之角，則陽道危矣。豈可用此以爲常乎？蓋以陽制陰，此永貞之道也。如九三之下防二陰是矣，九四剛不當位，又非三比也。故曰「往厲必戒，勿用永貞」，聖人再三爲君子謀也如此。《象》曰「往厲必戒，終不可長也」者，朱子發曰「盛衰相循，无小人常過君子之理」，又引陸震云「小人之過，終不可長也，戒而悼之，以俟其復」，斯言是也。大抵四，震之主也，然所居者陰，而又位二陰之下，其勢與位俱不足也。苟恃剛動之才，而輕與陰角，此聖人之所戒。不若戒謹以俟其復之，爲无咎也。

六五，密雲不雨，自我西郊。公弋取彼在穴。

《象》曰：密雲不雨，已上也。

五，尊位也。當陰過之時，而以陰德居之，故與小畜同。其《象》而曰「密雲不雨，自我西郊」，蓋小畜之所以爲小畜者，六四之一陰也，而小過則四陰之過也。以六居五，又陰居盛位，故有是象。夫陰氣過盛，而陽不之應，安能和而雨乎？故曰「密雲不雨」。西郊，陰位也。我，謂五也。自我西郊，以言陰之過盛，實自五致之。小畜曰「密雲不雨，尚往也」，以言密雲之所以不雨者，徒知尚往故也，此爲四戒也。今此《象》曰「密雲不雨，已上也」，則爲五戒也，然則陰其可以過盛矣乎？羿、莽、操、懿之禍，此四賊皆過也，蓋自此西郊發之。蘇東坡曰：「已上者，不可復下之辭也。六五之權，足以爲密雲，而終不爲雨者，次於西郊而不行，豈真不能哉？其謀深也。」當是時也，必有穴其間而爲之用者，故戒之曰「公弋取彼在穴」。君子之居此，苟无意於盜，莫若取其在穴者以自明於天下，而天下信之矣。蓋在穴者陰物也，所謂五之腹心是也。「公」謂五也，五若无他，則於彼在穴者弋而取之，而去其所謂腹心之隱疾，則陰過之禍庶乎其可无也。故《易》於此「公」之，所以救其過也。

上六，弗遇過之，飛鳥離之，凶。是謂災眚。

《象》曰：弗遇過之，已亢也。

四陰之過極於上，六又處震動之極，豈復有與物相遇之象？惟有過亢而已。故曰「弗遇過之」，而《象》曰「已亢也」。初六在下，犯「不宜上宜下」之戒，故曰「飛鳥以凶」。上六陰極以亢，豈復能下也哉？亢而不已，猶之飛鳥也，必離之凶而後已，謂終離網罟之害也，是以謂之「災眚」。

河南曰：「災者天殃，眚者人爲。豈惟人眚、天災并至，謂天理、人事皆然也。」

䷾ 離下坎上

既濟：亨小，利貞，初吉，終亂。

《彖》曰：既濟亨，小者亨也。利貞，剛柔正而位當也。初吉，柔得中也。終止則亂，其道窮也。

坎、離者，天地之用也，故上經終於坎、離；既濟、未濟者，又坎、離之用也，故下經終於既濟、未濟。既濟之象，水火相交，相與爲用而生養之功成，故曰「既濟」。其爲爻也，三陰得位，三陽下之，《子夏傳》曰「陽已下陰，萬物既成」是也，故亦曰「既濟」。夫以陽下陰，宜若非正矣，惟下之者亨之也，此以大亨小之義也。蓋既濟之世，聖賢之功業既成，教化已行，无一民一物不得其所，至於至纖至悉无所不亨。故卦德曰「既濟，亨小」，而《彖》曰「既濟亨，小者亨也」。此以三陽下三陰言既濟之所以亨小也。朱子發曰：「《彖》文當曰『既濟亨小，小者亨也』，脱一小字。」考之文義當然。胡安定曰：「亨小者，蓋傳寫之誤也。按《彖》曰『小者亨也』，當曰『小亨』。」而程河南則曰：「小字在亨下，語當然也，若言小亨，則爲亨之小也。」當從河南説。夫既濟之道所利者貞，故初九、九三、九五陽皆居陽，六二、六四、上六陰皆居陰，陰陽各當其位，此正也。其在人，則君子小人各安其分，而无失正之嫌，此既濟之所利也。故曰「利貞，剛柔正而位當也」，此又以三陰三陽當位而言既濟之所以利貞也。夫天下之功，常成於可爲而壞於无爲，既濟之功，離明在下，无所不燭。六二之柔來濟夫剛，得中而亨，此既濟之功所以吉也。及其終也，以天下爲无事而不復有所事，故以廢怠而止，而坎離復作矣。上六之「濡其首厲，何可久也」是也，此既濟之終所以亂也，故曰「初吉，柔得中也。終止則亂，其道窮也」，此又指卦之初終而言既亂[一]之戒也。胡安定曰：「創業之主蓋得於憂勤，故多吉。守成之君蓋生於宴樂，故多忽。然則聖人特於此言初吉終亂也

[一] 既亂，通志堂本、四庫本作「既濟」。

者，將以爲萬世守成之戒。」

《象》曰：水在火上，既濟。君子以思患而豫防之。

水火相交，相與爲用，而生養之功成，此既濟之象也。然常人之情，每當此時，則飲食无嘗而已，寧復有所思乎？蓋謂无復有患故也。而不知鴆毒常生於宴安，而馬跌常在於平地，其可不預防之乎？昔者益戒舜曰「儆戒无虞」，傅説告高宗曰「惟事事乃其有備，有備无患」，此守濟之道也。

初九，曳其輪，濡其尾，无咎。

《象》曰：曳其輪，義无咎也。

九，剛動之才也，故有輪象。初，一卦之後也，故有尾象。當濟之初，摇曳其輪，進雖不亟也，濡潤其尾，濟雖不速也，然而君子不之避也。蓋以時方圖濟，而吾有能濟之才，苟以其難也而避焉，則功業何時而成，險難何時而濟乎？夫惟如是，故於濟之義而无過咎，蓋所以成大功而濟大事者，其初不能无難。故雖有能濟之才，亦不能亟進而速濟，惟其任其難而不辭，此當濟之初所以无咎也。

六二，婦喪其茀，勿逐，七日得。

《象》曰：七日得，以中道也。

六二陰虛守中，既濟之純臣也；九五陽盈在上，既濟之驕主也。當此之時，以純臣而事驕主，則在上者與賢之意或消，而在下者行道之志不遂，故二有「婦喪其茀」之象。茀，車之蔽也。婦人之車喪其所蔽，則不可行。五不下應，爲二者以中正自守可也。若逐其所喪，從物而往，則失其素守矣，故戒以「勿逐」。雖然，志不行於今，亦必行於後，蓋中正之道无終廢之理，故《易》於此又必其辭曰「七日得」，謂先之喪而後之得也。卦有六位，往復數之故曰「七日」，七日而得其所喪，此以時變推之也。《象》曰「七日得，以中道也」者，蓋謂二以柔中之道自處，而不汲汲於用捨得喪之間，此理之所在有所不能違者，故七日而得其所喪也。河南曰：「自古既濟而能用人者鮮矣，以唐太宗之用人尚怠於終，况其下者乎？於斯時也，剛中反爲中滿，坎、離乃相爲戾矣。」

九三，高宗伐鬼方，三年克之，小人勿用。

《象》曰：三年克之，憊也。

既濟至九三，濟道已盛矣，當思有以保其盛可也。不知出此，則將勞内而事外，勤兵以伐遠。故雖以賢聖之君，僅有克獲之功，亦不免於有過剛之失，而失於困憊也。故曰「高宗伐鬼方，三年克之」，而《象》曰「憊也」。夫高宗，古所謂賢主也；鬼方，其小醜也。以賢主而伐一小醜，歷時滋久，至於三年而僅克之，則其功固不足多，而在我者老師費財，亦已甚矣，況用小人乎？蓋小人之心，不過於貪功而肆忿，貪功則生事，肆忿則殘民。外難未去，而内難復作矣，豈不爲濟道害耶？故以「小人勿用」戒之。衛、霍連年出伐，而漢業已虧，此用小人之明驗也。

六四，繻有衣袽，終日戒。

《象》曰：終日戒，有所疑也。

六四已離下體，此濟道將革之時也。夫濟道將革，則罅漏實生於此時。四，坎體也，故取漏舟爲義。王輔嗣、程河南、蘇東坡、龔深甫皆云「繻作濡」，謂濡漏也。衣袽，衣之絮也。夫舟之濡也，必有衣袽以窒其隙漏。終日疑懼，不忘戒謹，而後可以免覆溺之患，此舟師之智之所及也。濟道將革，獨不知其所以戒也而可乎？故既濟六四，其象若此。

九五，東鄰殺牛，不如西鄰之禴祭，實受其福。

《象》曰：東鄰殺牛，不如西鄰之時也。實受其福，吉大來也。

諸家皆以東鄰九五也，西鄰六二也，而胡安定又以紂居東都、文王居岐山言東鄰西鄰者，取文王與紂之事也。竊以謂東鄰固既濟之九五也，而西鄰則未濟之六五也。何以知之？曰：以《象》之所釋知之也。《象》曰「東鄰殺牛，不如西鄰之時也」，曰「時」云者，謂既濟之時與未濟之時，其時既異，則其事之豐約而誠意之所寓，自有厚薄之不同故也。大抵既濟之主，以豐盈自居，雖有殺牛之盛禮而誠意不加，故不如未濟之主，以謙光爲德，雖禴祭之薄實足以受大來之福。何者？時使然也。夫未濟求其濟，既濟不求濟，二者雖相鄰而甚相反，有如東西之異位。故聖人以二卦之相爲反復也，而曰此固時使然也，而皆自其君致之。故於既濟九五而兼發是義，以謂人主持心處己當如未濟之六五，而後有受福之實也。不然，雖有盛禮縟儀，抑文具爾，此豈守濟之道歟？

上六，濡其首，厲。

《象》曰：濡其首厲，何可久也。

夫濟道既終，治極必亂之時也，而又以陰柔之才居諸上位，其晏[一]溺可知。夫處一卦之上，故有首象。其體坎也，坎水善溺，當斯時也，无救於濟道，乃且晏溺以速傾危。故曰「濡其首，厲」，而《象》曰「何可久也」。《象》曰「終止則亂，其道窮也」，其是之謂乎！

[一] 晏，原作「宴」，據通志堂本、四庫本改，下同。

䷿ 坎下離上

未濟：亨。小狐汔濟，濡其尾，无攸利。

《彖》曰：未濟亨，柔得中也。小狐汔濟，未出中也。濡其尾，无攸利，不續終也。雖不當位，剛柔應也。

既濟終亂，濟道窮矣。故《序卦》於未濟則曰「物不可窮也，故受之以未濟終焉」，《易》之道諱窮也如此。蓋未濟者，事之未然，功之未成，而不窮之理復自此始故也，故卦之德曰「未濟亨」，亨則不窮矣。夫未濟之所以能亨者，以六五之柔得中故也。六五以柔得中，故能虚己任賢，賴之以濟。此所以近而九四以剛而承，遠而九二以剛而應，故所以濟者在人，而享其成功者在五，此所以能亨也。「小狐汔濟，未出中也」，此謂二也。夫濟道以謹畏爲本，故取狐爲象，蓋狐疑物也，涉而善疑，故无不濟。汔，幾也。小狐尤其勇也，然幾於濟而未能出夫險之中者，是必有以爲之累者，則初六之濡其尾是也。故繼之曰「濡其尾，无攸利，不續終也」，蓋初居一卦之後，故有尾象。夫以九二之剛勇，自可出險，今幾於濟而未出中者，是乃初以陰柔无能濟之才，見濡於尾。猶之勇小之狐，固有必濟之才，而爲尾所累也。夫終之不續，則前功廢矣，此所以无攸利也。蘇東坡曰「初六濡其尾，雖九二亦病矣」是也。「雖不當位，剛柔應也」，此又指六爻而言也。夫六爻如初六、六

三、六五皆以陰居陽，九二、九四、上九皆以陽居陰，此所謂不當位也。然皆以柔應剛、剛應柔，剛柔之相濟如此，孰謂其无可濟之理乎？苟能順時度勢，上下内外同力共濟，未有不濟者也。此所以濟者在人，而六五得以享其成功而亨歟！

《象》曰：火在水上，未濟。君子以慎辨物居方。

夫水在火上，則水火相交，相與爲用。今也火在水上，豈惟不相爲用也，而又不當其處焉。夫物不當其處，則禍害至矣。君子觀此象，不得不致其謹而審處之，是故辨其物宜，使之各居其方而不相侵害，是乃善處乎物者也。夫當未濟之世，濟道未成而禍害先見，此豈圖濟之道也哉？宜乎君子莫先致謹於此也。

初六，濡其尾，吝。

《象》曰：濡其尾，亦不知極也。

未濟之初與既濟之初俱在二卦之後，故同謂之「尾」。未濟之上與既濟之上，俱在卦之首，故同謂之「首」。然二卦之初，所謂「濡其尾」則同，而其義則異也。何也？時方既濟，九有能濟之才，然不免於濡云者，當濟之初不能速濟故也。時方未濟，初无能濟之才，而亦求濟焉，此豈所宜哉？是蓋不知勢極力殫，而淪胥以溺，以至於此也。此既濟初九「濡其尾」所以无咎，而未濟初六

「濡其尾」所以爲吝，而《象》曰「亦不知極也」。才殫力微曰「吝」。

九二，曳其輪，貞吉。

《象》曰：九二貞吉，中以行正也。

若夫未濟九二與既濟初九，位雖曰不同，而同曰「曳其輪」，其言則一也。何也？其才同故也。夫當既濟之初，雖有能濟之才，猶不免於亟進之難，況未濟之時乎？又況二居險中乎？又況初六之尾，不能爲吾助而反爲吾累矣乎？其不能亟進可知矣。然當是時也，五以謙光在上，而所賴以共濟者，外則有四，内則有二而已。二與四，分内外之任，故專征伐之權，以戡難於外者四也，而二不知；騁運動之才，以濟難於内者二也，而四不知。時方艱難，濟道未成，爲九二者又焉得而易諸？故雖摇曳其輪，體剛居中以行吾正，君子不以爲怯也，故《象》曰「九二貞吉，中以行正也」。

六三，未濟征凶，利涉大川。

《象》曰：未濟征凶，位不當也。

既濟至九三，濟道已盛，猶戒勿輕用其盛；未濟至六三，其曰「利涉大川」，猶爲未濟也。何也？六三之才不足以有濟故也。夫才不足以有濟，則雖位此高位，而无補於未濟之萬一，有所往則凶敗隨之矣，故曰「未濟征凶，位不當也」。然六三既曰「征凶」，又曰「利涉大川」，何也？曰：時當然也，而三之才則非必能然也。夫三處下體之上，語其位則甚高，語其才則甚歉。當此之時，居此之位，而居之以利涉大川，則未必能當焉。聖人於斯時而爲是言也，蓋亦所以愧恥天下後世之位高位者。

九四，貞吉悔亡，震用伐鬼方，三年有賞於大國。

《象》曰：貞吉悔亡，志行也。

未濟者，既濟之反。故既濟之三，即未濟之四也。是以二爻皆有鬼方之伐，然其事則同而其義則異也。何也？九三勞内以事外，而九四則捍外以安内故也。故九三則以剛履剛，不免於過用其剛而至於憊；九四則以剛履柔，剛柔得宜，故貞吉而悔亡。蓋剛柔得宜，則不愆於正而吉，而用剛之悔可亡矣，又何惡於用剛矣乎？故誅不庭，則震吾之威以用變伐之道，雖三年之久而下不告勞，大國有賞而功无不報。大臣濟世之志皆得以行於此時者，蓋有貞吉以爲之本，故无可悔之事故也，故《象》又曰「貞吉悔亡，志行也」。

六五，貞吉无悔，君子之光，有孚吉。

《象》曰：君子之光，其暉吉也。

四之貞吉，謂履柔也；五之貞吉，謂體柔也。四有用剛之悔，故貞吉而悔亡；五无用剛之悔，故貞吉而无悔。何者？六五體柔居中，蓋未濟之謙主也。夫惟如是，故當圖濟之時，謙光下逮而人信之。近而九四以剛而乘，遠而九二以剛而應，故所以濟者有其人，而享成功者在乎我。離明之德不顯而自光，由中之孚不言而自信，何吉如之？故曰「君子之光，有孚吉」。《象》曰「君子之光，其暉吉也」者，程河南曰：「暉者，光之散也。光盛則有暉。」然則暉生於光，而光又生於謙，此六五所以爲未濟之謙主也。豈非能用禴於西鄰，而有受福之宜，而既濟九五之所以不如也乎？

上九，有孚于飲酒，无咎。濡其首，有孚失是。

《象》曰：飲酒濡首，亦不知節也。

未濟至上九，濟道既成。此武王在鎬，飲酒樂豈之時也。夫武王在鎬之樂，至幽王之時君子猶思之，而爲之賦《魚藻》焉。夫豈有不見信於人，而容有非咎之者？此上九所以有曰「有孚于飲酒，无咎」也。若夫濟道既成，而无思患預防之念，如幽王之荒廢无度，而興衛武公《初筵》之刺焉，則沉湎淫佚而有濡首之失矣。故威儀一也，而有反反、幡幡、抑抑、怭怭，前後之異焉，豈不失是孚也哉？故其詩曰「不知其秩」，又曰「不知其郵」。此《象》所謂「飲酒濡首，亦不知節也」。然則飲酒亦一也，爲武王則君子思之，爲幽王則武公刺之。此无他，有是孚與失是孚之異故也。夫《易》有三百八十四爻而成書，其半陰也，其半陽也。然《易》爲君子謀，故以乾之初九始焉而未濟之上九終焉者，貴陽道也。是以聖人於乾之初九也，則戒之以「潛龍勿用」；於未濟之上九也，則戒之以「飲酒濡首」。嗚呼！吾以是益知《易》之始終爲君子謀也蓋周。

卷二十七

序曰：　歲在戊戌，予著《易傳》，計三十卷。其於《繫辭》、《序卦》、《雜卦》未暇也，然早夜思之，慊然於中，若有所負，蓋以謂勤苦述著，未及終篇，不得爲全書故也。越三載，歲在辛丑，蒙恩賜第還鄉。加我之年，茲惟其時，日月逾邁，不敢不勉。噫！此續傳之所由作也。淳熙八年冬十月二十有四日丁丑，宗傳謹識。

繫辭上

《繫辭》有三：　繫於卦下者，卦之辭也。如乾曰「元亨利貞」、坤曰「元亨，利牝馬之貞」之類是也。故《經》曰「聖人設卦觀象，繫辭焉而明吉凶」，又曰「設卦以盡情僞，繫辭焉以盡其言」，此指卦之辭而曰繫辭也。繫於爻下者，爻之辭也。如乾初九曰「潛龍勿用」、坤初六曰「履霜堅冰至」之類是也。故《經》曰「繫辭以斷其吉凶，是故謂之爻」，又曰「繫辭焉而命之，動在其中矣」，此指爻之辭而曰繫辭也。繫於《易》後者，亦謂之繫辭，此上、下二繫是也。亦如卦辭，《經》謂之象辭，《經》曰「象者言乎其象也」，又曰「觀其彖辭則思過半矣」，而夫子釋彖之辭亦謂之「彖曰」，不以爲異也。

天尊地卑，乾坤定矣。卑高以陳，貴賤位矣。動静有常，剛柔斷矣。方以類聚，物以群分，吉凶生矣。在天成象，在地成形，變化見矣。是故剛柔相摩，八卦相盪。鼓之以雷霆，潤之以風雨。日月運行，一寒一暑。乾道成男，坤道成女。乾知大始，坤作成物。乾以易知，坤以簡能。易則易知，簡則易從。易知則有親，易從則有功。有親則可久，有功則可大。可久則賢人之德，可大則賢人之業。易簡，而天下之理得矣；天下之理得，而成位乎其中矣。

嗚呼！予學《易》至《繫辭》，首誦此章，乃知聖人作《易》之大旨盡在於是，无遺蘊也。何以明之？曰：聖人本天地以作《易》，非有他也，故所以發明人心之妙用。人心之妙用，即天地之變化也。天地之變化，見於萬物成象成形之際，與夫雷霆風雨、日月寒暑之運動；人心之妙用，則爲可久可大之德業，其實皆无越乎自然之理而已矣。所謂自然之理者，易簡是也。是理也，天得之而尊以位乎上，地得之而卑以位乎下，人得之則參天地以位乎中，而三才之爲三才，吾不知所以異矣。然則吾於此章，知聖人作《易》之大旨，其果有餘藴矣乎？何謂聖人本天地以作《易》？曰：「天尊地卑，乾坤定矣」，此聖人本天地以設卦；「卑高以陳，貴賤位矣」，此聖人本天地以立爻；「動静有常，剛柔斷矣」，此聖人本天地以論易之體；「方以類聚，物以群分，吉凶生矣」，此聖人本天地以論易之用；「在天成象，在地成形，變化見矣」，此又聖人本天地以論易之功。

試詳言之。夫天有自然之尊而位乎上，聖人作《易》，以三奇之乾象之，故乾爲天，則乾以天之尊而定矣；地有自然之卑而位乎下，聖人作《易》，以三耦之坤象之，故坤爲地，則坤以地之卑而定矣。故曰「天尊地卑，乾坤定矣」，此聖人本天地以設卦。六爻自初至上，其位有等〔二〕威之别，有貴有賤，而其序不紊，此「卑高以陳也」。蓋卑者陳於下則其位爲賤，高者陳於上則其位爲貴。以天地定體言之，則曰尊卑；積平以爲高，則曰卑高。而卦爻之畫亦自下而上，而後六爻已備。故曰「卑高以陳，貴賤位矣」，此聖人本天地以立爻。

天地其初亦一物爾，陽動而陰静，則判而爲二體。夫惟有二體也，故動静有常。夫所謂「有常」云者，豈足以盡易也哉？特謂乾坤、剛柔之辨，乃陽動陰静各有其常而然也。故曰「動静有常，剛柔斷矣」，此聖人本天地以論易之體。然曰「斷」云者，初非謂剛自剛，柔自柔，柔矣而无待

〔二〕等，原作「等等」，後一「等」字被校讀者以朱筆圈去，另通志堂本、四庫本均作「等」，今據改。

於剛，剛矣而无待於柔，兩者不相爲用也。乃若變動不居，剛柔相易，則有常之動静，又不足以斷剛柔矣。

方，諸儒之説皆異也，初不知聖人本天地以立卦，即八方之卦而重卦，故以一重八，遂盈八八之數。如以坤重乾是以爲泰、以震重乾是以爲大壯之類也，此八方之卦各以類而聚也。物〔一〕，諸儒之説亦異也，初不知聖人本天地以立爻，即陰陽之物而爲物。如所謂「乾，陽物也；坤，陰物也」，凡麗乎陰陽者无非物也。故聖人即是而立爻，而以剛柔别之，其在六爻則九與六是也，此陰陽之物皆以群而分也。八方之卦皆以類而聚，陰陽之物皆以群而分，夫然後相親相離，或近或遠，而情僞不同，則吉與凶自爾而生，如《經》曰「吉」、曰「終吉」、曰「凶」、曰「終凶」之類是也。故曰「方以類聚，物以群分，吉凶生矣」，此聖人本天地以論易之用，而下文遂以變化之説繼之。

易之道无乎不在，亦无乎不爲。在天在地，此易无乎不在也；成象成形，此易无乎不爲也。人皆曰日月星辰，此在天所成之象也；山川草木，此在地所成之形也。噫！未之盡也，物物皆有是象，物物皆有是形，象與形亦非二物也。吾嘗論之矣：形之未著者，謂之象；象之既著者，謂之形，下文所謂「乾知大始，坤作成物」是也。變化之功，天與地相與爲用，象與形相爲終始，顧其

〔一〕物，原作「方」，校讀者改作「物」，另通志堂本、四庫本均作「物」，今據改。

所在如何耳，而成功見之。故曰「在天成象，在地成形，變化見矣」，此又聖人本天地以論易之功。

是故「剛柔相摩，八卦相盪」以至「乾以易知，坤以簡能」，此又詳言變化之功，其在天地循環終始而不窮者，乾與坤實尸其任也。夫「剛柔相摩，八卦相盪」，曰「相」云者，則有常之動静，是誠不足以斷是剛柔也。易之爲易，其在兹乎？故乾以剛而摩坤之柔，則爲巽、爲離、爲兑；坤以柔而摩乾之剛，則爲震、爲坎、爲艮，而八卦立矣。八卦既立則各居其方，而變化終始循環不窮。故萬物出乎震，以巽盪震，則萬物於此乎齊；以離盪巽，則萬物於此乎相見；以至以坤盪離、以兑盪坤、以乾盪兑、以坎盪乾；至於以艮盪坎，而復以震盪艮。變化循環，无有窮也。孰得而名之？所可得而名之者，變化之迹也。何謂變化之迹？曰：震雷、離電、巽風、坎雨、離日、坎月相與爲用，播其功於天地之間，而寒暑迭推是也。原其所以然，則震、坎、艮三男之陽，實本諸乾，故曰「乾道成男」；巽、離、兑三女之陰，實本諸坤，故曰「坤道成女」。然相與致用以成變化者，六子也；而尸是變化之功者，乾坤也。故以「乾知大始，坤作成物」繼之。夫大始者，萬物有生之始也。物生之始，有是象而未兆，有是氣而未形。當是時也，乾全體之而不遺，故无不知。成物者，萬物成體之後也，枝葉具於根荄，羽毛備于胎卵。當是時也，形器既具，自此而漸形，日長月化，莫知其然。然非有以作之，曷爾哉？此則坤之功也。

夫物之大始亦不一矣，而乾之知之无乎不知也。夫豈物物而求知之哉？隨其自然，吾无容心，而在物之有始者，舉不遺乎我，以此理而知之。故曰「乾以易知」，謂其无難也。物之成形，亦不一矣，而坤之作之无乎不能也。亦豈物物而求作之哉？亦隨其自然，吾无他事，而在彼之有形者，亦不遺乎我，以此理而作之。故曰「坤以簡能」，謂其不煩也。於乾曰「易」，於坤曰「簡」，自然之理，亦非有二也。乾始物，坤代終，隨所寓而云爾。雖然，自然之理，其在天地者然也。聖人奚取焉？取其在人心者，與其在天地者本无以異也。故又發明乾坤之易簡，人能盡之以成德業，則可以與天地參矣。「乾以易知，坤以簡能」，此自然之理在天地也；「易則易知，簡則易從」，此自然之理在人心也。夫自然之理既云易矣，夫何難知之有？既云簡矣，又何難從之有？人之所以異於天地者，心志本來簡易故也。吾嘗論之矣：易之爲易，乾坤是也；乾坤之爲乾坤，易簡是也；易簡之爲易簡，又吾心之所以自然者是也。知吾心之所以自然者，則乾之易、坤之簡在我而已。其所以成德業而參天地者，又何難乎？人以是理爲難知乎？生而无不知愛其親，長而无不知敬其兄，愛敬之外初无異事，夫豈難知也，故曰「易則易知」。又以是理爲難從乎？即无不知愛之心以愛其親則爲仁，即无不知敬之心以敬其兄則爲義，夫豈難從也，故曰「簡則易從」。是理也，非難知也。故非獨吾之親、吾之長於我也而有所親，而人之親、人之長於我也而亦有所親。此无它，易知，故其相親信也亦易。若夫禽獸之爲物，或可馴而狎也，然其中有不可測者存，終非可親也。故曰「易知則有親」。是理也，非難從也。充无不知愛之心以爲仁，則仁滿天下，而有不可勝用之仁；充无不知敬之心以爲義，則義滿天下，而有不可勝用之義。此无他，易從，故其所成就也亦易。若夫暴虎而憑河，人或能之也，然終非可爲也，功何有焉？故曰「易從則有功」。

曰「有」云者，實然之辭也。凡人之情，不相親信，則雖朝夕焉不可也。烏可久哉？苟相親信，則不膠漆而固，不纏索而附矣。故曰「有親則可久」。天下之事勞而无功，則雖計纖悉之效不可也。烏可大哉？苟爲有功，則積微以至著，由近以達遠矣。故曰「有功則可大」。曰「可」云者，決然之辭也。久焉者，是理之存夫吾心，未嘗一日忘也，雖與天地同其久長可也，故曰「可久則賢人之德」。大焉者，是理之見夫日用，未嘗一日怠也，雖與天地同其廣大可也，故曰「可大則賢人之業」。

德與業，非有二物也；猶之易與簡，亦非有二理也。曰「賢人」云者，以言非賢於人不能進是也，猶之孟子謂能勿喪爾必曰「惟賢者」，若夫伏羲氏、神農氏、黄帝、堯、舜氏、禹、湯、文王、孔子氏之所以聖，亦皆自此塗出也。由是觀之，則天下之理，其有外於乾坤之易簡矣乎？吾於天下之理既已有得，則吾之德業配天地之高厚，吾之中處參天地之高卑，仰天俯地，寧有或慊矣乎？故曰「易簡，而天下之理得矣」。天下之理得，而成位乎其中矣」。然則予前所謂本天地以作《易》，正所以發明人心之妙用，而聖人作《易》之旨盡在於是，豈虛言哉！

聖人設卦觀象，繫辭焉而明吉凶，剛柔相推而生變化。是故，吉凶者，失得之象也；悔吝者，憂虞之象也；變化者，進退之象也；剛柔者，晝夜之象也。六爻之動，三極之道也。是故，君子所居而安者，《易》之序也；所樂而玩者，爻之辭也。是故，君子居則觀其象而玩其辭，動則觀其變而玩其占。是以自天祐之，吉无不利。

前章既言本天地以作《易》，所以發明人心之妙用，要其成功則與天地參。此章復言作《易》之中所示无非天理，人能盡之，則居處動作无適而非中矣，聖人之有望於天下不其至乎？夫有是卦則有是象，《易》之爲卦也不一，則其爲象也亦不一。然是卦未設，則是象也何從而觀之？所謂卦之象者，其在物也，則爲天、地、雷、風、水、火、山、澤，與夫爲馬、爲牛、爲龍、爲雞之類；其在人也，則爲父、爲母、爲男、爲女、爲君、爲臣，與夫爲首、爲腹、爲耳、爲目之類；其在理也，則下文所謂吉凶、悔吝、變化、剛柔是也。卦之始設，能觀其象，而知其此爲吉、此爲凶、此爲悔、此爲吝，與夫變化、剛柔之所以然者，聖人也。如古今之君子，欲觀其象而无可玩之辭，則安知變化、剛柔、吉凶、悔吝之所以然哉？此卦之既設，而辭又不可以已也。聖人以是不可已之辭，或繫之卦下也，則爲卦之辭；或繫之爻下也，則爲爻之辭。卦、爻之辭有所不可已者，非有他也，明吉與凶，將以使夫人知所趨〔一〕避故也。吉凶既明，則悔吝亦明矣，舉重以見輕也。夫吉凶、悔吝，生乎動者也，易者變動不居之道，於六爻焉見之。所謂六爻者，九、六以剛、柔相推是也。陽爲主，陰爲客，剛推柔也；陰爲主，陽爲客，柔推剛也。此變化之所由以生也，故下文以吉凶、悔吝、變化、剛柔之四象，爲六爻之動。

夫見乃謂之象，于其見者而觀之，則凡隱而未彰者皆可以類推矣。故夫得失之理微，吉凶之驗著，觀《易》之吉凶而得失可知，故吉凶爲失得之象也。曰「失得」云者，易之道，貴於因失而爲得，猶之曰「卑高」，即積卑以爲高也。憂虞存乎人心，悔吝見於行事，觀《易》之悔吝而憂虞可知，故悔吝爲憂虞之象也。進者不驟進也，退者不驟退也。若夫變化，則昔之進者，今且退矣；昔之退者，今且進矣。故又觀《易》之變化，而知進退之漸，此變化爲進退之象。陽明爲晝，陰晦爲夜，晝夜循環，无毫髮之間而有晦明之異，此剛柔相推不窮之道也。故又觀《易》之剛柔，而知晝夜之別，此剛柔爲晝夜之象。凡此數者，皆聖人設卦之中有象。其別則見諸六爻之動，而有不可揜。其詳則聖人皆於《繫辭》焉明之。夫六爻之動，其爲吉凶、悔吝、變化、剛柔，所以示人者，莫非天

〔一〕趨，原無，據通志堂本、四庫本補。

理之當然。是謂時中之道，而天地與人皆所不能違也，故曰「六爻之動，三極之道也」。極，中也，聖人以是時中之道教詔天下，君子於此何所容其心哉？

所居而安者，《易》之序也；所樂而玩者，爻之辭也而已矣。所謂《易》之序者，消息盈虛之有其時是也。居之而安，則盛行不加、窮居不損，而與《易》爲一矣；苟爲居而不安，則其去也必速，猶不居也。所謂爻之辭者，是非當否之有所命是也。樂之而玩，則默而成之、不言而信，而與爻爲一矣；苟爲樂而不玩，則其得也淺，猶不樂也。君子居處動作无非天理，而《易》中所示曰象、曰辭、曰變、曰占，皆天理也，惟君子爲能觀而玩之。夫變生於象，占本乎辭。象之在《易》，消息盈虛之不可泥，則謂之變，非於象外有是變也；辭之在爻，是非當否之不可誣，則謂之占，非於辭外有是占也。「觀其象玩其辭」，蓄吾之用也，此居而未動者之事；「觀其變玩其占」，用吾之用也，此變動不居者之事。夫《易》純乎天，而君子則純乎《易》，純乎《易》乃所以純乎天也。君子純乎天而不能違乎天，天亦其能違君子乎？以吉祐之，復以无不利祐之，宜哉！

彖者，言乎象者也。爻者，言乎變者也。吉凶者，言乎其失得也。悔吝者，言乎其小疵也。无咎者，善補過也。是故，列貴賤者存乎位，齊小大者存乎卦，辨吉凶者存乎辭，憂悔吝者存乎介，震无咎者存乎悔。

是故，卦有小大，辭有險易。辭也者，各指其所之。

前章既言聖人設卦觀象、繫辭爻變，而終之以君子觀象玩辭、觀變玩占。此章復言彖言乎象、爻言乎變，而終之以「辭也者，各指其所之」。雖曰申前言之所未盡，其大旨則无非前後反復推明吉凶悔吝之理，欲夫人之知所趨與所避也。夫吉凶悔吝之理已著而不可揜，是謂之象，有是卦必有是彖，而彖之所言无非此理也，此彖者言乎其象者也。若夫六爻之動，惟變所適，而吉凶悔吝之別，又以逐爻見之，此爻者言乎其變者也。得失之理微，吉凶之驗著，若非吉凶，則是失得也，誰與言其所以然哉？悔吝之在人，未爲大過也，言乎小疵而已。於過疵之微小者，或能悔之而不吝，亦或吝之而不悔，則吉與凶自此成矣。此无咎者本有過也，有過而能補其過，故无其咎。而聖人則因其善而善之，吉凶也，悔吝也，无咎也，凡此數者，又皆不外乎象之所言之象與爻之所言之變也。

雖然，爻者言乎其變也，而列貴賤者又存乎位；彖者言乎其象也，而齊小大者又存乎卦。夫六爻固有貴而无位，如乾之上九，有以貴下賤，如屯之初九者，此亦以變言也。如以位言，則自初至上，卑高以陳，貴賤位矣，高者貴，卑者賤，而成列有序，此「列貴賤者存乎位」也。陽大而陰小，陽卦多陰，則陽爲之主；陰卦多陽，則陰爲之主。卦之小大雖或不齊，而剛柔得位爲一卦之主，則未始不齊也，此「齊小大者存乎卦」也。若夫繫辭焉而明吉凶，則吉凶之辨，舍是辭何以哉？

「介」云者，細微之物也，所謂小疵也。小疵形於心，憂患恐懼，兹惟其時，若漸長則憂无及矣。凡人之情，有所畏者斯寡過，无所畏者斯多愆，是故以震驚而獲无咎者，必以其能悔也。

由小大之卦，觀吉凶悔吝之辭，則辭之吉者斯平易，反乎此者斯險艱。如乾之九二「見龍在田，利見大人」，則其辭易矣，困之六三「入于其宫，不見其妻，凶」，此豈易辭哉？此无它，其爲辭也，吉凶悔吝各有所指，而非固異也，故曰「辭也者，各指其所之」。所之者何？險易之地也。

《易》與天地準，故能彌綸天地之道。仰以觀於天文，俯以察於地理，是故知幽明之故。原始反終，故知死生之説。精氣爲物，游魂爲變，是故知鬼神之情狀。與天地相似，故不違。知周乎萬物而道濟天下，故不過。旁行而不流，樂天知命，故不憂。安土敦乎仁，故能愛。範圍天地之化而不過，曲成萬物而不遺，通乎晝夜之道而知，故神無方而易無體。一陰一陽之謂道，繼之者善也，成之者性也。仁者見之謂之仁，知者見之謂之知，百姓日用而不知，故君子之道鮮矣。

此章又言聖人本天地以作《易》，《易》之書與天地準，易之道與天地相似，而終之以「君子之道鮮矣」。道之在人初无不足，而人之於道不能无限量之殊也。然深味此章，自「故能彌綸天地之道」至「故君子之道鮮矣」凡有十故，雖句讀長短之不齊，文理昭然，而先儒不察，妄分劑數，不可不辨也。準，則也。《易》之書所以準則天地故也，凡天地之所有者，《易》皆有之。彌，滿也；綸，理也。天地之道，即下文所謂一陰一陽是也。是道也，其在天地則爲幽明，寓於始終則爲生死，見於物變則爲鬼神。《易》之爲書，彌滿无間、綸理有序，而天地之道盡在此書。故在文爲明，在理爲幽，仰觀俯察，而幽明之故无乎不知。故者，其所以然也。始出爲生，終入爲死，原始反終而生死之説无乎不知。説者，其所謂也。大凡物之爲物，以精與氣相聚而然也，精氣之散則爲遊魂，故謂之變，即諸物變而鬼神之情狀又无不知。情狀，猶言體段也。程河南曰：「萬物終始，聚散而已。神，造化之功也。然則幽明之故、死生之説、鬼神之情狀，无非天地之道。」苟非《易》之書與天地準，彌滿而无間，綸理而有序，則是數者何從而知之？惟其如是，故易之道即天地之道也，天地之道即易之道也。存諸易者如是，則存諸天地者亦如是爾，故曰「與天地相似」。惟其相似也，又何背違之有？揚子雲《法言》之作所以準《語》也，然而非《語》；《太玄》之作所以準《易》也，然而非《易》。是无他，求其似而卒不似也。求其似而卒不似，故不免自相牴牾，而多謬於聖人，欲其不違，得乎？

自「知周乎萬物」以至「君子之道鮮矣」，此又詳言易之道與天地所以相似也。夫无所不知者，易之知也； 无所不及者，易之道也。知周萬物，无所不知，則有過物之知； 道濟天下，无所不及，又无過物之道，故曰「不過」。道濟天下，旁行也； 知周萬物，不流也。有濟天下之道，而又知无不知而不淪胥於萬物，此易之時中也。兹其所以爲不過歟？樂天安土，此又言易之道无適而非天地也。夫天者，制命之君也； 土者，宅生之地也； 而易則性命之學也。樂天，則消息盈虚與時偕行，初无冒昧于時之失，蓋所知者命也。所知者命，則无一毫之非吾命，夫何或憂之有？安土，則素其位而行，无入而不自得，初无厭惡不平之念，蓋所敦者仁也。所敦者仁，則无一物之非吾仁，又何不愛之有？知命，命之學也； 敦仁，性之學也。故曰： 易，性命之學也，而天地盡在是矣。

天地之化，而陰陽二氣之相爲推移是已，而易範圍之，則《易》之爲書，其模範一出於天地，而聖人无與焉，故无過差之可指。萬物之生，雖同於負陰而抱陽也，而有萬不同，則至不一也，曲而成之則亦與爲不一，故无一物之或遺。晝夜之道，闔闢往來无一毫之間，而易之爲易，无所偏滯，通乎此道故也。通乎此道，則无乎不知，故知幽明、知死生、知鬼神初无二知也。如此，則盡天地之妙用，窮陰陽之奥機。无在而无不在，故曰「神无方」； 无爲而无不爲，故曰「易无體」。神與易，亦非二物也。張横渠曰：「語其推行故曰道，語其不測故曰神，語其生生故曰易，其實一物，指事而異名矣。」

朱子發曰：「一陰一陽，在天，日月之行也，晝夜之經也，寒暑之運也；在人，屈信也，動静也，語默也。推而行之，故以是名之爲道。」然是道非可以他求也，求之在我而已矣。在我所謂本然之善者，乃所以繼是道也；在我所謂同然之性者，乃所以成是道也。何者？善出於道，而性无不善故也。然仁者見之是道也，則止謂之仁，一於静也；知者見之是道也，則止謂之知，一於動也。至於百姓，日用是道也，則又習焉而不察、行之而不著、漠然而无所知也。要之，是道也，仁者、知者鮮克全之，百姓之愚鮮克知之，此豈在我之善有所不足、在我之性有所不同歟？非也，蓋在限量使然爾。君子之道，烏得而不鮮歟？朱子發曰：「君子之道，仁知合，體用一，兼體陰陽而无累，通乎晝夜之道而知。君子者，具仁知之成名，得道之大全也。」

顯諸仁，藏諸用。鼓萬物而不與聖人同憂，盛德大業至矣哉！富有之謂大業，日新之謂盛德。生生之謂易，成象之謂乾，效法之謂坤，極數知來之謂占，通變之謂事，陰陽不測之謂神。夫《易》，廣矣大矣。以言乎遠，則不禦；以言乎邇，則静而正；以言乎天地之間，則備矣。夫乾，其静也專，其動也直，是以大生焉。夫坤，其静也翕，其動也闢，是以廣生焉。廣大配天地，變通配四時，陰陽之義配日月，易簡之善配至德。子曰：「易其至矣乎！」夫《易》，聖人所以崇德而廣業也。知崇禮卑，崇效天，卑法地，天地設位而易行乎其中矣。成性存存，道義之門。

前章言《易》之書與天地準，易之道與天地相似，而終之以仁者、知者鮮克全之，百姓日用鮮克知之。此章復言易該隱顯、絕憂累，覆被萬物則爲德爲業，流行乎天地之中，在易爲乾爲坤，在蓍龜爲占，在人爲事，在變化爲神，而終之以「夫易，聖人所以崇德而廣業也」。夫聖人德之崇、業之廣，以至於效天法地，此即易之盛德大業也。是理也，非聖人孰能盡之？夫易之爲道，天地所以鼓舞萬物，生成而不遺，故曰「顯諸仁」；然其所以然而然者，密庸而无迹，故又曰「藏諸用」。仁與用，即天地之德業也，故其見於鼓舞萬物也，變化難名，此下文所謂「陰陽不測之神」也。惟其如是，故化工之運行，初無容心，夫何憂云！其生其殺，咸其自取，天地未嘗加毫末於其間也，程河南謂「天不爲堯存，不爲桀亡」是也。若夫聖人，則成能於天地，一物之不得其生，則曰此吾之責也，故不能无憂。張横渠曰：「《繫辭》之言，或説天，或説人，率歸一道。」「鼓萬物而不與聖人同憂」，則於是分出天人之道，不可以混。「鼓萬物而不與聖人同憂」，此言天德之至也。故聖人又贊之曰：「盛德大業至矣哉！」以言密庸之化如此其至也。

聖人以是説而垂法於易之書，故盡發其秘以示夫人。惟恐此道之不明，吾言之不盡，而後學之不知，抑以見聖人有憂也。故以其富有，則謂之大業；以其日新，則謂之盛德。至於曰易、曰乾、曰坤、曰占、曰事、曰神，此所謂盡發其秘以示乎人也。吾故曰：此聖人之有憂也。張横渠曰：「富有者，大而无外也；日新者，久而无窮也。」夫惟如是，故其德業盛大也，孰禦焉。是説也，以其變易言之，則爲易。觀夫四序迭遷，八卦相盪，而萬物之終始出入，咸不外乎？是故陽極生陰，陰極生陽，生生不窮，循環无端，此所謂易也。《經》曰：「乾坤其易之門耶？」蓋言萬物自此出也。夫萬物之生，有象有法，法之始兆者謂之象，象之既呈者謂之法，亦非二物也。相爲隐顯，相爲終始而已矣。故成象者兆端自乾，初无不足，至於坤，則因其有是法也而效之，亦非有所增益也。《易》曰「乾知大始，坤作成物」是也。法象既著，則吉凶之變可以前知。故極天地之數，遂知來物，此所謂占也。如惠迪必吉，從逆必凶，消息盈虚之理，不逃乎進退從違之間。故變而能通者常得之，窮而不知變者常失之。所謂事者，即吾之日用是也，故曰「通變之謂事」。此又易之在人也。人能審此變化云爲，无一毫之有戾於易，則易有不戾於我矣。夫萬物之生，不外乎陰陽。惟神也，變化難明，則運乎陰陽而莫知其然。故曰「陰陽不測之謂神」。

自此以後，又申言夫易、夫乾、夫坤，以言能盡乎此者惟聖人也，故終之以「崇德廣業」之説。

夫乾爲大矣，坤爲廣矣，合乾與坤以爲易，則所謂「廣矣大矣」云者，必歸之易。故乾以健久爲用，坤以静固爲體。以言乎遠，蓋謂乾也；以言乎邇，蓋謂坤也。然則不禦之功，无有窮已，乾實以之；静正之體，未嘗變易，坤實以之。此所以爲坤之廣、乾之大也。廣大之中化出萬有，盈乎天地之間，靡所不備，此又乾坤之功用也。而易實該之，故又曰「備矣」。

《經》曰：「《易》之爲書也，廣大悉備。有天道焉，有地道焉，有人道焉。」亦即此所謂廣矣、大矣、備矣之謂也。聖人言此，又慮夫人未知所謂乾坤之所以廣與大者何如也，復以静專動直、静翕動闢，以詳明乾坤之旨。夫陽動而陰静，此乾坤之有常也。乃若乾坤合德，以成化育之功，則未有乾行而坤止也。故乾動也，而坤亦與有焉；坤静也，而乾亦與有焉：此所謂合德也。然其動静亦不无其辨焉。故乾之静也專，謂其制命自我也，及其動也直，則乾曰「時乘六龍以御天」是也，故其大也，生於專直。坤之静也翕，謂其載物自我也，及其動也闢，則坤曰「含萬物而化光」是也，故其廣也，生於翕闢。此又聖人以乾、坤之所以爲廣大者，而詳示夫人也。

然聖人又不獨發明乾坤廣大之義如此也，其曰變通、曰陰陽之義、曰易簡之善，无非因此廣大以發明乾坤之旨，使人即此以知彼也。且人有不知乾坤之廣大乎？觀諸天地足矣。苟知天地之廣大，則知乾坤之廣大无或異矣，故曰「廣大配天地」。人有不知乾坤之變通乎？觀諸四時足矣。苟知四時之變通，則又知乾坤之變通无或異矣，故曰「變通配四時」。以至不知乾坤陰陽之義，觀諸日月亦足矣。苟知日月之陰陽，則知乾坤陰陽之義庸有異歟，故曰「陰陽之義配日月」。不知乾坤易簡之善，觀諸至德亦足矣。苟知至德之易簡，則知乾坤易簡之善，又有異歟，故曰「易簡之善配至德」。夫大而能覆，廣而能載，兹非天地之廣大乎？而乾之静專動直、坤之静翕動闢，其廣大若是，此之謂配天地。生長揫斂、循環不窮，兹非四時之變通乎？而乾之始物於始，坤之成物於終，其變通若是，此之謂配四時。或顯乎晝，或顯乎夜，此日月之陰陽也。而乾元用九，坤元用六，二者相與爲用，乾坤、陰陽之義若是，故配日月。愚者與知，不肖能行，此至德之易簡也。而乾以易知、坤以簡能，易簡之外，初无難事。乾坤易簡之善若是，故配至德。雖然，易之理，亦一而已矣，初无彼此之間，又何配之云乎？蓋无有所配者，理之一致也。亦必有所配者，將以致乎一也。聖人欲人明乎一致之學也，故即其所配者而示之，欲其易曉焉爾。故斷之曰：「易其至矣乎！」以言乾坤之至理即易也。

是理也，惟聖人爲能盡之，故繼之以「夫易，聖人所以崇德而廣業也」。夫德，吾性也，作此《易》以崇之；業，吾德之及物也，作此《易》以廣之。則與天地同其高明、卑順。高明，知也；卑順，禮也。即知與禮，以效法乎天地之崇卑。此聖人之德所以崇，而業之所以廣也。夫天以高明之體，位乎其上；地以卑順之質，位乎其下；易以盛德大業，流行乎天地之中。聖人之德業，乃能與天地較崇度廣，則是易也，又在聖人矣。故曰：是理也，惟聖人爲能盡之。原其所以然，亦不過於即吾此性，而以智禮成之，故能存之而弗失。是以或爲德、或爲業、或效天、或法地，无所往而不當於道、合於義，則是道義又從吾性中而出也。豈不猶易之行乎天地之中邪？故曰：「成性存存，道義之門。」何謂存存？猶之曰「存之至」云爾。惟存之至，故足以配天地之設位，而道義自此而出。噫！自非聖人，其孰能與於此？張横渠曰：「知極其高，故效天；禮着實處，故法地。」又曰：「成性須是知禮，存存則是長存，知禮亦如天地設位。」斯可得之矣。

卷二十八

繫辭上

聖人有以見天下之賾，而擬諸其形容，象其物宜，是故謂之象。聖人有以見天下之動，而觀其會通，以行其典禮，繫辭焉以斷其吉凶，是故謂之爻。言天下之至賾，而不可惡也。言天下之至動，而不可亂也。擬之而後言，議之而後動，擬議以成其變化。「鳴鶴在陰，其子和之。我有好爵，吾與爾靡之。」子曰：「君子居其室，出其言善，則千里之外應之，況其邇者乎？居其室，出其言不善，則千里之外違之，況其邇者乎？言出乎身，加乎民；行發乎邇，見乎遠。言行，君子之樞機。樞機之發，榮辱之主也。言行，君子之所以動天地也，可不慎乎？」「同人，先號咷而後笑。」子曰：「君子之道，或出或處，或默或語。二人同心，其利斷金；同心之言，其臭如蘭。」「初六，藉用白茅，无咎。」子曰：「苟錯諸地而可矣。藉之用茅，何咎之有，慎之至也。夫茅之爲物薄，而用可重也。慎斯術也以往，其无所失矣。」「勞謙，君子有終吉。」子曰：「勞而不伐，有功而不德，厚之至也，語以其功下人者也。德言盛，禮言恭。謙也者，致恭以存其位者也。」「亢龍有悔。」子曰：「貴而无位，高而无民，賢人在下位而无輔，是以動而有悔也。」「不出户庭，无咎。」子曰：「亂之所生也，則言語以爲階〔一〕。君不密則失臣，臣不密則失身。幾事不密則害成，是以君子慎密而不出也。」子曰：「作《易》者其知盜乎？《易》曰：『負且乘，致寇至。』負也者，

〔一〕 則言語以爲階，原作「則以言語爲階」，據四庫本及《周易》通行本改。

小人之事也；乘也者，君子之器也。小人而乘君子之器，盜思奪之矣。上慢下暴，盜思伐之矣。慢藏誨盜，冶容誨淫。《易》曰：『負且乘，致寇至』，盜之招也。」

嗚呼！予學《易》至此章，乃知聖人憂世之心如此其深且至也。何也？不有其所有，而盡以其所有者發之於《易》故也。夫聖人之所有者安在乎？曰：此性之所見者是也。此性之所見而伊尹之所謂先覺也，有是先覺故以覺後覺爲己任，此聖人憂世之心也。然則見天下之動，聖人之先覺其在茲乎？故《易》象與爻，由是而立焉。然則聖人區區於立象與爻何也？曰：爲天下後世之言動設也。使天下後世言无過言、行无妄動，即是象與爻而有得焉。此則聖人作《易》之本心也。夫事物之理，寓於幽微深遠之地者，天下之賾也；兆於紛錯雜揉之地者，天下之動也。聖人皆有以見之，明若觀火，故三奇之乾以天而形容之，三耦之坤以地而形容之，以至震雷、巽風之類，其所以形容之者，莫不各當其所擬。而凡物之宜然者，如馬、如牛、如龍、如雞之類，各得其所取之象，《易》之有象，其是之謂歟？會逢其適而於時爲通，若乾之九二，出潛離隱，則爲天下文明之時；若觀之六四，觀國尚賓，則爲利用賓于王之時。凡此之類，聖人洞觀其然，而典禮於以行焉。所謂典禮者，時然而然，不失乎天之所秩、天之所叙者云爾。聖人又慮夫人之昧夫此也，而繫之辭焉，而曰如此則吉，反此則凶，分别剖斷，明以告之，《易》之有爻，其是之謂歟？夫象之所言者，天下之至賾也。如言田獲三狐、載鬼一車之類，近於恢詭譎怪，宜若可惡也，而聖人之意則於此乎盡，故不可惡。爻之所言者，天下之至動也，如言上下无常、變動不居之類，而其相推相易宜若可亂矣，而吉凶之理則於此而斷，故不可亂。

張横渠曰：「《易》語天地陰陽情僞，至隱賾而不可惡也。諸子馳騁説辭，窮高極幽，而知德者厭其言。故言爲非艱，使君子樂取之爲貴。」蘇東坡曰：「剛柔相交，上下相錯，而六爻進退於其間，其進退屈伸不可必也，而順之則吉、逆之則凶，此可必也。故至變之中，有常守焉，不可亂也。」「擬之而後言」，擬是象而言也。象，物象也，擬是而言則言有物矣。「議之而後動」，議是爻而動也。吉凶趨避之理已斷於爻，議是而動則動惟厥時矣。言有物而動惟時，則語默動静皆中於道，此則擬議之功也，其成變化乎何有？蓋變化者易也，易也者天也，吾之言動有契於易，是乃契於天也，故曰「擬議以成變化」。然則予前之所謂聖人作《易》，立象與爻，爲天下後世言動設也，其是之謂乎？

吾夫子既述古人立象與爻之意，遂舉《易》中七爻以實其説。故中孚九二、同人九五，則述君子之言動；大過初六、謙之九三〔一〕，則述君子之謙謹；乾上九之亢，反乎謙者也，則申《文言》

〔一〕大過初六、謙之九三，原作「大過初二、謙之六三」，據通志堂本、四庫本改。

之辭以警之； 節初九，能以謹密而无咎也，又設其不能謹之辭以戒之； 至解六三，小人之不知謙謹而肆爲暴慢者也，故聖人直語之曰「作《易》者其知盜乎」，无非爲天下後世之言動設也。

夫君子修身於幽隱之間，而其應也見於千里之遠，其幾甚微，其應甚博，此所以不可不致其謹也。故聖人以居其室出其言善與不善，以示其戒。然曰言而繼之以行者，蓋言行者表裏之符也，故後文有曰「不出户庭无咎」，而曰「亂之所生也，則言語以爲階」。信乎！言也者，其行之表歟。樞機之爲物也，其所繫甚微也，然而一發則昏明中否隨之，故曰「榮辱之主」也。孟子曰「不誠未有能動者也」，又曰「至誠而不動者未之有也」，吾之言行一无可愧，而誠之所格寧有遠邇上下之間乎，此所以能動天地也。夫言行至於動天地，此所謂擬議以成變化者也，夫所謂君子之道出處語默是也。

同人六二，居柔守静於下，而有或處或默之象； 九五體陽履剛於上，有或出或語之象，宜若不同矣，然中直之誠得於同人之先，此所謂二人同心也。故能斷去九三、九四之二剛而終之以相遇焉，故曰「其利斷金」。夫言者心之聲也，心之同則言亦必同矣，故其臭味相感无上下遠近之間，故又曰「同心之言，其臭如蘭」，此爻所以有「後笑」之説。

大過初六，當剛過之世，一柔在下而无忤於物，可謂能自慎也，故有「藉用白茅」之象。猶之置器於地，既安且平，則亦可已矣，又藉之以茅焉，其无咎也固宜，故曰「慎之至也」，謂其當大過之時，而能過於慎也。夫天下之物，以其微薄也而棄之，則所謂物之貴重者亦安所資？蓋貴者以賤爲本故也，故曰「茅之爲物薄，而用可重也」，又曰「慎斯術也以往，其无所失矣」。然則慎而勿失，初六有焉，夫大過初六則過於慎，故曰「慎之至也」。

謙之九三則過於厚，故亦曰「厚之至也」，且伐其勞、德其功，此豈胸中之有所蓄者然耶？苟无所蓄則猥薄甚矣，若夫謙厚之君子則不然，吾雖有勞若未始有勞也，吾功雖成若未始成功也，非能降己以下人者未易至此。故聖人推明其内之所蓄，則曰德，言乎其盛矣；又詳觀其外之所形，則曰禮，言乎其恭矣。夫謙之九三處人下之上，有成功之勞，或不能致其謙恭以守此高位，安能獲有終之吉乎？惟能過於謙厚，此聖人深予之也，知聖人深予乎謙之九三，則知聖人深戒乎乾之上九可知也。何也？亢者，謙之反也，九三致恭存位，而上九則貴而无位；九三萬民服也，而上九則高而无民；九三能以功下人，而上九則賢人在下位而无輔，此九三所以謙而有終，而上九所以亢而有悔也。

言語階亂，從古而然，故曰「言者行之表也」。當節之初「不出户庭」，則非特身不出也，言亦不出也。夫言不出，則其密也可謂謹矣。苟失此戒，則君焉必至於失臣，臣焉必至於失身，幾事必至於害成。此謹節之道，必當於其初而致之意焉，是故前文所以有樞機之諭也。

《易》之作也，亦豈直爲知盜而設邪？特曰謙謹既失則有暴慢之行，而不免於盜之見侵也。故解之六三，上慢下暴則爲「盜之招」，聖人所謂知盜者如此而已矣。孟子曰「禍福无不自己求之者」，解之六三，所謂自求其禍也。夫三在人下之上，高位也，六以陰很處之，非所宜據也，故爻有「負且乘，致寇至」之説，而《繫辭》以「小人」謚之。原其所以然者，非他也，有暴慢而无謙謹故爾。夫藏之慢也是爲誨盜，容之冶也是爲誨淫，誨之者招之也，然則人之言動其可不致其謹乎？此聖人之作《易》，必欲天下後世擬象而言、議爻而動者，蓋慮其失或至於此也。予故曰：聖人作《易》，立象與爻，爲天下後世之言動設也。噫！人之言動其可不致其謹乎？

大衍之數五十，其用四十有九。分而爲二以象兩，掛一以象三，揲之以四以象四時，歸奇於扐以象閏。五歲再閏，故再扐而後掛。天數五，地數五，五位相得而各有合。天數二十有五，地數三十，凡天地之數五十有五，此所以成變化而行鬼神也。乾之策，二百一十有六；坤之策，百四十有四。凡三百有六十，當期之日。二篇之策，萬有一千五百二十，當萬物之數也。是故四營而成易，十有八變而成卦，八卦而小成。引而伸之，觸類而長之，天下之能事畢矣。顯道神德行，是故可與酬酢，可與祐神矣。

易有自然之理，斯有自然之數。是理也，一定而不易，故是數也，奇則爲奇，耦則爲耦，亦一定而不易。是理也，相因以爲用，故是數，奇以耦成，耦以奇成，亦相因以爲用。是理也，運行而不窮，故是數也，始則有終，終則有始，亦運行而不窮。然則數生於理，理寓於數，數之所生，理之所在也。故《易》於此取天地之數，以爲大衍之數焉。所謂天地之數者，一、三、五、七、九，此天數五也，積而二十有五；二、四、六、八、十，此地數五也，積而爲三十。合二十有五與三十，是爲五十有五。聖人曰：是五十有五數也，運之於天地萬物之間，固足以成變化而行鬼神也，然本此數以作《易》，則容有齟齬而不合者，故即天地之數而去其五，以爲大衍之數焉。然去之者，非其去之也。數始於一，備於五，小衍之而爲十，兩其五也；大衍之而爲五十，十其五也：則五者在其中矣。王輔嗣曰「衍天地之數，所賴者五十也」是也。然數有體有用，一者數之體也，體則不動，四十有九者用也，用則見於分二、掛一、揲四、歸奇之際。輔嗣又曰「其用四十有九則其一不用也，不用而用以之通，非數而數以之成，斯易之太極也」是也。是數也，則於其揲蓍焉見之。揲蓍之法，以四十九蓍分之左右〔二〕手而爲二，分而爲二之後，乃於左手中取一蓍掛於小指。既掛一矣，先以左手之蓍四四而揲之，歸其所揲之餘而扐之；復以右手之蓍四四而揲之，亦歸其所揲之餘而

〔二〕右，原無，據通志堂本、四庫本補。

扐之。再扐之後，復掛一焉。故三揲而一爻成，十八揲而六爻成。凡爻之或陽或陰，皆以所揲之餘或多或少者而爲候。故初揲之餘者，不五則九；再揲三揲之餘者，不四則八。四、五爲少，八、九爲多。三少爲老陽，三多爲老陰，二多一少爲少陽，二少一多爲少陰。老陽九也，老陰六也，少陽七也，少陰八也。設若於此四十有九之數，加一減一，皆不成揲，此大衍五十之數所以必用四十有九也。然揲蓍之法，必曰象兩、象三、象時、象閏者，以言聖人立法，未嘗不循夫天理之自然，而非僞爲云爾。故《易》之作以陰陽爲宗，曰「象兩」云者，以言象陰陽二氣之分也。曰「象三」云者，以言二氣之分有陰有陽，必有陰陽之中故也。曰「象四時」云者，以言二氣既分，中者爲春、秋，極者爲冬、夏故也。曰「象閏」云者，以言積四時以成歲，更三歲而爲閏，閏也者生於日月合朔、周天不盡之氣，故以歸奇之數象之。然置閏之法，十九歲七閏，凡三歲閏者一，五歲閏者二，故大率五歲再閏，又以再扐而象之。莊周氏曰「《易》以導陰陽」，亦是意歟？

夫大衍之數既本於天地之數，故復以天地之數繼之。天數五，地數五，以言天地之數奇耦之分也。五位相得而各有合，又言天地之數奇耦之合也。張横渠曰：「一三〔一〕相間，是相得也；各有合，以相對合也。如一六、二七、三八、四九也。」《太玄》亦曰：「一六爲水，二七爲火，三八

〔一〕三，《横渠易説》作「二」。

爲木，四九爲金，五十爲土。」天數二十有五，五其五也；地數三十，六其五也，此亦分而言之也。凡天地之數五十有五，此又合而言之也。天地之數，不離乎五十有五，故二氣之有盈有虛，四時之或生或殺，萬物之出機入機，皆本諸此，此變化由是數而成也。所謂「行鬼神」者如《月令》所謂「孟春之月，其帝少昊，其神句芒」之類是也。是故，或執規司春，或執衡司夏，或執矩司秋，或執權司冬，此鬼神由是數而行也。程河南曰：「《易》說鬼神，便是造化也。」又曰：「變化言功，鬼神言用。」

揲蓍之法，得五與四，是爲老陽，其爲策數一爻三十有六，四九之積也，故爲乾之策。得九與八，是爲老陰，其爲策數一爻二十有四，四六之積也，故爲坤之策。以六爻計之，乾爻六，一爻三十有六策，則二百一十有六者三十有六而六之也。坤爻六，一爻二十有四策，則百四十有四者二十有四而六之也。以乾、坤六爻之策而計之，故曰「凡三百有六十」，三百有六十之策與期之日適相當焉，故曰「當期之日」。以上、下二篇之策而計之，凡爻本諸乾而稱九者一百九十有二，本諸坤而稱六者亦一百九十有二。夫陽爻一，其策三十有六，以三十有六乘一百九十有二則得六千九百一十有二策；陰爻一，其策二十有四，以二十有四乘一百九十有二則得四千六百單八策。二篇總筭則得萬有一千五百二十策矣。夫數自一積而爲十，十積而爲百，百積而爲千，千積而爲萬，自然之理也，與萬物之數適相當焉，故曰「當萬物之數」也。於象兩、象三、象時、象閏則謂之「象」；

於當期之日、當萬物之數則謂之「當」，言各有旨也。營者，求也。用蓍之法，以四而揲之，成易之數，以四而求之。是故老陽數九，四而求之，其策三十有六；老陰數六，四而求之，其策二十有四。至於少陽數七，亦四而求之，其策二十有八；少陰數八，亦四而求之，其數三十有二。陰陽老少，六爻之本也，故曰「四營而成易」。若夫乾坤之策三百有六十，而二篇之策萬有一千五百二十，亦以四而求之。故乾陽爻六，六九五十有四，四而求之則二百一十有六；坤陰爻六，六六三十有六，四而求之則百四十有四。以乾之五十有四，合坤之三十有六，爲九十焉，亦四而求之則三百有六十。而二篇之策，陽爻一百九十有二，其數一千七百二十有八；陰爻一百九十有二，其數一千一百五十有二。總而言之，二千八百八十，亦四而求之，則萬有一千五百二十也，凡此皆求之以四而得之，此《易》之書所以成於四營也。謂之「十有八變而成卦」，則三變而一爻成，積而至於十有八變而卦成可知也。夫《易》始於八卦，方其八卦之未重也，屯、蒙、師、訟之類，隱然而未形。當是時也，易之大業未底於悉備，故曰「小成」。及夫引而伸之，重而爲六十有四，故觸乎其類而長之，近取諸身，遠取諸物，凡天地之內百物不廢，而治心、修身、齊家、理國之道隨取而足，聖人所以垂法立教者，亦於此乎盡，謂之「天下能事畢矣」，信乎其畢矣。

故夫「顯道神德行」，此易之能事也。而其爲效也，見於「酬酢而祐神」。夫神之不顯者道也，今而曰「顯道」，則所謂「闡幽」也；顯而不神者德行也，今而曰「神德行」，則所謂「微顯」也。易之爲易也，在顯亦秘，在微亦彰，此其用之爲妙也。惟其如是，故即其顯者而言之，有應對事物之功，未嘗不瞭然而明，故曰「可與酬〔一〕酢」；即其神者言之，有助成神化之妙，未嘗不窅然而幽，故曰「可與祐神」。嗚呼！孰謂夫聖人本天地之數以作《易》，其功用一至於是乎？

子曰：「知變化之道者，其知神之所爲乎。」《易》有聖人之道四焉：以言者尚其辭，以動者尚其變，以制器者尚其象，以卜筮者尚其占。是以君子將有爲也，將有行也，問焉而以言，其受命也如嚮，无有遠近幽深，遂知來物。非天下之至精，其孰能與於此？參伍以變，錯綜其數。通其變，遂成天地之文；極其數，遂定天下之象。非天下之至變，其孰能與於此？易无思也，无爲也，寂然不動，感而遂通天下之故。非天下之至神，其孰能與於此？夫易，聖人之所以極深而研幾也。惟深也，故能通天下之志；惟幾也，故能成天下之務；惟神

〔一〕酬，通志堂本、四庫本作「酧」。

也，故不疾而速，不行而至。子曰「易有聖人之道四焉」者，此之謂也。

前章言易寓於數，此章言聖人之道寓於易。所謂易者，變化是也；所謂變化者，神之所爲也。特患人不之知爾，欲知易之神，捨變化之道何由而知之？故曰「知變化之道者，其知神之所爲乎」。辭也、變也、象也、占也，此四者易之變化也。苟知此道，則神之所爲舉可知矣。聖人之道亦不外是，故曰「《易》有聖人之道四焉」。夫是非當否、各當所指者，易之辭也，以言者尚易之辭，則言必有法；趨避取舍不可或泥者，易之變也，以動者尚易之變，則動必中度；形容物宜有不可掩者，易之象也，以制器者尚易之象，則器必適用；吉凶禍福各以類應者，易之占也，以卜筮者尚易之占，則占必知來；凡此无非神之所爲也。故聖人尚焉，尚之者明此道以垂法立教，以覺天下後世之不知乎此者也。

「是以君子將有爲也，將有行也，問焉而以言，其受命也如響，无有遠近幽深，遂知來物」，此言尚《易》之辭與《易》之占也。「參伍以變，錯綜其數。通其變，遂成天下之文；極其數，遂定天下之象」，此言尚《易》之變與《易》之象也。夫君子於將有爲、將有行之時，未知是非當否之所在，可不稽《易》以致其決乎？問焉而以言，求決於《易》也。向使《易》之辭也，非聖人之所尚，君子又烏知以言而問之？然問焉而以言，苟非以吾之精一之誠，深知《易》之爲可信，則雖有問焉徒問也。今而曰其受命於《易》也，如響之應聲，是必有以默契乎《易》，而不專在於言語問論之間也。

不然，何以來物之在於遠近幽深也。舉无不知，曾无毫髮之間邪？故曰「至精」。朱子發曰：「精之又精，謂之至精。參伍以變者，縱横十五，天地五十有五之數也，錯之爲七、八、九、六，總之爲三百六十。以天地觀之，陰陽三五，一五以變，爲候者七十二；二五以變，爲旬者三十六；三五以變，爲氣者二十四。三百六十五日周而復始，故乾之策三十有六者，三六而又二也；坤之策二十有四者，二六而又二也。三其二十有四與二其三十有六，皆七十二，三其七十有二爲二百一十有六，得乾之策；二其七十有二爲百四十有四，得坤之策。三畫之卦三變而反，六畫之卦五變而復，通六、七、八、九之變，則剛柔相易，遂成天地之文。極五十有五之數，則剛柔有體，遂定天下之象。非成文不足以成物，變之又變，謂之至變。夫有行始於有爲，有爲始於有思。有思有爲者，人也；无思无爲者，天也。誰能有思有爲而无於人之累乎？其惟《易》而已。《易》有思者，本於无思；有爲者，本於无爲。合五十有五之數，本於太極，寂然无聲，其一不動，萬物莫不會乎！其中有物感之，散爲六、七、八、九之變，而天下之所以然者，无乎不通，所謂『遠近幽深，遂知來物』乃其一也。精者精此者也，變者變此者也，神之又神，謂之至神，精故可以窮深，變故可以與幾。夫《易》，聖人體之以極深研幾者也。天下之志，藏於无形，非推見至隱者，其能盡通乎？而《易》，至精者也；天下之務，其來无窮，非曲得所謂者，其能成乎？而《易》，至變者也；疾而速，行而至，有思有爲者皆然，而《易》至神也，不疾而速、不行而至者，極深研幾之效，莫知其然而然也，故曰『《易》有聖人之道四焉』。」子發所釋，可謂著明矣。

天一，地二，天三，地四，天五，地六，天七，地八，天九，地十。子曰：「夫易何爲者也？夫易開物成務，冒天下之道，如斯而已者也。」是故聖人以通天下之志，以定天下之業，以斷天下之疑。是故，蓍之德，圓而神；卦之德，方以智；六爻之義，易以貢。聖人以此洗心，退藏於密，吉凶與民同患。神以知來，知以藏往，其孰能與此哉？古之聰明睿知、神武而不殺者夫？是以明於天之道，而察於民之故，是興神物以前民用。聖人以此齋戒，以神明其德夫。是故，闔户謂之坤，闢户謂之乾。一闔一闢謂之變，往來不窮謂之通。見乃謂之象；形乃謂之器；制而用之，謂之法；利用出入，民咸用之，謂之神。是故，易有太極，是生兩儀，兩儀生四象，四象生八卦，八卦定吉凶，吉凶生大業。是故，法象莫大乎天地；變通莫大乎四時；縣象著明莫大乎日月；崇高莫大乎富貴；

備物致用，立成器以爲天下利，莫大乎聖人；探賾索隱，鈎深致遠，以定天下之吉凶，成天下之亹亹者，莫大乎蓍龜。是故，天生神物，聖人則之；天地變化，聖人效之。天垂象，見吉凶，聖人象之；河出圖，洛出書，聖人則之。《易》有四象，所以示也。繫辭焉，所以告也。定之以吉凶，所以斷也。《易》曰：「自天祐之，吉无不利。」子曰：「祐者，助也。天之所助者，順也。人之所助者，信也。履信思乎順，又以尚賢也。是以『自天祐之，吉无不利』也。」

此章復言易寓於數，聖人本之以作《易》，而其功用見於經綸世變，垂其法於將來。天人之理不外乎是，若有以相之，故終舉大有上九爻辭而曰「自天祐之，吉无不利」也。嗚呼！聖人用《易》之功若此其至乎！「天一，地二，天三，地四，天五，地六，天七，地八，天九，地十」，程河南、張横渠及前輩皆云當在「天數五，地數五」之上〔二〕，簡編失其次也，而横渠又曰：「聖人之於書亦不欲并

〔二〕當在天數五地數五之上，原作「天數五當在地數五之上」，據通志堂本、四庫本改。

以一説盡，慮人易知後則不復研究，故或在此説，或在彼説，要終必見，但俾學者潛心。」以是知前輩談經，可謂不苟矣！夫自天一以至天五，此天地生數也；自地六至地十，此天地成數也。河南云：「既有上五者，斯有下五者，二五合而成陰陽之功，萬物變化，鬼神之用也。」朱子發亦曰：「萬物在天地間，不離乎五十有五之數，聖人雖不言，其能逃乎？」夫易之爲易，非有他也，於物則開之，明其所以然也；於務則成之，因其所當然也。舉天下之大，无出乎是道之覆冒，此所謂「冒天下之道」也。朱子發曰：「冒天下之道者，日月所照，霜露所墜，舟車所通，凡有血氣者，必待此道而後覆冒。」此言是也，易之爲易，如斯而已，捨此孰謂之易乎？故曰「易何爲者也」，又曰「如斯而已者也」。

聖人於此道者，則用之以經綸世變。故天下之志若未易通也，易有開物之道，聖人盡之，則天下之志无適而不通。天下之業若未易定也，易有成務之道，聖人盡之，則天下之業无適而不定。方其天下志之未通、業之未定也，趨捨之方、動定之際，倀倀然適從之无所，疑孰甚焉？及夫天下之志以聖人而通，天下之業以聖人而定，其胸中之所欲爲與日用之所當然者，了然而无疑，伊誰之功耶？實聖人有以斷决其疑以致是也，故又曰「以斷天下之疑」。凡其所以然者，皆聖人有得於易而然也，故繼之以蓍卦之德與六爻之義。凡物圓則運，方則止。夫運而有无窮之用者，是必有所謂至神者存也，故曰「蓍之德圓而神」；止而有一定之體者，是必存諸我者固已无所不知矣，故曰「卦之德方以知」。著之爲用，六、七、八、九，惟其所爲而人无與焉，非神而何？卦之既設，上下、内外，有不可易而理實寓焉，非智而何？若夫六爻之爲義，則變易以示人，使人知吉之可趨、凶之可避，而无或秘之説，此所謂易以貢也。韓氏曰：「貢，告也。六爻變易以告吉凶。」張横渠曰：「圓神故能通天下之志，方知故能定天下之業，爻貢所以斷天下之疑。」夫心也者，酬酢萬物之君也。心有所累，則酬酢萬物也不能擴然而大公。是心也，不能擴然而大公，則亦異於易矣。夫无思无爲、寂然而不動、感而遂通天下之故者，易也。聖人以此著卦六爻，洗去夫心之累，則是心也擴然而大公。

易即吾心也，吾心即易也。用能退藏於密，而不窮之用默存於我焉。程河南曰「密乃用之源，聖人之妙處」，又曰「道乃形而上者，形而上者即密也」，然則退藏於密，此即易之所謂无爲寂然不動也。夫妙用之源默存於聖人之心，則發而爲用也，酬酢萬物而不窮。故夫樂以天下，憂以天下，而天下之民，吉在所趨也，聖人惟患其不吉；凶在所避也，聖人惟患其或凶。憂患在民，而聖人以爲己之憂患也，故曰「吉凶與民同患」，此即易之所謂「感而遂通天下之故」也。神，著之德也，吉凶隱於未形，聖人神以知來，則神在聖人而不專在乎著矣；知，卦之德也，吉凶顯於既著，聖人知以藏往，則知又在聖人而不專在乎卦矣。故《繫辭》至此，侈言聖人之神知，而曰「其孰能與於此哉？古之聰明睿知、神武而不殺者夫」。夫謂之聰明睿知，則卦之知非聖人其孰能與之？

謂之神武不殺，則蓍之神非聖人其孰能興之？聖人之德无乎不備如此，宜吾所謂蓍卦之神知咸在聖人，而不專在乎蓍與卦也。耿希道曰：「其曰神武不殺何也？布昭聖武不免於殺者，將以使人之知懼也。今神以知來，則未然之祥見於其先，知以藏往，則已然之戒存乎其後，然豈待殺而後知懼哉！」荀子曰「怠慢剽棄，則照之以災禍」，此之謂也。

夫天人之理備於易，而易之神知又備於聖人，則夫在天與人者聖人宜无不知。故夫福善禍淫者，天之道也，聖人明其所必然；爲善得福、爲惡得禍者，民之故也，聖人察其所由致，而惟恐斯民之用或至於昧其所趨，故假是蓍龜之神以發明人心之神。夫神无乎不在，在人則爲人心，在物則爲神物，在天地之道則爲易，在易則爲陰陽之不測，在聖人則爲聖人之妙用。方是神之在物，爲蓍爲龜，尚棄而未用也，人曰此枯莖爾、朽骨爾，不知其爲神也，聖人從而興之，而易由此兆焉。人見聖人之興之也，亦惟聖人之從，而得其所謂如是而吉、如是而凶也。而遂至於趨吉若渴、避凶若熱，而曰此聖人之前知也，而不知此神物之前知也，特聖人爲能興之，以爲前民之具焉爾。然聖人如之何而興之也？亦曰：聖人以此神物，齋戒致敬，以神明乎神物之德，使斯民凡有作用，亦皆齋戒致敬，不敢忽此神物，咸知其德之爲神明，而信其所以告我之吉凶也，此之謂興神物也。前言蓍之德圓而神，則齋戒以神明乎神物之德者，雖由於聖人，而興是神物之德者實神物之固有焉。神物固有是德，聖人雖不欲齋戒以神明之，夫何以前民用乎？所謂前民用者，神之所爲也，故下文歷言乾坤、變通、象、器與法，而極於民咸用之神。夫誰能出不由户？户一也，闔則爲坤，此斯民之用隱於无用也；闢則爲乾，此斯民之用見於有用也。一闔一闢爲變，此又斯民之用不可以拘於一也；往來不窮爲通，此又斯民之用不可以有所窮也。然於闔闢變通之中，何者爲斯民之用乎？曰：是理也，見者爲象，形者爲器，器制爲法，聖人體易以經綸世變而垂其法於將來者，无越乎此？故斯民利用此道，而見於出作入息之間，凡所資以爲生養之利者孰不用之？而莫知其用之所以然者，此即予前所謂在人、在物、在天地、在易、在聖人之神也。噫！語至於此，孰謂易爲无用之説也？

自「易有太極」至「易有四象」，復申言聖人是興神物以前民用之旨。朱子發曰：「極，中也。太極，中之至歟？四象八卦具而未動，謂之太極，易有太極，四十有九合而爲一乎？在人則喜怒哀樂未發是也。」濂溪周先生曰：「太極動而生陽，動極而静，静極而生陰，陰極復動，互爲其根。分陰分陽，兩儀立焉。」朱子發曰：「陰陽匹也，故謂之儀。」凡物有中則有上下，有上下則有左右前後，有左右前後則有四方，有四方則有四維而八卦在是矣，此自然之理也。張横渠曰：「一則神，兩則化。」故太極者一也，倍一而二，而儀分上下，故曰生兩儀。倍二而四，而象分四方，故曰生四象。天之東象龍，西象虎，南象鶉，北象龜，此皆象也。倍四而八，而八卦以成，故曰生八卦，此易生生之理然也。卦者，掛也。掛此理以示人，而吉凶有一定之説，故又曰定吉凶。夫易始於八卦，因八而八之，則其爲卦也爲六十有四。天道之消長，萬物之盛衰，人事之得失，古今之治亂，皆不逃乎八卦所定之吉凶，則易之大業，又生於八卦所定之吉凶矣。故易之爲書也，廣大悉備若不可以一言盡也，而其説則不離於示人以吉凶趨避之理而已矣。惟聖人入乎吉凶之域，故能與民同患，而立大功業於天下，則聖人之大業即易之大業也。夫惟易與聖人其大業一也，故下文繼之以六莫大之説，其所以爲易與所以爲聖人者兼言之。夫成象謂乾，效法之謂坤，萬物在天地間，孰不具乾坤之法象？然語其法之象之大者，莫大乎天地。易窮則變，變則通，通變之理人事之終始也。然語其變通之大者，莫大乎四時。凡物有是形容之可擬者，孰无是象？具是貌象而不可掩者，孰无是明？然語其象之懸于天，明之著乎物者，莫大乎日月。天地、四時、日月，此易之所以爲易也，然非其有是位，則易之道不行；非其有是人，則易之道不明，故繼之以莫大乎富貴與莫大乎聖人。夫天下之物，亦有所謂崇且高者矣，然語其操是利勢以令天下而能使天下莫吾違者，非富有四海貴爲天子不足以與此，故曰莫大乎富貴。天下之人，亦有所謂以是物爲是用者矣，而其用不足以利天下，語其備百物、致民用、立爲成器，而使天下共利之爲悦者，非聰明睿智之聖人不足以與此，故曰莫大乎聖人。然則《下繫》論十三卦，制器必曰伏羲氏、神農氏、黄帝、堯、舜氏者，此所謂有是位又有是人也。夫器用之制，聖人所以使天下由此趨事而赴功，以享其所謂利也，而天下或不能惟利之趨焉，此建立卜筮在聖人猶不可以已也。且天地之機、鬼神之奥，藏於幽賾隱伏深遠之地，必欲探取之、搜索之、鈎出之，從而坐致之，使吉凶未形之象无不定，亹亹不已之緒无不成者，其用又孰大乎蓍龜者乎？此上文所謂以前民用必在於是興神物也，然則以莫大之聖人處莫大之富貴，立成器以利天下，興蓍龜以前民用，則莫大之天地，斯與之合其德；莫大之四時，斯與之合其序；莫大之日月，斯與之合其明；莫大之蓍龜，斯與之合其吉凶。於以通天下之志，定天下之業，斷天下之疑，聖人寔優爲之。此予前所謂聖人之大業即易之大業也，不其然乎？

「天生神物，聖人則之」，此又申言聖人有取於蓍龜之象數以爲易之象數也；「天地變化，聖人效之」，此又申言聖人有取於四時之變通以爲易之爻也；「天垂象，見吉凶，聖人象之」，此又申言聖人有取於日月之懸象以立易之象也；「河出圖，洛出書，聖人則之」，此又申言聖人有取於天地之法象以畫易之卦也。夫神物也、變化也、垂象也、圖書也，此天地所以示乎人也，聖人與民同患，獨无以示於人乎？故天以象數寓於蓍龜之神物以示乎人，而聖人乃則此象數以爲易之象數以示乎人；天地之變化見於四時之運動以示乎人，而聖人乃效此變化以爲易之六爻以示乎人；天垂日月五星之象而吉凶見焉以示乎人，聖人乃象此垂象而爲易之吉凶以示乎人；天地以龍圖、龜書出於河洛而自然之法象在焉以示乎人，而聖人乃則此法象而爲八卦之畫以示乎人。曰「則」云者，易之象數即蓍龜圖書之象數，其則不相遠也；曰「效」云者，效於六爻之動，故《經》曰「爻者效天下之動也」；曰「象」云者，象其所以然者也，故《經》曰「象也者，像也」。天地之所以示人者，聖人皆有取焉而作《易》以示人，故有所謂四象焉。四象在物爲木、火、金、水，在方爲東、西、南、北，在時爲春、夏、秋、冬，而在易則爲元、亨、利、貞。然易之示人者，有其象而无其辭，則知其説者亦鮮矣。故必繫其辭以告之以四象之所以然，又從而定之以吉凶，曰如此必吉、如此必凶，斷之於一言之下，而使之不昧其所趨焉，此聖人與民同患之本旨也。

夫聖人明於天之道，察於民之故，而大易以興，則天人之理咸備於聖人矣，孰能違乎？故《繫辭》至此，乃引大有上九之爻辭，以贊述聖人之所以有天人之助。夫天人之理，信順是也。天之理行乎自然，故所助者順也；人之心以誠相感，故所助者信也。履此之信而思乎順，則盡其所以在人者，而不忘乎在天自然之理，又能以此道而尚乎賢，此大有上九所以「自天祐之，吉无不利」也。夫大有，盛治也。大有上九，盛治之極也。當盛治之世，六五之君信以發志，則所履者信也；柔順處中，則所思者順也；上九剛德在上，而六五下之，則所尚者賢也。人君當盛治之極，備此三德，此所以能保極治之盛歟？故曰「是以自天祐之，吉无不利」。聖人作《易》以經綸世變，垂法將來，而天人之理咸備於我，故天人之助无以異於大有之上九矣！

子曰：「書不盡言，言不盡意。然則聖人之意，其不可見乎？」子曰：「聖人立象以盡意，設卦以盡情僞，繫辭焉以盡其言，變而通之以盡利，鼓之舞之以盡神。」乾坤其易之緼邪？乾坤成列，而易立乎其中矣。乾坤毁，則无以見易。易不可見，則乾坤或幾乎息矣。是故，形而上者謂之道；形而下者謂之器；化而裁之謂之變；推而行之謂之通；舉而錯之天下之民，謂之事業。是故夫象，聖人有以見天下之賾，而擬諸其形容，象其物宜，是故謂之象。聖人有以見天下之動，而觀其會通，以行其典禮，繫辭焉以斷其吉凶，是故謂之爻。極天下之賾者，存乎卦；鼓天下之動者，存乎辭；化而裁之，存乎變；推而行之，存乎通；神而明之，存乎其人；默而成之，不言而信，存乎德行。

此章乃言聖人作《易》，自以盡言、以盡意至於以盡神，或明理，或明用，而易无乎不盡；自謂之道、謂之器至於謂之事業，或爲精，或爲粗，而易各有所謂；又自存乎卦、存乎辭至於存乎德行，或在此，或在彼，而易无乎不存。然始言「書不盡言，言不盡意」，而終之以「默而成之，不言而信」，則是易也夫豈空言云乎哉？由其有言而契之以不言，則得聖人所以有望於天下後世之意矣！程河南曰：「言貴簡，言愈多，於道未必明。」杜元凱云：「言高則旨遠，辭約則義微。」大率言語，須是涵養而有餘意。所謂「書不盡言，言不盡意」，夫書不能盡難喻之言，言不能盡難傳之意，聖人之意終不可見於天下後世乎？然意之所寓，雖不可以言盡而可以形容求之者，則象是也。如孟子答問之言，多假於譬喻，凡此皆立象也。故以震爲雷則動之意盡，以兑爲澤則説之意盡，象一立，雖无俟於多言而意自盡矣。君子、小人之所以異者，情與僞之别也。故卦以陰消陽長爲君子小人之道，卦一設而情僞皆不可掩，如復「見天地之心」，則其情盡矣；如姤「女壯，勿用取女」，則其僞亦盡矣。或繫之辭，或繫之爻，告之以吉凶，導其所指歸，此聖人不能已之辭也。辭一繫則向之所謂難喻之言亦盡矣。盡意、盡情僞、盡言，此聖人作《易》以明理而无不盡之理也。至於利，則是理之見於用也。神，則是用之不可知也。

夫自乾至未濟，六十四卦之相授受；自乾之初九至未濟之上九，三百八十四爻之相變易：所謂變而通之也。夫易窮則變，變則通，變而不通則復窮矣，非利也，故終曰「變通以利言」。六爻之間盡吉凶趨避之利，非變而通之疇克爾耶？横渠曰：「辭不鼓舞，不足以盡神。」蓋聖人於天下之動，效之以爻而繫之以辭，發揮旁通，洞極微隱，故能盡利盡神，此聖人作《易》以明用而无不盡之用也。夫象立而卦設，卦設而辭繫，以至變而通之，鼓之舞之，凡此皆易之形於可見也，究其底藴則自乾坤始，故曰「乾坤其易之藴邪」。蓋方其作易之初也，三奇爲乾，乾陽也，象乎天而位乎上； 三耦爲坤，坤陰也，象乎地而位乎下。 上下成列，則六十有四卦、三百八十有四爻、剛柔變化之理、君子小人之道、吉凶悔吝之辭，皆寓於乾坤奇耦之中。 乾坤不畫，則是易也何自而見之？ 故曰「乾坤毀則无以見易」。 蓋乾坤者生之本也，乾坤不畫，則易不可見，而乾坤生生之功安得而不息邪？ 夫惟不息，則乾坤既畫，易自此而見矣。 故形而上者則謂之道，道也者，无方无體，所以妙是器也； 形而下者則謂之器，器也者，有方有體，所以顯是道也。 然道外无器，器外无道，其本一也，故形而上者與形而下者，皆謂之形，則易之形見蓋有不可掩也。 化而裁之，推而行之，舉而措之，是又易之見於用也。 夫道降而爲器，化而裁之，則是器也有所指别而名體各異，故謂之變； 推而行之，則是變也无所凝滯而運用不窮，故謂之通。 舉是變通之用，而措之天下之民，使之各盡其所以相生相養之道，故謂之事業。 道也、器也、變也、通也、事業也，此易之爲易，或精或麤，而各有所謂。

程河南曰： 「易因爻象論變化，因變化論神，因神論人，因人論德行，大抵通論易道，而終於『默而成之，不言而信，存乎德行』。」故《繫辭》又申前章之言曰： 「是故夫象，聖人有以見天下之賾，而擬諸其形容，象其物宜，是故謂之象。 聖人有以見天下之動，而觀其會通，以行其典禮，繫辭焉以斷其吉凶，是故謂之爻。」是而繼之以卦辭變通，終之以其人與德行，聖人之意豈无待乎？ 夫聖人見天下之賾而立其象，然非是卦，則天下之賾於何而極之？ 見天下之動而立是爻，然非是辭，則天下之動於何而鼓之？故天下之賾至无形也，聖人立是象以象之，又設是卦以圍是象而窮極是賾，則天下之賾无所逃矣，故曰「極天下之賾者存乎卦」。天下之動不一也，聖人立是爻以效之，又繫其辭以斷是爻而鼓舞是動，則天下之動亦无所逃矣，故曰「鼓天下之動者存乎辭」。前言「化而裁之謂之變，推而行之謂之通」，此復言「化而裁之存乎變，推而行之存乎通」者，蓋言聖人作《易》，化而裁之，則存乎卦爻之變； 推而行之，則存乎卦爻之通。然則卦象爻辭者易之書也，變通者易之道也，即是書以明是道，又存乎人焉。然曰「神而明之」者，以言此非口耳之餘習也，是必以此心之神而明夫易之所以然。如復之初九，則存乎顏子； 明夷之六五，則存乎箕子； 革與明夷，則存乎湯武與文王也。夫惟如是，則易即我也，我即易也，默而成之，不言而信，則卦象爻辭又何有焉？故夫卦象爻辭之所云者，即吾之德行也。程河南曰：「譬之贊《易》，前後貫穿，都說得是有此理。然須『默而成之，不言而信，存乎德行』處，是所謂自得也。」

卷二十九

繫辭下

八卦成列，象在其中矣。因而重之，爻在其中矣。剛柔相推，變在其中矣。繫辭焉而命之，動在其中矣。吉凶悔吝者，生乎動者也；剛柔者，立本者也；變通者，趨時者也；吉凶者，貞勝者也；天地之道，貞觀者也；日月之道，貞明者也；天下之動，貞夫一者也。夫乾，確然示人易矣；夫坤，隤然示人簡矣。爻也者，效此者也。象也者，像此者也。爻象動乎内，吉凶見乎外。功業見乎變，聖人之情見乎辭。

《上繫》首章述聖人作《易》之意，而終之以乾坤之易簡，《下繫》首章亦然。故聖人欲人知變以成功業，即聖人因易簡以成德業也。夫伏羲始畫八卦，八卦成列，則天、地、山、澤、雷、風、水、火八物之象在於八卦之中。因此八卦以一至八，六位成章，則九、六二爻又在重卦之中矣。剛即九也，柔即六也，九、六相推，所以爲變，則九六之變又在剛柔之中矣。聖人從而繫之以辭而命之於人，使知吉凶之所以然，而明其趨舍焉，則趨舍之動又在乎爻辭之中矣。

是故大者爲吉凶，小疵爲悔吝，皆生乎動。濂溪周先生曰：「吉凶悔吝，生乎動。」噫！吉一而已，動可不謹乎？易之本也，本於乾坤之剛柔，是剛柔立易之本也。易之本一立，則乾坤闔闢之變，往來不窮之通，自此而爲八卦，自此而爲六爻。惟變所適，而六十四卦之序各以時成，故曰「趨時」。所謂趨時者，亦欲人辨其吉凶而爲之趨捨爾，故又繼之以「吉凶者，貞勝也」。夫至不一者，天下之動也，吉與凶是也，欲一天下之動，非是貞不能勝之。天地、日月所謂動，物之尤大者也，皆不離乎是貞。則是貞也，萬物本之以成體，所謂動中之不動者也。故夫變通趨時者，乃其動也；剛柔立本者，乃其不動也。天地之道變化无窮，可謂動矣，然上下之位不變動也，故曰「貞觀」。日月之道往來不息，可謂動矣，然晝夜之常不變動也，故曰「貞明」。孰謂〔一〕天下之動，非是貞以爲之體，孰能一之？

〔一〕孰謂，四庫薈要本有校記：「疑有誤。」

乾曰貞固，足以幹事是也。夫《易》之作也，本於乾坤之剛柔。迨夫剛柔相推，有爻有象，既動夫内，有吉有凶，功業以成，則變通趨時之謂也。是故乾德至剛，確然而健，示人爲君、爲父、爲夫之道，可謂易矣；坤德至柔，隤然而順，示人爲臣、爲子、爲婦之道，可謂簡矣。爻之立也，效此易簡而已；象之立也，像此易簡而已。謂自剛柔健順之外，初无他事故也。爻與象動夫一卦之内，則吉與凶見乎其外。惟能入吉凶之域，而不昧於吉凶者，則知趨捨之變而功業由此而成矣！人其可以不知變乎？未能知變，此聖人不能已之情，又見乎其辭之所命，而曰如此則吉、如此則凶。然則聖人示人以辭，亦不外乎乾坤易簡之理而已矣。

天地之大德曰生，聖人之大寶曰位。何以守位，曰仁。何以聚人，曰財。理財正辭，禁民爲非，曰義。古者包犧氏之王天下也，仰則觀象於天，俯則觀法於地，觀鳥獸之文與地之宜，近取諸身，遠取諸物，於是始作八卦，以通神明之德，以類萬物之情。作結繩而爲網罟，以佃以漁，蓋取諸離。包犧氏没，神農氏作，斲木爲耜，揉木爲耒，耒耨之利，以教天下，蓋取諸益。日中爲市，致天下之民，聚天下之貨，交易而退，各得其所，蓋取諸噬嗑。神農氏没，黄帝、堯、舜氏作，通其變，使民不倦；神而化之，使民宜之。易窮則變，變則通，通則久。是以自天祐之，吉无不利。黄帝、堯、舜，垂衣裳而天下治，蓋取諸乾坤。刳木爲舟，剡木爲楫，舟楫之利，以濟不通，致遠以利天下，蓋取諸涣。服牛乘馬，引重致遠以利天下，蓋取諸隨。重門擊柝，以待暴客，蓋取諸豫。斷木爲杵，掘地爲臼，臼杵之利，萬民以濟，蓋取諸小過。弦〔一〕木爲弧，剡木爲矢，弧矢之利，以威天下，蓋取諸睽。上古穴居而野處，後世聖人易之以宫室，上棟下宇，以待風雨，蓋取諸大壯。古之葬者，厚衣之以薪，葬之中野，不封不樹，喪期无數。後世聖人易之以棺槨，蓋取諸大過。上古結繩而治，後世聖人易之以書契，百官以治，萬民

〔一〕弦，四库本作「刳」。

以察，蓋取諸夬。是故，易者象也。象也者，像也。彖者，材也。爻也者，效天下之動者也。是故，吉凶生而悔吝著也。

前章言聖人作《易》，以垂萬世之教；此章乃言聖人用《易》，以致天下之利。夫「立天之道，曰陰與陽」，則天之於物，獨陰不能生，獨陽亦不能生；「立地之道，曰柔與剛」，則地之於物，獨剛不能生，獨柔亦不能生。此天地之德，合二氣以成大也。「立人之道，曰仁與義」，故聖人所以配天地而王天下者，亦有仁義而已矣。夫王天下者，必有是位，而後是德行焉，故「聖人大寶曰位」。孟子曰：「不仁而在高位，是播其惡於衆也。」播其惡於衆，則衆必離，而是位也不可以守，故曰「何以守位，曰仁」。仁，德也。財，仁德之用也。孟子曰：「徒善不足以爲政。」故又曰「何以聚人，曰財」。程河南曰：「富者衆之所歸，惟財爲能聚人。」夫天地之生萬物，乃所以養人也。天地生財以養人，而聖人爲天地主財以爲君，能使夫人仰事俯育、養生喪死各得其宜，而无乖争之失者，非是義不可也。蓋義也者，乃所以輔仁也。理財，如所謂作網罟以佃漁、作耒耜以耕耨、致民聚貨以交易之類是也。正辭，如所謂易結繩以書契百官以治，萬民以察是也。禁民爲非，如所謂重門擊柝以待暴客、弦弧剡矢以威天下是也。朱子發亦曰：「義所以爲仁，非二本也。」

古之聖人如包犧氏、神農氏、黄帝、堯、舜氏皆得其道也，故下文繼之以十三卦之制作焉。然八卦始於包犧，重卦成於文王。當犧、農、黄帝、堯、舜之時，重卦未立而有十三卦之制作，何也？蓋三才既設，此理已具，聖人有以見天下之賾，故通變以宜民。是理也，邵堯夫所謂「畫前有《易》」是也，吾夫子發明之爾。夫法象莫大乎天地，聖人作《易》必本於天地，故曰「仰則觀象於天，俯則觀法於地」。然天地之法象，散於萬物而聚見於吾身，无所不觀，无所不取，而後易之理无遺矣，故又曰「觀鳥獸之文與地之宜，近取諸身，遠取諸物」。耿希道曰：「仰觀象於天，則所以畫乾者得矣；俯觀法於地，則所以畫坤者得矣。」然乾純剛也，坤純柔也，剛柔未雜也，觀鳥獸之文而知剛柔之相雜，於是乾坤相索而六子生焉。又觀地之宜而知剛柔之異齊，於是乾坤六子猶父子之殊體，兄弟之異才焉。聖人觀象於天，觀法於地，觀鳥獸之文與地之宜，而八卦之理得矣。又近取諸身，而首、足、耳、目之屬无不契；遠取諸物，而水、火、山、澤之屬无不契。俯仰縱横，遠近合矣，於是始作八卦也。八卦作，則不可測知之妙與无所終窮之變，可見於此，故曰「以通神明之德」。近取諸身，則以一身可以知八物，遠取諸物，則以八物可以知萬物，故曰「以類萬物之情」。

包犧之世，其俗飲血而茹毛也，然與禽獸争一日之命，聖人閔焉。故網罟之設，而以結繩爲之，使之漁魚於川，佃獸於山，而免山川之害，此之爲制則取之離也。蓋離爲目，目目相附，網罟之象，而其義則麗也，言以網罟佃漁而禽獸麗之也。神農氏時，民厭鮮食，聖人於是教之耕殖，斵木爲耜，揉木爲耒，而興耒耜之利，其所以取諸益者，蓋益之爲卦合震、巽以爲體。震，木也；巽，亦木也。故或斲之，或揉之，斲云者，欲其適宜也；揉云者，欲其能直也。而耒耜之利興，而後其益无窮矣。夫有菽粟者或不足於禽魚，有禽魚者或不足於菽粟，此又懋遷有无之不可以已也。日中者，萬物相見之時也；市者，致民聚貨以相交易之地也。噬嗑之爲卦也，合離、震以爲體，離明在上，則日中也；震動於下，則爲市也。《雜卦》曰「噬嗑，食也」，交易而退，各得其所，則食貨流通无有餘不足之異矣。朱子發曰：「唐虞氏時，洪水之患，庶民鮮食，然後教民稼穡，懋遷有无，化居其道，萬世一揆。」夫食貨既備，則斯民飽食逸居。苟无尊卑、上下之分以示之，則强弱相陵，鬬争攘奪，與禽獸无異矣，此黄帝、堯、舜氏所以用通變之道，使天下之民无有倦怠之心，而服勤以事其上。至於通變之道，民皆由之而不知，則又各得其宜矣。夫通變之道本於易，易也者，生生不窮之謂也，故曰「易窮則變，變則通，通則久」。聖人通變之道而至於久，此斯民之所以不倦，所以宜之也。故舉大有上九之爻辭曰「是以自天祐之，吉无不利」，以言君民上下至此皆吉且利也。

夫當此之時，所以通變之道何也？亦曰：使斯民自别於禽獸而已。故取乾坤一定之尊卑，而垂衣裳以示之。乾在上爲衣，坤在下爲裳，斯民也得於觀感，則上下之分定，而强弱相陵、鬬争攘奪之禍息矣。天下胡爲而不治乎？又况神農氏時，與民并耕而食、饔飧而治，至是尊卑位定，君子小人各有所職，則上下无不辨之分，韓氏曰「垂衣裳，以辨貴賤」是也。自此而下，皆黄帝、堯、舜之所爲也。涣、隨二卦，舟車之用也。蓋自上古山无蹊、澤无梁，至是則刳木爲舟、剡木爲楫，以通諸川。刳云者，欲其中虚也；剡云者，欲其末鋭也。涣之卦，上巽下坎。巽，木也；坎，水也。木行水上，有舟揖之象，而涣之《彖》亦曰「利涉大川」。乘木有功也，故涣有濟險之義，而聖人取之。上古牛未穿、馬未絡，至是則服牛乘馬，以通諸塗。服云者，以其能引重也；乘云者，以其能致遠也。隨之卦，上兑下震。兑，説也；震，動也。動而説，隨有車馬之象，而隨之上六亦曰「拘繫之，乃從維之」。故隨有隨人之義，而聖人取之。川塗既通，則暴客之來不免有意外之慮，於是重其門以防之，擊其柝以警之，此聖人待暴客之道也。豫之爲卦，有逸豫之義，又有備豫之義，逸豫則不知戒，備豫則知戒爾。坤爲闔户，則爲重門；震木處上，則爲擊柝。蓋震爲木，又爲雷，以木而遇雷則有震擊之聲也。此聖人取以爲備豫之道，亦以示逸豫之戒也。朱子發曰：「知耒耜而不知杵臼之利，則利天下者有未盡，故教之以杵臼之利，蓋取小過。知門柝而不知弧矢之利，則威天下者有未盡，故教之以弧矢之利，蓋取諸睽。」小過之卦，上震動也，下艮止也，上動有杵之象，下止有臼之象。鄭氏少梅曰：「震以卯木而在上，艮以寅木而在下，二卦中分之，斷木也。艮爲土而木克之，掘地也」。睽之卦，上離下兑，其《彖》曰「火動而上，澤動而下」，又曰「二女同居，其志不同行」，而其《象》則曰「君子以同而異」。夫聖人之制弧矢也，何所取乎？亦取其所以同而異之義云爾。夫弧與矢，其機未之發也，兩者相麗，未嘗不同；及其既發也，則所謂弧者不離乎吾之掌握，而所謂矢者已在百步之外矣，此以同而異也。《易》之所謂睽者如此，又況睽也者，乖争之謂也；弧矢也者，聖人所以定乖争也。曰弧矢云者，欲其勁且直也。剡之義，亦與剡木爲楫之義同。

棟宇之制，所以逸人之生；棺椁之制，所以逸人之死。此皆器用之大者，上古朴略之風，至是而无存矣。鄭氏少梅曰：「棟宇必固其基，故大壯下累四陽以爲基，此聖人所以有取於大壯也。棺椁必堅其中，故大過中存四陽以堅其中，此聖人所以有取於大過也。」大壯外震，震，動也，風雨漂摇之義；大過内巽，巽，入也，殯葬入土之義：此皆養生送死自然之理。鄭氏又曰：「八卦之位分於八方，而震巽二木、乾兑二金、坤艮二土、坎離一水一火分於四維，兩不相合，兩相合者惟震巽之木、乾兑之金也。」而書契之作，取兩相契合之義以代結繩，不取震巽而取乾兑者，終始之道也。八卦始乾而終兑，兑與乾俱爲金，兩相符合而又適相會於西北。西北爲天庭，夬，決之象，夬曰「揚於王庭」是也。百官以治、萬民以察之理於是乎在，此書契所以取諸夬也。又曰：「由歷代聖人制器而觀之，則易之道无非象矣。何則？天之所垂者象也。」天有弧矢之象，有杵臼之象，有天網天市之象，有天庭天田之象，无一而非象，聖人所制之器豈非像其象耶？惟像其象，故六十四卦未畫之前，其道已備矣。聖人畫卦之後，又有一聖人出焉，爲彖辭以繫之，而曰「所以爲彖者，制器像象之材也。爻也者，效制器像象之動也」。使悟《易》者莫不因其材而效其動，則吉凶悔吝豈不明白乎哉！

陽卦多陰，陰卦多陽，其故何也？陽卦奇，陰卦耦。其德行何也？陽一君而二民，君子之道也。陰二君而一民，小人之道也。《易》曰：「憧憧往來，朋從爾思。」子曰：「天下何思何慮？天下同歸而殊塗，一致而百慮，天下何思何慮？日往則月來，月往則日來，日月相推而明生焉。寒往則暑來，暑往則寒來，寒暑相推而歲成焉。往者屈也，來者信也，屈信相感而利生焉。尺蠖之屈，以求信也。龍蛇之蟄，以存身也。精義入神，以致用也。利用安身，以崇德也。過此以往，未之或知也。窮神知化，德之盛也。」《易》曰：「困于石，據于蒺蔾，入于其宮，不見其妻，凶。」子曰：「非所困而困焉，名必辱；非所據而據焉，身必危。既辱且危，死期將至，妻其可得見邪？」《易》曰：「公用射隼於高墉之上，獲之无不利。」子曰：「隼者，禽也；弓矢者，器也；射之者，人也。君子藏器於身，待時而動，何不利之有？動而不括，是以出而有獲。語成器而動者也。」子曰：「小人不恥不仁，不畏不義，不見利不勸，不威不懲。小懲而大誡，此小人之福也。《易》曰『履校滅趾，无咎』，此之謂也。」「善不積，不足以成名；惡不積，不足以滅身。小人以小善爲无益，而弗爲也；以小惡爲无傷，而弗去也。故惡積而不可掩，罪大而不可解。《易》曰：『何校滅耳，凶。』」子曰：「危者，安其位者也；亡者，保其存者也；亂者，有其治者也。是故君子安而不忘危，存而不忘亡，治而不忘亂，是以身安而國家可保也。《易》曰：『其亡其亡，繫于包桑。』」子曰：「德薄而位尊，知小而謀大，力小而任重，鮮不及矣。《易》曰：『鼎折足，覆公餗，其形渥，凶。』言不勝其任也。」子曰：「知幾其神乎？君子上交不諂，下交不瀆，其知幾乎？幾者，動之微，吉之先見者也。君子見幾而作，不俟終日。《易》曰：『介于石，不終日，貞吉。』介如石焉，寧用終日，斷可識矣。君子知微知彰，知柔知剛，萬夫之望。」子曰：「顔氏之子，其殆庶幾乎？有不善未嘗不知，知之未嘗復行也。《易》曰：『不遠復，无祇悔，元吉。』」「天地絪緼，萬物化醇。男女搆精，萬物化生。《易》曰：『三人行則損一人，一人行則得其友。』言致一也。」子曰：「君子安其身而後動，易其心而後語，定其交而後求，君子修此三者，故全也。危以動，則民不與也；懼以語，則民不應也；无交而求，則民不與也。莫之與，則傷之者至矣。《易》曰：『莫益之，或擊之，立心勿恒，凶。』」

十三卦論聖人之制作，而繼之以十一爻，論君子小人之道。吾是以知《易》之爲易，无非爲經綸世變而作也。噫！此非吾夫子，其孰能發而明之以至於此乎？陽卦，一奇而二耦也，故曰「多陰」；陰卦，一耦而二奇也，故曰「多陽」。聖人曰：此其故何也？蓋曰：其故在於奇耦也。陽卦奇，震、坎、艮是也；陰卦耦，巽、離、兑是也。聖人又曰：此其德行，何也？蓋曰：其爲德行，在於一與不一也。一者何也？曰：陽之爲卦，二民共事一君，一也，故爲君子之道。不一者何也？曰：陰之爲卦，二君共争一民，不一也，故爲小人之道。蓋《易》以陽爲君，以陰爲民；陽爲君子，陰爲小人。是故十一爻之所論，无非君子小人之道也。

咸之九四，君子之道也。咸之卦德曰「咸，亨，利貞」，而九四則曰「貞吉，悔亡」。蓋咸道貴亨，而所以亨者貞也。「憧憧往來」，此心有不一之思也。此心所以有不一之思者何也？咸道欲其亨也，咸道欲其亨而未亨，故其《象》曰「未光大也」。若爾之所思一出於正，則所感者大，其孰不惟爾思之從也哉？此則亨矣，故曰「朋從爾思」，而《彖》亦曰「天地感而萬物化生。聖人感人心而天下和平」，然則天地、聖人之所以感，一於正而已矣。「天下何思何慮」云者，以言天下萬物何所思、何所慮也，朋從夫爾之思而已矣。使九四之思一出於正，則天下之萬物，雖趨捨殊塗，好惡百慮，皆惟爾正之是適。故曰「同歸一致」，而又申之曰「天下何思何慮」，蓋確言天下萬物朋從夫爾之思也。而或者必曰九四憧憧然或往或來，以有思之私心而感物，則感道狹矣。故思之所及者，有以致朋類之從；思所不及者，其能使之從歟？殊不知帝堯之所以光宅天下者，特以聰明文思；而文王之所以聖者，亦本於思齊，孰謂思可无乎？又况聖人以此心感人，心无思則木石爾，奚感之云？日月寒暑之相爲往來，此則以言萬物之理，或往或來之不一也。寧不由憧憧往來，此心有不一之思乎？然雖或往或來之不一也，而有所謂同歸一致者存。故日月往來之不同，而同於生明；寒暑往來之不同，而同於成歲。明生而歲成，此感道之所以亨也！感道欲其亨，雖欲不往不來，可乎？往者其勢屈，來者其勢信，此勢也乃其理也，天下萬物孰能逃此乎？夫苟不往不來，則感道息矣，奚利之云？故往來屈信，相爲感召，而利由此生焉。而九四之《象》亦曰「貞吉悔亡，未感害也」，以言未感則類於木石，而利何從而生乎？故爲感道之害。尺蠖、龍蛇之屈蟄，所謂屈也，然其屈也，乃所以求信；其蟄也，乃所以存身。蓋不屈且蟄，則信不可求而身不能存。感道之在物也如此，而況於人乎？況於聖人乎？神之外无人，人之外无神，神之與人特有隱顯之異爾。凡吾平日所謂宜然之事者，致其精一之誠，以至於自然而然，此入神也，於以致用則用无非神矣。身必資於用，用必資於身，身與用特動静之異爾。凡吾平日所謂當然之用者，泛應曲當，无適不利，而吾之身若无與焉，此安身也，於以崇德則德積諸身矣。此全内外之道而感道之所以亨也。吾之所知者知此理而已，舍此理而往又何知乎？此爾之思一出於正也。夫精義以入神，則能窮神也，於神无隙而可入，安能窮神哉？利用以安身，則能知化也，吾身或有所累而不得安，安能知化哉？存神過化全盡於我，則上下與天地同流，以此感人則殆如天地之感而化生之德，无以形容其盛矣。

困之六三，此則小人之道也。《易傳》〔二〕曰：「石，堅重之物也，而非陰柔之才所能勝也，往

〔二〕易傳，指本書，即《童溪易傳》，下同。此處引文，取自《童溪易傳》卷二十一，文字略有不同。

而犯之，祗自困爾。故曰『非所困而困焉，名必辱』，謂九四、九五二剛之堅重不可犯也，而三犯之以取困也。蒺蔾，蔓草之有角刺者。不正之人，濫乘非據而處正人之上，豈所安也？故曰『非所據而據焉身必危』，謂九二之剛中豈可乘也，而三乘之，非其所安，猶藉刺負芒然也。夫六三所以輕犯二剛，以取困者，徒以上六吾配故也。六三陰也而居陽，自以爲陽也，而求配乎上六。而上六陰虛，宫則是也，而非其妻，故曰『入於其宫，不見其妻，凶』。小人輕進妄動，无與親合，危極困辱如此，豈吉祥之徵也哉？故不免於凶禍也。《繫辭》於此又言其所以凶也，而曰『既辱且危，死期將至，妻其可得見邪』，蓋甚之也。」

解之上六與噬嗑之初六，皆君子所以待小人也。《易傳》〔一〕曰：「解之上六，解之功已成，故極言解悖之道。夫隼，鷙悍之禽也，所謂上慢而下暴，六三之象也。解之六爻，惟三與上各處一卦之上而非其應，故上以震動之極而尤在諸爻之上，於位則正，於勢則便，於器則成，於時則宜，以正而去不正，獲之蓋无難者〔二〕。」仁義，人性之所固有也；勸懲，人君之大權也。亡其所固有者，而至於必待勸且懲者，此失其良心之民也。是故，恥畏之心不存，則勸懲之術不得已而施焉。施之

〔一〕易傳，原作「易」，據通志堂本、四庫本及上下文改。
〔二〕此處引文取自《童溪易傳》卷十八，文字略有不同。

於早，則噬嗑初九是也，小人蒙福多矣。若夫失是，則此雖小人之罪，而上之人亦不能无失焉，然而聖人教人不以此義爲言，而曰「善惡之積」云者，聖人之意可知也。夫聖人之意何在乎？曰：上之人以至於用刑、用戮者，此非我之本心也，皆自汝致之，吾不得已而應之云爾。此聖人之心，即天地之心也，何疑焉？「善不積不足以成名，惡不積不足以滅身。小人以小善爲无益而弗爲也，以小惡爲无傷而弗去也，故惡積而不可掩，罪大而不可解」，此初九「屨校滅趾」所以无咎而上六「何〔一〕校滅耳」所以凶也。否之九五與鼎之九四，其所以爲安危之慮者，甚相反也，此又可以見君子小人之情狀。夫安其位則危，保其存則亡，有其治則亂，此必至之驗也。君子知其然，故此心常存不亡之念，宜其身獲其安，而國家由之而可保也。鼎之四則異於是，不自知其德之薄、智之小、力之少，而任至重之寄，宜其不免於傾覆之凶也。

若夫豫之六二則不然，何者？以其能知幾也。惟夫知幾，則當豫之時不屈己以徇人，而无上交之諂；不屈人以徇己，而无下交之瀆。存諸我者无毫髮之失，故聖人嘆之曰「知幾其神乎」，又曰「其知幾乎」，而美之曰「君子知微知彰，知柔知剛，萬夫之望」。夫幾之爲言，事之初也，於事之初而能豫知之，此《中庸》之所謂「前定」也。吾之所知者，不在於臨事之後，此所謂動之微、吉

〔一〕何，原作「荷」，據通志堂本、四庫本及《周易》通行本改。

之先見也。非神而何？惟與乎神則見幾而作，不俟終日，斷然而識此幾矣。夫所謂知幾者，天下之理日彰者，常寓於至微；至剛者，常始於至柔。知幾之君子，則无不知也，其所以无不知者何也？豫之六二，居坤之中，静中之静也。震在乎外，動作萬變，而吾之此心安然而无事，此萬物之理皆於静中得之。故在爻有「介于石」之象，雖有多智之萬夫，其孰不仰望乎我，而取之以爲法乎？殆庶幾乎者，此顔氏子其人也，故繼之以復之初九。夫君子之道在於善，小人之道在於不善。惟顔子，知其善也，則拳拳服膺而弗失之；知其不善也，則非惟未嘗不之知也，而又知之而未嘗復行焉，此所謂不貳過也。聖人安得不以復之初爻而予之？《上繫》曰「默而成之，不言而信，存乎德行」，此非顔氏之子其孰能當之？

君子小人之道，即天地之陰陽也。故在《易》則爲陰陽之卦，然其本一也，所謂一者何也？「天地絪緼，男女搆精」是也。夫惟天地陰陽二氣相合而絪緼，則萬物由此而化醇，致一之謂也；男女陰陽二氣相合而搆精，則萬物由此而化生，亦致一之謂也。所謂致一之説，則損之六三詳而明之。《易傳》曰：「夫兑之三爻，皆志於益上，然初九、九二則以剛應柔。而六三則以柔應剛，故三人同行而語其自損之至者，則六三是也，故曰『損一人』，是一人也獨往以應上。故艮兑相合，男女搆精，而盡天地交感之義，成萬物化育之功矣，此謂得其友也。蓋六三者兑之主，而上九者艮之主，少男、少女陰陽相配，夫婦之道貴於專一，若三人行則疑所主矣。故曰『一人行，三則疑也〔二〕。』」夫君子小人之道不難知也：君子之動也，安其身而後動；小人之動也，則危以動焉。君子之語也，則易其心而後語；小人之語也，則懼以語焉。君子之交也，則定其交而後求；小人之交也，則无交而求焉。君子修此三者，故全其在己與其在人者，而小人无一焉，宜其莫之與也。吁！莫之與固无害也，而傷之者至，則又豈特莫之與也？故益之上九有「莫益之，或擊之」之辭，是何也？立心勿恒之故也。噫！人之心其可以勿恒矣乎？以是言之，則此章所謂君子小人之道於是乎判矣。

子曰：「乾坤，其《易》之門邪！乾，陽物也。坤，陰物也。陰陽合德，而剛柔有體，以體天地之撰，以通神明之德。其稱名也，雜而不越。於稽其類，其衰世之意邪？」夫《易》，彰往而察來，而微顯闡幽，開而當名。辨物，正言，斷辭，則備矣。其稱名也小，其取類也大。其旨遠，其辭文。其言曲而中，其事肆而隱。因貳以濟民行，以明失得

〔二〕此處引文取自《童溪易傳》卷十九，文字略有不同。

之報。

此章復言《易》之作也，本諸乾坤，學《易》者當自乾坤而入，故曰「乾坤，其《易》之門邪」。夫萬物以氣則不離乎陰陽，以形則不離乎剛柔，大而爲天地，妙而爲神明。其見於《易》之書也，名稱萬端，雜然不一，其能越於乾坤也哉？此乾坤所以爲《易》之門邪？夫陰陽之氣，相與合德，則通隱顯而爲一也，故曰：「以通神明之德。」剛柔之形各有定體，則體萬物而不遺也，故曰：「以體天地之撰。」撰，所以造物也。《易》自伏羲畫之、文王重之、夫子贊之，皆本於乾坤而稽考其類，故大而天地，微而事物，莫不悉備。觀象、繫辭，視上古爲尤詳，此其故何也？蓋世既下衰，人不知道，不顧理之順逆、時之否泰，倒行逆施而昧夫吉凶之所以然。故聖人不得已詔之以是書而不厭其詳，此聖人作《易》之本意也，故曰「其衰世之意邪」。且夫人之所以昧夫吉凶者，以其心之有二，而所見之不一也。此聖人作《易》，所以因其貳以濟民行，而明得失之報以示之，使之勿貳爾心也。然《易》之所以明得失之報以示人者，蓋天下之理，往者吾能彰之，使人稽其所以然；來者吾能察之，使人逆其所未然；顯者吾能微之，使人有所不敢玩；幽者吾能闡之，使人无或有所蔽。開明此理而寓之於其書，故當夫稱謂之名，辨夫陰陽之物，正夫告戒之言，斷夫吉凶之辭。以此書載此理，則聖人所以示人者无不備矣。故夫所稱之名雖小，而取類則大，如曰牛、曰馬而上比天地，豈非取類也大乎？所寓之旨雖遠，而其辭則文，如元、亨、利、貞。吾求其旨，則天地之四時、人心之四端實在於是，以訓釋求之則曰「善之長」、「嘉之會」、「義之和」、「事之幹」，其辭豈不文乎？「見豕負塗，載鬼一車」等語詭怪不經，可謂曲矣，而《象》則曰「群疑亡也」，此乃中理之言也。包羲之網罟，神農之耒耜，萬古而下，其事顯然而肆，其誰不之知也？然取之離、取之益，非吾夫子不能發而明之，豈非隱乎？嗚呼！《易》之爲易也如此，此其所以能明得失之報以示人也。

卷三十

繫辭下

《易》之興也，其於中古乎？作《易》者其有憂患乎？是故，履，德之基也；　謙，德之柄也；　復，德之本也；　恒，德之固也；　損，德之修也；　益，德之裕也；　困，德之辯也；　井，德之地也；　巽，德之制也。履，和而至；　謙，尊而光；　復，小而辨於物；　恒，雜而不厭；　損，先難而後易；　益，長裕而不設；　困，窮而通；　井，居其所而遷；　巽，稱而隱。履，以和行；　謙，以制禮；　復，以自知；　恒，以一德；　損，以遠害；　益，以興利；　困，以寡怨；　井，以辯義；　巽，以行權。

前章言「於稽其類，其衰世之意」，此章復言「《易》之興也，其於中古乎？作《易》者其有憂患乎」，而繼之以九卦之德，至於再，至於三而不能已也。吾以是知《易》之爲易，聖人不特爲衰世之民而作也，亦聖人自蹈衰世之憂患而作也。文王羑里之囚是矣，孔子贊《易》及此，其亦涉衰周之難乎？夫六十四卦之卦德，皆聖人之德，此章特言九卦者，蓋言文王當時之事也，使文王之在當時无有是德，其能脱於憂患之域乎？故後章亦曰：「《易》之興也，其當殷之末世、周之盛德邪？當文王與紂之事邪？」文王之德始見於羑里之囚，是履虎尾涉患難，爲文王進德之基，故曰「履，德之基也」；又以謙德順事於紂，有事君之小心而曾无犯上之舉，則持循於己者，蓋有所執守而然也，故曰「謙，德之柄也」；文王至此，君子之道長矣，出入无疾，朋來无咎，而陰虚不能害，天地之心即我之心也，故曰「復，德之本也」；自此受命作周，而周家王業愈固而不可拔，故曰「恒，德之固也」；又自此虞芮質厥成，江漢被其化，損以修政，益以裕民，故曰「損，德之修也」、「益，德之裕也」。困之《彖》曰：「困而不失其所亨，其惟君子乎？」以言非君子，則當剛揜之時不免於困矣。文王經歷憂患，至此而亨於西土，三分天下有其二，君子小人之辨其在此時乎？故曰「困，德之辯也」。文王養人之功至此不窮，往來井井，咸即有周而无適彼之思，故曰「井，德之地也」。終焉上順天心，下順人心，申命從事而大勳集於其子，武王盟津之會，八百諸侯聽其命而不違，故曰「巽，德之制也」。

雖然，履，所以爲德之基者，蓋和而至也。苟不和而至，其能脱羑里之囚乎？謙，所以爲德之柄者，蓋尊而光也。苟不尊而光，則當此之時其能亨而有終乎？復，所以爲德之本者，蓋小而辨於物也。苟不小而辨於物，則一陽來復，君子之勢尚微，其不爲陰虚所害乎？恒，所以爲德之固者，蓋雜而不厭也。文王與紂之時，仁暴并施，善惡相勝，可謂雜矣，而帝遷明德，串夷載路，天命人心至此有歸，无有厭斁夫文王者，故曰「恒，雜而不厭」。損，所以爲德之修；益，所以爲德之裕者，蓋先難而後易與長裕而不設也。文武〔二〕治内治外之政，始於憂勤，終於逸樂，則損以修政，豈非先難而後易乎？《關雎》之化行，則賢人衆多；《鵲巢》之化行，則庶類繁殖；則益以裕民，豈非長裕而不設乎？不設云者，文王有自然之化，而非容心於其間也。困，所以爲德之辯者，蓋窮而通也。夫困者，剛爲陰所揜也。羑里之難可謂窮矣，而文王於此時則窮而通也，故曰「困而不失其所亨」。井，所以爲德之地者，蓋居其所而遷也。以言非文王求於下民，惟民歸於文王也。苟非居其所而遷，則文王亦有心於求下民矣。惟井也，居其所而不捨，此養人之功所以變遷而不窮也。巽，所以爲德之制者，以言稱而隱也。稱者揚也，隱者入也。巽之爲卦，二陽在上，揚也；一陰在下，入也。故巽爲風，風之爲物，鼓動萬物，莫見其迹，而君子之德風也。由文王至於武王，風化之

〔二〕武，通志堂本、四庫本作「王」。

行厥惟舊哉！此四方莫不聽命，而不知其所以然也，非巽稱而隱而何？

夫惟履，和而至，故可以和行，説應乎乾，履虎不咥，此和行也。謙，尊而光，故可以制禮，裒多益寡，稱物平施，此制禮也。復，小而辨於物，故可以自知，不善未嘗不知，知之未嘗復行，此自知也。恒，雜而不厭，故可以一德，久於其道，天下化成，此一德也。損，先難而後易，故可以遠害，而損之卦德曰「利有攸往」。益，長裕而不設，故可以興利，而益之卦德亦曰「利有攸往」，以言當損而損，當益而益，无往而非利也。若夫困窮而通，則致命遂志而已矣。夫何怨云？故曰「困以寡怨」。伯夷、叔齊困孰甚焉，然彼之志未嘗不遂也，故夫子以爲「求仁而得仁，又何怨」，聖賢之設心大抵如此。井，居其所而遷，則或居也、或遷也，命也，有義焉。故於以辨義，舍井焉不可，此聖人之德，不可以人不我求之爲不足，人必我求之爲有餘也。巽，稱而隱，故可以行權。蓋權也者，所以稱物也，其或抑或揚，皆欲當夫時中而已矣。是理也雖稱而隱，非可與權者不知也，故孔子亦曰「可與立，未可與權」。然則權也者，即文王之所以爲文、武王之所以爲武也。吾夫子之於九卦也，凡三致其意如此，學者其可不刳心矣乎？

《易》之爲書也不可遠，爲道也屢遷。變動不居，周流六虛，上下无常，剛柔相易。不可爲典要，唯變所適。其出入以度，外内使知懼，又明於憂患與故。无有師保，如臨父母。初率其辭，而揆其方，既有典常。苟非其人，道不虛行。

《易》之爲書也，原始要終，以爲質也。六爻相雜，唯其時物也。其初難知，其上易知，本末也。初辭擬之，卒成之終。若夫雜物撰德，辯是與非，則非其中爻不備。噫！亦要存亡吉凶，則居可知矣。知者觀其彖辭，則思過半矣。二與四，同功而異位，其善不同，二多譽，四多懼，近也。柔之爲道，不利遠者，其要无咎，其用柔中也。三與五，同功而異位，三多凶，五多功，貴賤之等也。其柔危，其剛勝邪？

《易》之爲書也，廣大悉備。有天道焉，有人道焉，有地道焉，兼三才而兩之，故六。六者非他也，三才之道也。道有變動，故曰爻；爻有等，故曰物；物相雜，故曰文；文不當，故吉凶生焉。

此章言《易》之爲書也，凡三致其意焉。大抵皆論六爻有不一之用，於以明易之道以示人也。

夫《易》之爲書也，奚可遠求云乎哉？而布在此書者，不過六爻之用云爾，舍六爻而求易，則爲道遠矣。夫六爻之用，易之道也，其爲用也不一，故爲道也屢遷。「屢遷」云者，變動不居，周流六虚，上下无常，剛柔相易，不可爲典要，惟變所適，此所謂屢遷也。夫居則不變動，六虚位是也，所謂初、二、三、四、五、上也；變動則不居，周流於六虚位之間是也，所謂九與六也。九在某卦，或居初、三、五之陽位，或在二、四、上之陰位；六在某卦，或在二、四、上之陰位，或居初、三、五之陽位，或上或下之不常其居，故曰「上下无常」。此之爻以九居初，剛也，而彼之爻則以六居初，是以柔易剛也；此之爻以六居二，柔也，而彼之爻則以九居二，是以剛易柔也。或剛或柔，无一定之主，故曰「剛柔相易，不可爲典要」。其所以然者，蓋惟變之是適云爾，此其道所以屢遷也。易之道如此，苟非知所戒懼之人，即其所以然者而見於躬行，則亦道自道爾、人自人爾，道豈能虚行乎？蓋道待人而後行故也。故聖人之作此書也，於其出入之際以度内外，欲使夫人之知所戒懼以躬行是道焉。其出入云者，以八卦之内外言之也，出者自内而之外，入者自外而之内。於其出入之際以度内外，則知消息盈虚之變，出處進退之際，蓋有所不可逃者，此所以能使人之知懼也。然此書之作，又明夫人之所當憂患，與其所以致憂患之故者，詳悉以告之，則夫人至此鮮有不知懼者矣。知懼之心油然而生，則雖无師保，不邇父母，而不敢有自肆之心焉，以其知内外之懼、明憂患之故也。初，初爻也。六爻之理，其初難知。故此書之作也於其初爻也，率其所以然之辭，而後揆之以一卦之方，則一卦之體立矣。故曰「既有典常」，下文所謂「初辭擬之，卒成之終」是也。方其剛柔之相易也，則不可爲典要。初辭既率而一卦之體立，則向之所謂剛柔相易者，又不離乎一卦之内矣。豈有不典常乎？此易之道，雖曰變易也，而能垂萬世不易之法歟？然則是道也，苟非其人，其能躬行是道，而无負於聖人所以垂法之意歟？故曰「苟非其人，道不虚行」。

《易》之爲書也，原始要終以爲質也，如上文所謂初率其辭而揆其方是也。是書之作於其初也，而原其始於其上也，而要其終以爲一卦之體質。體質既立，則六爻之所謂九與六者，相雜於一卦之内。蓋有是時則有是物，時在卦也，物在爻也。如復之時，則有初九；姤之時，則有初六是也。初爻在下時，物之未著也，故曰難知；上爻在終時，物之已著也，故曰易知。如乾之初，有潛龍之象，此難知也，至上則爲亢龍矣，豈不易知乎？咸之初，有咸其拇之象，此難知也，至上則咸其輔頰舌矣，豈不易知乎？何者？卦有終始、事有本末故也。惟其難知也，故聖人於初爻之辭，擬之而後言，故曰「初辭擬之」；惟其易知也，故聖人卒而成之，以終盡其義，故曰「卒成之終」。凡此論六爻之初、上者然也。若夫揉雜剛柔之物，撰成一卦之德，使是與非各得其辨〔一〕，則非二、三、四、五之中爻，不能盡此義也，故曰「非中爻不備」。然則剛柔之物既雜，則有存亡吉凶之判。而

〔一〕辨，通志堂本、四庫本作「辯」。

《易》之存亡吉凶之理，聖人又於彖辭而明之。彖辭既作，則一卦之德由此而撰矣。其在《易》也，豈復有難知之患？噫！亦要其存亡吉凶，則居可知矣。又曰：「智者觀其彖辭，則思過半矣。」夫惟如是，故聖人又即中爻而有同功異位之説。二與四俱柔也，故其功同；卦分内外，故其位異。若以其善論之，則又有多譽、多懼之不同。何者？遠於君者其勢伸，故多譽；近於君者其勢屈，故多懼。是以乾之九二有見大人之利，而九四則不免於或焉。月望日則蝕，臣近君則屈，理勢然也，故四多懼而曰近也。「柔之爲道，不利遠者」，此則言以二之柔，宜非致遠之才。今也多譽，何也？蓋以其要在於用柔中而无咎，故多譽也。咎者，譽之反也。既无咎，則其多譽也宜矣。三與五俱剛也，故其功同；卦分内外，故其位異。三多凶、五多功者，以其有貴賤之等也。三既多凶，則比之五也不復言其善之不同，以其无善之可録也，故聖人賤之。又曰「其柔危，其剛勝邪」，聖人若曰三之所以无善之可録而取賤於人者，蓋謂以其柔居此位，則不當位而危；以其剛居此位，則其過剛而勝故也。然則所謂「雜物撰德，辨是與非，非中爻不備」，於此蓋可見矣。存亡吉凶之理，豈曰難知矣乎？雖然，多譽多懼，多凶多功，六十四卦凡爲中爻者，未必盡然，今也云爾，何也？特從其多者言之爾！

夫是書之作，人皆知其有所謂六爻也，然而未知其故也。故聖人於此，又言天地與人之道不越乎是，而六爻變動而有是吉凶之異者，此非聖人之私智也，故曰「《易》之爲書也，廣大悉備，有天道焉，有人道焉，有地道焉，兼三才而兩之，故六。六者非他也，三才〔一〕之道也」。夫《易》以六爻兼三才而兩之，故六爻以五與上二畫，爲天之道而居上，蓋立天之道曰陰與陽，上則陰而五則陽故也；以初與二二畫，爲地之道而居下，蓋立地之道曰柔與剛，二則柔而初則剛故也；以三與四，爲人之道而居中，蓋立人之道曰仁與義，而三與四則仁義之用也。《易》之爲書，三才之道无所不有，故曰「廣大悉備」。分而言之，則大者天也，廣者地也，悉備者則處諸天地之間者是也。而《上繫》亦曰「夫《易》廣矣大矣」，而繼之以《備矣》之辭。若曰遠則不禦者天也，故曰大；邇則静而正者地也，故曰廣；天地之間者萬物也，故曰備。與此所言无異義也，然則六爻之爲義，此其故也。而三才之道，實寓乎其中矣，豈有他哉？夫爻之爲義，則亦取其效三才之道，有所謂變動云爾。爻有剛柔之等，即於九、六焉見之。物，即上文所謂時物也。九、六相雜而成交錯之文，則或剛或柔，有不可揜。若夫文之不當，或以陽居陰而吉，或以陰居陽而凶，又或以陰居陰、以陽居陽而有吉有凶。凡此之類，皆所謂文不當也。此聖人因「故六」之辭而有及於「故曰爻」、「故曰物」、「故曰文」、「故吉凶生焉」，以詳明夫六爻之所以然也。學者於斯，其可忽諸？

《易》之興也，其當殷之末世，周之盛德邪？當文王與紂之事邪？是故其

〔一〕才，原作「材」，據四庫本及上下文改。

辭危。危者使平，易者使傾，其道甚大，百物不廢。懼以終始，其要无咎，此之謂易之道也。夫乾，天下之至健也，德行恒易以知險。夫坤，天下之至順也，德行恒簡以知阻。能説諸心，能研諸侯之慮，定天下之吉凶，成天下之亹亹者。

是故，變化云爲，吉事有祥，象事知器，占事知來。天地設位，聖人成能；人謀鬼謀，百姓與能。八卦以象告，爻象以情言，剛柔雜居，而吉凶可見矣。變動以利言，吉凶以情遷。

是故，愛惡相攻而吉凶生，遠近相取而悔吝生，情僞相感而利害生。凡《易》之情，近而不相得則凶，或害之，悔且吝。將叛者，其辭慙；中心疑者，其辭枝；吉人之辭寡；躁人之辭多；誣善之人，其辭游；失其守者，其辭屈。

嗚呼！予學《易》至《下繫》之末章，感慨竊歎，而益知聖人所以興《易》之意也，是何也？不有所喪則无所興故也。夫窮則變，變則通，通則久，易之道也。世道不喪於殷之末世，則是《易》也，吾知其未必興於有周盛德之主矣。雖然，天下之事，有本有末，有盛有衰。本末者，世運之終始也；盛衰者，主德之明暗也。本末相禪，盛衰相軋，此文王與紂之事然也。當是時也，《易》雖欲不興，可乎哉？吾又知其必興於此時也。故前文亦曰「《易》之興也，其於中古乎？作《易》者其有憂患乎」。夫惟聖人之作《易》，於其有是憂患而作也，故其辭亦不得不危，大凡人之涉世處事也，危其危則无危，故《易》於此危者使平，如所謂「栽者培之」是矣；易其危則必危，故《易》於此易者使傾，如所謂「傾者覆之」是矣。以乾九三重剛而不中，可謂危矣，然以惕懼自處，則雖危无咎。處豫之初，陰弱居下，可謂易矣，然以逸豫而鳴，則志窮而凶。是道也散在天地之内，物物皆然，不特人如是也。上而日月之明晦、寒暑之往來，下而草木之榮謝、蟲魚之生死，莫能逃此本末盛衰之理，故得時者昌、失時者亡，其在人主則文王與紂之事是也，故曰「其道甚大，百物不廢」。雖然，天人有交相勝之理，吉凶无不可求之道，知其説者則可以有安而無危，有存而无亡，不在乎他，在乎終始以致其懼而已。然則《易》之辭所以危者，蓋欲人之知懼也，惟能知此則无過咎，易道之要莫要於此。嗚呼，此文王所以有是盛德而脱羑里之難也。

夫文王之盛德即前章所謂九卦之德也，合九卦之德以爲文王之盛德，而文王盛德之本則又本諸乾坤，故又以乾坤之德行繼之。夫所謂乾坤之德行者，易簡是也，有得於乾坤易簡之德行以爲吾之德行，則天下險阻艱難无不盡知之矣，且夫德行之貴於有常也久矣，无常不可謂德行。乾之德無時而不易，故曰「恒易」；坤之德無時而不簡，故曰「恒簡」。然乾坤之德行所以恒易恒簡者，以其至健至順也，使乾之健、坤之順而不極其至，則所以爲德行者詎能恒乎？孔子曰：「中庸之爲德也，其至矣乎？民鮮能久矣！」夫有是至德而鮮能久者，斯民之无恒心也，若聖賢則不然，故《上繫》之首章其論易簡也，以可久可大爲賢人之德業。惟恒易恒簡故能說諸心，惟知險知阻故能研諸侯之慮。易簡者我心之所固有，優游涵泳，其味無窮，能無說乎？險阻在前，憂慮疚懷，往來於中，能无所研乎？研，究也。諸侯，謂文王也。而諸家皆以侯之一字爲衍字，誤矣。夫險阻者易簡之反，而說心亦研慮之反也，文王當殷之末世，倘非有得於乾坤之易簡以說吾此心，其能處困厄之世而脫羑里之難乎？不能脫羑里之難，非所謂乾坤之至健至順也。又倘非於險阻艱難无不盡知以研吾此慮，其能推吾歷涉患難之道，以與民同患而興《易》乎？不能與民同患而興《易》，亦非所謂乾坤以易簡示人之意也，故又繼之曰「以定天下之吉凶，成天下之亹亹者」。

夫《易》有爻有象，爻象也者所以效天下之易簡也，故爻象動乎內，吉凶見乎外，功業見乎變，則定天下之吉凶、成天下之亹亹者，皆易簡之爲也。使存諸我者不易且簡，則吉與凶之不齊固未易定，而亹亹者之无窮亦未易成也。變化，天道也；云爲，人事也。聖人以天道人事本无二理，故其興《易》也即人事以明天道，非舍人事別有所謂天道也，《上繫》曰「擬之而後言，議之而後動，擬議以成其變化」是也，故於此而曰變化云爲，一天人也。夫天下之吉凶與天下之亹亹者即人事也，而聖人定之成之，則以天道律人事也。人有言而云、有動而爲，无往而非天道，則得聖人所以興《易》之意矣。且夫人之事有得夫《易》之吉事歟，則必有上天所降之祥；人之事有得夫《易》之象事歟，則必知聖人所制之器；人之事有得夫《易》之占事歟，則又知遠近幽深之來物，凡此皆天道也，孰謂天道人事之爲二乎？夫惟天道人事之无有二也，故天地設位於上下而聖人成能於兩間，此乾坤之德所以全盡於聖人也。所謂人謀，即成天下之亹亹者是也。所謂鬼謀，即定天下之吉凶是也。天人合一，幽顯无遺，則百姓日用於是道之中者，莫不樂推而不厭矣，故即其能以與聖人，以爲聖人之能成其能故也。

朱子發曰：「伏羲氏始畫八卦，不言而告之以象者，至簡易也。後世聖人演之而爲六十四卦，有爻有彖，以人情變動言之於其辭，知險阻也。且八卦成列，剛柔雜居，吉凶已可見矣。然道有變動，變則通，通則其用不窮，所以盡利者，不可不言也。故變動以利言，吉凶以情遷，巧曆之所不能計也。聖人惟恐遷之而失其正矣，故爻彖以情言。變動者何？情僞之所爲也，人之情僞難知矣，以情相感則利生，以僞相感則害生。近不必取，遠不必舍，則悔吝生；愛惡不一，起而相攻，則吉凶生。吉凶生而悔吝著，情僞其能掩乎？是則情僞相感也，遠近相取也，愛惡相攻也。爻有變動也，有利害斯有悔吝，有悔吝斯有吉凶，吉凶以情遷也。悔吝者何？凡《易》之情，陰陽相求，内外相應，近而不相得則僞，不可久，物或害之，害則凶將至矣。悔吝者，利害吉凶之界乎？害之而悔則吉且利矣，吝之而不悔則凶，聖人不得不以利言之，而使之遠害也，故曰『聖人之情見乎辭』。然則何以知其情僞邪？考其辭可矣。將叛者，其心愧負，故其辭慙；中心疑者，其心惑亂，故其辭枝；吉人守約，故其辭寡；躁人欲速，故其辭多；誣善之人妄，故其辭游；失其守者窮，故其辭屈。吉人辭寡，以簡易知之也。五者反是，以知險知阻而知之也。簡易則吉，險阻則凶。其辭雖六，其别則二，情僞而已矣。《上繫》言『易簡而天下之理得矣』，《下繫》終之以『易簡而知險知阻』，故曰『同歸而殊塗，一致而百慮』。」[一]

[一] 宋刊本全書至此爲止，通志堂本、四庫本於此後皆補《説卦》、《序卦》、《雜卦》三傳原文而無宗傳傳文，兹略去。

附録一　王宗傳傳記資料

王宗傳傳[一]

王宗傳，字景孟，號童溪，八都童溪人。學問淹博，尤精於《易》，從學者屨滿户外。淳熙辛丑，以上舍登進士第。任廣東韶州教授，士多造就。著《易傳》行世，今《大全》多引其説。嘗自贊曰：「二十一年太學，晚來方得一官。三十二卷《易》書，自謂無愧三聖。何事能窮到骨，只緣氣要衝冠。童溪已辦鉤竿，一任興來臨水，興罷看山。」其高曠自得，有五柳之遺風歟！祀鄉賢。

[一]《（乾隆）寧德縣志》卷七《人物志・名賢》，寧德縣志編纂辦公室點校，一九八三年，頁三二八。

附録二　歷代文獻中有關《童溪易傳》的記載舉要

厚齋易學[一]

《易傳》三十二卷，題「童溪先生」。淳熙丙午，林焞序。王宗傳，字景孟，臨安人，由太學上舍免省。「童溪」其字號云。

讀易舉要[二]

韶州教授王宗傳景孟撰《童溪易傳》。淳熙戊戌成書，淳熙八年又注《繫辭》。

〔一〕（宋）馮椅撰：《厚齋易學》附録二，《文淵閣四庫全書》本。
〔二〕（元）俞琰撰：《讀易舉要》卷四，《文淵閣四庫全書》本。

四庫全書總目[一]

《童溪易傳》三十卷，宋王宗傳撰。宗傳字景孟，寧德人。淳熙八年進士，官韶州教授。董真卿以爲臨安人。朱彝尊《經義考》謂是書前有寧德林焞序，稱與宗傳生同方、學同學、同及辛丑第，則云臨安人者誤矣。宗傳之説，大概祧梁、孟而宗王弼，故其書惟憑心悟，力斥象數之弊，至譬於誤注《本草》之殺人。焞序述宗傳之論，有「性本無説，聖人本無言」之語，不免涉於異學，與楊簡《慈湖易傳》宗旨相同。蓋弼《易》祖尚玄虚以闡發義理，漢學至是而始變。宋儒掃除古法，實從是萌芽。然胡、程祖其義理，而歸諸人事，故似淺近而醇實。宗傳及簡祖其玄虚，而索諸性天，故似高深而幻窅。考沈作喆作《寓簡》，第一卷多談《易》理，大抵以佛氏爲宗。作喆爲紹興五年進士，其作《寓簡》在淳熙元年，正與宗傳同時。然則以禪言《易》，起於南宋之初。特作喆無成書，宗傳及簡則各有成編，顯闡別徑耳。《春秋》之書事，《檀弓》之記禮，必謹其變之所始，録存是編，俾學者知明萬曆以後，動以心學説《易》，流別於此二人。亦説《周禮》者存俞庭椿、邱葵意也。

[一]（清）永瑢等撰：《四庫全書總目》卷三經部三《易》類三。

天禄琳琅書目後編〔一〕

《童溪王先生易傳》。二函，十二册。

宋王宗傳撰。宗傳，字景孟，寧德人。淳熙八年進士。書三十卷。揭銜：「迪功郎、前韶州州學教授王宗傳景孟撰。」前二十六卷上下二經，後四卷《繫辭》上下傳。前有宗傳自序。第二十七卷前又序云：「歲在戊戌，著《易》，計三十卷。其於《繫辭》《序卦》《雜卦》未暇也。越三載辛丑，蒙恩賜第還鄉，作《續傳》。」然《續傳》僅有《繫辭》上下傳而止，其書終未成也。自序後有墨印三：一曰「《大易》發明」，一曰「建安劉日新宅鋟梓於三桂堂」，一曰「經學之寶」。又有林焞炳叔序，自稱：「與童溪生同方，學同學，同及辛丑第。開禧更元，劉君日新將以《童溪易傳》膏馥天下後世。」是書纂於孝宗朝，刊於寧宗朝，此其付梓時所序也。焞，字炳叔，寧德人，淳熙辛丑特奏名，官開化令。

宋孝宗諱昚，古「慎」字。宋本諸《易經》多於「慎不害也」句闕筆，「蓋言慎也」句改「順」。此獨作「謹不害也」、「蓋言謹也」，與諸刻不同。

〔一〕（清）彭元瑞等撰《天禄琳琅書目後編》卷二，王先謙光緒十年刊本。

是書流傳印記甚夥。俞貞木，字有立，吴縣人。永樂初，以勸蘇州守姚善舉兵論死。秦汴，字思禾，無錫人，秦金仲子。金，字國聲，弘治進士，官刑部尚書，謚端敏。又曾入唐寅、毛晉、徐乾學家。毛褒，字莆伯，晉之子。立庵，賀萬祚號，秀水人，天啟朝布政使。

鄭堂讀書記[一]

《童溪易傳》三十卷。《通志堂經解》本

宋王宗傳撰。宗傳，字景孟，寧德人。淳熙八年進士，官韶州教授。《四庫全書》著録。《宋志》及國朝倪氏燦補《宋志》均未載。是書與楊慈湖簡所作《易傳》二十卷同屬排斥象數而主心悟，因之涉於虚無異學，蓋王輔嗣一派末流之弊也。館臣俱録存之者，以著經學别派之所由也。然按何義門《經解目録評》稱後缺二卷，非全書矣。前有宋林焞序及景孟自序。

[一]（清）周中孚撰：《鄭堂讀書記》「補逸」卷一，上海書店出版社，二〇〇九年，頁一二一二。

藏園訂補郘亭知見書目[一]

《童溪易傳》三十卷，宋王宗傳撰。〇通志堂本。何云後闕二卷，非全書也。〇《天禄後目》有宋刊本三十卷，即崑山徐氏原本。

〔補〕《童溪王先生易傳》三十卷，宋王宗傳撰。〇宋開禧元年劉日新宅三桂堂刊本，十四行二十四字，黑口，左右雙闌。

儀顧堂題跋[二]

《童溪易傳》三十卷，題曰「迪功郎、前韶州州學教授王宗傳景孟撰」。前有宗傳自序及林焞炳叔序，二十七卷有宗傳自識。案：宗傳，福建寧德縣八都鄉童溪人，因以童溪爲號。學問淹博，尤精于《易》，與阮齡元膚爲友，論《易》最契。淳熙八年以上舍登第，嘗自贊曰：「二十一年太學，晚年方得一官；三十二卷《易》書，自謂無愧三聖。何事窮能到骨，只緣氣要衝山。童溪已辨鉤竿，

[一]（清）莫友芝撰，傅增湘訂補：《藏園訂補郘亭知見書目》卷一，中華書局，二〇〇九年，頁一九。

[二]（清）陸心源撰：《儀顧堂題跋》卷一，收於馮惠民整理：《儀顧堂書目題跋彙編》，中華書局，二〇〇九年，頁二三。

一任興來臨水，興罷登山。」其高曠如此。見《八閩通志》及本書。其説主義理而斥象數，徵人事而遠天道，引程伊川之説最多，蓋程氏學也。胡安定、司馬温公、蘇東坡、朱子發、張横渠、周濂溪六家之言，亦時見徵引。龔涂甫、耿南仲則偶一及之耳。時或徵引史事，證成其義，于楊誠齋《易傳》相近，非楊慈湖《易傳》比也。其説「豐其沛」，「日中見昧」，「觀盥而不見」，皆據陸氏《經典釋文》折衷古義，亦非廢古書不讀，惟于《説卦》《序卦》不着一字，殆偏于言理不言數之故歟？